国家出版基金项目
NATIONAL PUBLICATION FOUNDATION

王世襄集

王世襄 著

中国画论研究

（上卷）

生活·讀書·新知 三联书店

出版说明

2009年11月28日，王世襄先生在北京去世，享年95岁。随着王先生的辞世，他的研究及学问，即将成为真正的绝学。为使这些代表中国传统文化的绝学散发出璀璨的光芒，为后人所继承、发展，生活·读书·新知三联书店特推出《王世襄集》，力图全面、系统地展现王氏绝学。

王世襄，号畅安，汉族，祖籍福建福州，1914年5月25日生于北京。学者、文物鉴赏家。1938年获燕京大学文学院学士学位，1941年获硕士学位。1943年在四川李庄任中国营造学社助理研究员。1945年10月任南京教育部清理战时文物损失委员会平津区助理代表，在北京、天津追还战时被劫夺的文物。1948年5月由故宫博物院指派，接受洛克菲勒基金会奖金，赴美国、加拿大考察博物馆。1949年8月先后在故宫博物院任古物馆科长及陈列部主任。1953年6月在民族音乐研究所任副研究员。1961年在中央工艺美术学院讲授《中国家具风格史》。1962年10月任文物博物馆研究所、文物保护科学技术研究所副研究员。1980年，任文化部文物局古文献研究室研究员。1986年被国家文物局聘为国家文物鉴定委员会委员。2003年12月3日，荷兰王子约翰·佛利苏专程到北京为89岁高龄的王世襄先生颁发"克劳斯亲王奖最高荣誉奖"，其中一个重要的原因就是他对明式家具的研究，奠定了该学科的基础，把明式家具推向了至高无上的地位。

王世襄先生学识渊博，对文物研究与鉴定有精深的造诣。他的研究范围广泛，涉及书画、家具、髹漆、竹刻、民间游艺、音乐等多方面。他的研究见解独到、深刻，研究成果惠及海内外。《王世襄集》收入包括《明式家具研究》《髹饰录解说》《中国古代漆器》《竹刻艺术》《说葫芦》《明代鸽经　清宫鸽谱》《蟋蟀谱集成》《中国画论研究》《锦灰堆：王世襄自选集》（合编本）、《自珍集：俪松居长物志》共十部作品，堪称其各方面研究的代表之作，集中展现了王世襄先生的学问与人生。

其中，《蟋蟀谱集成》初版时为影印，保留了古籍的原貌，但于今日读者阅读或有些许不便。此次收入文集，依王先生之断句，加以现代标点，以利于读者阅读。《竹刻艺术》增补了王先生关于竹刻的文章若干，力图全面展现王先生在竹刻领域的成果和心得。"锦灰堆"系列出版以来，广受读者喜爱，已成为王世襄先生绝学的集大成者；因是不同年代所编，内容杂糅，此次收入《王世襄集》，重新按门类编排，辑为四卷，仍以《锦灰堆：王世襄自选集》为名。启功先生曾言，王世襄先生的每部作品，"一页页，一行行，一字字，无一不是中华民族文化的注脚"。其中风雅，细细品究，当得片刻清娱；其中岁月，慢慢琢磨，读者更可有所会心。

《王世襄集》的编辑工作始于王世襄先生辞世之时。工作历经三载，得到了许多喜爱王世襄先生以及王氏绝学人士的支持和帮助，也得到了王世襄家人的大力协助，并获得国家出版基金的资助，在此谨表真诚谢意。期待《王世襄集》的出版，能将这些代表中华文化并被称为"绝学"的学问保存下来，传承下去。

生活·讀書·新知 三联书店 编辑部

2013 年 6 月

《中国画论研究》出版记

我自幼及壮，长期耽爱多种北京民间玩好。高中毕业后，父亲期望我能成为医生，命投考燕京大学医预科。惟我生性不喜理科，录取后竟愈加玩物丧志，业荒于嬉，以致多门课程不及格，而转修语文。

1939年春，慈母逝世。极端悲痛中深感不能再违背双亲教诲，继续放任自己。是年秋，考入燕京大学研究院。从此摒弃一切玩好，专心学业。次年院方命自定研究范围及论文题目。因受家庭影响，对中国美术史感兴趣，故上报题目为"中国画论研究"。当时实未认识到画论上起先秦，延续久远。典籍繁多，科目各异，须有较高理论水平及分析驾驭能力，并对画史画迹有一定知识始能胜任。我贸然以画论研究为题，足见轻率无知，自不量力。

1941年研究院毕业，获硕士学位。论文通过答辩，但仅完成先秦至宋末。此后回家继续编写，幸有北京图书馆及家中藏书可供使用。至1943年春，写完元至清部分，共约七十万言。由本人及两位社会青年用毛笔抄写，线装成帙。惟在编写中，始终感到论说罗列多于分析研究，未能揭示各时期理论做法之发展，与画家画迹相印证，故自知欠缺尚多。只有再用两三年时间作较大修改，始能有所提高。惟是时国难日深，已决定离开沦陷区，求职谋生，修改画论只有俟诸来日。作于1996年之《大树图歌》有句如下："行年近而立，放心收维艰。择题涉文艺，画论始探研。上起谢六法，下逮董画禅。诸子明以降，显晦两不捐。楷法既详述，理论亦试诠。所恨无卓见，终是饾饤篇。何以藏吾拙，覆瓿年复年。"可视为数十年来对画论一稿的自我检讨。

1943年秋，整装南下。行前画论稿晒蓝复制，留在家中。手写本携重庆，转李庄，就职中国营造学社。1945年日寇投降，受命回京清理战时文物损失。手写本又随我北返。前此，晒蓝本经先严送呈乡前辈林宰平先生审阅，竟蒙赐撰序言。出于勉勖后学，多溢美之辞，弥增惭愧。

1955年在民族音乐研究所工作期间，曾将画论稿送人民美术出版社，征求意见。不意竟告知同意出版，并将由卢光照先生任编辑。经思考再三，终觉此时出版不如待修改后再问世，故又主动取回。斯时正忙于布置中国音乐史陈列及汇编《中国古代音乐书目》，业余时间又全部用在访问髹工，辨认漆器，撰写《髹饰录解说》一书。画论取回再度束诸高阁。

我自1945年至1983年，对明清家具之调查、搜集、研究未尝中断。其间又在不同阶段研究髹漆、工匠则例、竹刻等，并各有述作。而惟独不曾为修改画论留出时间。其主要缘由盖因1957年划为"右派"，著书出版已无可能。当时对唯心主义、封建主义、资产阶级思想批判，又日益严厉。政治问题与学术问题，界限不分，往往同遭谴责。古代画论，岂能无唯心及封建糟粕，阐述研讨，定将动辄得咎。故对画论稿已由有待修改而不愿出版，改为恐招祸灾而不敢修改矣。

1989年家具书两种及外文译本均已出版，此项研究告一段落。经过拨乱反正，改革开放，知识分子心情舒畅，往日顾虑已消失殆尽。斯时工作，我面临以下抉择：修改画论或述说北京民间玩好。前者须查阅近数十年画论著作，知所取舍，方可着手补充修改旧稿，工作繁重。后者则因早年玩物丧志，往事前踪，历历在目，无须搜集资料，即可奋笔直书。且有老友告我："世之寄情玩好者，何止千百。能用文字表达者，却罕见其人。有关述作，愿先生好自为之。"吾韪其言，数年内完成《蟋蟀谱集成》、《秋虫六忆》《北京鸽哨》《说葫芦》《冬虫篇》《大鹰篇》《獾狗篇》等，而修改画论仍无暇顾及。

1994年，我年八十，为出版文集《锦灰堆》，自任校对。字小行密，甚费视力。一日睡起，左目突然失明，动脉堵塞，黄斑坏死，恢复无望。从此书写不便，阅读维艰。而手头未完之稿尚有《清宫鸽谱》《自珍集》等数种。自知修改画论，今后已无可能，只有任其饱蠹鱼矣。

世事无常，竟有完全出乎意想者。去年夏，广西师范大学出版社来访，知我有画论稿尚未出版，愿借一观。我谨声明，此乃早年之作，欠缺甚多，因未能改写，故久久不敢问世。倘有付印之意，请先详细审阅，倘无出版价值，稿件请即退还。更因体衰病目，修改已无可能，即使通览一过，改正讹夺，恐亦力不从心，故一切务请慎重考虑。不出旬日，竟蒙出版社告知，画论同意出版，为免去植字、校对，将用手抄本影印成书。并由年富力强，兼有良好国学基础之龙子仲先生任责任编辑。先生不辞数月之劳，改正稿中错别、异体字及标点、注释等讹误数百处，并开列有待查证者数十条。幸我藏书尚在，取出与龙先生逐条核对，得以据实改正。我力所能及者仅此而已，奈何！奈何！

在初闻画论稿可望出版时，拟将《中国画论研究》易名为《中国画论初探》或《中国画论述略》，以期名实不致相去太远。转念易名将不能反映当年真实情况，难免有掩饰早年自不量力、轻率无知之嫌。以我望九之年，毁誉早已不介于怀，又何必弄巧成拙，多此一举。故请出版社仍用原有书名。事实尽在，画论稿为我早年初收放心之作，谬误必多。旧稿多年未能修订改写，责亦在我。垂暮之年，竟能侥幸出版，实出望外。吾将坦诚接受一切批评、批判，视为对我之关爱。衷心铭感，承矢不忘，谨于此先表谢忱。

为使读者了解画论之编写、出版经过，不辞琐屑，陈述如上。

2002年5月畅安王世襄谨识时年八十有八

目　录

《中国画论研究》出版记 ⸺⸺⸺ 3

序 ⸺⸺⸺⸺⸺⸺⸺⸺⸺⸺⸺ 9

自序 ⸺⸺⸺⸺⸺⸺⸺⸺⸺⸺ 11

凡例 ⸺⸺⸺⸺⸺⸺⸺⸺⸺⸺ 14

各章材料分配说明 ⸺⸺⸺⸺⸺ 18

上卷

第一章　概论 ⸺⸺⸺⸺⸺⸺⸺ 1

第二章　子书中之画论 ⸺⸺⸺⸺ 7
　第一节　《庄子》中之画论 ⸺⸺ 7
　第二节　《韩非子》中之画论 ⸺ 8
　第三节　《淮南子》中之画论 ⸺ 9

第三章　顾恺之之画理论及画法 ⸺ 11
　第一节　《论画》 ⸺⸺⸺⸺⸺ 11
　第二节　《魏晋胜流画赞》 ⸺⸺ 14
　第三节　《画云台山记》 ⸺⸺⸺ 15

第四章　南北朝之画理论及画法 ⸺ 19
　第一节　宗炳《画山水序》 ⸺⸺ 19
　第二节　王微《叙画》 ⸺⸺⸺ 20
　第三节　梁元帝《山水松石格》 ⸺ 21

第五章　谢赫《古画品录》中之
　　六法 ⸺⸺⸺⸺⸺⸺⸺⸺ 23
　第一节　六法之解释 ⸺⸺⸺⸺ 24
　第二节　六法与前代画论之关系 ⸺ 27
　第三节　六法系绘画上之通论 ⸺ 28
　第四节　姚最所受六法之影响 ⸺ 29

第六章　南北朝关于绘画之品评
　　著作 ⸺⸺⸺⸺⸺⸺⸺⸺ 31
　第一节　谢赫《古画品录》 ⸺⸺ 31
　第二节　姚最《续画品》 ⸺⸺⸺ 32
　第三节　谢赫与姚最品评著作之比较及
　　　关于陆探微品级之争执 ⸺⸺ 34

第七章　张彦远《历代名画记》 ⸺ 37
　第一节　张彦远之礼教思想及文人
　　思想 ⸺⸺⸺⸺⸺⸺⸺⸺ 38
　第二节　张彦远对于六法之见解 ⸺ 40
　第三节　书画用笔相通及墨具
　　五彩 ⸺⸺⸺⸺⸺⸺⸺⸺ 43

第八章　王维之画诗及画论 ⸺⸺ 47
　第一节　王维之破墨画 ⸺⸺⸺ 47
　第二节　王维之诗 ⸺⸺⸺⸺⸺ 49
　第三节　王维论画法 ⸺⸺⸺⸺ 50

第九章　唐代关于绘画之品评
著作 —————————— 53
　第一节　释彦悰《后画录》—————— 53
　第二节　裴孝源《贞观公私画史》及
　　　　　《画录》———————— 55
　第三节　李嗣真之品评著作 ———— 56
　第四节　张怀瓘《画断》—————— 58
　第五节　窦蒙《画拾遗录》————— 59
　第六节　张彦远《历代名画记》——— 59
　第七节　朱景玄《唐朝名画录》——— 62
　第八节　各家品评著作之比较 ——— 63

第十章　五代荆浩之画论 —————— 65
　第一节　《笔法记》中之六要 ——— 65
　第二节　荆浩论画法 ——————— 68
　第三节　荆浩评论古代画家 ———— 69

第十一章　宋代与六法有关之画论 —— 71
　第一节　郭若虚对于气韵及用笔之
　　　　　意见 ————————— 71
　第二节　刘道醇之六要六长 ———— 73
　第三节　各家之片段言论 ————— 74

第十二章　苏轼与文人画 —————— 79
　第一节　苏轼论画 ———————— 79
　第二节　苏轼对于宋代画论之影响 — 82

第十三章　宋人论画所注重之理 —— 87

第十四章　郭若虚《图画见闻志》
论各家画体 ————— 91

第十五章　董逌《广川画跋》———— 95

第十六章　宋代关于画法之著作 —— 101
　第一节　郭若虚《图画见闻志·
　　　　　论制作楷模篇》———— 101
　第二节　郭熙《林泉高致》———— 103
　第三节　韩拙《山水纯全集》——— 108
　第四节　释仲仁《梅谱》————— 113

　第五节　宋伯仁《梅花喜神谱》——— 115

第十七章　宋代关于绘画之品评
著作 —————————— 117
　第一节　黄休复《益州名画录》——— 117
　第二节　刘道醇《五代名画补遗》
　　　　　及《圣朝名画评》———— 119
　第三节　郭若虚《论今古优劣篇》—— 121
　第四节　各家品评著作之比较 ——— 122

第十八章　元代关于绘画之理论 —— 123

第十九章　元代关于画法之论述 —— 127
　第一节　饶自然《绘宗十二忌》——— 127
　第二节　黄公望《写山水诀》——— 130
　第三节　王绎《写像秘诀并彩
　　　　　绘法》———————— 133

第二十章　元代画竹图谱 ————— 137
　第一节　李衎《竹谱详录》———— 138
　第二节　柯九思《画竹谱》———— 147

第二十一章　明代关于绘画之
理论 ————————— 151

第二十二章　李流芳之艺术思想 —— 161
　第一节　先生对于自然之爱好及
　　　　　观察 ————————— 162
　第二节　先生如何作画 ————— 166
　第三节　就先生诗文中窥得诗画
　　　　　与自然之关系 ————— 171

第二十三章　释道济《画语录》—— 177

第二十四章　董其昌与南北宗 —— 191
　第一节　南北宗名辞之兴起 ——— 191
　第二节　南北宗名辞之商榷 ——— 195

第二十五章　明代关于山水画法之
论述 ————————— 201

第一节　董其昌《画旨》、《画眼》及
　　　　《画禅室随笔》 …………… 201
第二节　周履靖《画评会海》 ……… 206
第三节　唐志契《绘事微言》 ……… 210
第四节　沈灏《画麈》 ……………… 215
第五节　其他各家之片段言论 …… 217

第二十六章　詹景凤《玄览编》 … 223

第二十七章　龚贤之山水图谱 … 231

第二十八章　明代之人物梅竹兰花
　　　　　　鸟等图谱 ………………… 239
第一节　周履靖《天形道貌》 ……… 239
第二节　沈襄《梅谱》 ……………… 244
第三节　刘世儒《雪湖梅谱》 ……… 246
第四节　周履靖《罗浮幻质》 ……… 248
第五节　高松《竹谱》 ……………… 249
第六节　周履靖《淇园肖影》 ……… 253
第七节　周履靖《九畹遗容》 ……… 254
第八节　周履靖《嘤翔啄止》 ……… 255

第二十九章　明代关于绘画之品评
　　　　　　著作 ……………………… 257
第一节　李开先《中麓画品》 ……… 257
第二节　王稚登《吴郡丹青志》 …… 262

下卷

第三十章　清代关于绘画之理论 … 265
第一节　气韵 ………………………… 265
第二节　逸气 ………………………… 268
第三节　品格 ………………………… 272
第四节　书画相通 …………………… 281
第五节　笔墨 ………………………… 283
第六节　摹拟 ………………………… 286

第三十一章　沈宗骞《芥舟学
　　　　　　画编》 …………………… 293
第一节　通论 ………………………… 293

第二节　修养 ………………………… 298
第三节　笔墨 ………………………… 304

第三十二章　华琳《南宗抉秘》 … 311

第三十三章　清代南北宗论 …… 319
第一节　董其昌南北宗说对于后代论者
　　　　及画风之影响 ……………… 320
第二节　不专左祖南宗之论者 …… 326

第三十四章　清代论者对于西洋画之
　　　　　　意见 ……………………… 331
第一节　西画东渐述略 …………… 331
第二节　中国论者对于西洋画之认识及
　　　　态度 ………………………… 333

第三十五章　清代关于山水画法之
　　　　　　论述 ……………………… 337
第一节　恽寿平《南田画跋》 ……… 337
第二节　笪重光《画筌》及汤贻汾《画
　　　　筌析览》 …………………… 342
第三节　唐岱《绘事发微》 ………… 354
第四节　布颜图《画学心法问答》 … 360
第五节　方薰《山静居画论》 ……… 366
第六节　钱杜《松壶画忆》 ………… 372
第七节　盛大士《溪山卧游录》 …… 378
第八节　戴熙《习苦斋画絮》 ……… 381
第九节　李修易《小蓬莱阁画鉴》 … 384
第十节　郑绩《梦幻居画学简明》 … 391
第十一节　戴以恒《醉苏斋画诀》 … 402

第三十六章　清代关于山水画法之
　　　　　　片段言论 ……………… 411

第三十七章　王原祁之山水画派 … 429
第一节　麓台与烟客画法之不同 … 429
第二节　王麓台之画法 …………… 431
第三节　宗麓台者所论之山水
　　　　画法 ………………………… 434
第四节　麓台画派之弊病 ………… 439

第三十八章　张庚《图画精
　　意识》 ……… 443

第三十九章　清代山水图谱 … 449
　第一节　王概《芥子园画传》 … 449
　第二节　《费氏山水画式》 … 479
　第三节　郑绩《梦幻居画学简明》中之
　　山水图谱 … 483
　第四节　顾沄《南画样式》 … 493

第四十章　清代关于人物画法之
　　论述及图谱 … 495
　第一节　沈宗骞《芥舟学画编》 … 495
　第二节　郑绩《梦幻居画学简明》 … 506
　第三节　各家之片段言论 … 510

第四十一章　清代关于传真画法之
　　论述及图谱 … 513
　第一节　蒋骥《传神秘要》 … 513
　第二节　丁思铭《写照提纲》 … 523
　第三节　丁皋《写真秘诀》 … 525
　第四节　沈宗骞《芥舟学画编》 … 537

第四十二章　清代梅谱及关于画梅之
　　言论 … 549
　第一节　王概等合编《青在堂
　　梅谱》 … 549
　第二节　王寅《冶梅梅谱》 … 551
　第三节　各家之片段言论 … 554

第四十三章　清代竹谱及关于画竹之
　　言论 … 557
　第一节　王概等合编《青在堂
　　竹谱》 … 557

　第二节　汪之元《天下有山堂画艺·
　　墨竹谱》 … 559
　第三节　蒋和《写竹简明法》 … 564
　第四节　各家之片段言论 … 572

第四十四章　清代兰谱及关于画兰之
　　言论 … 575
　第一节　王概等合编《青在堂
　　兰谱》 … 575
　第二节　汪之元《天下有山堂画艺·
　　墨兰谱》 … 579
　第三节　各家之片段言论 … 581

第四十五章　《芥子园画传二集·
　　青在堂菊谱》 … 583

第四十六章　清代关于花鸟杂画之
　　论述及图谱 … 587
　第一节　王概等合编《青在堂草本花
　　卉》及《木本花卉谱》 … 587
　第二节　邹一桂《小山画谱》 … 597
　第三节　方薰《山静居画论》论花卉
　　画法 … 602
　第四节　洪朴《燕脂录》 … 605
　第五节　各家片段言论 … 609
　第六节　指画源流及其画法 … 610

第四十七章　秦祖永《桐阴
　　论画》 … 615

第四十八章　余论 … 623

附录 … 629
王世襄编著书目 … 644

序

　　用笔、气韵此二者，书与画所同也。顾从来论书，每曰得某家笔法，不得笔法，直可谓之不知书。用笔、气韵并举，而笔法为尤重。若夫画，则自谢赫以来，即以气韵为第一，用笔乃其次耳。而论画者，又每谓用笔可学、气韵不可学，以其在笔墨规矩之外，不容以迹象求也。果气韵为第一，而又不可学，非若学书有笔法之可得者，则画殆由天授非人力，求画于画中之笔墨且不可，况画论之著述乎？虽然有说焉，善乎常熟范氏引泉之言曰："用墨之法，即在用笔。笔无凝滞，墨彩自出，气韵亦随之矣。离笔法而别求气韵则重在于墨，借墨而发者，舍本求末也。"（范玑《过云庐画论》）所谓借墨而发，盖指以点染渲晕求气韵者。世每谓气韵有发于笔于墨之分，既离笔言墨，宜其欲离笔法而别求气韵。今曰用墨之法，即在用笔，则可谓知其要矣。斯言也，李氏伯华（李开先，字伯华，号中麓）《中麓画品》足以证之，中麓之论画曰六要，所论皆笔也。六要之一曰神，则气韵之谓矣。其曰四病，若僵、枯、浊、弱，所论又皆不离乎用笔，而四者之为病，则以其乏气韵故也。

　　画贵有气韵，而气韵不离笔墨，用墨不离用笔，中国画与书之所以为同源，岂不以是也欤？知乎此，则画固有笔法，可传可学。学之者必博览名迹，广读作家与鉴赏家之著述，非兼斯二者不为功，是皆学力精神之相贻相感，或异代若同时，或阻隔若晤对，斯固天下之至乐，而学术之以相为引发、宣扬光大于口耳传授之外者，端有赖乎是尔。吾乡王君畅安《中国画论研究》一书，则又作家与鉴赏家必读之书也。夫画有理有法，画论兼理与法言之：理，古今无大殊；法，则因时代而或异。畅安所研究者，上自先秦下而清季迄于民国，所收论画著述，凡八百余种，其于理论之阐发，做法之详举，优劣之品评，派衍之叙述，事实之考证，或专一门，或涉多方，畅安一一为之抉择诠释，钩沉析疑，其为业若是之勤也。全书以人为纲，而断代论次，不相掺越。其叙述画家流派及立说之原委演变，则又不限时代，而着意于系统之综析。所引书，其性质与范围，则大别之为画理书法及品评诸类，其有介于各类之间者，则予以适当之位置。其立说卓然创见，则为设专章，沿袭者不与焉。名著有裨画学者，亦辟专章究论之，如《广川画跋》、苦瓜和尚《画语录》、东图《玄览编》、浦山《图画精意识》、《芥舟学画编》皆是。探讨各家所论，间佐之以表解，如某书内容分析表、某书内容比较表等，凡十二种。又某书著作之时、地、性质、科目、名称等别为附表，凡九种，附全书后。征引其书，有不尽者，则收之入附录。书之不经见者，亦列焉，以取便读者。表解、附录之外，又广收名迹影本，凡数百帧。书中所列主要之画派或画家，皆附载其画迹，俾读者与文字合观而得会通印证之益，是皆义例之可称者。至其通裁达识，能见其大，如所举南北朝至唐皆以六法为中心，迨宋理论始繁而中心渐移，六法不能尽赅，每偏于一节。又唐至五代画家笔墨之转变，及近代作家于用笔气韵所具特解，凡所指点，俱关要旨。此作取材既广，以统驭见精力，书之真伪纯驳杂出，则鉴别尚焉。作者统驭得其方，鉴别具高识，辨伪而不废伪书之用，尤非浅夫拘锢者所能解。不随俗，不徇好，不矫然务奇求胜，而自为人所不及，纷纶滂沛，而条理秩秩，观者惬然。若画畴开途，蕃庐错列，街衢辐辏，珍物委积，日中毕会者，各得其所欲以去，欲乎一编而得中国画之大观者，舍此又将奚由耶？畅安自谓得窥画学门径，由于余越园先生之《书画书录解题》一书，而所征引书，其珍秘之本，多得诸于君海晏《画论丛刊》中。余于二君，皆吾故人也。《书画书录解题》与《画论丛刊》之成，下走又皆先睹稿本。今畅安新著，复辗转寄沪上寓斋，因获尽读，可谓厚幸，惜不得与余于二君共赏之。既论画学重笔法，而画理画法均可求诸论画著述中，又以畅安此稿网罗宏富，以研治新学之法理旧籍，诚为有功画学之作。于其书之成也，故乐而为之序。

甲申三月闽县林志钧

自 序

撰述当有主旨，犹行路当先定何之。无主旨则如盲者漫行原野，不自知其所止。盖或有主旨而未能诣者，未闻无主旨而竟有成焉。余草本文，尝以数事自期。虽未必有成，敢举以告读者。

史事陈迹，可资借镜，往哲著述，足启后昆，此学术之所以各有专史也。吾人今日研究前人之作无他，正为日后从事撰述时建基耳。设不然，将何以知古人之得失；古人之得失不明，将何以谋学术上之进展乎？

就画论一科言，流传之书，精美滥恶，数约参半。其草率成书、居心苟易者无论矣。或有志立言，而终归失败者，未始非疏于考订往籍之故。言其大要，不外数端。语多陈腐，未必尽出有心剿窃，偶然与古人所论相同，而不自知，于是所自矜心得者，实不过前人之滥调耳，其失一也。前人用某种方法，采某种体制，至美至善，实堪为法，孰意不此仿效，而转求其下焉者，其失二也。前人之失，亟宜改革，未加辨别，妄因袭之，其失三也。总之，不研究前人之作，则吾人将来述作之途径无由启。兹于文中试尽量披露各家论画之内容，兼备详其方法及体制，且不时予以优劣之评判，俾能切实自知，何等作品为徒劳无功而终必归于淘汰，何等作品方能嘉惠后学，可致远而不朽。且余非仅以此自期，固有望于举世之治画学者。虽然，才学驽下，识见未周，无以自喻，遑论告人。妄自尊大，徒增识者之诮而已。请退而言其次。

窃以为吾国绘画通史，尚无完善之书。画史之取材，当以名家之画迹，及关于画学之文字为主。欲求其备，二者未许偏废。必须能融会贯通，使其互相发明，始可予读者深刻之观念、浓厚之兴趣，而其难亦正在此。曩尝有治绘画史之志愿，惟连年兵燹纷扰，故宫古物南迁，幸而尚在人世，亦不知何日始得重见。而私人所有，又多深自晦藏，假观不易。不得已，遂以画论为主体，先成此编。盖二者既不可偏废，则又何妨先自文字入手，以待和平恢复后，更作对照之研究，或可事半而功倍。是则今日之所获，又可视之为他日治绘画史之一部分基础也。

或问曰：画学画论之著作，其于绘画史之关系，果何若乎？试略举例言之：近代画史，规模较宏者，当推郑氏午昌之《中国画学全史》，及俞氏剑华之《中国绘画史》。郑氏之书，于民国十八年出版，大体分作概况、画迹、画家、画论四类。其《自序》中称："画论有作自画家者，有作自鉴藏家者……本书博采众说，录而述之。其重大之著述，限于篇幅，不及尽录者，则或从其类而著其名，或提其要而标其用。"其分配之方法，先以画科分门，而摘取各家之说，分别系之于后。最后乃列举关于画学之书，略按性质类分（此仅限于清代一章。清代以前各章，更为简略，并书目无之）。俞氏之书，成于民国二十五年。其《凡例》中有一条称："余绍宋氏著《书画书录解题》，对于书画书籍，考证精博，态度公平，评判详审。本书关于画论方面，采余说甚多。不敢掠美，附此志谢……"俞氏之体例，乃纯按画论之性质分类，以著述为单位，各有简略之解题。如有征引，即于解题中论之。不仅较郑氏之法，条理明晰，且完备多多。余越园先生《书画书录解题》于民国二十一年出版，在郑氏成书之后，俞氏成书之前，岂非论画学之著，可供撰画史者取材之明证乎？若知画论原属画史之一部，则知画论方面材料之充实，即绘画史质与量之加重也。虽然，自惭搜罗纵勤，遗漏尚多，系统粗备，犹虑紊乱，恐未必于治画史者，有若何材料之供给也。更请退而言其次。

西洋学者，向分画家与批评家为两途。吾人纵知二者未必一人得兼，但批评家至少当学习作画之基本技巧，而画家亦当明了艺术之原理及画论上之若干重要问题。惟所苦者一人之精力及时间皆有限，势有绝对不容兼顾者。习画者不读书，久为一般画家之通病，而以一

己之经验，又往往以疏于作画，技巧未能纯熟为憾。彼非不愿读书也，余非不愿作画也，无暇及之耳。友好中颇有殚力于绘事者，见一佳本，必辗转求得。钩之、摹之、临之、背临之，更对而细玩味之。归还后，又时时存于神想。余则闻有一僻书，必百计恳借，或连夜誊录，或手自影印。设为未见之版本，又当详细校勘。欲求余之习画如彼之专一，固不可能，而欲求彼之读书，如余之有恒，亦诚难。盖得天独厚者，能有几人，中人之资，治一学或习一艺，全力赴之，犹虑其未能工，矧敢广揽耶？

余草此编，画理画法，以及历代画风宗派之概况，略具规模，画家于挥毫之暇，随手披阅，或可补其涉猎所未及。但时间精力之所需，必仅当逐书详读之什一。设此书出，诚能如余所期望者，亦将以为深幸也。虽然前贤篇什，剪裁失当，便遭割裂。或竟遗其菁华，而反取其糟粕，诠释原文，每参私意，舛误尤所难免。为功为罪，未能自知也。请再退而言其次。

古人治学最勤，亦最慎。往往博览群籍，丹铅殆遍，案头随手所录，高积盈尺。而皓首穷年，竟无撰著以闻。殊不知其所记录者，即一生精力之所托。稍加董理，寿诸梨枣，便足沾丐后人而有余。今人则见闻未广，已从事撰述，急于问世以自彰，固未尝知文章之为千秋事业也。余今所为，无乃类此。每一思及，辄为汗颜。前举三端，既未敢自信，兹退而言其最戋戋者，则斯篇不过数年来读书之所得，录以聊以备忘耳。然设方诸古人，则博雅谫陋，相去又不啻霄壤。读者倘不视之为已完成之著述，而目为尚待积累充实之札记，则或不致有

过高之期许，严格之批评也。

余髫龄即喜绘事，伯舅金北楼先生在日，每值挥洒，辄在旁凝视，不觉移晷。而先慈作鱼藻，尤倚案不忍去，盖性之所好也。中学时期，暇亦尝搦管涂抹，然习也不专，终无进益，至今思之，犹自悔惜。旋肄业燕京大学，初习自然科学，以非所喜，改入文科。大学毕业时，自定中国题画诗为论文题目，取其介乎文艺之间也。

余搜集本文之材料，始于民国二十七年秋，时方考入燕京大学研究院。哈佛燕京学社，例有奖学金，予国文、语言学、历史、哲学、宗教、美术等科学生。余即以本文为硕士毕业论文，膺美术一门奖额。三年之间，仅成本文前部，自先秦至明末，得二十七万言。毕业后，拟将后部续成。为就燕京大学图书馆读书之便，仍居郊外。不数月而太平洋战氛起，学校亦无形停顿矣。

故都各图书馆，关于艺术书籍，储藏皆不富，即北平图书馆，就书画一门言，视燕京犹有逊色。图书无从借阅，继续撰述之念顿灰。乃事有出人意外者，彼时币值，平沪相差甚巨。东南诸省，书籍纷纷北运，海王邨、隆福寺各书肆，每堆积如阜。余访求无虚日，乃倾数年奖学金所蓄，扫数购置。书沽知余所好，有所得亦每先见示，历时半载余，搜罗渐备。今则约有余氏解题十之九，余氏未见及未经著录者又百数十种，视燕京大学图书馆所藏，几欲过之，此诚绝非当日所能逆料者也。

书籍不必外求，工作乃能迅捷。一年以来，写作愈勤。黎明即兴，深暮始寝。前部本以语体文写成，嫌其过于冗长，乃易为文言。而修改之际，随时有所增补，本求节省篇幅，终竟长于初稿。今年9月，全部告竣，共计七十万言，前后历时凡五载，此余写作之经过也。

尚忆在大学时，容师希白，以余越园先生《书画书录解题》授余曰：此为必备之书。余自是乃知吾国书画书籍约有若干种，性质约分若干类，微先生是书，余于画学之门径无由窥，作本文之动机无由起，而本文亦必无由成。林宰平丈有言曰："不读《书画书录解题》，不可论中国书画艺术。"信夫！饮水思源，余所不敢须臾或忘者也。

余在研究院时，容师希白，为余论文导师。材料搜集，多蒙指示，订误正谬，不厌繁琐。学校停顿后，容师移家入城，寄居宣南东莞会馆，余犹时往请益。师友之中，当以得容师之指导为最多，鼓励余之成书亦最力。中心铭感，匪可言宣。

邓叔存先生，奖掖后学，不遗余力。既承时时指正，复不吝以所藏名迹见示。先生有读画记之作，记叙画中情景，亲切生动，使人色舞。余之对于詹东图、张浦山二家著述，知其重要者，实受先生之启示。顷又慨允，暇中当赐序言，爱护之殷，蔑以加矣。

旧都艺苑前辈，如黄宾虹先生、徐养吾先生，亦多有所教益。福开森先生，藏画籍颇富，每蒙借读。启君元白，吾之畏友。吴君诗初虽未谋面，而书札常有往还。解难析疑，得自二君为多。巫君达斋承校读一过，亦甚可感。兹谨于此，志我谢忱。

癸未九月畅安王世襄
序于芳嘉园之俪松居

凡 例

1. 本文欲将中国画论作有系统之一贯研究，故上起先秦，下迄清末。

2. 论画之书，按其性质，分为理论、方法、品评三大类（各类之领域见后总表说明）。论文纲要，即以此为依据（参阅总表）。

3. 凡记画家事迹以及论款识装背标轴等书，作此文时虽曾参考，然以其近于画史画迹画具之记录，不在本文范围之内。

4. 本文大致以断代为体（余越园先生曾谓"画自唐至明俱可断代为史"，见《桐阴论画》解题）。一代之中，先讨论当时关于绘画之理论，次叙述作画之方法，最后研究各家品评之意见。如有某项问题介乎两类之间者（如董迪之《广川画跋》，董其昌之南北宗，清代论者对于西洋画之意见），另觅适当之地位安置之。

5. 讨论之次序，既如上述，是以一代之中，不受时代之拘制，如张彦远为唐代惟一对绘画理论有贡献者，虽晚在唐末，而位置却居唐代诸章之首。

6. 一家之著述，其性质可分为一类以上者，则将其剖划，分别纳入各章，与当代同性质之著述同论（如谢赫、姚最，依其理论品评分为两章。《历代名画记》之品评部分，提出与唐代其他各家并列）。以非如此不足以保全一代学说之系统，而便于比较各家意见之异同。

7. 本文将释道济及龚贤二人，划入明代，而不及王时敏、王鉴。自总表观之，道济等实在二王之后，且其一生重要时期，多在清代。所以如此者，为顾全绘画派别上之系统耳。石涛、半千，其作风尚富有明人风味，而奉常、廉州，实清代画派主流之领导。吾人不妨谓一系明代之余绪而流入清，一系清代之始祖而崛起于明。是以此等划分方法，于朝代上容有未当，于画派上却较断代之法为浑成也。

8. 著述之宜定出体例，原为书中各部分之分量，得以分配得当，然限于材料，势有不得不略加变通者。盖材料愈丰富，则划分之界限易愈精密，愈少愈难安插。如论五代荆浩《笔法记》，理论方法品评三项，同处一章。宋元二代，山水画法，不与其他画科分置等皆是。然此正费心经营处，读者幸勿以自坏其例视之。

9. 凡新兴之学说，为前代所未有者，提出自成章节，以示其重要。

10. 某项问题，经人议及，但潜晦未著，不足成一家言，则待其说光大之后，回溯前者，论其经过。如《张彦远之礼教思想及文人思想》一节，追述曹植、陆机、王廙、谢赫等家议论，以示其为爱宾之先导。《王绎〈写像秘诀并彩绘法〉》一节引东坡、陈造之论，董其昌南北宗一章，追溯都南濠何良俊之言，皆是。即使远在前朝，亦不妨废除时代之限制，同处一章，以明其间演进之迹。

11. 凡受前代学说之影响，嬗变而成者，必详其与前代之关系，而穷其演变之经过。

12. 凡因袭前代之言论，毫无新意足取者，仅以最简省之字句指明之，不再解释讨论或录引原文。此等情形，于画法文字中，尤为习见。指明之后，则各家著作，优劣自能判然。

13. 画论家之时代前后，间有未能确实断定者。如两家之著述，内容各不相涉，尚无关巨旨。不然，则孰创孰因，未容含混。如《明代之人物梅竹兰花鸟等图谱》一章，沈小霞之成书，究竟是否在刘雪湖前，《清代关于传真画法之论述及图谱》一章，蒋赤霄究竟是否在丁鹤洲前，尚待详考。日后如有确实之根据，或须更动现有次序，另行位置，亦未可知。

14. 余越园先生论郑氏午昌之《中国画学全史》，不宜远详而近反略。本文清代一朝，几逾前代各朝之半，盖非如是，不足以详有清论画之著也。

15. 余越园先生于《中国画学全史》解题中，又有撰通史宜采用类族汇事

传之建议，本文《王原祁之山水画派》一章，专论以麓台画派为宗之画家，即此意也。

16. 借不同之版本往往可校出字句之讹误。本文如不专据一本，则更易之字句，于引文或注中注明。（或明知其字句有误，未得善本勘校，悉仍其旧，未敢妄改。）

17. 各书所用版本，间有先后不同者，以本文编著，前后历时五载，向人借得之书，原非一本，择善而从。以期一律，当俟异日。

18. 画论一门，丛辑之书，已不鲜见，大都节录原文，分类排比，而不附己说，本文每以一得之愚，赘诸引文之后，虽不免为识者所哂，要与丛辑之书，体制有异也。

19. 本文所采取之材料，颇有不见前人丛辑之书者。或因其隐于著录题识之中，易于忽过（如明魏学濂关于山水画法之言论），或因稀本原稿，流传不广，近年始重印或刊行者（如顾凝远之《画引》李乾斋之《小蓬莱阁画鉴》等皆是）。此又因时而逢其会，未敢以搜集之功自居也。

20. 前代著录，有与画法极有关系者，如詹东图之《玄览编》、张浦山之《图画精意识》是也。在本文不妨为之专辟一章，丁丛辑一类书中便恐难丁安置。

21. 本文材料，并不限于论画之专书。画家之诗文集，亦每多引用。后附书目丙类中，即以集部之书为多。

22. 本文在讨论某种著述之先，必举画论家之略传。如名甚冷僻，非一般画史所载者，则录其传记较详。次列不同之版本，比较其异同。

23. 诠释前人之著，若其原定之次

序，井井有条，则悉依仍之。倘芜杂不清，则另为排比。如汪之元之《天下有山堂画艺》，其《墨兰指》，大致顺其原次，《墨竹指》则试标子目，加以类分，即一例也。

24. 前人言论，未能解释，或解释而未敢确实自信者，概予存疑，以待后日续考。

25. 前人之论，有先得我心者，则直录之，不以抄袭为讳。如郑纪常解释饶自然之《绘宗十二忌》是也。

26. 讨论前人之著，须不时参看原文者，便一律征引，夹在本文之中。其不必随时参看者，则置于附录中。

27. 本文录引前人之论，或嫌太多，画法部分，尤为显著。然意为读者便于参考，手此一编，可省去购置画籍多种也。

28. 或有与本文之关系，并不密切，而亦收入附录者，则以其流传不广，非习见之本所有者。如《林泉高致画记》一篇是也。

29. 或有明知为伪托之书，但其言论甚有价值（大抵原书已佚，后人搜集旧说，依托而成），且与后代之画论，有相因之关系，则不在摒弃之例。

30. 若原书已佚，而一鳞片爪，散见他书，则辑合之而加以研究。如唐代品评章李嗣真、窦蒙等家之著述是也。

31. 历代画论家，对于绘画理论有特殊之贡献者，皆各为立专章讨论之。

32. 南北朝宋初之间，绘画之理论，泰半不离谢赫六法之系统。自宋而后，谢氏六法，除气韵及用笔外，其他四法，罕有论及。是以宋代以前之理论，以六法为中心，元明等朝不能更依据以往之线索。

33. 画法之中科目众多，不加类分，仍难免紊乱，故有历代画法著作科目分

类表之作。一代之中，讨论画法之先后，即按表中所列之次第为序。

34. 画法中之名称，经人习用，渐成为专门名辞。如矾头、叠糕、铁线、卷云、马牙勾等名，初不过用以形容山石之形态，后乃以之为皴名。本文叙述画法，沿时代而下，每遇一专门术语，必加解释。

35. 本文对于画法中图谱一类书籍，最为注重。一则以其授人作画，最易收效，二则以各家丛辑类纂等书，仅收文字，而图谱咸付阙如也。

36. 画谱中之图式，本文每逐帧逐式，著之于编。图式既多，自不能每式皆有所发挥，故往往直等抄录。然图谱既以图式为主，自宜详及，否则书中之内容无由知，而全谱之体制亦无由谂。宁失诸繁琐，勿失诸简率，读者当能谅之。

37. 画谱之图式，本文最注意其与文字能否对照，互相发明。换言之，著者之设此式，是否有其特殊之心得，而愿披示于学者。画谱之有无价值，能否予人实惠，端在是也。

38. 前人文字或图式，有不标名称者，往往为之代拟，以便叙述。如息斋《竹谱》中诸篇及半千《画法册》中各帧是也。

39. 品评之书，以年代辽远，画迹无存，著者往往又略于说明，画家高下排列之标准，故不能予后人切实之观念。今日所可从中窥得者为当代画派之好尚，以及某家有无特殊之主见。如宋初各品评家，将人物画家置于最前，明李中麓推崇浙派。凡此，皆特为指明。

40. 本文为解释方便，及易于使青年学子明了起见，于必要时，采用新术语或数学之公式，读者幸勿以趋时见讥。

41. 表解之为用，可化繁为简，读

者不假思索，便可一目了然，本文尽量采用。凡仅于文中某节需要参阅者，称之曰表格，即插入该处。若有多处需要参阅者，则置于书尾，名曰附表以别之。

42. 本文后附参考书目，其冷僻者，间于书眉注明某图书馆或某家所藏，既可备忘，兼供同究此道者求访之助。

43. 洪师煨莲，于历史方法一课中，授学生作注之方法，所缴论文，不得片辞只字不书明来历。初颇厌其繁琐，后修改本文前部，征引各文，于原书中求其出处，应手而得，乃知其功用之巨。

故本文凡有录引，无不注明。但经本文一再征引者，不在此例。

44. 日本关于吾国艺术，论著甚富。泰西各国，近来亦渐注意及之。惟其中材料，本文殊少采用，以吾国所固有者，尚未敢自信搜罗完备，无暇旁顾也。荟萃其说而参考之，当俟异日。

45. 此书尚是未定之稿，日后尚须随时修改增益，故书尾索引一项，当于将来付印时，再编制之。

46. 为方便阅读，原眉批插入文中，以〔〕表示。

各章材料分配说明

本文体制，将吾国论画著作，分为理论、方法、品评三大类。试阅前列之总表，当可见各类消长之迹。约言之，如理论至宋初而渐盛，方法以清代一朝最为繁富，品评之风，宋后竟归沉寂是也。且各类之中，亦每以时代之转移，演进嬗变，而各具其独有之特色。欲求于画论史中能获得完整一统之观念，宜有笼罩全书之文，弁诸章之首。作《概论》，章第一。

子书中有三家论及绘画，惟庄子、韩非之言论，类似寓言，淮南子之言论，近乎比喻，各自有其主旨隐于文后，非为画而发。三家时代相接，性质复多似处，合而论之。作《子书中之画论》，章第二。

顾恺之为晋代惟一之画论家，亦不妨谓为吾国最早之真正画论家。画论三篇，性质各有不同。《论画》偏重理论，《魏晋胜流画赞》以传授临摹方法为主，《画云台山记》叙述为人物作背景之山水画迹，而从中可略窥当时之理论及画法。三篇出于一手，篇幅皆不甚长，故不更作理论及方法之划分。作《顾恺之之画

理论及画法》，章第三。

南北朝关于山水画法之文字有三篇。宗炳、王微之作，论及自然之兴会，及绘画之欣赏，虽偏重理论，而与谢赫论画之六法系统，迥乎不同。梁元帝之《山水松石格》专论画法。三篇皆与山水画有关，为其相同之性质。作《南北朝之画理论及画法》，章第四。

谢赫六法，于画论上有创发之功，今以其六法为中心，自成一章，而以姚最与六法有关之言论附之。作《谢赫〈古画品录〉中之六法》，章第五。

谢赫《古画品录》乃吾国最早品评绘画之书。姚最因之，作《续画品》。兹就二家书中品评之部分，合而论之。本章与前章，实将谢姚之作，按其性质划分，不以著者或著述为单位，而以理论及品评为单位也。作《南北朝关于绘画之品评著作》，章第六。

张彦远为唐代惟一对于理论有贡献者，是以虽时在晚唐，而竟列之于唐代各章之首。《历代名画记》中所阐发重要之问题为：关于绘画功用之礼教思想与文人思想，对于六法之见解，书画用

笔相通及墨具五彩等项，分三节论之。作《张彦远〈历代名画记〉》，章第七。

王摩诘以文人画之始、破墨之祖著。本章将其所以致之之缘由，加以检讨。关于画法，相传有《山水论》《山水诀》二篇，纵是后人伪托，亦未宜摒弃。作《王维之画诗及画论》，章第八。

唐代品评之风最盛，统计之，几及十家。其中虽多散佚之书，一鳞片爪，尚有赖他书而得传者。张爱宾《历代名画记》，亦注重品评，今将其提出，与诸家合并讨论。作《唐代关于绘画之品评著作》，章第九。

五代画论家，仅荆浩一人。《笔法记》关于绘画之理论、方法及品评皆有涉及，依其性质，分为三节。作《五代荆浩之画论》，章第十。

宋代郭若虚《图画见闻志》中论气韵非师篇，论用笔得失篇，及刘道醇《圣朝名画评》论六要六长，皆属谢赫六法一系，辅之以郭熙、董逌、韩拙、邓椿等家之片段言论。作《宋代与六法有关之画论》，章第十一。

文人画自宋而后之所以能发扬光大，东坡之力最巨。东坡在当时文坛中，居领导地位，故能一唱百随，造成绘画中前所未有之动向。一时之彦，如苏辙、黄庭坚、晁无咎、董逌、邓椿等，皆受其影响。本章先论东坡对于绘画之主张，更叙述彼时之附和其说者。作《苏轼与文人画》，章第十二。

宋代理学昌盛，论画亦无形中沾染谈理之色彩。特辟此章，以示其有时代性之特色。作《宋人论画所注重之理》，章第十三。

郭若虚《图画见闻志》为宋代论画最重要之书籍，其中论各家画派尤详。

细按之，与后世之理论、方法品评各类论著，皆有直接或间接之关系。而吾人对于古代画科能得有系统之认识，亦多赖若虚是书之流传。作《郭若虚〈图画见闻志〉论各家画体》，章第十四。

董逌跋画，精于考订画中故事。朴实博洽，语语皆有本原。越园先生所谓"逌与苏、黄同为宋人，而题跋风趣迥殊"是也。逌后无能效之者，故此书不啻为考据一类画跋之惟一代表作。作《董逌〈广川画跋〉》，章第十五。

宋代关于画法之论者颇多，依本文所附历代画法著作科目分类表所定之次序，先山水而后人物等类。故释仲仁、宋伯仁之梅谱，皆在郭熙、韩拙之山水画法著作之后。郭若虚时代最早，且其论制作楷模篇，涉及人物、山水等数类，未宜更加划分，置之于诸节之首。作《宋代关于画法之著作》，章第十六。

品评之风，至宋已渐消沉，仅黄休复、刘道醇两家有专著传世。郭若虚曾泛论古今优劣，附作末一节。作《宋代关于绘画之品评著作》，章第十七。

元代关于绘画之理论，仅有片段之文字。以其过于零散，故除赵松雪、汤君载、倪云林三家外，余未于总表中予以地位。今将各家之说汇集，而加以类分。作《元代关于绘画之理论》，章第十八。

元代画法，关于山水者，有饶自然、黄公望二家。传真则有王绎之《写像秘诀并彩绘法》。三书篇幅皆不长，于同章中论之。作《元代关于画法之论述》，章第十九。

元代有图谱二种，胥授人画竹之法，李息斋之《竹谱详录》、柯丹丘之《墨竹谱》是也，正宜同置一章。作《元代画竹图谱》，章第二十。

处理明人关于画理之言论，与第十八章略同，汇集各家之说，分为气韵、逸气、书画相通、用笔、画尊山水、师法、空灵、生熟等八项。作《明代关于绘画之理论》，章第二十一。

明代画家中阐发文人之艺术思想最透彻者，厥惟李先生长蘅。吾人似可借先生之思想，进而明了一般文人画家对于自然之态度及认识。盖既同为文人画家，所见所思，咸不致相去太远，第各家未必尽托之于言辞耳。今日读其诗文，正不宜专限于先生一人也。作《李流芳之艺术思想》，章第二十二。

石涛《画语录》，为明代关于绘画理论之矫然特殊者。并非因其关于方法、品评等方面罕有涉及，较当时各家著作之性质为单纯。实因其立意设论，绝不依傍前人，而能自辟蹊径，是以绝对不得与他家之著合论。作《释道济〈画语录〉》，章第二十三。

南北宗之名辞，为董思翁所创，乃明代新兴之学说，而数百年来，竟为画论中最重要之问题。今以其性质不甚单纯（如重文人轻画工，文人高逸，以韵胜，画工所缺者，文人之抱负及修养。其韵远逊，此等论调，可划入理论范围。南宗用披麻，层层渲染，北宗用斧劈，笔笔见骨，乃属于画法者。思翁等尊重文人，诋谇院体，判然有高下之等差，乃属于品评者）。故于明代理论各章之后，方法各章之前，作《董其昌与南北宗》，章第二十四。

明代山水画法，文字方面，能自成书者，可得三家。片段言论，亦复不少。兹取此为一章之材料，作《明代关于山水画法之论述》，章第二十五。❶

詹东图为历来著录画迹、描写作法宗派之最详尽者。其嘉惠后学，实过于论画法之专书。以其体裁之殊别，特与前章之材料分置，作《詹景凤〈玄览编〉》，章第二十六。

山水图谱，今日所得见者，当以半千所作为最早。彼时原为授徒之用，故流传不止一种。本文除于附录中将所得之四种汇抄外，复以其最重要之《画法册》为主体，作《龚贤之山水图谱》，章第二十七。

图谱之作，盛于明季。半千山水等谱之外，关于其他画科者，有七八种之多。作《明代之人物梅竹兰花鸟等图谱》，章第二十八。

品评之著，明代有李开先《中麓画品》，王稚登《吴郡丹青志》二种。至玄宰等抑北崇南之意见，虽于品评不无关系，然已于南北宗一章中论及，不更阑入。作《明代关于绘画之品评著作》，章第二十九。

清代理论，仍援元明二朝之例，惟因其量之繁重，故每项各成一节。各家所论，泰半不出前人之范围。仅谓气韵发于笔墨，及对于摹拟特别重视二点，为清人所异于前代者。文中征引较备，论之亦较详。作《清代关于绘画之理论》，章第三十。

清代论画理最为透彻者，当推沈宗骞《芥舟学画编》。但其原书精辞妙义，圆转如环，纷然绚烂，有目不暇穷之概。欲求其于本文各章中，分配妥帖，殊非易易。文后附有《芥舟学画编》各章材料分配一表，正为研究此问题而设。兹自其书中提取关于通论、修养、笔墨三方面之理论，作《沈宗骞〈芥舟学画编〉》，章第三十一。

❶ 按本书体例，周履靖《画评会海》宜入本章最后各家片段言论一节（论山水画法涉及多项者提出自成一节，若仅论及一二项者入片段，《画评会海》割裂前人之文字为多，本文所取者不过其论皴一节耳。后附山水画法论述内容分类表中，亦未尝予履靖一席）。

清人论笔墨，能自成一家言者，芥舟而外，惟华梦石耳。置之于《学画编》之后，有与前章笔墨一节相邻比之意。作《华琳〈南宗抉秘〉》，章第三十二。

董玄宰南北宗说，数百年来，深入人之心目。后世画论家，有附和其说者，有不专左祖南宗者，然当以前者为主流。盖清代画坛，全是南宗之天下也。秦祖永《桐阴论画》，始于玄宰。就画史所自有系统，为段落之划分，颇具卓识。兹援其例，仍遥遥自玄宰叙起，俾与明代南北宗一章相衔接。作《清代南北宗论》，章第三十三。

欧画东渐，吾国艺苑，颇受其影响。惟百数十年后，又趋沉寂。良以国人对于固有之艺术，认识甚深，不易为外力所转移也。此章偏重论者对于西画所抱之态度，而略于史实上之经过。作《清代论者对于西洋画之意见》，章第三十四。

处理山水画法之专著，自汤雨生有《画筌析览》之作出，实为吾人开绝好之先例。清代论画之著述，得按山、水、树石、点缀、时景等项类分，而可与《画筌析览》并列者，约有十家。作《清代关于山水画法之论述》，章第三十五。

关于明代《山水画法之论述》章，末以各家之片段言论一节为殿。清代则论者众多，远非前章所收之十一家所能尽，亦非一节所能容。作《清代关于山水画法之片段言论》，章第三十六。

麓台喜用干笔皴擦，当时习之者颇众，且每著其说于篇。其流弊在专重笔墨，不重丘壑，而干枯太过，笔墨亦失。为示其与清代一般南宗画法有不同之处，另为划出范围，作《王原祁之山水画派》，章第三十七。

清人记画中丘壑布置最详者，为张浦山《图画精意识》。论其价值，足与詹东图之《玄览编》抗衡，即谓为上承詹氏之作，亦无不可。作《张庚〈图画精意识〉》，章第三十八。

清代山水图谱，有王安节、费汉源、郑纪常、顾若波等四家之著，分四节论之。作《清代山水图谱》，章第三十九。

人物画法，清人有专著者，为沈芥舟、郑纪常二家。沈氏之作为论述，郑氏之作为图谱。各仅一种，故不更为论述与图谱之划分，末以各家片段言论附之。作《清代关于人物画法之论述及图谱》，章第四十。

传真之道，清人有专著者得四家，惟丁皋《写真秘诀》有图解，亦不另行分置。作《清代关于传真画法之论述及图谱》，章第四十一。

梅谱之作，有王概等合编之《青在堂梅谱》，及王寅之《冶梅梅谱》。查礼之《画梅题记》，虽当归入专著之例，而题跋之文，论画法处，终不甚多，入片段言论一节。作《清代梅谱及关于画梅之言论》，章第四十二。

清代竹谱最多，择其重要者《青在堂竹谱》、《天下有山堂画艺》、《写竹简明法》等三种，分节论之。他若李景黄、杨士安、竹禅等家之著，不过于注中附及而已。作《清代竹谱及关于画竹之言论》，章第四十三。

清代画兰法，以王概、汪之元二家之谱，分为两节。陈东桥、竹禅、王冶梅之书，皆于注中附及。作《清代兰谱及关于画兰之言论》，章第四十四。

画菊惟王概等《芥子园画传二集》中有专谱。菊为四君子画之一，在吾国画科上之地位，与梅、竹、兰同列，故虽材料不多，亦不得不为专辟一章。作《芥子园画传二集·青在堂菊谱》，章第四十五。

绘画科目，当以花卉一类为最杂，昆虫鱼介等门，往往附入。《芥子园画传三集》翎毛草虫兼收，即是明证。本文注重对于后学者有实惠者。如《小山画谱》及《梦幻居画学简明》专记花木之形态。文字叙述，与图画终隔一层，实无甚补益，概行从略。最后附以高秉之《指头画说》，以此章之门类既广，则更无为严格划定范围之必要矣。作《清代关于花鸟杂画之论述及图谱》，章第四十六。

品评之书，清代仅秦逸芬《桐阴论画》一种。体制芜杂，一似全昧前人品级之准则者。备加征引，以示其与古人背戾处及自相矛盾处。作《秦祖永〈桐阴论画〉》，章第四十七。

研究前人之画论，正为日后吾人从事画学方面著述时做准备。往籍之进化演变，以及其间之是非得失，在前列各章，曾不时加以检讨，而予以优劣之评判。是则未来之画论，果将奚若，此固今日所愿急切得知者，亦正自序中所揭示作此书最大之主旨，而兢兢未敢以之自期者也。作《余论》，章第四十八。

第一章 概论

本文纲要既将论画著述分为理论、方法、品评三大类，各朝学说之概况，即依此次第言之。

（甲）理论

吾国最早之画论，见于先秦诸子。《庄子》载宋元君对于画史之般礴，而称为真画师。韩非炫画笑者技艺之神奇，又记齐王与画客犬马难易之问。君主之尊，果真能容画工之放浪形骸耶？画笑者，果真能绘龙蛇之属，近不见而远弥彰耶？齐王果真与画客有绘画题材之探讨耶？吾未能信也。要为寓言家所虚构耳。史事陈迹，远而难稽，疑古之态度，纵不妨有，但言画论，又未可不自此始也。

真正之画论，换言之，即确为对画而发者，当自晋顾恺之始。就其《论画》一篇，评论各家之辞句中，可代其拈出论画所注视之各点，而此固后日谢赫六法之先导也。

南齐谢赫之六法出，吾国画理之原则，乃矫然成立。成立者何，所谓历千载而不易者是也[1]，猗与伟矣！

宗炳、王微与谢赫同时而略早。二家皆擅山水。在当时人物画盛兴之际，独能领略自然之趣灵，信是别有会心者。日后吾国艺苑中，声势最盛之文人画，当溯源于此也。

唐代三百余年间，极少于画理有贡献者。有之，惟张爱宾《历代名画记》一书耳。帝王重绘画，以其足以助教化、正人伦，此非为艺术而艺术。必视绘画为怡悦性情之具，方为正当之态度。二者之转变，信是吾国艺术思想史中一大关键。爱宾之议论，即足代表正在演变中之一阶段。

《历代名画记》有论六法之专篇。六法究竟何义，谢氏未尝自解。爱宾去古未遥，诠释必多可信。后人不于斯求，别无可征者矣。

五代为时甚促，荆浩而外，更无论者。《笔法记》纵有伪托之嫌，尚不失为与荆浩同一时期之作品。六要之说，言其大体，不能脱谢氏六法之范围。究其细节，笔墨并重，与唐宋间画风之转变，不期合拍。画论史中，讵可不予一席？

绘画理论，至宋而昌。归纳言之，各家学说，可分三类。郭若虚《图画见

[1] 纪昀等《四库全书总目》（民国十九年上海大东书局再版）112/1a。

闻志》气韵非师、用笔得失诸篇，刘道醇六要六长，皆承谢氏余绪，而属于六法之系统者。东坡以文坛之领袖，为艺苑之盟主，创绘画得诸天机、天机不能学、非形似诸说，文人之色彩乃日益浓厚。宋人嗜谈理，如沈存中之《梦溪笔谈》，以画家缜密之思想、精微之观察，必画中情景与自然之物理毫不违谬，始为可贵，此又一类也。

元代理论，当以逸气及复古为其特征。复古之说，松雪主之。逸气之趣，非云林莫属。然言论不多，各有数语，逗露其意而已。二家言行，信能一致，披览其迹，则其主旨，昭然若揭。是其议论，又赖画迹之力以得显，非仅事空言者也。论者尝以为松雪精工，具前朝作家之规矱，故行而兼利。云林则为后世士大夫画之准则。正以其画派，一为承前一为启后之有异也。

明人关于画理，论者颇众。细辨各家之片段言论，以引申前代之说者为多。惟李竹嬾之论空灵，虽不得谓其为画中创一新境界，在画论中，自是新颖可喜。

画中有南北二宗，玄宰始分。数百年来，论之者不替。自董而后，文人画家之地位愈高，院体工匠，日趋没落。其所定名辞，虽是草创，究其实质，仍遥遥与前代论者气息相通也。

李先生长衡，于诗文中每多画理之阐发，于无心中出之，尤多真性情之流露，洵今日研究艺术思想之绝好资料。道济方外，语多玄妙。但其要旨，非不可寻绎而得。绝不依傍前人，为此公特色。如斯之著，信为前代所无也。

绘画理论，至清而愈滥。就各家所论，或可窥得为当时画风所造成之特色。

如清人重笔墨，故谓气韵悉由是发。清人重模拟，故谓作画不可越出前人成法。至于所论绝不落以往画论家之蹊径者，吾未之见。

沈熙远《芥舟学画编》，论画理最为透彻。前人意中所有，而言之未详者，熙远皆能一一引申之，陈于吾人之前。清代论著中，诚为杰出者矣。

西画东渐，始于有明。清代论者，恒非议之。就其所攻击之各点，亦可觇吾国绘画所有之特质也。

（乙）方法

最早之画理论，自顾恺之始，画法亦然。《魏晋胜流画赞》，关于临摹之法，言之綦详。《画云台山记》，亦略有涉及画法处。惟皆为人物一科而发，山水画当时原未盛行也。

梁元帝《山水松石格》，为最早论山水画法之文。伪托之据，虽甚凿凿，韩纯全即曾引用，自是宋以前人所作，其内容倘加分析，可得山、水、树石、点缀、时景、墨、设色、杂论等项。此诚后世论山水画法文字之雏形也。

唐王维画论两篇，仍经伪托而成。其性质与梁元帝之作，颇多似处。作伪时期，相去或不甚远。舍此而外，唐代一朝，竟别无关于画法之著矣。

画法至宋而渐滋，郭若虚制作楷模篇，备赅各科，郭熙之《林泉高致》，韩拙之《山水纯全集》，则专论山水。其篇幅之繁，方诸前代，皆数倍之。淳夫文中，述及点擢等用笔之技巧，纯全列举山石皴法之名称，皆为后人所乐道者，而此其先导也。

仲仁梅谱，虽明知其为伪托，仍不失为最早之书。但观宋以后论画梅诸篇，无不因袭其一丁二体诸说，可知也。

宋伯仁之《梅花喜神谱》当为图谱之始，独惜其不以切实简明为宗旨，而以标奇炫异为难能，致于学者，竟无足取法。

元饶自然著《绘宗十二忌》，凡布置、境界、山、水、树石以及点缀诸法，皆有论及。要皆明显扼要，足为初学津梁。言画论而专就忌病立论，尚为前代所未有。忌病明则知何者不可犯，知何者不可犯则知何者所宜有，举一反三，当不难揣测而得其法。

黄公望为董、巨嫡子，一脉相传，至元而始振。《写山水诀》中言及披麻、矾头、淡墨入手诸法。画论中足代表南宗一派者，当以子久是书为首。后世习之者众，破墨长皴，遂风靡天下矣。

传真之有专著，始于王绎之《写像秘诀》。书中于用笔层次之先后及赋彩之种类，颇多说明。后世纵有极详尽之书，未有不自此出者。

墨竹盛于元，专门名家以及兼习之者，不可胜数。李息斋衎撰《竹谱详录》，条陈作法，秩然不紊，图谱与文字，尤能互相发明，其体制之周密，考证之精审，不仅空前，即后来各家之著，亦未有可与比拟者。柯九思有《墨竹谱》，图式极简省，便于初学，但解释之文字不多。此则近于画稿，而非专门之撰著也。

山水画法之论著，至明而富。董玄宰《画旨》《画眼》《画禅室随笔》诸书中，不下数十条之多。唐志契之《绘事微言》，既辑古人之名言，又抒一己之心得，遂成为山水画法之专著。他如陈眉公之《妮古录》，李竹嬾之《六研斋笔记》《紫桃轩杂缀》，周履靖之《画评会海》，顾青霞之《画引》，沈灏之《画麈》，汪砢玉之《珊瑚网》，亦多论及。言其重要，尤宜推詹东图之《玄览编》及龚半千之山水画册诸种。詹氏之著，虽是著录之书，而备详作画之方法，细至一树一石之用笔先后，设色层次，皆不吝告人。半千之谱，原是墨迹，前代印刷之法不昌，不过一人一家之秘笈。一旦影印而传于世，于是天下之人，咸得受其沾溉之益。画一树必自一笔始，画一石必自勾轮廓始，逐渐积累而成章。学者循其步趋而习之，便无不知从何下手之苦矣。

明代雕版之术至精，故多图谱之作。关于画梅者有沈小霞之《梅谱》、刘世儒之《雪湖梅谱》，画竹者有高遁山之《竹谱》，而周履靖一家竟有人物、梅、竹、兰、花鸟等五种之多。其中以遁山之谱为最佳，分段图解，由简而繁，深知教授之方法者也。

清代论画之著，属于画法一类者为多，而画法一类中，又以关于山水者为多。笪江上以骈俪之文，宣画法之微诠，布啸山采问答之体，泄绘事之精义。戴以恒则以浅显之辞，制成歌诀，务求人人得解，皆文体之较异于他者也。唐静岩《绘事发微》，自标篇目，与前朝唐志契之《绘事微言》差似。恽南田、戴醇士每丁跋画之文字中，论及作法。方兰坻、钱松壶、李乾斋、盛大士等家之著，又与随笔之体裁为近。然其于山、水、树石、时景、点缀诸项，皆有甘苦经历之言，足为后人矜式则一。此外或有论画法之书，而篇幅不长，或因著录前人名迹，而论及方法，或自无选述，而所论经人采入画家传记之中，片段言论散见各画学书籍者，为数尤众。

麓台用干笔皴擦，于《雨窗漫笔》与所题画跋中，时有论及。学者喜其笔墨凝重，金刚杵可力透纸背，竞起效之。在清代山水画中，乃自成一派。不仅此也，麓台弟子中，多擅文墨，故就画论言，亦成一独立之系统。

张庚《图画精意识》，记叙前代名迹最详，对于画中之结构及位置，时以剖解之法，作段截之划分，故学画者读之，易于悟会。与一般著录鉴赏之书，不可同日而语也。

山水图谱，自《芥子园画传》出，而规模始备。图式精而门类广，议论亦足以副之，实为画法书中一巨制。后之继者，如费汉源、郑纪常等，皆不能逮也。

关于人物画法之书，沈熙远《芥舟学画编》卷四及郑纪常《梦幻居画学简明》卷二，皆能自成篇幅。沈氏注重认清宗派，不以放纵霸悍之作风为然，盖有鉴于黄慎、杨芝诸家而发。郑氏将人物分作工笔、意笔、逸笔三种，并附图式。然关于衣纹描法，杜撰之处甚多，恐未必尽可师法。

传真之著，重要者为蒋赤霄之《传神秘要》、丁鹤洲之《写真秘诀》及沈熙远之《芥舟学画编》卷三。蒋氏注重面上各部尺寸之比例，丁氏备详鼻、目、口、眉各种不同之类别，沈氏则画法中不时参以抽象之理论，此三家之所异，亦可谓三家所各具之特色也。

梅、竹、兰、菊，清代各有专谱。《青在堂梅谱》，文字多因袭前人，若非其图式可资取法，不足存也。王寅《冶梅梅谱》，议论尚有独抒己见处，但图式又恶劣而近俗。

竹谱之中，以蒋醉峰之《写竹简明法》最为切实。成式之后，附以分解，

较高遁山之法，又进一步。汪之元《墨竹指》论画法尚有新意，《青在堂竹谱》则悉录息斋之文矣。更有李景黄之《李似山竹谱》、杨士安之《瓶花书屋竹谱》、释竹禅之《画家三昧》，皆无价值。似山之作，过于简略，且自石刻摹得，臃肿不堪，士安则全袭醉峰，竹禅则矜画竹练团之法为心得，堕入恶道而不自知也。

兰谱亦以汪之元之《墨兰指》为佳。画菊惟《青在堂菊谱》一种。良以历代花卉画家，多兼画菊，专门名家，为数寥寥。严格言之，似未若梅、竹、兰三者，能独立而为画中之专科。四君子画中，菊居最后，而图谱亦以画菊者为最少，盖有由也。

花鸟画法，清代不乏专著。论其体制，不外下列数种。以图谱为主，文字为辅，《芥子园三集》、张子祥之《课徒画稿》是也。文字图谱兼备，未能轩轾其重轻者，郑纪常之《梦幻居画学简明》是也。仅有文字，而无图式，邹一桂之《小山画谱》、方兰坻之《山静居画论》、洪朴之《燕脂录》是也。若论其价值，并不在所采之体制，又当视其内容之何若。邹小山专言各花之类别、瓣蕊之奇偶、叶形之岐亚，而究竟当以何等笔法以状之，殊少述说。《画学简明》，亦坐此病，于是反不如方兰坻之杂论各家宗派、记录前人名迹及洪朴之专宣恽氏一派画法之秘，足为学者取法也。

（丙）品评

画论之有品评，始于南齐高帝之《名画集》，惜今不传。谢赫《古画品录》，当为传世之最早者。二十七家厘为六品，高下之意寓焉。姚最因之，作《续画品》，

自序中虽有"不复区别优劣，可以意求也"❶之言，但湘东殿下，仍高在篇首。设果无轩轾之意，更何必以画品名书哉？

品评之风，至唐大盛。虽散佚者多，传世者少，合而计之，几及十种。李嗣真之《续画品录》，分置画家于上中下三品，每品又各分上中下。李书虽有伪托之嫌，定品之法，作伪者或不致易其原序。况张爱宾《历代名画记》亦采是法，名曰三品，实有九等。其制始于唐，可断言也。取与谢氏之著较，由六而增为九，区别等差，愈见微细矣。

朱景玄《唐朝名画评》，以神、妙、能、逸分品，前三品各分三等，逸则不分，盖专为"不拘常法"❷者而设，与后世品藻之书，纵不相同，然逸为四品之一固自景玄始也。

迨及宋季，品评之书锐减。二百余年间，仅三种耳。

黄休复《益州名画录》，置逸格于四品之首，且各为定界说，后世评画，多援其例。余越园先生所谓"四品界说……至此编卷首，始为论定，此后亦更无异议"❸是也。

朱景玄于各家品评中，往往谓其某科可居某品，另一科又可居某品。是有鉴于一家兼擅数科，或长于此而绌于彼，未宜以一品律之也。实行改革品评之制，使其愈臻精密者，始见于刘道醇之书。其《五代名画补遗》及《圣朝名画评》，先分画科，各科再分等级，于是一家不妨列入二门或二门以上。就画学批评史言，此信为显著之进步。

自南北朝以至宋代，各家品评之著，咸将人物画家位置于篇首。唐代以顾恺之、陆探微等家最为煊赫。唐末宋初，则吴道玄独踞首席。一代之好尚，必随当时之画风为转移，一定之理也。

元代无品评之书，明亦仅有李开先之《中麓画品》及王稚登之《吴郡丹青志》二种。中麓推崇浙派，是其特色，百谷则只限于吴郡一地之画家，与《益州名画录》之专论蜀中画人，颇为相近。

清代品评之著，惟一《桐阴论画》（黄左田之《二十四画品》、潘曾莹之《红雪山房画品》，专言画中品格境界，不论画家优劣，实与品第之作殊科），分品虽沿旧制，定义全与古违，又毫无说明，欲求取信于人，难矣！

❶ 姚最《续画品》（王世贞《王氏画苑》民国十一年泰东书局重印本）1/15b。

❷ 朱景玄《唐朝名画录》（王世贞《王氏画苑》民国十一年泰东书局重印本）6/序1。

❸ 余绍宋《书画书录解题》（民国二十一年北平图书馆印）4/6a。

壹

概论

第二章　子书中之画论

历来论画学者，大都以《庄子·田子方篇》"宋元君将画图"一节为吾国画论之嚆矢，而以《韩非子》《淮南子》中"画筴"、"犬马难易"、"谨毛失貌"等节继之。吾人于子书中，信可获得最早之画论，因可证明古代对于绘画趣味之浓厚。且吾国上古时期之绘画，久已不存，于文字方面，尚可略得关于画学之知识，借以补画迹之阙，自不得轻易忽之，摒弃不论。惟根据子书中之材料，允宜分外谨慎。年代之辽远，使其本身之真实性发生疑问，寓言之奇幻，使其本意不易捉摸，固不如吾人引用后代专论绘画之著述，敢确信所见，毫不犹豫也。

研究子书中之画论，及揣测古人之意见，尝以为当注意下列二点：（一）子书本身真伪问题；（二）子书中多寓言及比喻，必须依照全篇之中心思想，揣测某章某节之用意，不可断章取义，专就一事而论。

第一点尚是次要，以今所引用之子书三种，即有伪托，亦不得晚于汉后[1]。若言画论，即使成于汉，仍不失为极早之论著。第二点却为一般论者之通病，往往不察寓言及比喻文后之主旨，而惟一章一节之义是据。当时作者只求词意不凡，后人便误以为古代绘画之技巧，出神入化。悖于情理者，复益以想象，生出种种去事实遥远之解释，吾未见其可也。

第一节 《庄子》中之画论

《庄子·田子方篇》中有言曰：

> 宋元君将画图，众史皆至，受揖而立，舐笔和墨，在外者半。有一史后至者，儃儃然不趋，受揖不立，因之舍。公使人视之，则解衣般礴，臝。君曰："可矣，是真画者也！"[2]

宋郭熙《林泉高致》曰：

> 庄子说画史解衣盘礴，此真得画家之法。人须养得胸中宽快，意思悦适，如所谓易直子谅，油然之心生，则人之笑啼情状，物之尖斜偃侧，自然布列于心中，不觉见之于笔下。[3]

刘君海粟《中国绘画上的六法论》中之见解为：

> 所谓真正的画家，不能拘拘于礼节之中的。应当任其自然感兴，越超社会的习惯，而完成他的作品。不是从应对

❶《庄子》虽有伪作之说，但皆以为出于汉前人之手。

❷ 庄周《南华经正义》（光绪十九年怡颜斋本）3/49a。

❸ 郭熙《林泉高致》（詹景凤《画苑补益》民国十一年上海泰东图书局重印本）1/21a。

❶ 刘海粟《中国绘画上的六法论》（民国十二年中华书局铅印本）2a。

❷ 金原省吾著《中国的绘画思想》，丰子恺译（姚渔湘编《中国画讨论集》民国十七年立达书局出版）75。

❸ 朱应鹏《国画ABC》（民国十七年ABC丛书社印本）15。

❹ 同注❸。

❺ 许地山《道教史》：论《田子方篇》儒服事。儒服问题起于战国末汉初之间。

❻ 叶德庆曰："《田子方》申《养生主》葆真之意。'方将踌躇，方将四顾'亦《养生主》句。"见《庄子研究》（民国二十五年商务印书馆）38。

❼ 庄周《南华经正义》（光绪十九年怡颜斋本）3/44a。

❽ 大村西崖《支那绘画小史》张一钧译（上海聚珍仿宋印书局印）12。

❾ 韩非《韩非子集解》（扫叶山房石印本）11/4b。

❿ 同注❾11/5a。

⓫ 郑昶《中国画学全史》（民国十八年中华书局）14。

⓬ 王先慎注《韩非子》曰："素，未画也。此言笑之用何异素英。"同注❾11/5a。

中求他的价值，而是从作品中求他的价值。在这里，我们不过窥见尊重作家自由，和作家忘记了社会拘束，而没入于自然的一点。❶

日人金原省吾之见解，与刘氏颇相似：

绘画的世界的道德，是超越平常的世界之道德的。即以作品价值的增大，决定画家的道德。❷

朱君应鹏之《国画ABC》，特将庄子之画论提出，辟为专章，中有：

庄周的人生观是主张绝灭理智与情感，他以为理智情感之外，另有一种物我两忘的境界，是人生的究竟。❸

又曰：

这是中国第一篇画论，也是中国绘画思想的根源。庄周表示画家的制作，要排除理智与情感，要取无所容心、不拘形迹的态度。后世画家，多奉他的理论为无上的信条，尤其是山水画家，因为庄周提倡山林生活与乐天主义，后来山水画的产生，即是庄周思想影响于艺术的结果。❹

此诸家对于《田子方篇》之见解也。《田子方篇》，据后人之考证，为学庄者所作，成于战国末或汉初者❺，此姑置不论。今所当研讨者为此节究竟为何而发。吾以为乃作者假宋元君及画史为寓言中之人物，以阐明其一己之主张耳。意在说明一"真"字。葆真乃自《内篇·养生主》引申而来❻，亦即其中心思想。宇宙间惟"真"为永恒，"真"之存在，不可以言传，更非礼节外表所可表现。非至人不足以有之。作者但求能阐明其主旨，用任何人任何事为寓言，咸无不可。画史及宋元君，正与同篇中之东郭顺子、温伯雪子同❼，不必真有

其人，果有其事。设吾人真以为有画史般礴而坐，袒腹露背，而宋元君尊之为真画师，根据此点又作为秦汉时对于艺术家非常敬重之佐证，则失诸远矣。日人大村西崖曰"宋之元君，则召画人而喜般礴"❽，便将寓言视为事实，确有断章取义之病。

吾人推测原文之主旨，必须从大处着眼。所谓至人（不限于艺术家），其态度不可迂缓矜持，亦不可趋妄自卑，更不必斤斤于世俗之礼节。若能保守其"真"，便无可无不可。至人为作者理想中之标准，含义非常广大。

刘君海粟，限作者之范围于"真正之画家"，金原省吾限之于"绘画之世界"，专就宋元君一节言，自甚得当，但已将庄子学说广大之含义缩为狭小。不如朱君应鹏"人生的究竟"一言，包容之广也。

第二节 《韩非子》中之画论

《韩非子·外储说左上》中关于绘画之言论为：

客有为周君画筴者，三年而成。君观之，与髹筴者同状。周君大怒。画筴者曰："筑十版之墙，凿八尺之牖，而以日始出时加之其上而观。"周君为之，望见其状，画成龙蛇禽兽车马，万物之状备具。周君大悦。此筴之功，非不微难也，然其用与素髹筴同。❾

客有为齐王画者。齐王问曰："画孰最难者？"曰："犬马最难。""孰易者？"曰："鬼魅最易。"夫犬马，人所知也，旦暮罄于前，不可类之，故难。鬼魅无形者，不罄于前，故易之也。❿

吾人对于以上二节处置之态度，正当与《庄子》宋元君一节同。韩非亦假

他事，旁敲侧击，以证实其主张。郑君午昌即谓："周君之画荚，恐为韩非子之寓言。"⓫盖有所见也。实则客有为齐王画者一节，韩非之意，亦不在记录齐王与画客之问答，故仍不脱寓言体裁。不过所见近乎事实，不太怪谲，使人觉或真有此事之可能耳。

上引二节，同为寓言，但在供给材料之分量方面，却有轻重之别。换言之，自近乎事实之寓言中，可获得关于古代画学比较准确之知识。

在客有为周君画荚者一节中，"三年而成……筑十版之墙，凿八尺之牖……画成龙蛇禽兽车马，万物之状备具"云云，皆为故意铺陈，无关宏旨者⓬。韩非实重在最后"此荚之功，非不微难也，然其用与素髹荚同"之断语，意谓费长久之时日，备艰难之设施，用尽精力，始能见荚上之图画，得不偿失，莫过于斯。与其如此，何若素髹荚之为愈乎？同篇前文，言及"棘荆之端为母猴"，人主欲观之，必须遵守极苛严之规条，其苛严必非人主所能履践⓭。后虽谓此等技艺，纯属子虚，惟即令果有其事，在韩非亦以为不可致用，不足为贵。于此可知韩非乃菲薄费时费力、不切实用之工作，而并非将奇巧之艺术，夸炫于后世。画荚者由于韩非信口虚构之成分居多，吾人自此所得获之古代画学知识，恐不足信。所可异者为郑君午昌，虽明知画荚近于寓言，而仍有"疑其画宜远观，不宜近玩，大类近时之油画"⓮之推测。他如王先慎之注《韩非子》曰："加荚于墙牖之上，窥其画，此即西人光学之权舆。"⓯俞君剑华之"此与近世之西洋景电影等相近"⓰等一类之解释，更为去题遥远，无中生有矣。

客有为齐王画者一节，所予吾人之画学知识，与上不同。韩非谓犬马最难，以其为目所共见，人所熟悉者。若有错误，定立为人道出。鬼魅无形，可以以意为之，信手涂抹，不致受人指摘，其意十分明显。刘君海粟推测其用意曰：

韩非子的意思当然以难为贵，写理想中的鬼魅，人不能以实物来验他的美丑，所以是不足道的。写日常易见的东西，人可以由经验来判断。如果写得逼真，那就可贵了。⓱

金原省吾亦认为韩非为写实论之代表：

须将绘画的对象，如实写出，愈肖似对象，作品的价值愈大。⓲

诚然，韩非此节，确寓有贵写实轻虚构之意。吾人不妨更广其意曰：凡切合实际者，皆有价值，反之，皆不足取。此不仅与犬马难易之说相符，即与画荚一节，亦正吻合。吾人当知切合实际，即《外储说左上》全篇之中心思想，亦法家之惟一主张。由此推测当代绘画以写实为贵，当较车马龙蛇之荚画为可信。吾故曰：二节在供给画学材料之分量方面，有轻重之不同也。

第三节 《淮南子》中之画论

刘安《淮南子》中论画，吾不谓之为寓言，而谓之曰比喻。虽亦非专为绘画而发，与画之关系，自较寓言为密切。于此似可窥吾国画论进展之过程也。其论曰：

寻常之外，画者谨毛而失貌，射者仪小而遗大。⓳

高诱注曰："谨悉微毛，留意于小，则失其大貌。"⓴或问曰：何以知其为比喻？曰：以其前后文可证。《说林训》

⓭《韩非子·外储篇左上》："客曰：'人主欲观之，必半岁不入宫，不饮酒食肉，雨霁日出，视之晏阴之间，而棘刺之母猴乃可见也。'"同注⓽11/3b。

⓮ 同注⓫。

⓯ 同注⓽。

⓰ 俞剑华《中国绘画史》（民国二十六年商务印书馆三版）I/11。

⓱ 同注❶2b。

⓲ 同注❷。

⓳ 刘安撰，高诱注《淮南子笺释》（嘉庆甲子聚文堂版）17/6a。

⓴ 同注⓳。

❶ 刘安撰，高诱注《淮南子笺释》(嘉庆甲子聚文堂版) 17/1a。

❷ 刘海粟《中国绘画上的六法论》(民国十二年中华书局铅印本) 2b。

❸ 余越园先生曰："按原文上有'故曰'两字，知此二语盖古语也。原题董元画谓：'自昔学者皆师心而不蹈迹。'此语盖讥当时画者不知师心也。然此语必古时为写禽兽而发者，故采录之。"《画法要录二编》(民国二十四年中华书局再版) 5/2a。按上文余氏引自晁补之《鸡肋集》，二语之源，实出《淮南子》。

❹ 张彦远《历代名画记》(张海鹏校辑《学津讨原》上海涵芬楼影印琴川张氏本) 1/17a。

开章明义便称：

> 以一世之度制治天下，譬犹客之乘舟中流，遗其剑，遽契其舟楫。暮薄而求之，其不知物类亦甚矣！夫随一隅之迹，而不知因天地以游，惑莫大焉！❶

意谓天下无固定之方法，处处必须适应环境，相机行事。二法极端相反，正可以之适应迥不相同之境遇。上文之后，便列举种种相反之事实作为比喻。所谓"射者仪小而遗大"正与"画者谨毛而失貌"相反。换言之，作画与校射为二事，所用之方法，竟有相反之必要也。

刘君海粟之解释为：

> 屑屑于细部，便伤了全体。这种伤及全体的细部，是无价值的，应该舍之而不顾。画家的立眼，在于全体。全体的统一，才有作品的生命。❷

刘氏所见甚是，但此外吾尚有说。寻常者，八尺十尺之称也，乃指相当之距离而言；刘安谓留意于小，则失其大貌，为画家写去人相当距离之物体，所当注意者。意在告人，画此等情况下之对象，不宜刻画微毛，但并未谓近在目前之对象，亦不必顾及其细部，仅画其大体而已。画大貌，忽微毛，乃仅在寻常之外之情形下方如此，不能引作为刘安对于绘画，处处有此等专重全体之观念也。

刘安所言，究属于绘画中之某科，未敢确断。余越园先生以为必古时为写禽兽而发者，是以采入《画法要录二编·畜兽篇总录》❸。汉代人物及畜兽画已发展至相当程度，余氏之推测，颇为合理。若就其本身之价值言，则不愧为绘画中之通论。任何门类，在画法技巧未成熟之时，往往有此忌病。即以唐以前之山水而言，张彦远《历代名画记》曰：

> 魏晋以降，名迹在人间者，皆见之矣。其画山水，则群峰之势，若钿饰犀栉，或水不容泛，或人大于山。❹

试观顾恺之《女史箴》中画山之一部，确与张彦远所记载之情形符合。画山如"钿饰犀栉"，即刻画细部而忽略大貌。"水不容泛，人大于山"更系比例上之错误。岂不大可引刘安之言，以矫其疵谬乎？寥寥十数字，可应用在任何画体上，言简意赅，信是难能可贵。

取以上三种子书而比较之，别有寓意之画论，已有逐渐变为切实画论之趋势。迫及晋代，乃有真正之画论产生。

弍

子书中之画论

第三章　顾恺之之画理论及画法

最早之画论，近乎寓言及比喻，其动机不在论画，前言之矣。有真正之论画著作，且能自成篇幅者，当以晋顾恺之为第一人。

顾恺之（344—406 年），字长康，小字虎头，晋陵无锡人。东晋末季，正佛教盛兴之际。寺观宫室，以及私人宅第，无不有佛像之供养，故有大量之宗教画产生。前于长康之画家如曹不兴、卫协等，皆以人物著。人物画在当时普遍已达极点，技巧亦十分成熟，迨长康出，更有"擅高往策，矫然独步"之誉，盖其所擅长者亦人物也。是则其论画之著，偏重人物，固在意中矣。

长康之画论，今所得见者为《论画》、《魏晋胜流画赞》、《画云台山记》三篇，皆载张彦远《历代名画记》❶。在当时，爱宾已有"自古相传脱错，未得妙本勘校"❷之恨。《历代名画记》又传至今日，舛讹必有增无减。所见者有前藏葛氏月波楼之明刊本，汲古阁《津逮秘书》本，照旷阁《学津讨原》本，明刻朱衣、姚汝循同校《王氏画苑》本，其间互有异同。句读估屈，颇费踌躇，只可于字里行间，约略得其大意。近人关于画学方面之著

作❸，引用长康各篇，泰半不加标点〔有傅氏等诸文出，此语便不适用〕，今强为定其句读，至于错误，则自知不能免也。

长康之画论三篇，泛论其性质，《论画》专论人物画；《魏晋胜流画赞》论人物模写法则，而兼及理论；《画云台山记》论为人物作背景之山水画，兹分别论之于后。

第一节　《论画》

顾恺之《论画》篇曰：

凡画人最难，次山水，次狗马，台榭一定器耳，难成而易好，不待迁想妙得也。此以巧历，不能差其品也。

小列女　面如银❹，刻削为容仪，不尽生气，又插置丈夫支体，不似❺自然。然服章与众物既甚奇，作女子尤丽，衣髻俯仰中，一点一画，皆相与成其艳姿。且尊卑贵贱之形，觉然易了，难可远过之也。

周本纪　重叠弥纶，有骨法，然人形不如小列女也。

伏羲、神农　虽不似今世人，有奇骨而兼美好。神属冥芒，居然有得一之想。

❶ 张彦远《历代名画记》（张海鹏校辑《学津讨原》上海涵芬楼影印琴川张氏本）5/7a—5/10b。

❷ 同注❶ 5/10b。

❸ 郑昶《中国画学全史》，俞剑华《中国绘画史》。

❹ 原作"恨"，从《佩文斋书画谱》本作"银"。

❺ 原本作"以"，今从《王氏画苑》本（民国十一年上海泰东图书局重印本）作"似"。

II

汉本纪　季王首也，有天骨而少细美，至于龙颜一像，超豁高雄，览之若面也。

孙武　大苟首也，骨趣甚奇。二婕以怜美之体，有惊剧之则，若以临见妙裁，寻其置陈布势，是达画之变也。

醉客　作人形，骨成而制衣服幔[1]之，亦以助醉神耳。多有骨俱，然蔺生变趣，佳作者矣。

穰苴　类孙武而不如。

壮士　有奔胜大势，恨不尽激扬之态。

列士　有骨俱，然蔺生恨急烈不似英贤之慨，以求古人，未之见也。于秦王之对荆卿，及复大闲，凡此类虽美而不尽善也。

三马　隽骨天奇，其腾罩如蹑虚空，于马势尽善也。

东王公　如小吴神灵，居然为神灵之器。不似世中生人也。

七佛及夏、殷与大列女　二皆卫协手传而有情势。

北风诗　亦卫手，巧密于精思名作，然未离南中，南中像兴，即形布施之象，转不可同年而语矣。美丽之形，尺寸之制，阴阳之数，纤妙之迹，世所并贵，神仪在心，而手称其目者，元赏则不待喻，不然真绝。夫人心之达，不可或以众论，执偏见以拟通者，亦必贵观于明识。夫学详此，思过半矣。

清游池　不见金镐作山形势者，见龙虎杂兽，虽不极体以为举势，变动多方。

七贤　惟嵇生一像欲佳，其余虽不妙合，以比前诸竹林之画，莫能及者。

嵇轻车诗　作啸人，似人啸。然容悴不似中散，处置意事既佳，又林木雍容调畅，亦有天趣。

陈太邱二方　太邱、夷素，似古贤二方为尔耳。

嵇兴　如其人。

临深履薄　兢战之形，异佳有裁，自七贤以来，并戴手也。[2]

上篇"凡画人最难"一节，总论也。长康盖抒其鉴赏他家画迹之观念，及一己作画之经验。此后十九条，为对于前代名迹之评论。于总论中，长康拈出"迁想妙得"四字，诚为理论上伟大之创发。评论中复可窥得其论画所重之要点，今试一一解释之。

长康以为人物最难，即以必须"迁想"而始能传人物之神也。迁想者何？将一己之想，迁移至对象之中，更将对方之神气攫得，而以纸笔传写之耳。非如是殆不足曲尽其妙也。所谓想，究何谓乎？往往有将想与感情混为一谈者。实则不然。吾人深知感情亦能迁入对象，二者之动作相同，俱向对方移入。但待其画竣，画中所反映者或有迥不相同之可能，以其间有"有我"与"无我"之分也。感情迁入对象，乃将我之感情，与对象融合为一，对象受我之沾染，有我之色彩，故画竣有我在，是无异于假对象以表现我之感情也。譬如有二人焉，甲喜而乙悲，二人以同等题材作画，画成之后，骤观之，二者或颇相似，细辨之，则个中有悲喜之殊味矣。故曰："有我。""迁想妙得"乃我与对象同化，对象之感情即我之感情，我所欲画之景物，不仅形貌非常逼真，即表现于形貌之外之神气，亦求其能充分画出。故曰："无我。"由此观之，所谓想，乃一种体贴，用人之感官灵觉，将对象之微妙部分，所谓神也者，领会在心，更以纸笔一一表现之。而难易成分之不同，亦端视所需之迁想程度深浅而已。

[1] 原本作"慢"，今从《王氏画苑》本作"幔"。

[2] 张彦远《历代名画记》（张海鹏校辑《学津讨原》上海涵芬楼影印琴川张氏本）5/7a—5/10b。

关于长康论画所注重之要点，前人已有分析之功作。刘君海粟分之为精神、天趣、骨相、构图、用笔等五点。❸金原省吾分之为神气、骨法、用笔、传神、置陈、模写等六点。❹愚以为刘氏之天趣，近于自然，实亦一种神气之表现。❺金原省吾所谓神气，与传神亦可并为一项。今所拟定之五点为神气、形貌、骨俱、用笔、置陈等是。

（一）神气

所谓神气，即适所言及在对象形貌之外，最微妙之部分。夫神气寄于形貌之上，若无形貌，神气便无从表现，亦犹"皮之不存，毛将安附"也。惟吾人更当知，未必有形貌，便有神气。长康将神气与形貌，分划甚清。小列女中曰："面如银，刻削为容仪。"又曰："其艳姿且尊卑贵贱之形，觉然易了，难可远过之也。"可见小列女不仅有形貌，且为画家精心刻画之作。而其评语却曰，"不尽生气"，"不似自然"。所谓生气、自然，俱是神气之表现。既曰不尽、不似，是谓画家未能将神气现之于形貌之上也。于伏羲、神农中曰："神属冥芒。"汉本纪中又曰："超豁高雄。"醉客中又曰："骨成而制衣服幔之，亦以助醉神耳。"壮士中又曰："有奔胜大势，恨不尽激扬之态。"以上诸评，盖谓形貌之外，有活泼精神之表现。其胜于小列女者多矣。"迁想妙得"之得，谓得神气耳。长康论画，于神气最为注意，可断言也。

（二）形貌

长康既以为未必有形貌便有神气，吾人自不妨将神气、形貌分为两项。当画家未能达到最高境界，于形外传神之

时，退而求其次，亦当达到形似之目的。即此亦大非易事。长康曰"美丽之形，尺寸之制，阴阳之数，微妙之迹"四语，已尽形貌之能事。形貌较神气为具体，可以刻削，有尺寸标准等痕迹可求，但若非画家精微细谨，"人马分数，毫厘不失"，亦断难取得物之形貌，毫发不爽。是以如小列女等图，以形貌精美见长者，亦足为后人赞叹欣赏也。

（三）骨俱

长康《论画》，骨字凡八见："有骨法"、"奇骨而兼美好"、"有天骨"、"骨趣甚奇"、"骨成而制衣服幔之"、"多有骨俱"、"有骨俱"、"隽骨天成"。综观之，咸指骨骼或骨相而言。骨骼为组成人身形貌最基本之物体，男女长幼，尊卑贵贱，骨俱上各有分别。作画之时，每一笔皆须顾及对象骨俱之构造，如此画成之后，面目衣饰，始能与骨俱相吻合。若有乖谬，便是大失。

（四）用笔

神气表现，由于形貌。形貌表现，又由于笔画之组合。笔画为形貌中之单位，是以笔画与神气，有直接之关系。长康论小列女曰，"衣髻俯仰中，一点一画皆相为成其艳姿"，此谓一笔一画之起落，皆有呼应。某单位与邻近之某单位，甚至于与一切各单位，咸有连带之关系，然后机体之组成，始有统一之现象。设其中有一败笔，尤指位置而言，竟足以影响大局。长康《魏晋胜流画赞》论外形与神气之关系曰："若长短刚软、深浅广狭与点睛之节，上下大小酏薄，有一毫小失，则神气与之俱变矣。"❻读此亦可知其对于用笔之重视为如何矣。

❸刘海粟《中国绘画上的六法论》（民国十二年中华书局铅印本）5b。

❹金原省吾《中国的绘画思想》，丰子恺译（姚渔湘编《中国画讨论集》民国二十一年立达书局出版）75。

❺刘氏海粟于同篇中曰："所谓'自然'，所谓'不似世中人'，所谓'亦有天趣'，显然是在技巧以外所获得的与大自然冥合的气趣。"同注❸6b。

❻同注❷5/10b。

（五）置陈

笔画为形貌中之单位，前已道及。推而广之，画中物体，为全幅画中之单位。某物与某物是否有呼应及联络，相处是否适合，全幅是否有一统之表现，端赖置陈之如何矣。长康于孙武中言及"置陈布势"，嵇轻车诗中曰："处置意事既佳"，皆与陈置布局等问题有关。此后《魏晋胜流画赞》一节中，将再及之。

根据长康之画论，而代其拈出之五点，自以神气最为高妙。骨俱、用笔、置陈三者，又皆辅助形貌以期达到传神之境界。此其大略之关系也。

第二节 《魏晋胜流画赞》

长康《魏晋胜流画赞》曰：

凡将摹者，皆当先寻此要，而后次以即事。凡吾所造诸画素，幅皆广二尺三寸，其素丝邪者不可用，久而还正，则仪容失。以素摹素，当正掩二素，任其自正而下镇，使莫动其正。笔在前运而眼向前视者，则新画近我矣。可常使眼临笔，止隔纸素一重，则所摹之本远我耳。则一摹蹉积蹉弥小矣。可令新迹掩本迹，而防其近内，防内若轻物，宜利其笔重，宜陈其迹，各以全其想。譬如画山，迹利则想动，伤其所以凝。用笔或好婉，则于折楞不隽，或多曲取，则于婉者增折，不兼之累，难以言悉，轮扁而已矣。写自颈已上，宁迟而不隽，不使远而有失。其于诸像，则像各异迹，皆令新迹弥旧本，若长短、刚软、深浅、广狭与点睛之节，上下大小酸薄，有一毫小失，则神气与之俱变矣。竹木土可令墨彩色轻，而松竹叶酞也。凡胶清及彩色，不可进素之上下也。若良画黄满素者，宁当开际耳。犹于幅之两边，各

不至三分。人有长短，今既定远近以瞩其对，则不可改易阔促，错置高下也。凡生人亡有手揖眼视而前亡所对者，以形写神，而空其实对，荃生之用乖，传神之趣失矣。空其实对则大失，对而不正则小失，不可不察也。一像之明昧，不若悟对之通神也。❶

讨论上篇，似可分作两部：（一）关于模写法则，前篇《论画》中所无者；（二）论用笔与置陈，可以补充上节所讨论之两点。

模写之于绘画，极为重要。研究自然科学者，仅须将前人之功绩明白了解，便可继续向前进展。学艺术者，必须将前人之经历，更一一重头演习，其出发点盖与前人相去无几。模写在艺术上，为传统之主要方法。前人精妙之技艺，往往赖之传诸百世而不替。

长康论模写方法甚详，初曰："凡将摹者，皆当先寻此要，而后次以即事。"谓模写之时，当先注意画中之主体，然后视其与宾客之关系。再则曰："以素摹素，当正掩二素，任其自正而下镇，使莫动其正。"谓模写之时，不妨将丝绢蒙于原本之上，法虽至拙，实为模写最简便而准确之方法。所当特别注意者有数事。（一）素邪者不可用。久而还正，则仪容失。以丝理不正，为时其暂〔拗其本性〕，日后恢复正态，所画之形貌，必因绢之改变而移动。（二）每笔之终始，当了然在心，笔始有力，气始贯串，摹本始可逼真。长康之描法，后人称为铁线描，所谓如"春蚕吐丝，始终如一"。此描尤忌气不贯串，中有间断。儿童描画，以及写仿，最易犯此忌病。以其全为底稿所拘，而不以其思想领导其笔势。往往一笔之中，经数次之

❶ 张彦远《历代名画记》（张海鹏校辑《学津讨原》上海涵芬楼影印琴川张氏本）5/7a—5/10b。

间断，始告完成。故长康曰："笔在前运，而眼向前视者，则新画近我矣。"良以目向前视，起讫了然，目传于心，心乃使手，转折徐疾，无不如意，斯为最低级之"意在笔先"，一笔画过，必不致与原所希冀者相去太远。反之，"可常使眼临笔，止隔纸素一重，则所摹之本远我耳"，便有臃肿无力之病矣。

上篇长康对于用笔着一字曰："隽。"《说文》："隽，肥肉也。"❷又与俊通，即美好异乎常俗之意。又着一字曰"婉"，乃圆转流顺之意，皆用以形容笔画姿态者。"写自颈以上，宁迟而不隽，不使远而有失。"意谓笔画隽，固佳，但画面部时，宁落笔稍迟缓而不隽，勿相去太远而离形。画面貌，用笔最宜精确，不容有一毫小失。长康又不啻告人，笔之隽不隽，与速度有关。若笔画缓缓自纸上拖过，在位置上或无舛误，而隽美之韵味，已荡然无存矣。长康又曰："用笔或好婉，则于折楞不隽。"折楞隽可以一劲字形容。劲与婉，似难得兼，惟婉而且劲，始合乎长康用笔之标准。此所以后人对其描法，有铁线之称也。

《画赞》最后关于传神数语，实为保守原稿之置陈而发，尤指稿中人与人及人与物之置陈。长康曰："人有长短，今既定远近，以瞩其对，则不可改易阔促，错置高卜也。凡生人亡有手揥眼视而前亡所对者，以形写神，而空其实对，荃生之用乖，传神之趣失矣。空其实对则大失，对而不正则小失。"画中人物之视线，必有其集中之对象，设此对象为另一人，往往反而与之呼应。对象与人，因视线而发生相互之关系，二者位置，亦因是而定。如此画出，全幅始有一统之表现。不然，便散漫无章矣。

总之，此篇全为初学及模写者设。笔画固当求隽，在笔画位置较隽更为重要时，则宁舍隽而求位置。模写虽易，但原画之置陈，不可轻易变动，处处必须注意实对问题，始能无失。长康特将此两点置于论模写文中论之，颇见其用心之苦也。

第三节 《画云台山记》

（傅抱石、伍蠡甫各有专文载《学灯》中，复旦某生亦撰一文，并于《全上古汉魏六朝文》中发现《画云台山记》一文可资校勘之助。此节当参考上列三文而重写之。）

长康《画云台山记》曰：

山有面，则背向有影，可令庆云西而吐于东方清天中。凡天及水色，尽用空青，竟素上下以映。日西去山，别详其远近，发迹东基，转上未半，作紫石如坚云者五六枚。夹冈乘其间而上，使势蜿蟺如龙。因抱峰直顿，而上下作积冈，使望之蓬蓬然凝而上。次复一峰是石，东邻向者峙峭。峰西连西向之丹崖，下据绝涧，画丹崖临涧上，当使赫巇隆崇，画险绝之势。天师坐其上，合所坐石及荫，宜涧中桃傍生石间。画天师瘦形而神气远，据涧指桃回面谓弟子。弟子中有二人，临下到，身大怖，流汗失色。作王良，穆然坐，答问而超升，神爽精诣，俯眄桃树。又别作王赵趄，一人隐西壁倾岩，余见衣裙，一人全见室中，使轻妙泠然。凡画人坐时可七分，衣服彩色殊鲜微，此正盖山高而人远耳。中段东面丹砂崿及荫，当使嶵巇高骊，孤松植其上，对天师所壁以成涧。涧可甚相近，相近者欲令双壁之内，凄怆澄清。神明之居，必有与立焉。可于次峰头作

❷ 许慎《说文解字》（商务印书馆摹藤花榭本）4/6a。

一紫石，亭立以象左阙之夹。高骊绝崿，西通云台以表路。路左阙峰，似岩为根，根下空绝，并诸石重势。岩相承以合，临东涧，其西石泉又见。乃因绝际作通冈，伏流潜降，小复东，出下洞，为石濑，沦没于渊。所以一西一东而下者，欲使自然为图。云台西北二面可以一图冈绕之。上为双碣石，象左右阙。石上作狐游生凤〔狐，《王氏画苑》本作狐，似较佳〕，当婆娑体，仪羽秀而详，轩尾翼以眺绝涧。后一段赤岊，当使释弁如裂电，对云台西凤所临壁以成涧。涧下有清流，其侧壁外面作一白虎，葡石饮水，后为降势而绝。凡三段，山画之虽长，当使画甚促，不尔不称。鸟兽中时有用之者，可定其仪而用之。下为涧，物景皆倒作，清气带山下，三分倨一以上，使耿然成二重。❶❷

《画云台山记》偏重记叙，文字佶屈，不甚连属，颇难获得清晰之印象。惟细加追索，文中所谓三段，乃是横分，而上文即自东（前）向西（后），逐段加以叙述者。

简赅言之，第一段在夕阳反照之处，有"紫石如坚云者五六枚"，又有"夹冈乘其间而上"。边邻一峰，"峰西连西向之丹崖，下据绝涧"。天师弟子王良，俱在崖上，涧中生桃树。

中段山东畔有孤松，"对天师所壁以成涧"。边又有一峰作紫石"西通云台"。下部有岩，"临东涧"，"其西泉又见"，再下"为石濑"，"沦没于渊"。云台二面，可以"图冈绕之"，上有双碣及凤。

后一段有赤岊，"对云台西凤所临壁以成涧"。涧下有清流，其侧壁外有饮虎，山后为降势而绝。

原文佶屈难读，故前人尚无注意画中人物山水之位置及局势者。今试拟一图，以备参考。当草拟上图之时，实无期以必成之自信心。但据上文一一画去，居然各段俱能交代衔接。画成之后，复与原文对照，亦能一一符合，竟无脱落及十分牵强之处。可知原文虽多讹误，其中并无大段之脱夺文字。不然，则此图又安得依文字而揣测其本来面目哉？

文中除有数语论人物及动物外，皆言山水树木之形势及色彩。

树木仅有名目，尚不及《论画》中"又林木雍容调畅，亦有天趣"二语能尽其神态。

关于色彩，于《魏晋胜流画赞》中，已言及画松竹等色，此篇又有"凡天及水色，尽用空青，竟素上下以映"，"作紫石如坚云者五六枚"，"峰连西向之丹崖"，"丹砂绝崿及荫"，"可于次峰头作一紫石"，"后一段赤岸"，"作一白虎"等语，不过记诸物之色彩耳，于画法无关也。论其价值，自不及"衣服彩色殊鲜微，此正盖山高而人远耳"二语，告人景物远近与设色之关系也。于此亦可窥得当时绘画用色，必甚鲜艳。

论山石形势，"夹冈乘其间而上，使势蜿蟺如龙，因抱峰直顿，而上下作积冈，使望之蓬蓬然凝而上"，言峰峦曲折向上之姿态。"当使赫巇隆崇，画险绝之势"，言挺拔奇峭之气概。"涧甚相近，相近者欲令双壁之内，凄怆澄清"，言涧中深邃凄清之意味。"后为降势而绝"，言意境将收束之时，山势不能戛然中止，必须渐渐低降。以上俱是画中主要之处。此外吾人尤当注意，"山有面，则背向有影，可令庆云西而吐于东方清天中。凡天及水色，尽用空青"，

❶ 张彦远《历代名画记》（张海鹏校辑《学津讨原》上海涵芬楼影印琴川张氏本）5/7a—5/10b。

❷ 伊势专一郎《支那山水画史》（昭和九年东方文化学院京都研究所印）15，引顾恺之《画云台山记》而为之断句。此处标点间据之。

及"下有涧，物景皆倒作"，乃关于阴阳向背、气霭烟云、水光物影之描写。阴阳云气，较山石树木，变动无常，难于捉摸。山水画必相当成熟，始克有之。以此文测当时山水之程度，亦竟蔚然可观矣。

吾人试为长康估计其对于画论之贡献：论人物于理论上提出"迁想妙得"四字，更启示吾人代其拈出神气、形貌、骨俱、用笔、置陈五点。模写及赋彩方面，亦有可贵之言论。其空前之创发，启后之功勋，殆不可没。关于山水画论，贡献较少，但在晋代山水尚不重要之时，而有《画云台山记》之叙述文字，亦属难能可贵。吾人于画论史方面观之，不妨谓人物画论至长康而成立，山水画论至长康而萌始。自晋而后，论画文字，遂渐繁多矣。

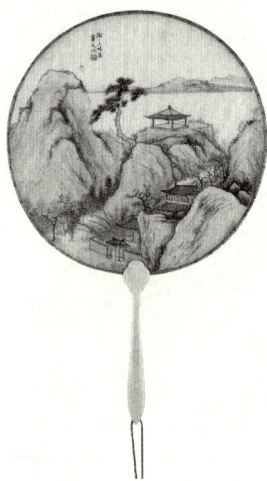

第四章　南北朝之画理论及画法

前章谓山水画论至长康而萌始，此章将证明南北朝为山水画论之成立时期。山水画为文学化时期❶中之产品，于吾国画中地位最为重要。宋元而后，画论大半为山水而发，为明了后日山水画论之由来，势必将南北朝之初具规模者数篇详细研究。兹分三节，述之于下。

第一节　宗炳《画山水序》

宗炳，字少文，南阳涅阳人，晋宁康元年生，宋元嘉二十年卒（375—443年）。有《画山水序》一篇，载张彦远《历代名画记》❷。此文可分作六段论之。

圣人含道应❸物，贤者澄怀味像，至于山水，质有而趣灵。是以轩辕、尧、孔、广成、大隗、许由、孤竹之流，必有崆峒、具茨、藐姑、箕首、大蒙之游焉。又称仁智之乐焉。夫圣人以神法道而贤者通，山水以形媚道而仁者乐，不亦几乎？

毕竟少文受礼教时期之影响，论画自圣贤说起。但既限定山水，是以一般成教化助人伦之老生常谈，不甚适用。上文措辞非常得体，既冠冕堂皇、彬彬儒家之言，却又富有文人之本色。少文将山水视作具有灵趣之形质，山水之灵

趣，可以与人之精神交感。所谓含道应物，乃圣人以精神感万物。澄怀味像，乃贤者以毫无埃滓之胸怀，静观外界。一自内而外，一自外而内，方向不同，二者实是一事。此节所论，盖其对于大自然所当抱之态度也。第二段：

余眷恋庐衡，契阔荆巫，不知老之将至。愧不能凝气怡身，伤跕石门之流。于是画象布❹色，构兹云岭。

少文为山水之爱好者，但生也有涯，人生又有老病等烦恼，不能永在山水间徜徉。莫可奈何，只得以笔墨颜色写之，悬于壁间。可得卧游欣赏之乐，免有登高跋涉之劳。此其画山水之动机。第三段：

夫理绝于中古之上者，可意求于千载之下，旨微于言象之外者，可心取于书策之内。况乎身所盘桓，目所绸缪。以形写形，以色貌色也。

画山水诚非易事，惟天下难事正多，设如非言辞所可表达之精理妙旨，尚能以心体会，何况睹之已熟，会心已久，平时所最爱好之山水乎？相形之下，难易判然。以此推之，少文自信山水必不能匿其形迹矣。第四段：

❶ 郑氏午昌将中国绘画史划作实用、礼教、宗教、文学化四时期，见《中国画学全史》（民国十八年中华书局）自序5—9。

❷ 张彦远《历代名画记》（张海鹏校辑《学津讨原》上海涵芬楼影印琴川张氏本）6/3a—6/4a。

❸《学津讨原》本作"映"，今从《王氏画苑》本（民国十一年上海泰东图书局重印本）作"应"。

❹《学津讨原》本作"而"，今从《王氏画苑》本作"布"。

且夫昆仑山之大，瞳子之小，迫目以寸，则其形莫睹。迥以数里，则可围于寸眸。诚由去之稍阔，则其见弥小，今张绡素以远映，则昆阆之形，可围于方寸之内。竖划三寸，当千仞之高；横墨数尺，体百里之迥。是以观画图者，徒患类之不巧，不以制小而累其似，此自然之势。如是，则嵩华之秀，玄牝之灵〔元，从《王氏画苑》本作玄〕，皆可得之于一图矣。

当山水画初起之时，必有人以为硕大无朋之山岳，绝不可摄而置之于盈尺之绡素。少文断然曰：要在类之巧，不失大小之比例，虽收之于芥子之中，亦无害。如何将真景缩小，如何维持大小之比例等问题，当时必萦绕画山水者之心念。不然，少文何至于其文中再三致意耶？吾又将引张彦远"魏晋以降，名迹在人间者，皆见之矣。其画山水，则群峰之势，若钿饰犀栉，或水不容泛，或人大于山"数语，以见彼时山水画之概况也。少文此段，乃其一己画山水所得之经验，有鉴于当代一般画山水者之通病而发。吾人即将此比例上之伟大发现，归诸少文，似亦未尝不可也。第五段：

夫以应目会心为理者，类之成巧，则目亦同应，心亦俱会。应会感神，神超理得，虽复虚求幽岩，何以加焉。又神本亡端，栖形感类，理入影迹，诚能妙写，亦诚尽矣。

少文又推进一层曰：大自然之山水，吾人听之视之以耳目，体之察之以心灵。为自然写照，悉凭听视体察之所得而出之。山水图画，原一物也。若然，则大自然之山水，可与精神交感，所画之山水，当具同等之效力。真能如此，吾愿可偿，而别无奢望矣。末一段：

于是闲居理气，拂觞鸣琴，披图幽

对，坐究四荒，不违天励之藂，独应无人之野，峰岫峣嶷，云林森眇。圣贤映于绝代，万趣融其神思。余复何为哉？畅神而已！神之所畅，孰有先焉？

于此可见少文作画已毕，独自欣赏之情形。"闲居理气"，为卧游读画事前之准备，与看真山水时之"澄怀味象"相同。当时之境界与胸怀，将文人画之本色，完全托出。末又拈出"畅神而已"四字，将作画之动机，及期望于画中所能获之乐趣道出，正是其全篇之意旨。吾读此篇，每思李竹嬾之"画成未肯将人去，茶熟香温且自看"❶不置也。

赅括言之，少文之《画山水序》，吾人当注意以下数点：（一）论画只限山水，已偏重在文人画，末一段尤为显明。（二）将大缩小，不失比例，少文之前，未有言之者。（三）少文虽将画之趣味阐发透彻，但俱是画成后欣赏之乐趣，而未曾言及挥毫作画时之兴致。关于此点，吾人恐将于较晚之画论中求之矣。

第二节　王微《叙画》

王微，字景玄，琅玡临沂人，与何偃同时，有《叙画》一篇，载《历代名画记》❷。此文亦宜分段论之：

辱颜光禄书，以"图画非止艺行，成当与易象同体，而工篆隶者，自以书巧为高"。欲其并辨藻绘，核其攸同。

景玄《叙画》，乃复颜延年来书者。第一段以比较性之问题作起，此后之答复，当不外二端：非以工篆隶者为高，抑图画为末事；便反而尊崇画者之地位，以贬工篆隶者。景玄后曰：

夫言绘画者，竟求容势而已。且古人之作画也，非以案城域、辨方州、标镇阜、划浸流，本乎形者融，灵而动变

❶ 李日华《竹嬾画媵》（《李君实先生杂著》崇祯甲戌刻本）1/1a。

❷ 张彦远《历代名画记》（张海鹏校辑《学津讨原》上海涵芬楼影印琴川张氏本）6/4b—6/5b。

者心也。灵亡所见[3]，故所托不动；目有所极，故所见不周。

景玄以为绘画当注意对象之容势，死如印板，专为切合实用之方舆地图，乌得称之为绘画。绘画贵在能对于对象有彻底容势之认识，更以心灵变动之。即此已足表现吾国绘画不求形似，不必对实作画之特色。又曰：

于是乎以一管之笔，拟太虚之体；以判躯之状，画寸眸之明。曲以为嵩高，趣以为方丈，以友之画，齐乎太华，枉之点，表夫隆准。

此又论以小见大也。景玄虽不及少文之《画序》，有“且夫昆仑山之大”一段，能将大小比例之所以然道破，但亦深信微细者足以代表巨硕，简略者足以代表繁复。换言之，任何对象，殆未有不能以笔表现者。此后为：

眉额颊辅，若晏笑兮；孤岩郁秀，若吐云兮。横变纵化，故动生焉，前矩后方而灵出焉。

画人物，则眉目之间，有颦笑流盼之姿态。画山川，则岩峦之际，有嘘吸灵秀之气象。一切对象，经心灵变动之后，自然生气勃勃，仪态万千。虽不囿守其形状，而自合乎其规矩。末曰：

然后宫观舟车，器以类聚；犬马禽鱼，物以状分。此画之致也。望秋云，神飞扬，临春风，思浩荡。虽有金石之乐、圭璋之琛，岂能仿佛之哉？披图按牒，效异山海，绿林扬风，白水激涧。呜呼，岂独运诸指掌，亦以明神降之，此画之情也。

此段乃由三节合成者。宫观舟车，犬马禽鱼，言画之致，即无所不备，繁而至其极之意。春秋景物，皆画之所赐，而与大自然之赐予毫无差别。人生快意事，亦无过于此，言画之乐。“明神降之”，乃欣赏最高之境界，言画之情。

景玄《叙画》，自表面观之，既未解释究竟图画是否与易象同体，又未将篆隶者与画家加以优劣之轩轾，但处处阐发图画深妙之趣味，以示其在艺术中有特殊之地位。则其主张，亦不待问而可知也。

第三节　梁元帝《山水松石格》

梁元帝，讳绎，字世诚，武帝第七子。始封湘东王，纪元552年即位，国号承圣，有《山水松石格》一篇。[4]此文早经人断为后人伪托。《四库全书总目提要》曰：

是书《宋艺文志》始著录，其文凡鄙，不类六朝人语……姚最《续画品录》惟称湘东王殿下，工于像人，特尽神妙，未闻以山水松石传，安有此书也。[5]

文字之凡鄙，及元帝以人物专长、不应有山水松石之论，皆具相当理由。破墨肇于唐代，亦似不当见于六朝人之画论中，且《历代名画记》收集画史画论资料，何等完备，若使梁元帝果有此文，张彦远决不致无一字及之。自各方面之推测，《山水松石格》为后人赝作，毫无疑义。

此书既系伪托，本可舍而不谈。但《山水松石格》，偏重画法及画中之事物，后代画论，属于是类者甚多。如旧题王维之《山水诀》、《山水论》，宋韩拙之《山水纯全集》，下及清笪重光之《画筌》，溯其原始，皆发源于此。是以纵是伪托，其为极早之论山水画法文字，不容否认。况韩拙《山水纯全集》，曾引“秋毛冬骨，夏荫春英”等语，则其伪托当远在宋初矣。意必梁元帝本有此文，经后人口传讹误，漫加增改，乃失故观。惟其

[3]《学津讨原》本作“本乎形者融灵而动者变心止灵亡见”，费解而难于定句读。今从《王氏画苑》本作“本乎形者融灵而变动者心也灵亡所见”。

[4]孙岳颁等撰《佩文斋书画谱》（光绪癸未上海同文书局石印本）13/1a。

[5]纪昀等《四库全书总目》（民国十九年上海大东书局再版）114/1a。

间尚有一二雅驯语，本来面目，或未尽表。今此文既不能捭弃不论，而作伪时期，又未能确定，只可置此论之矣。

《山水松石格》与《画山水序》及《叙画》性质不同。每言山水松石作法如何，所论比较片段，不似少文、景玄之文，全篇有一贯之思想。是以研究方法，不必逐段为之。今将其内容类分，列入表格（表一），条理似较清晰。汤雨生《画筌析览》，将笪重光原书分成十类，亦即此意。惟分类亦有不易措手处，画中各种事物，皆有连带关系，往往有一语兼及二物或二物以上者。今为揭示《山水松石格》乃《山水纯全集》、《画筌》等画论之前驱，更为与后来之画论比较方便起见，故采用分类方法。

表中计分：总论、论山、论水、论树石、论点缀、论时景、论墨、论设色及杂论九项。后代画论虽长逾万言，所包括之门类则无大出入，不过篇幅扩充，内容丰富而已。

本章所采用之论画材料，前两篇属于一类，偏重发挥文人思想，而尤以少文《画山水序》为显著。《山水松石格》，偏重在叙述山水画法及山水画中之物体，影响后日画论甚巨，据此可知人物画论至晋而成立，山水画论于六朝时，亦能卓然成一家言矣。

表一　梁元帝《山水松石格》内容析览表

总论	夫天地之名，造化为灵；设奇巧之体势，写山水之纵横，或格高而思逸，信笔妙而墨精。由是设粉壁运神情。　丈尺分寸，约有常程。审问既然传笔法秘之勿泄于户庭。
山	素屏连隅，山脉溅瀑，首尾相映，项腹相迎，隐隐半壁，高潜入冥。插空类剑，陷地如坑。　高岭最嫌邻刻石远山大忌学图经。
水	水因断而流远。
树石	树有大小，丛贯孤平，扶疏曲直，耸拔凌亭，乍起伏于柔条。巨松沁水，喷之蔚桂石疏于胡越，松不难于弟兄。　云中树石宜先点，石上枝柯末后成。
点缀	褒茂林之幽趣，割杂草之芳情；泉源至曲　精蓝观宇，桥彴开城。行人犬吠，兽走禽惊。　路广石隔，天遥鸟征。
时景	秋毛冬骨，夏荫春英，炎绯寒碧，暖日凉星。　雾破山明，云欲坠而雾轻。
墨	或难合于破墨。　高墨犹绿，下墨犹赪。
设色	体向异于再青。
杂色	树石云水，俱无正形。

第五章 谢赫《古画品录》中之六法

谢赫六法，诚为吾国画论史中，光芒万丈，经千载不朽之伟大创发。不仅为画家定出技巧及修养上之阶级，且为批评家建立铨衡劣优之标准。后世之画论家，对于六法，虽众口纷纭，意见各殊，但未有能脱离六法，而别有画理论原则之树立。六法成为吾国画理论中之传统思想，亦大众议论之鹄的。是以《四库全书总目提要》曰："所言六法，画家宗之，亦至今千载不易也。"❶

谢赫之伟大创发，实非突然而来者。大辂椎轮，由来者渐，但观吾人受长康画论之启示，而代为拈出之各点，少文论山水之趣灵，景玄所予绘画之特殊地位，谢赫六法之产生，岂偶然哉。吾后将专辟为一节，论六法与前代画论之关系，其间之渊源嬗变，或不难明了也。

谢赫六法，见于所著之《古画品录》。既曰品录，则其主旨并不在揭出后人奉为金科玉律之六法，而在品评自三国至齐梁三百余年间之画家二十七人。书中言及六法，不过为予读者品评之标准，以示其论画依据之所在而已。

谢赫将画家二十余人，分成六品。品与法之数皆为六，每令人疑及数目相等之法与品，有相连属之关系。譬如六法居首者为气韵生动，乃画中之止境，而六品之第一品，非最佳之画家，不得阑入。六法之殿为传移模写，乃初学共习之法，而第六品中之画家，皆不及列入前五品者。实则六法与六品之关系，并不如此简单而直接。何以知其然？以谢赫未尝谓第一品之画家仅能气韵生动，第二品之画家仅能骨法用笔，推而至第六品画家仅能传移模写也。且谢赫有言曰："六法惟陆探微、卫协，备该之矣。"❷陆、卫二人，皆居第一品。评第二品顾骏之曰："变古则今，赋彩制形，皆创新意。"赋彩为第四法，而非第二。评第三品江僧宝曰："用笔骨梗，甚有师法。"骨法用笔为第二法，而非第三。书中诸如此类，法与品不相符合者，不胜枚举。自论陆、卫之评语观之，法与品之关系，不过画家作品所具之法愈多，则其品当愈高，反之愈下而已。

谢赫之六法与六品，既无数目上连属之关系，为便于讨论及理路清晰起见，故将其书中之理论及品评，分作两部。此章专论六法之意义、六法与前代画论之关系、六法何以乃绘画上之通论、姚

❶ 纪昀等《四库全书总目》（民国十九年上海大东书局再版）112/1a。

❷ 谢赫《古画品录》全文载附录中，今引此书之字句，不再注其出处（附录一）。

最所受六法之影响等问题。品评方面置在后章，与姚最之作同论，借得比较六朝论者对于品评意见之异同也。

第一节　六法之解释

谢赫，南齐人，里籍未详，有《古画品录》一卷，其中论六法者，仅有以下寥寥数语：

虽画有六法，罕能尽该，而自古至今，各善一节。六法者何？一气韵生动是也，二骨法用笔是也，三应物象形是也，四随类赋彩是也，五经营位置是也，六传移模写是也。

谢赫上文，仅将六法确定，而并未一一加以解释。此外时或引用六法，以为各家之评语而已。欲求六法之定义，不可得也。吾人研究六法，自以明了六法为何为急务，后人对于六法之解释纵多，泰半参以己意，未必与谢赫之原意尽合，以后各章自有讨论之机会，今可置勿论。最妥善之方法，似为就谢赫之评语，将六法一一引申，亦即以谢解谢之意。透彻详尽，虽未必能逮，唐突狂妄，或可告无罪也。

兹不妨将评语中与六法有关之言论，分类摘录，依据摘录所得，而解释各法之义意。其间有同时述一法以上者，则不免一再征引。

关于气韵生动，共可以摘得十条：（一）评第一品卫协："虽不该[1]备形似，颇得壮气，凌跨群雄，旷代绝笔。"（二）评第一品张墨、荀勖："风范气韵[2]，极妙参神，但取精灵，遗其骨法。若拘以体物，则未见精粹，若取之象外，方厌膏[3]腴，可谓微妙也。"（三）评第二品顾骏之："神韵气力，不逮前贤，精微谨细，有过往哲。"（四）评第二品陆绥：

"体韵遒举，风采飘然，一点一拂，动笔皆奇。"（五）评第三品姚昙度："画有逸方，巧变锋出，魑魅神鬼，皆能绝妙同流，真为郑雅兼善，莫不俊拔出人意表。天挺生知，非学所及。"（六）评第三品毛惠远："纵横逸笔，力遒韵雅，超迈绝伦，其挥霍必也极妙，至于定质，块然未尽其善。"（七）评第三品夏瞻："虽气力不足，而精彩有余。"（八）评第三品戴逵："情韵连绵，风趣巧拔。"（九）评第五品晋明帝："虽略于形色，颇得神气。"（十）评第六品丁光："虽擅名蝉雀，而笔迹轻羸，非不精谨，乏于生气。"

今试将上列各条，加以归纳，（一）（二）（六）（九）四条，意似相类，直谓气韵与形质无密切之关系。气韵全属抽象而无形质，其活泼之动态，可以意会，而不可以言传。可以精神感觉，不得指示其处所。气韵寄托于整幅之画端，只能求之于形象之外，而不可寻之于物质之内。（二）更告吾人画家于作画时，早已留意气韵，是以写对象只摄取精灵，而不斤斤于骨法，又不啻向吾人建议，评画亦须与画家作画之目标相同，方能理会其微妙。（三）（十）即以上佳评之反。顾骏之及丁光，过于工细，过于精谨，乃致形质精工，而气韵敛迹。（四）（十）与（七），初视似相抵触，以（四）谓笔画之一点一拂，可助气韵之流露，（十）谓用笔不佳，丧其生气，而（七）却谓气力虽不足，气韵仍有存在之可能。其实不然，盖谢赫以为气韵虽仗笔划，笔致佳可助气韵之流露，但笔画究尚有痕迹可求，气韵生动，岂是全凭笔画表现者。笔画稍弱，气韵仍有存在之可能。此殆又将（一）（二）（六）（九）等条

[1] 《王氏画苑》本作"说"，今从《佩文斋书画谱》本作"该"。

[2] 《王氏画苑》本作"候"，今从《佩文斋书画谱》本作"韵"。

[3] 《王氏画苑》本作"高"，今从《佩文斋书画谱》本作"膏"。

之意，推进一层，即气韵即与形质无干，与笔画之关系亦不甚密切。（五）谓姚昙度之气韵，由于天生，后代论气韵非关学力之说，发源于此。（八）连绵二字，极得生动之神，有气韵必须活跃之暗示。

由上观之，气韵生动在谢赫心目中，极为玄妙，与形貌之象真，质地之工细，毫无干系，甚至过于工细，反足为累。与笔画美恶之关系，亦不十分密切。此外更未尝谓气韵与经营位置、传移模写笔法有何牵涉。是则气韵生动，诚为最名贵而卓然独立之一法，乃画家之极诣。气韵为读者只可以精神灵感领会画中所流露之活跃动态，超越五法之上，而不可与之排比者。谢赫之观念既如此玄妙，自使后人不易捉摸，而发生多方面之推测。后来之众口纷歧，乃意中事也。

论骨法用笔者有三条：（一）评第一品曹不兴："观其风骨，名岂虚成。"（二）评第一品张墨、荀勖："但取精灵，遗其骨法。"（三）评第三品江僧宝："用笔骨梗，甚有师法。"

关于骨法用笔，似有二义。（甲）人物禽兽，皆有骨格，其大小向背，悉当依其天然之构造，不可加以杜撰。顾长康之《论画》，骨字凡八见，皆指骨格也。（一）（二）两条，极为明显，与长康骨字之意义，完全相等。若谢赫之骨法用笔四字，指骨格言，其定义当为：作画写形，必依其骨格之构造而落笔。（乙）以骨字作为用笔之方法，所谓"用笔骨梗"是也。谢赫以后之画论家，十九皆取第二义。是以于画论之学说中，较第一义为重要。若从此，又当将《古画品录》中关于笔法之言论录出，取以揣测谢赫对于用笔之观念。

（一）评第二品陆绥："体韵遒举，风

采飘然，一点一拂，动笔皆奇。"（二）评第三品毛惠远："纵横逸笔，力遒韵雅，超迈绝伦。"（三）评第五品刘顼❹："用意绵密，画体纤细，而笔迹困弱。"（四）评第五品晋明帝："笔迹超越，亦有奇观。"（五）评第五品刘绍祖："笔迹历落，往往出群。"（六）评第六品丁光："虽擅名蝉雀，而笔迹轻羸。"

以上各条，关于用笔美好之形容词有奇、逸、遒、超越、历落等。丑恶者，有困弱、轻羸等。谢赫对于用笔，除骨法外，既无其他之指示，则直不妨谓凡笔姿美好者，皆由于骨法用笔。反之，丑恶者，殆未谙其法耳。各种美好之笔姿，所同具之趣味为绝非空空洞洞、虚乏无味；其间似有物力支撑，弥漫真气。谢赫将骨法与用笔四字连缀，其用笔当如骨干有气力支持之谓乎？试为拟其定义曰：画家注意其笔法，以期有美好之笔姿，使其于绢素上具有力之表现。

关于应物象形，可摘得十三条。（一）评第一品卫协："虽不该备形似，颇得壮气。"（二）评第一品张墨、荀勖："若拘以体物，则未见精粹，若取之象外，方厌膏腴，可谓微妙也。"（三）评第二品顾骏之："神韵气力，不逮前贤，精微谨细，有过往哲。始变古则今，赋彩制形，皆创新意。"（四）评第二品袁蒨："象人之妙，亚美前贤。"（五）评第三品姚昙度："虽纤微长短，往往失之，而舆皂之中，莫与为匹。"（六）评第三品顾恺之："格体精微，笔无妄下。"（七）评第三品毛惠远："至于定质，块然未尽其善。神鬼及马，泥滞于体，颇有拙也。"（八）评第三品江僧宝："像人之外，非其所长也。"（九）评第三品吴暕：

❹《王氏画苑》本作"顼"，今从《佩文斋书画谱》本作"顼"。

"体法雅媚。"（十）评第三品陆杲："体致不凡，跨迈流俗。"（十一）评第四品蘧道愍、章继伯："人马分数，毫厘不失，别体之妙，亦为入神。"（十二）评第五品刘瑱："用笔绵密，画体纤细，而笔迹困弱，形制单省。"（十三）评第五品晋文帝："虽累于形色，颇得神气。"

谢赫之评画标准，以气韵为第一，笔致为第二，象形显属次要。以上十三条中，几无不发挥此等主张，今不更赘述，而专论应物象形本身之劣优。（十一）谓蘧、章二家，人马分数，毫厘不失，已达写实技能之止境，每为观者叹为神妙。是以写实象形，于六法中之地位，虽居次要，而于其本身之领域中，亦有优劣之等差也。应物象形之定义为：按照对象之形状，以笔墨描写之。

关于随类赋彩，评语中仅有二处言及：（一）评第二品顾骏之："赋彩制形，皆创新意。"（二）评第五品晋明帝："虽略于形色，颇得神气。"

以上两条，皆形色并论，据此可知形与色处同等地位，俱为写实所必需者。既以笔墨取得对象形状，更傅以对象原有之色彩，可谓尽逼真之能事矣。其定义为：按照对象之色彩，以颜色着染之。

评语中关于经营位置者亦不多：（一）评第三品毛惠远："画体周赡，无适弗该。"（二）评第三品吴暕："体法雅媚，制置才巧。"

谢赫对于经营位置所注意者为适当及才巧。适当乃将画中之体物，布置妥帖。画中每一体物与其他之体物，俱有连带关系，其间有呼应及联络。布置得当，始能显出宾主，全图呈一统之表现，而所以致之者，则视画家之才巧矣。解释经营位置，不妨谓画家运用其才巧，而使画中之体物，

❶《王氏画苑》本作"先"，今从《佩文斋书画谱》本作"光"。

——位置妥当，"无适弗该"。

关于传移模写有六条。（一）评第二品袁茜："比方陆氏，最为高逸，象人之妙，亚美前贤。但志守师法，更无新意。然和璧之玷，岂贬十城之价也？"（二）评第三品戴逵："及乎子颙，能从其美。"（三）评第三品江僧宝："斟酌袁、陆，亲渐朱蓝。"（四）评第四品顾宝光❶："全法陆家，事事宗禀，方之袁茜，可谓小巫。"（五）评第四品王微、史道硕："并师荀、卫，各体善能，然王得其细，史传其真。"（六）评第五品刘绍祖："善于传写，不闲其思，至于鼠雀，笔迹历落，往往出群，时人谓之语，号曰'移画'。然述而不作，非画所先。"

根据以上各条，谢赫之传移模写，含义极为广泛，其间有优劣之不齐。自模拟古法，直至誊录稿本，俱曰传移模写。惟谢赫心目中，对于模拟及誊录，自有高下之轩轾。（一）（二）（三）（五）所论之画家，皆法古人，但绝不为稿所拘，依样誊录。其所师者，所传移者，为法、为意。是以此等传移模写，自有其优越之价值。若（四）之顾宝光，便有逊色，虽与袁茜同师陆绥，而全法二字，显有微词。与袁茜相形之下，有如小巫之见大巫矣。（六）之刘绍祖，其况愈下。述而不作，与机械之印刷何殊？纵能将原本复制，不爽毫发，亦何足贵？谢赫谓其笔迹历落，恐亦必须原本笔致佳妙，乃得如此也。如绍祖者，诚传移模写中之末技。更观其位置，低在下品，可知谢赫必以为惟能创作者，始足珍也。

传移模写之定义，似可谓为：依据前人之画意或画迹而模拟或誊录之。

第二节 六法与前代画论之关系

本章前节，已谓谢赫六法之产生绝非偶然，与前代之画论有传袭之关系，今试详言之。

六法与前代画论最有关系者为长康之画论三篇及宗少文之《画山水叙》。长康于《论画》篇中，启示吾人评画之要点，而代其拈出神气、形貌、骨俱、用笔、置陈五项。《魏晋胜流画赞》中，又言及模写之法则，兼及用笔与置陈。《画云台山记》中，言及颜色之运用。谢赫六法，显然未有未经长康虑及者。惟各点乃吾人根据长康之言而加以假定，不若谢赫《古画品录》，自能将各要点归纳综合，组成系统，一一标揭。是以创发六法之功，自当归诸谢赫，不得掠其美而上予长康。本节按谢赫六法之次序，与前代之画论，作一比较。

谢赫气韵生动，与长康之神气相近。长康形容神气所用之言辞为："神属冥茫"，"超豁高雄"，"有奔腾大势"等，颇似谢赫论气韵所用之："颇得壮气"，"凌跨群雄"，"体韵遒举"，"风采飘然"，"力遒韵雅"，"超迈绝伦"等语。长康以为神气非画家刻画所能得，谢赫亦将气韵视为不具形质之动态。长康有"面如银，刻削为容仪，不尽生气"之说，谢赫亦有"神韵气力，不逮前贤，精微谨细，有过往哲"，"虽擅名蝉雀，而笔迹轻羸，非不精谨，乏于生气"等相似之言论。长康将神气与形貌，界分判然，谢赫更推进一层，以为气韵与形质之关系，根本不密切。长康尚有："若长短、刚软、深浅、广狭与点睛之节，上下大小醲薄，有一毫小失，则神气与之俱变矣。"《古画品录》未见有与上文相似者。

是以吾之结论为：自写实方面言，谢赫对于形貌，不若长康之注目，至于气韵，则较长康尤为重视也。

宗少文谓山水有趣灵，吾以为与气韵生动有关，以其亦在物质之外，可感会而不可捉摸者也。论人物画最微妙之部分，称之为神气，论山水画，称之为趣灵。迨谢赫之气韵生动出，乃可包括斯二者。谢赫气韵生动之含义，似较神气及趣灵为广大也。

谢赫之骨法用笔，前节有二解。一以骨格为主，一以笔法为主。若从第一，则谢赫全自长康得来，若从第二，则有新意之参入。

长康关于用笔之言论为："若长短、刚软、深浅、广狭，笔在前运，而眼向前视者，则新画近我矣"，"用笔好婉，则于折楞不隽"及"宁使迟而不隽，不使远而有失"。对于笔画之形容词有：长、短、刚、软、深、浅、广、狭、婉、隽等。其中仅刚、软、婉、隽与笔画美恶有关，余皆用以限定笔迹之量度。画中之物体众多，所具之力量各有不同，是以当以不同之笔致表现之。笔画贵有力气，虽未敢谓长康无此观念，但其未将骨法与用笔四字连缀，固显著之事实。谢赫能将骨法用笔揭出，确定用笔必须有气力之支持，此其超越长康处也。

象形应物，自与长康之形貌相当。长康对于写实，颇为尊重，自其小列女一节评语中可知。谢赫虽不重视写实，但仍有"人马分数，毫厘不失，别体之妙，亦为入神"之论。故谢赫亦不以工于写实之画家为毫不足取者。

关于赋彩，长康《论画》中仅"面如银"一语。《魏晋胜流画赞》、《画云台山记》两篇，却时有言及。可知长康评论他家画迹，或不十分注重其色彩，当其授人画法及记叙画迹时，却刻刻在心。设色为写实之主要工具，晋时已如此为人重视，莫怪至谢赫而将其列为六法之一矣。

谢赫之经营位置，相当于长康之置陈。惟长康仅谓"处置意事既佳"，而不详如何始能佳，如何始能谓佳。谢赫则彰彰告人曰：必须才巧，必须"无适弗该"。此亦长康不及谢赫详审处。

长康《魏晋胜流画赞》一篇，几是论模写之专文，惟其范围，较谢赫为狭小。长康未尝言及师法、师意，专以移画之方法授人。以素掩素，笔笔抄摹，此仅谢赫传移模写中之末技耳。于此亦足证长康论画，不及谢赫之包括周全，高下无遗也。

诚然，谢赫六法，俱经前人论及。但世间任何学术上之理论或原则，未有突然产生者。谢赫六法，与前代画论，有传袭之关系，正理当如此，并不因此而略减其价值。何况思想之透彻缜密，俱前人所不及。谢赫伟大之创发功勋，诚足流传千古而不朽矣。

第三节 六法系绘画上之通论

前节曾谓气韵生动，可包括顾长康之神气与宗少文之趣灵，正欲表示吾人可将六法视作绘画上之通论。或许谢赫在揭出气韵生动四字时，偏重在人物画。但吾人当知，任何绘画门类，发展至其止境，俱有活跃动态之流露。解释气韵生动，似当从大处着眼，将其含义，推广至一切绘画门类，不能拘在人物一科也。

历来颇有论谢赫六法之范围领域问题者。张彦远曰：

至于台阁树石，车舆器物，无生动

之可拟，无气韵之可侔，直要位置向背而已。顾恺之曰："画人最难，次山水，次狗马，其台阁一定器耳，差易为也。"斯言得之。❶

又曰：

至于鬼神人物，有生动之可状，须神韵而后全。❷

爱宾明明以为气韵生动，专指人物画而言。明谢肇淛更将此意切实断定。《五杂俎》论六法曰：

此不过为画人物花草者道。❸

俞君剑华，《中国绘画史》更责后人，凡以为六法与山水有关者，俱为穿凿附会：

六法原于人物画，因谢赫之时，尚无山水画也，故以气韵生动居首。台阁树石，直是死物，有何气韵可言，更何能生动。后世不知此意，论山水者亦以为必须生动。求其说而不得，遂穿凿附会，愈讲而愈背于六法原旨。❹

吾以为以上诸家，俱未能彻底了解气韵生动，而存有固执之成见。彼以为气韵生动以外五法，毫无疑义，可应用在任何绘画门类之上，惟气韵生动，绝不得与无生命之物质发生关系。山石、树石等物，有气韵已不可能，生动更属可笑。是以气韵生动之领域，仅能包括人物、动物画，与山水及其他门类无涉。设六法作如是解，实等自加束缚，有如舍通衢达逵而不由，反委身于歧径僻途也。气韵生动果真如此，六法便不足为有价值之发现矣。

俞氏谓谢赫之时，尚无山水，已属武断。顾长康《画云台山记》足证明晋代有山水画之雏形。读宗少文《画山水序》，更可知刘宋时有纯粹之山水画。吾人视气韵生动，当与其他五法相

❶ 张彦远《历代名画记》（张海鹏校辑《学津讨原》上海涵芬楼影印琴川张氏本）1/16a。

❷ 同注❶。

❸ 谢肇淛《五杂俎》（万历四十四年古歙潘氏如韦轩校刊本）7/19b。

❹ 俞剑华《中国绘画史》（民国二十六年商务印书馆三版）1/13b。

同，可应用在一切之绘画门类上。惟气韵生动为绘画之最高境界，是以与绘画进展之程度有关。最初之人物画，以及不佳之人物画，死板挺直，仅具肢体之形状，岂得谓有气韵生动乎？及人物画家有成熟之技巧，能表现人物之动态及神气，而气韵生动生矣。山水画之初起亦然，"人大于山，水不容泛"之山水画，自不足以言生动。但迨山水进步至相当程度，亦自有气韵生动矣。吾虽不敢断言，谢赫时之山水画，已达到有气韵生动之程度，但吾亦未敢断言，谢赫以为山水画绝不可有气韵生动。山有云气之缭绕，水有泉流之萦回，台榭有花木之掩映，枝叶有风雨之润拂，咸可以有气韵之表现，生动之姿态。吾人不妨为谢赫曰：任何门类之绘画，只须发展至最高境界，皆当有气韵生动。宋董迫曰：

> 顾恺之论画，以人物为上，次山，次水，次狗马台榭，不及禽鸟。故张爱宾[5]评画，以禽鸟为下，而蜂蝶蝉虫又次之。大抵画以得其形似为难，而人物则又以神明为胜。苟求其理，物各有神明也，但患未知求于此耳。[6]

邓椿亦曰：

> 画之为用大矣，盈天地之间者，万物悉皆含毫运思，曲尽其态。而所以能曲尽者，止一法耳。一者何也，曰：传神而已矣。世徒知人之有神，而不知物之有神。此若虚深鄙众工，谓虽曰画而非画者，盖止能传其色不能传其神也。故画法以气韵生动为第一。[7]

皆极力主张，绘画中一切物体，皆应当有气韵生动。明王世贞则谓：

> 人物以形模为先，气韵趋乎其表。山水以气韵为主，形模寓乎其中，乃为合作。[8]

更以为山水当有气韵生动，较人物为重要也。清松年《颐园论画》竟与前引谢肇淛之说适相反：

> ……至于画鸟兽，莫信前人逸品之语。夫山水竹兰，贵有气韵闲雅，无烟火气，此即名之曰书卷，则称逸品。若鸟兽又何气韵之有？愚见总以形全神足为定本。[9]

鸟兽画无气韵，其说甚奇。将气韵与神气断分为二，亦有语病。但山水画当有气韵，固为元明以来，人人首肯之事实。其理甚显，无争辩之余地。不知何以俞氏竟谓之为穿凿附会。

爱宾之时，或许成熟之山水作品不多，复引用顾长康山水画尚在雏形时期之画论，以释六法，其固执成见，尚有可原；设千百年后，而仍附会爱宾之说，是诚不知气韵为何物，根本不解领会绘画中最高之境界。其尤异者，气韵之见，俞氏既与松年大相径庭，而《颐园论画》俞氏跋称其"平生通达，不囿于古，不泥于今"[10]，竟无一语驳其说，岂俞氏亦有时以山水当有气韵为然耶？

自理论方面言，谢赫六法，可称包括一切门类之绘画通论，此所以日后山水画发达，地位逐渐重要，画家及鉴赏家深信山水亦必须气韵生动，始跻最高境界，而谢赫六法，得不因人物山水画之消长而失其重要性。此实使其千载不易之重要缘由也。

第四节　姚最所受六法之影响

姚最，陈时人〔据余嘉锡考证，姚最为隋时人〕，始末未详，有《续画品》一卷。姚最为谢赫后最先受六法之影响者。今不为专辟一章，而附于此者，其理由为：（一）谢、姚皆六朝人，本章将二家之

[5] "爱"原作"舜"，今改正之。

[6] 董迫《广川画跋》（陆心源《十万卷楼丛书》本）6/7b。

[7] 邓椿《画继》（王世贞《王氏画苑》民国十一年泰东图书局重印本）8/33b。

[8] 王世贞《艺苑卮言》（孙岳颁等撰《佩文斋书画谱》光绪癸未上海同文书局石印本）16/4b。

[9] 松年《颐园论画》（于海晏辑《画论丛刊》民国二十六年中华印书局）7a。

[10] 同注[9]15a。

画论加以研讨以后，六朝关于六法之学说，便可告一段落。自时代方面言，毋庸分置。（二）姚最虽未曾明言对于谢赫六法完全赞同，亦未尝有所非议。自其对诸家评语察之，大致与谢赫相去不远，故无另成一章之必要。

今仍依照前节方法，将姚最关于六法之言论，分类摘出，以便与谢赫之意见，比较异同。

关于气韵，姚最曰：（一）评湘东殿下："天挺命世，幼禀生知，学穷性表，心师造化，非复景行所能希涉。画有六法，真仙为难，王于像人，特尽神妙。"❶（二）评谢赫："至于气韵精灵，未穷生动之致。"（三）评沈粲："屏幛所图，颇有情趣。"（四）评张僧繇："然圣贤曚瞍，小乏神气。"（五）评袁质："风神俊爽，不坠家声。"

关于用笔，姚最曰：（一）评刘璞："至老笔法不渝前制。"（二）评谢赫："所须一览，便工操笔。点制研精，意在切似……笔路纤弱，不副壮雅之怀。"（三）评沈粲："笔迹调媚。"（四）评袁质："笔势遒正。"（五）评解蒨："全法章、蘧，笔力不逮。"

关于象形，姚最曰：（一）评谢赫："貌写人物，不俟对看，所须一览，便工操笔。点刷研精，意在切似，目想毫发，皆无遗失……直眉曲鬓，与世俱新，别体细微，多自赫始。遂使委巷逐末，皆类效颦……然中兴之后，象人莫及。"（二）评毛惠远："其于绘事，颇为详悉。太自矜持，悉成羸钝。"（三）评萧贲："雅性精密，后来难尚，含豪命素，动必依真。"（四）评张僧繇："善图塔庙，越越群工。朝衣野服，古今不失。"

关于赋彩，姚最曰：（一）评沈标：

❶ 姚最《续画品》全文载附录中，今引此书之字句，不再注其出处（附录二）。

"性尚铅华，甚能留意。"（二）评谢赫："丽服靓妆，随时变改。"（三）评稽宝钧、聂松："赋彩鲜丽，观者悦情。"（四）评焦宝愿："衣文树色，时表新异，点黛施朱，重轻不失。"

关于布置，姚最曰：评毛棱："善于布置，略不烦草。"

关于模写，姚最曰：（一）于序中谓："虽质沿古意，而文变今情。"（二）评刘璞："胤祖之子，少习门风，至老笔法不渝前制。"（三）评陆肃："早藉趋庭之教，未尽劬阅之勤，虽后所得不多，犹有名家之法。"（四）评稽宝钧、聂松："二人的无师范。"（五）评焦宝愿："虽早游张、谢，而靳固不传。"（六）评袁质："茜之子，风神俊爽，不坠家声……笔势遒正，继父之美。"（七）评僧珍、僧觉："珍，蘧道愍之甥，觉，姚昙度之子。并弱年渐渍，亲承训勖。"（八）评解蒨："全法章、蘧，笔力不逮。"

经此摘录之后，更敢断言，姚最于画理悉依六法，并无其他原则上之贡献。细参校之，与谢赫之意见，仅有一二处轻重之不同而已。

前谓谢赫轻视写实较长康为甚，姚最则又较谢赫为甚。是乃逐渐倾向文人画之趋势。谢赫尚有"人马分数，毫厘不失，别体之妙，亦为入神"之言。姚最对于象形，竟无一语赞扬者。谢赫写实，据姚最所云，可称登峰造极，而姚最仍有微词。

关于模写，姚最似较重视。颇以有师法、有门风为贵。若谢赫之故求新奇，反有流弊。但姚最非不以创造为然者。当师自然，兼取古人之法、古人之意，依一己之思想，加以变化。试观其"师心造化"及"质沿古意，而文变今情"诸语可知也。

第六章 南北朝关于绘画之品评著作

分别较量，人之天性，一般画论之出发点，大都与辨别善恶有关。论画理之著述，以画家内心之修养及接待外界之态度为中心。论画法之著述，以作画之方法及用笔用墨之技巧为要务。往往根据态度之是否正当，方法之是否切实，为优劣之评判。诸如此类，虽含品评之意，究仅间接有关，不能为品评之书。专事品评之著，肇于南齐高帝之《名画集》，张彦远《历代名画记》记之曰：

> 宋齐梁陈之君，雅有好尚。晋遭刘曜，多所毁散，重以桓元性贪好奇，天下法书名画，必使归己。及元篡逆，晋府真迹，元尽得之。何法盛《晋中兴书》云：刘牢之遣子敬宣，诣元请降，元大喜，陈书画共观之。元败，宋高祖先使臧喜入宫载焉。南齐高帝，科其尤精者，录古来名手，不以远近为次，但以优劣为差，自陆探微至范惟贤四十二人，为四十二等、二十七秩、三百四十八卷。听政之余，旦夕披玩。❶

书中最重要之特色，为"不以远近为次，但以优劣为差"，编纂之方法，能破除时代之观念，而专就善恶以铨衡，

其性质纯属品评，自可断言。惜此书宋后散佚❷，不得知其究竟。

今日所能见之六朝品评著述，为谢赫之《古画品录》及姚最之《续画品》。试先分别加以研究，更比较二人之意见。

第一节 谢赫《古画品录》

前章研究《古画品录》之六法，专从理论方面着眼，此章则偏重其品评工作。《古画品录》乃取三国至齐梁间之画家二十七人，分作六品。计第一品五人，第二品三人，第三品九人，第四品五人，第五品三人，第六品二人。其意旨于一起寥寥百数十字中，即可窥得。

> 夫画品者，盖众画之优劣也。图绘者，莫不明劝戒，著升沉。千载寂寥，披图可见。虽画有六法，罕能尽该，而自古至今，各善一节。六法者何，一气韵生动是也，二骨法用笔是也，三应物象形是也，四随类赋彩是也，五经营位置是也，六传移模写是也。惟陆探微、卫协，备该之矣。然迹有巧拙，艺无古今，谨依远近，随其品第裁成序引。故此所述，不广其源，但传出自神仙，莫之闻

❶ 张彦远《历代名画记》（张海鹏校辑《学津讨原》上海涵芬楼影印琴川张氏本）1/4a。

❷ 宋郭若虚《图画见闻志·叙诸家文字》篇中著录此书。

见也。❶

上节首语便称，画品所以分别画家之优劣。以后引出六法，乃其品评之标准。再次谓画之优劣，与时代之今古无关，是以只按画家技能之高下排列，而加以评断。二十七人中，张墨及荀勖，蘧道愍及章继伯，王微及史道硕为二人合论，是以共有序引二十四条。诵读一过，吾得以下之意见：

六法与六品，数目上无连属关系，前已论及。谢赫并未于书中说明何以当有六品。今日欲代为解释，只得谓谢赫认为二十余家中，约可分为不同之品，六级而已。

谢赫将陆探微列为上上品，第一品第一人，曹、张、卫、荀等家之评语，皆不及陆，是以同品诸人，前后之排列，亦含有等差之意。严格言之，除张墨、荀勖等数人合论外，实有二十余不同之等级，与齐高帝集四十二人之画分为四十二等之意，相去当不远也。

谢赫将甲置于乙之前，意乃甲优于乙，据今所知，仅谢赫以为当如此排列而已，并不能自其序引中获得确实排列之理由。换言之，即谢赫未能证明一己之主张，而告人何以当如此排列。各家各有专长，各有缺憾，数语评论，安得包括一切，善恶备详？设甲之优点甚多，而谢赫只举其劣点，乙之劣点甚多，而谢赫偏表扬其惟有之优点，自评语观之，似乎乙断不宜在甲后，而实则又安知甲之不当在乙前。即就晋明帝而论，其评语为"虽略于形色，颇得神气，笔迹超越，亦有可观"，无一语非佳评。"略于形色"，更似是第一品中之画家。不期其位竟列第五品第二人，后人将如何解释，如何确断谢赫之排列是否有当？

今试制一极简略之表格（表二），以正负号代表六法之有无。表中所示，大体上与吾人所想象同，品愈高则所具之法愈多，且皆系有气韵生动者。惟设吾人将各家之次序颠倒凌乱，根据正负号或评语，以定各人之品级及前后，必与谢赫所排列之原序大不相同。作此表格之意无他，仅欲证明谢赫之评语，实在不足以解释何以某家属何品，某家当在某家之前或后。

品评画家之技能，人人皆有主见，借此最易引起争端。谢赫之排列高下，后人多不以为然，自是意中事。今日画迹已不得见，孰是孰非，吾人将何适从。此诚无从争辩之事，惟有听之一法耳。

愚以为谢赫之序引，除可辅佐吾人揣测其六法之理论思想外，于品评方面，吾人不能得切实之观念。所予吾人者，仅为当时善画之人名，所画之门类，六法中大概何法擅长。至于品评高下，并未能副其著书时所期望之原旨。是以吾敢断言，设《古画品录》无六法之揭示，仅将诸家列入各品，加以评语，其价值绝不能如今日之伟大。

第二节　姚最《续画品》

姚最《续画品》，评论湘东殿下等二十家，均谢赫所未曾言及者。仅有评语，不分品级，其中有嵇宝钧及聂松，僧珍及僧觉，释迦佛陀底俱及摩罗菩提，为合论。共评语十六条。欲知其撰书之意旨，当先读其序文。

姚最序文，一起便曰："丹青妙极，未易言尽。"以为评论绘画，允非易事。困难之理由，不外以下数端：（一）往迹不存，莫能知其究竟。（二）即今日

❶ 谢赫《古画品录》（王世贞《王氏画苑》民国十一年上海泰东图书局重印本）1/1a。

表二　谢赫《古画品录》所论画家各法擅长表

	画家	气韵生动	骨法用笔	应物象形	随类赋彩	经营位置	传移模写
第一品	陆探微	+	+	+	+	+	+
	曹不兴	+					
	卫协	+	+	+	+	+	+
	张墨 荀勖	+		−			
第二品	顾骏之			+	+		
	陆绥	+					
	袁蒨			+			+
第三品	姚昙度	+		−			
	顾恺之			+			
	毛惠远	+	+	−		+	
	夏瞻						
	戴逵	+					
	江僧宝		+				+
	吴暕			+		+	
	张则						
	陆杲			+			
第四品	蘧道愍 章继伯			+			
	顾宝光						+
	王微 史道硕						+
第五品	刘瑱		−				
	晋明帝	+	+	−			
	刘绍祖		+				+
第六品	宗炳						
	丁光	−		+			

尚能见，亦必须学识渊博之人，始能知其中真正之价值，而有正确公允之批评。正确公允之批评，所以难得，又有下列之理由：（甲）画家之侥幸，所谓"事有否泰，人经盛衰"是也。偶然之机会，可使声名煊赫，不良之境遇，可使湮没无闻。（乙）批评家之任情，所谓"情有抑扬，画无善恶"是也。论画者过于感情作用，理智为其所掩，评论必失公允。（丙）画家作品之深奥，所谓"曲高和寡"是也。其画超出一般人欣赏之范围，非世人所得了解。（三）作画非易事，所谓"质沿古意，文变今情"。内质永恒，而外形顷刻皆有变化。不明此理者绝不能作画，亦绝不能与之论画。（四）人之天赋不同，各有各之专长，所长既非相同，比较劣优，苦无一定之标准。有以上种种之困难，故只得"冥心用舍，幸从所好"，不便一一定以品格，强加高下之区别。必欲分别，不妨以意求也。

欲知其内容之究竟，须读其论各家之评语。

姚最虽曰"不复区别其优劣，可以意求也"，但《续画品》究竟为品评之作，而其排列之先后，仍有高下之等差。湘东殿下，居各家之首，自评语观之，诚非他家所能望其肩背者。湘东殿下于此之地位，颇似《古画品录》中第一品第一人之陆探微。若果无高下之区别，何以列在首席？张爱宾《历代名画记》、《叙历代能画人名》中，对于姚最《续画品》排列各家之位置，颇为注意。叙沈粲后，注明其地位在《续画品》中，居张僧繇上，并曰："专工绮罗，亡所他善，不合在僧繇上。"[1]叙张僧繇后，注明其地位居沈粲下，并曰："彦远以

此评最谬。"[2]他如谢赫、焦宝钧、陆肃、刘璞等人传中，爱宾皆曾言及姚最对于以上各家位置之次序。爱宾对于姚最之排列，既如此之注意，且时有非议，则姚最位置各家之先后，自非信手拈来，漫无秩序者。所异于谢赫者，未列一定之品级耳。

姚最此书，除补充谢赫所遗之画家二十余人为其贡献外，仍不免觉其不能予人切实之品评观念。谢赫之划分六品，姚最不以为然，吾深惜其不自知，纵不分品级，仅列高下，仍不免惹后人之非议也。

第三节　谢赫与姚最品评著作之比较及关于陆探微品级之争执

自论理方面言，谢、姚二人，无甚差别。自品评方面言，二家主张，多不同处。最显著者为著书之体制。谢曰："随其品第，裁成序引。"姚曰："冥心用舍，幸从所好。"谢将二十七人分成六品。姚便一一排比，不更列品（附表）。

对于画家之优劣，更有激烈之争执。谢赫将顾恺之列于第三品第二位。评曰："格体精微，笔无妄下，但迹不逮意，声过其实。"而姚最却谓："至如长康之美，擅高往策，矫然独步，终始无双。有若神明，非庸识之所能效。如负日月，岂末学之所能窥。荀、卫、曹、张，方之蔑矣！分庭抗礼，未见其人。谢陆声过于实，良可于邑，列于下品，尤所未安。斯乃情有抑扬，画无善恶。"

论一画之优劣，尚且各有主见。批评某家之高下，更难得相同之结果。二家时代相去不久，对于顾恺之之评价，相去如是之远，后人若再欲评谢、姚之孰是孰非，更无从决定矣。

[1] 张彦远《历代名画记》（张海鹏校辑《学津讨原》上海涵芬楼影印琴川张氏本）7/2b。

[2] 同注 [1] 7/7b。

就大体言，姚最对于谢赫之《古画品录》，非绝对不赞同者。名已作曰《续画品》，显是续谢之作。且对于谢书，似默许有相当之价值。不然，直可另有命名，何必曰续。其所举之画家二十人，俱谢所未及者。若使对于谢赫之品评排列极端不满，何不将此四十余家合并一处，重加排列，以示后人公允合理之次序？如此，既可以显明一己之主见，复可纠正后人因谢赫而误之讹谬。岂不较仅为长康不平，意义为深远乎？姚最既未将谢作改编，则大体上，绝不致认为《古画品录》为毫无价值者。

吾之结论为：谢、姚二家之品评工作，均不能使后人得切实之劣优观念。自品评方面观之，非成功之作品也。

读姚之作，尚略有校勘上之发现，特于此提出讨论，即关于陆探微品级之争执问题是也。前文所引"至于长康之美"一节中，未有"谢陆声过于实，良可于邑，列于下品，尤所未安"数语。"陆"字实为"云"字之误。

张彦远《历代名画记》顾恺之传中有引姚最语：

姚最云："顾公之美，独擅往策。荀、卫、曹、张，方之蔑然。如负日月，似得神明。慨抱玉之徒勤，悲曲高而绝唱。分庭抗礼，未见其人。谢云'声过其实'，可为于邑。"❷

虽与今日所见之《续画品》原文略有出入，但确系引自《续画品》者。《历代名画记》中，此处作"谢云"而不作"谢陆"。殊不知因"陆"字一字之差，后人又往往为谢、姚二人添出争执之端。

刘氏海粟《中国绘画上的六法论》，根据"长康之美"一节所得之结论为：

这段话中（指姚最之言），第一是

推崇顾恺之，而顾恺之却被谢赫列为第三品，说他"迹不逮意，声过其实"。谢赫所列第一品的荀、卫、曹、张，姚最却说他们比不上顾氏。陆探微是谢赫引为第一品第一人，而姚最却说他"声过其实"，这里显然姚最是不满意于谢赫的人了。❹

俞氏剑华《中国绘画史》亦曰：

姚最不满谢氏《古画品录》之品目，故书中不列品目……且二人对于顾恺之、陆探微之观点，绝对不同。❺

汪亚尘《姚最〈续画品〉之意向》一文中曰：

他（指姚最）对于谢赫排列的品位，也不满意。像谢赫所排，不但对于第二位之曹不兴、第三位之卫协、第四位第五位之张墨、荀勖，不能适当，就是第一位之陆探微，且有声价过实和优点失当的地方。❻

吾以为自"长康之美"至"尤所未安"一节，皆姚最论顾长康之文，并无陆探微夹杂于内。所谓"声过于实"，即姚最引谢赫评顾恺之"声过其实"四字，而并非谓谢陆二人声过其实。所谓"列于下品"，乃姚最谓谢赫万不当将顾恺之列于第三品，而并非谓必须将谢、陆二人列于下品方称公允。设谢陆"声过于实"果是姚最之言，则自当列入下品，于是尤所未安之"尤"字，又无着落矣。姚最此数语之意，乃谓谢赫称顾恺之"声过其实"已属不当，将其列于下品，尤欠公允而已。"云"误作"陆"，盖无疑义。何况谢赫著书，未将己名列入《古画品录》之内，而姚最又安得谓谢、陆声于实，将谢赫与陆探微并论耶？

设将"陆"字改为"云"字，不但文气通顺，问题亦化繁为简，不致更无

❸ 同注❶ 5/6b。

❹ 刘海粟《中国绘画上的六法论》（民国十二年中华书局铅印本）8/a。

❺ 俞剑华《中国绘画史》（民国二十六年商务印书馆三版）I/68。

❻ 汪亚尘《姚最〈续画品〉之意向》（姚湘渔编《中国画讨论集》民国二十一年立达书局出版）175。

端为谢姚二人添出关于陆探微品级之争执。一字之微，或可解决后人认为谢姚二人意见相径庭处。此所以特假此节，提出讨论也。

第七章　张彦远《历代名画记》

张彦远，字爱宾，唐文宗时人，生卒年代未能考，撰《历代名画记》十卷。《历代名画记》为画学中伟大之著作，后人论及此书者虽不多，但无不赞扬钦仰。尤以余越园先生推崇最力。

是编为画史之祖，亦为画史中最良之书。后来作者虽多，或为类书体裁，或则限于时地，即有通于历代之作，亦多有所承袭，未见有自出手眼，独具卓裁如是书者，真杰作也……顾如此杰作，而后人绝鲜称道之者。盖因其不以史法自鸣，而读者遂以为不过著录名画之书，漫不加察。所谓不善读书之故，兹故为表而出之。❶

《历代名画记》，包罗繁博，评论精审。其内容可分为二大部，卷一至卷三，为通纪画学及不能分述于传记之事，凡十五篇。卷四至卷十，为画家小传。各篇之范围，往往非篇名所能概括，以时有一篇涉及数事者。今将各篇篇名列后，附以数语，说明其内容。至其篇名足以概括者，便不赘述。

（一）《叙画之源流》 原画之起源，叙画之功用，富于礼教思想。

（二）《叙画之兴废》 叙历代画迹之聚散，所遭之浩劫，并说明何以有画家小传（叙历代能画人名）之作，有如自序。

（三）《叙历代能画人名》〔目录作叙自古画人姓名〕 画家小传目录。

（四）《论画六法》 解释画理，富于文人思想。

（五）《论画山水树石》 论山水画之变迁，稍及各家之派别。

（六）《叙师资传授南北时代》〔目录无师资二字〕 说明论画所当注意之各点。

（1）各家师承渊源。（2）各家专长不同。（3）各地景物有别。

（七）《论顾陆张吴用笔》 论用笔，论书画用笔相通，富于文人思想。

（八）《论画体工用拓写》 理论兼品评。论工具兼拓写。

（九）《论名价品第》 论画之值。

（十）《论鉴识收藏购求阅玩》〔目录无购求二字〕

（十一）《叙自古跋尾押署》

（十二）《叙古今公私印记》〔古今二字目录作自古〕

（十三）《论装背裱轴》

（十四）《记两京外州寺观画壁》 壁

❶ 余绍宋《书画书录解题》（民国二十一年北平图书馆印）1/4a。

画著录。

（十五）《叙古之秘画珍图》 名画著录。

上列第（二）（三）（九）（十一）（十二）（十三）（十四）（十五）等篇，关于装潢考证著录等问题，不在本文范围之内，不论。与品评最有关系之第（六）篇，详后章。所余各篇，便为本章之材料，分思想、六法、书画用笔相通与墨具五彩等三节讨论。

第一节　张彦远之礼教思想及文人思想

古代假绘画以成教化、助人伦，后人称之曰绘画之礼教时期[1]。其始当早在唐虞之世。汉魏而后，论画之记载渐多，各家大都以礼教思想为论画之出发点。历南北朝而隋唐，画之功用，自实用而改为陶冶性情，文人思想逐渐滋长。但前者已成为历史上之传统思想，论者仍不免一再提及。属于此类之言论，实多不胜录，今姑举数例于后。魏曹植曰：

观画者见三皇五帝，莫不仰戴。见三季异主，莫不悲惋。见篡臣贼嗣，莫不切齿。见高节妙士，莫不忘食。见忠臣死难，莫不抗节。见放臣逐子，莫不叹息。见淫夫妒妇，莫不侧目。见令妃顺后，莫不嘉贵。[2]

陆机曰：

丹青之兴比，雅颂之述作，美大业之馨香，宣物莫大于言，存形莫善于画，此之谓也。[3]

王廙与王羲之论学画曰：

余兄子羲之，书画过目便能，就余请书画法。余画孔子十弟子图以励之。画乃吾自画，书乃吾自书，吾余事虽不足法，而书画固可法。欲汝学书则知积学可以致远，学画可以知师弟子行己之道。[4]

谢赫曰：

图绘者，莫不明劝戒，著升沉。

姚最曰：

九楼之上，备表仙灵，四门之墉，广图贤圣。云阁兴拜伏之感，披庭致聘远之别。

以上各家所见，大致相同，本可于南北朝论画章中，专辟一节，今则悉留置于此。良以各家之言，皆属片段，直至张爱宾《历代名画记》第一篇，《叙画之源流》，始将礼教思想，阐发无遗。该篇一起便曰：

夫画者，成教化，助人伦，穷神变，测幽微，与六籍同功，四时并运。[5]

后曰：

泊乎有虞作绘，绘画明焉。既就彰施，仍深比象。于是礼乐大阐，教化繇兴。故能揖让而天下治，焕乎而词章[6]备。[7]

又曰：

故鼎钟刻则识魅魅而知神奸，旗章明则昭轨度而备国制。清庙肃而樽彝陈，广轮度而疆理辨。以忠以孝，尽在于云台。有烈有勋，皆登于麟阁。见善足以戒恶，见恶足以思贤。留乎形容，式昭盛德之事。具其成败，以传既往之踪。[8]

又曰：

图画者有国之鸿宝，理乱之纪纲，是以汉明宫殿，赞兹粉绘之功。蜀郡学堂，义存劝戒之道。马后女子，尚愿戴君于唐尧，石勒羯胡，犹观自古之忠孝。[9]

爱宾屡引前哲之言，往史之事，备论绘画之功用，在辅助礼教为治。该篇可谓集礼教思想之大成。前于爱宾者，无其透彻，后于爱宾者，更无不以该篇为根据。

[1] 张彦远《历代名画记》（张海鹏校辑《学津讨原》上海涵芬楼影印琴川张氏本）5/7a—5/10b。

[2] 同注[1]1/2b。

[3] 同注[2]。

[4] 孙岳颁等撰《佩文斋书画谱》（光绪癸未上海同文书局石印本）15/1a。

[5] 同注[2]1/1a。

[6] 《学津讨原》本作"音"，今从《王氏画苑》本作"章"。

[7] 同注[2]1/2a。

[8] 同注[7]。

[9] 同注[2]1/3a。

读《历代名画记》，有一事为亟宜讨论者，即爱宾对于绘画功用之观念也。唐代绘画，宗教画最盛，爱宾生于唐后半叶，文人画日益增加，礼教画已渐消沉，沦为画工之事，不为士大夫所器重。不意《叙画之源流》篇，爱宾之言论，竟极端严肃，尽力发挥，绘画有助礼教之功用。究竟爱宾对于绘画之态度为何若，是否认为宣传礼教为绘画之惟一任务，抑亦为时代潮流所推进，而有文人之色彩。据臆测之所得，爱宾之所以采此论调，或因历来对于绘画之功用，皆作如是观，已成为历史上之传统思想，而爱宾亦不得不如此。或因非如此不足以提高绘画之身价，而免有儒者之攻击。惟吾人更当知，爱宾之礼教思想仅限于《叙画之源流》一篇，爱宾于其他各篇中，却坦然将文人思想显露无遗。

或问曰：礼教思想与文人思想，二者究有无抵触乎？曰：就作画之动机及所企望之目的言，自凿枘不相容。礼教化之画家，绝不能领略文人画之趣味，文人化之画家，亦绝不屑为礼教作宣传。所可异者为爱宾却以为二者不相抵触，不仅不相抵触，且二者正当并重。《王微传》中有言曰：

> 图画者，所以鉴戒贤愚，怡悦情性。若非穷玄妙于意表〔元，从《王氏画苑》本作玄〕，安能合神变乎天机。宗炳、王微皆拟迹巢由，放情林壑，与琴酒而俱适，纵烟霞而独往。各有画序，意远迹高，不知画者，难可与论。❿

"鉴戒贤愚"为礼教化之惟一目的，"怡悦情性"岂非文人画之主要动机？爱宾将二者竟处于相等地位，不啻曰：画之功用有二，鉴戒贤愚，怡悦性情而已。宗炳、王微本南北朝画家中最早发

挥文人思想之人物，爱宾推崇宗、王二人，不遗余力，此正可证明其有了解及欣赏文人画之能力。宗炳小传中亦有言曰：

> 宗公高士也。飘然物外情，不可以俗画传其意旨。⓫

前曰："不知画者，难可与论。"后曰："不可以俗画传其意旨。"所谓不知画者，恐即指不能了解及欣赏文人画，而一味推崇礼教画之人。俗画者，恐即指毫无性灵，而甘心为礼教作宣传之作品也。

细按之，《名画记》之首篇，不过故采往哲之言，以壮观瞻而已。实则爱宾论画，为富于文人思想者。试以下列诸端为证：

爱宾以为画家根本非凡俗之人所能者。《论画六法》篇中曰：

> 自古善画者，莫匪衣冠贵胄，逸士高人，振妙一时，传芳千祀，非闾阎鄙贱之所能为也。⓬

尊傲乃文人之惯习，每喜将己身列入世间最希贵之阶级中。后代文人画家亦无不如此。

爱宾对于机械式之工具，亦极力反对，可称后日文人轻视界画之先声。《论顾陆吴张用笔》篇中曰：

> 或问余曰："吴生何以不用界笔直尺，而能弯弧挺刃，植柱构梁。"对曰："守其神，专其一，合造化之功，假吴生之笔，向所谓意存笔先，画尽意在也……夫用界笔直尺，界笔是死画也。守其神，专其一，是真画也……"⓭

更观其对于绘画之欣赏，愈可证明其绝对爱好文人画家之作品。其读画之注目处，不在某帧是否能尽鉴戒贤愚之任务，而在能否陶冶人之情，予人精神上之愉快。《论画体工用拓写》篇曰：

> 遍观众画，惟顾生画古贤，得其妙

❿ 同注❷ 6/5b。

⓫ 同注❷ 6/4a。

⓬ 同注❷ 1/17a。

⓭ 同注❷ 2/5a。

39

理。对之令人终日不倦，凝神遐想，妙悟自然，物我两忘，离形去智。身固可使如槁木，心固可使如死灰，不亦臻于妙理哉？ ❶

其间盖无一语涉及古贤可鉴戒后世也。

鉴赏绘画，爱宾自许为平生快事。

余自弱年，鸠集遗失，鉴玩装理，昼夜精勤。每获一卷，遇一幅，必孜孜葺缀，竟日宝玩。可致者必货弊衣，减粝食，妻子僮仆，切切嗤笑。或曰："终日为无益之事，竟何补哉？"既而叹曰："若复不为无益之事，则安能悦有涯之生？"是以爱好愈笃，近于成癖。每清晨闲景，竹窗松轩，以千乘为轻，以一瓢为倦，身外之累，且无长物，惟书与画，犹未忘情。既颓然以忘言，又怡然以观阅。❷

其卧游之乐，实与少文之"畅神而已"及景玄之"神明降之"全无二致也。

此外尚有论作画用笔与作书相通，论传神重意周而不重形迹等，俱为文人思想之特征，将于以后各节论及。

总之，礼教思想，自秦汉以来，实占重大势力。南北朝后，画家之思想，渐有改变，礼教思想已是历史之陈迹，绘画中心，渐为文人思想所攫有。当时论者，虽仍不免引用前人之论调，但无形中已背道而驰，为新思想所笼罩。爱宾《名画记》，即其显例也。

第二节　张彦远对于六法之见解

谢赫创六法，而未一一加以解释，后人只得根据书中序引以释其意。姚最有续谢之作，关于六法，无特殊之贡献。唐代品评之风虽盛，涉及绘画学理之书，仅《名画记》耳。

爱宾为唐代论六法之惟一人物。有

❶ 张彦远《历代名画记》（张海鹏校辑《学津讨原》上海涵芬楼影印琴川张氏本）2/8a。

❷ 同注❶ 2/12b。

❸ 同注❶ 2/6b。

❹ 同注❶ 1/16b。

《论画六法》专篇，此外书中尚颇有议及六法者，本节加以搜集，分别论之，以补助专篇之不足。

（一）气韵生动

六法中，自以气韵生动最为重要。爱宾关于此法之言论最多，且往往旁涉用笔象形等问题，因亦不得不于此项中附及。

历来画论家，无不以气韵生动为绘画中之止境，自谢赫已然。爱宾评画，以上上品为止境，是上上品与气韵生动，盖相等也。《论画体工用拓写》篇中曰：

夫失于自然而后神，失于神而后妙，失于妙而后精，精之为病也而成谨细。自然者为上品之上，神者为上品之中，妙者为上品之下，精者为中品之上，谨而细者为中品之中，余今立此五等，以包六法。❸

上上品为何，自然耳。自然与气韵生动，俱为绘画中之最高峰。爱宾且曰，"余今立此五等，以包六法"，是则气韵生动与自然有密切之关系矣。或问曰：自然将何以致之乎？曰：在画家之立意。何以知之？以爱宾赞扬吴道玄之言可证也。吴道玄为爱宾心折之画家，以为惟吴画最富有气韵生动。其言曰：

惟观吴道玄之迹，可谓六法俱全，万象毕尽。神人假手，穷极造化也。所以气韵雄壮，几不容于缣素，笔迹磊落，遂恣意于墙壁。❹

吴画之所以能六法俱全，万象毕尽，在其立意，是以立意为致气韵或自然之要素。《论顾陆吴张用笔》篇中，言及吴道玄之立意：

或问余曰："吴生何以不用界笔

直尺，而能弯弧挺刃，植柱构梁？"
对曰："守其神，专其一，合造化之功，
假吴生之笔，向所谓意存笔先，画尽
意在也。"❺

天姿卓绝之画家，凝神专一，于未
画之时，对象全体已有一统之观念❻。
未落笔先，早已将每笔每画所应具之姿
态气力融会于心，是以脱稿之后，画迹
能将画家高超之立意表现无遗。前节引
文，即此意也。虽然，气韵或自然，非
若是之简易也。同篇稍后，又推进一
层曰：

夫运思挥毫，自以为画，则愈失于
画矣。运思挥毫，意不在于画，故得于画矣。
不滞于手，不凝于心，不知然而然。❼

画家虽贵有立意，但万不能为意所
拘束。必须得心应手，于不知不觉中，
能将立意表现，非如此，不得谓臻跻化
境。正与儒家所谓"从心所欲不逾矩"
相吻合。画家作画，当具有极自然之态
度，不拘束，不矜持，所作之画，始能
近乎自然，始能气韵生动。

爱宾既以为自然乃于不知不觉中流
露而出，是以笔画亦往往于不知不觉中
表现立意。但使观者能见画家之立意，
便为圣手，笔画之未能周密，抑何尤焉？
同篇曰：

又问余曰："夫运思精深者，笔迹
周密，其有笔不周者，谓之如何？"余
对曰："顾陆之神，不可见其盼际，所
谓笔迹周密也。张吴之妙，笔才一二，
像已应焉。离披点画，时见缺落，此虽
笔不周而意周也。若知画有疏密二体，
方可议乎画。"❽

《论画六法》篇中有一节论气韵与
画家表现立意之关系：

古之画，或能移其形似而尚其骨气，

以形似之外求其画，此难可与俗人道也。
今之画纵得形似，而气韵不生。以气韵
求其画，则形似在其间矣。❾

古人之画，当于形似之外求之。形
似之外，复有何在，有立意之表现耳。
今人之画，有形似而无气韵，何以无气
韵、无立意之表现耳。以"气韵求其画，
则形似在其间矣"二语，乃爱宾之鉴赏
之方法，盖谓但能表现立意，便有气韵，
有气韵，即不求形似，形似亦在其间矣。

爱宾对于气韵生动之观念，试为拟
其定义曰：画家以极自然之态度，表现
其立意，以期达到自然之境界。

（二）骨法用笔

爱宾对于用笔，极为重视，自画云
气一节中，便可窥得。

有好手画人，自言能画云气。余谓
曰："古人画云，未为臻妙，若能沾湿
绡素，点缀轻粉，纵口吹之，谓之吹云，
此得天理，虽曰妙解，不见笔踪，故不
谓之画。如山水家有泼墨，亦不谓之画，
不堪仿效。"❿

爱宾之语调，极为坚决，凡不见
笔踪者，不得称之为画。泼墨非画也，
亦以其不见笔踪耳。由此观之，爱宾
竟以笔踪为画中最基本之元素。《论画
六法》篇更谓凡形似及骨气，俱仗用
笔传达：

夫象物必在于形似，形似须全其骨
气，骨气形似，皆本于立意，而归乎用笔，
故工画者多善书。⓫

何谓骨气，吾以为非长康所谓之骨
格，而乃形象全体上有气力之弥漫，故
非善于用笔者不为功。具形似为作画初
步之要求，全骨气乃较高深之造诣。骨
气之有无，十分重要，画之能否动人，

❺ 同注❶ 2/5a。

❻ 张彦远称吴道玄作画
"或自臂起，或从足
先"。非对于对象有统
一之观念，不克如此。

❼ 同注❶ 2/5b。

❽ 同注❼。

❾ 同注❶ 1/15b。

❿ 同注❶ 2/7a。

⓫ 同注❶ 1/15b。

端赖骨气之全不全。《王定传》中，彦悰有评语曰：

> 骨气不足，遒媚有余，菩萨圣僧，往往惊绝，在张孝师上。❶

而爱宾驳之云：

> 彦远按："定画骨气不甚长，既亡骨气，何故惊绝？"❷

倘无骨气，即不足言惊绝矣。

不仅此也，爱宾复以为画有死与真之分，皆用笔使之然。《论顾陆张吴用笔》篇曰：

> 夫用界笔直尺，界笔是死画也。守其神，专其一，是真画也。死画满壁，曷如坯墁，真画一划，见其生气。❸

此固不啻谓气韵生动，与用笔有密切之关系也。

凡上所云，皆足见爱宾对于用笔之重视。至于骨法用笔，整个名词之解释，《名画记》中，却未能寻得。但吾敢断言，爱宾必有与谢赫相同之用笔当具有气力表现之观念。《乙僧传》曰："画外国及菩萨，小则用笔紧劲如屈铁盘丝，大则洒落有气概。"❹《尹琳传》曰："善佛事鬼神寺壁……笔迹快利。"❺《王维传》曰："余曾见破墨山水，笔迹劲爽。"❻《韦鹡传》曰："工山水，高僧奇士，老松异石，笔力劲健，风格高举。"❼如紧劲、快利、雄健等形容词，盖皆用笔有力之谓也。

（三）应物象形

爱宾非不重形似，所重者为具有气韵之形似，观"以气韵求其画，则形似在其间矣"二语可知。至于刻画细谨，毫无生趣之形似，爱宾以为不足道，所谓"精之为病也而成谨细……谨而细者为中品之中"，是以《论画六法》篇中亦有：

若气韵不周，空陈形似，笔力未道，空善赋彩，谓非妙也。❽

《论顾陆张吴用笔》篇曰：

> 吴宜为画圣，神假天造，英灵不穷。众皆密于盼际，我则离披其点画。众皆谨于象似，我则脱落其凡俗。❾

以上皆菲薄空陈形似之语。

爱宾论形似，最有意义者为《论画体工用拓写》篇中"了不了"一节，其价值在能道出形似不足贵之所以然。

> 夫画物特忌形貌采章，历历具足，甚谨甚细，而外露巧密。所以不患不了，而患于了，既知其了，亦何必了，此非不了也。若不识其了，是真不了也。❿

设欲明了上节之意，当知爱宾心目中，同一了字，有二义。一为真正之了，恰到好处之了；一为形迹上之了，过分之了。画家作画，其应物象形，当有适可而止之程度。此程度之标准，为使观者能于画中获得画家之立意而已，所谓"画尽意在"是也。能如此，必为识者所欣赏，此谓真正了了，恰到好处之了。设画家既知，惟此真正之了，始为识者所欣赏，又何必甚谨甚细，致有过分之了。过分之了，必为识者所讥。是以惟恰到好处之了，方是真了。反之，不知适可而止之程度，便不能了解真正之了，必刻画过分，甚谨甚细，毫无生气，而有过分之了。过分之了，实真正之不了也。"既知其了，亦何必了"二语，实能道破何以专重形似之不足贵，能将所以然揭出，信是透彻而有价值之画论，前人盖未有能阐发如此之精微者。

（四）随类赋彩

赋彩有如象形，皆所用以写实者。爱宾视其地位与象形等，故于《论画

❶ 张彦远《历代名画记》（张海鹏校辑《学津讨原》上海涵芬楼影印琴川张氏本）9/6a。

❷ 同注❶。

❸ 同注❶ 2/5b。

❹ 同注❶ 9/5b。

❺ 同注❶ 9/12a。

❻ 同注❶ 10/1a。

❼ 同注❶ 10/5a。

❽ 同注❶ 1/16a。

❾ 同注❶ 2/5a。

❿ 同注❶ 2/6b。

六法》篇中，二者并论。

若气韵不周，空陈形似，笔力未道，空善赋彩，谓非妙也。[11]

论《画体工用拓写》篇亦曰：

夫画物特忌形貌采章，历历具足，甚谨甚细，而外露巧密。[12]

关于此法，爱宾之言论不多，仅《翟琰传》中有数语曰：

翟琰者，吴生弟子也。吴生每画，落笔便去，多使琰与张藏布色，浓淡无不得其所。[13]

所谓得所，乃当淡处淡，当浓处浓。据此亦可知爱宾对于色彩之浓淡，与画中各部之关系，颇为注意也。

（五）经营位置

爱宾对于经营位置之观念，有难易之不同。《论画六法》篇所谓：

至于台阁树石，车舆器物，无生动之可拟，无气韵之可侔，直要位置向背而已。[14]

此说专为位置无生命之物体而发，与气韵生动毫无关系，不足视为高深之技巧。同篇稍后曰：

至于经营位置，则画之总要。自顾陆以降，画迹鲜存，难悉详之。惟观吴道玄之迹，可谓六法俱全，万象必尽，神人假手，穷极造化也。所以气韵雄壮，几不容于缣素，笔迹磊落，遂恣意于墙壁。[15]

至此又将经营位置，视作作画之总要。其不同在前者不须经营，不过定其向背而已，后者则必须殚心力为之，方能妥帖。其范围不限于台阁等等，必尽括画中一切物体，乃作画之全盘计划也。

（六）传移模写

爱宾与谢赫同，不以模拟为尚，《论

画六法》篇曰：

至于传模移写，乃画家末事。[16]

《嵇宝钧传》曰：

彦远以画性所贵天然，何必师范。[17]

皆卑视模写之明证。

爱宾对于六法之观念，骨法用笔，随类赋彩，传模移写等三法，与谢赫无甚出入，气韵生动，亦如谢赫，将其视为不可捉摸，而仅可感觉，弥漫于整幅画端之动态。但同时含有尊重自然之意，似受宗少文之影响。爱宾之"守其神，专其一"，"会造化之功，假吴生之笔"等语，与少文之"夫以应会心为理者，类之成巧，则目亦同应，心亦俱会，应会感神，神超理得"，以精神与大自然交感之原则，不期而遇。所见既同，宜乎其对于少文、王微，有"意远迹高，不知画者，难可与论"之论也。

关于应物象形，张彦远与谢赫之见解，仍复相似。惟"了不了"一节，确能发前人所未发。

经营位置，爱宾将其视作两极端之艺术。位置无生之物体，不过平庸之技巧，经营全幅之局势，乃画之总要。此等观念，为谢赫言论中所不得见者。

第三节　书画用笔相通及墨具五彩

《历代名画记》中，爱宾言及画论上之重要问题二，书画用笔相通及墨具五色是也。在爱宾以前，虽有趋向此二问题之酝酿，尚无切实讨论之者，自此而后，论者便不可胜数矣。

（一）书画用笔相通

书画相通，古籍可稽。爱宾根据历史之记载，而有下列之言论：

[11] 同注❶ 1/16a。

[12] 同注❶ 2/6b。

[13] 同注❶ 9/8b。

[14] 同注❶ 1/16a。

[15] 同注❶ 1/16b。

[16] 同注⓯。

[17] 同注❶ 7/9a。

夔有芒角，下主辞章。颉有四目，仰观垂象。因俪鸟龟之迹，遂定书字之形。造化不能藏其秘，故天雨粟；灵怪不能遁其形，故鬼夜哭。是时也，书画同体而未分，象制肇创而犹略。无以传其意，故有书；无以见其形，故有画。天地圣人之意也。按字学之部，其体有六。一古文，二奇字，三篆字，四佐书，五缪篆，六鸟书。在幡信上书端象鸟头者，则画之流也。颜光禄云："图载之意有三，一曰图理，卦象是也。二曰图识，字学是也。三曰图形，绘画是也。"又周官教国子以六书，其三曰象形，则画之意也。是故知书画异名而同体也。❶

此论书画起源相同也。晋王廙与王羲之论学画曰："书乃吾自书，画乃吾自画。"又认为书画二者，于学艺中列于同等地位。至爱宾则不仅谓起源相同，地位相同，即学理方面亦相同：

开元中，将军裴旻善舞剑，道玄观旻舞剑，见出没神怪，既毕，挥毫益进。时又有公孙大娘亦善舞剑器，张旭见之，因为草书，杜甫歌行述其事。是知书画之艺，皆须意气而成，亦非懦夫所能作也。❷

张旭、吴道玄二人，一为书家，一为画家，一观舞剑，一观舞剑器，而二人书画之艺，皆有进益。据此可知美妙之动作，竟能助人悟彻书画之奥妙，而启发其兴会，此非书画之学理相通乎。不仅学理相通，即用笔亦相通。爱宾又曰：

夫象物必在于形似，形似须全其骨气。骨气形似，皆本于立意而归乎用笔。故工画者多善书。❸

《顾陆张吴用笔》篇曰：
或问余以顾陆张吴用笔如何？对曰："顾恺之之迹，紧劲连绵，循环超忽，

调格逸易，风趋电疾，意存笔先，画尽意在，所以全神气也。昔张芝学崔瑗、杜度草书之法，因而变之，以成今草书之体势，一笔而成，气脉通连，隔行不断。惟王子敬明其深旨，故行首之字，往往继其前行。世上谓之一笔书。其后陆探微亦作一笔画，连绵不断，故知书画用笔同法。陆探微精利润媚，新奇妙绝，名高宋代，时无等伦。张僧繇点曳斫拂，依卫夫人笔阵图，一点一画，别是一巧，钩戟利剑，森森然，又知书画用笔同矣。国朝吴道玄，古今独步，前不见顾陆，后无来者，授笔法于张旭，此又知书画用笔同矣。❹

爱宾列举顾陆张吴四人，皆卓绝一时之画家。顾之笔法为"紧劲连绵，循环超忽"。张芝变草书为今草，王子敬用张芝之笔法，而世称之为一笔书。陆探微复用是法，为一笔画。是以上诸家，书画笔法相同。张僧繇作画，依卫夫人作书之笔法。卫夫人笔阵图，共七式，即一、丶、㇏、丨、乛是。而爱宾谓张僧繇作画，一点一划，别是一巧，正以其用笔之法，原于笔阵图之故。吴道玄乃画家，而笔法又受书家张旭之传❺，此皆书画笔法相同之明证也。

《顾陆张吴用笔》一篇，吾人顾名思义，必以为其内容不外乎赞扬各家作画用笔之精妙，并比较其异同。不意本节所论，专在阐发书画用笔相同。后人论及此事者，不可胜数，而爱宾实见之最早，且反复论其重要者也。

（二）墨具五彩

作画仅用墨而不用色，必待文人画盛兴，始能普遍。礼教时期之绘画，目的在为政教作宣传，色彩必须鲜明，始

❶ 张彦远《历代名画记》（张海鹏校辑《学津讨原》上海涵芬楼影印琴川张氏本）1/1a。

❷ 同注❶ 9/8b。

❸ 同注❶ 1/15b。

❹ 同注❶ 2/4b。

❺《历代名画记·吴道玄传》称："吴道玄，阳翟人，好酒使气，每欲挥毫，必须酣饮。学书于张长史旭，贺监知章……"可知《顾陆张吴用笔》篇中之"授笔法于张旭"一语中之"授"字当为"受"之误。同注❶ 9/8a。

❻ 朱景玄《唐朝名画录》虽称吴道元有"数处图壁只以墨纵为之，近代莫能加其彩绘"，但此等画壁，恐仅占极少数。

❼ 同注❶ 2/6a。

❽ 同注❶ 9/13b。

不失引人注意之本旨。宗教化时期之绘画，笃信者膜拜之，供养之，颜色不繁，不足以显示宗教之尊严，使人起肃敬之心❻。惟有文人画，用以自娱，随心所好，水墨正可以表现幽澹自然之本性，此所以竟视色彩为赘疣也。

墨画既创，墨分五彩定应之而兴。设有墨画，不分深浅浓淡，必觉其索然无味，不复成为画矣。是故以不同之墨彩表现阴阳向背，有如五色之技巧与墨画之盛行，必相辅并进者。爱宾《论画体工用拓写》篇中曰：

> 草木敷荣，不待丹碌之彩。云雪飘扬，不待铅粉而白。山不待空青而翠，凤不待五色而绰。是故运墨而五色具，谓之得意。意在五色，则物象乖矣。❼

此固显谓纯用水墨，可与设色同功。

爱宾信以纯用水墨为然者，其故有二，一以其富有文人思想，二以用墨之技巧，在当时必已大有可观。于《殷仲容传》中可见：

> 闻礼子仲容……工写貌及花鸟，妙得其真，或用墨色，如兼五彩。❽

王维、张璪、王墨俱唐代水墨山水画家。以墨写花鸟，吾以为必受水墨山水画之影响，始得产生。以山水为远景，花鸟为近景，近景之色彩，较远景为清晰，换言之，观者对于近者色彩之观念，必较远者为深刻。故对近景色彩之需要，较远景为迫切，废除之亦较难。有以上之推测，唐代水墨山水画，已颇盛行，复能由其本身，影响其他绘画门类。用墨之问题，自唐而后，宜其日益严重而复杂矣。

第八章　王维之画诗及画论

言及唐代画家，无不立即思及王维者。王维字摩诘，太原人，长安元年生，上元二年卒（701—761 年）。后人尊之为南宗之祖，文人画之始。唐代无南北宗之称，至明董其昌等，始行成立。南北宗之分，是否有当？摩诘究竟是否文人画之始？今姑置不论，第摩诘声誉之所以如此之隆，后人之所以尊之为文人画之始，与其画、诗及画论，有密切之关系。今即据此三项论之。

第一节　王维之破墨画

摩诘之画，有卓然特殊而异于其时代之处。所可异者，在当时并不为一般批评家所推重。但亦惟其作风有特殊之处，故后人尊之为南宗之始，而地位渐超出唐代任何画家之上。

试先观唐代论者对于摩诘之评价。张爱宾《论画山水树石》篇曰：

> 又若王右丞之重深，杨仆射之奇赡，朱审之浓秀，王宰之巧密，刘商之取象。❶

杨仆射即杨炎❷，并非当代之大画家，他如朱、王、刘等人，亦不甚为人称道。摩诘与彼等同列，地位可知矣。爱宾复于《摩诘传》中曰：

人家所蓄多是右丞指挥，工人布色，原野簇成，远树过于朴拙，复务细巧，翻更失真。❸

细巧或由于工人，然朴拙非全由于布色，爱宾于摩诘，又显有贬辞矣。

朱景玄《唐朝名画录》，分画家为神妙能逸四品，而摩诘列入妙品上。神品下之画家为阎立本、阎立德、尉迟乙僧、张璪、韩干、李思训、薛稷等人。据此则其位置不但在韩干薛稷等鸟兽画家之下，且在后人认为承摩诘衣钵之张璪下也。

何以使其然？吾以为必由于摩诘作风与唐代正宗画派不同之故。唐代论者，咸以吴道玄为首席、正宗画派，即不妨以道玄为代表。道玄画迹，今已难见。传为吴道玄所作之《送子天工图》，差足代表其画派而已。若谓出于吴手，则殊难置信。不获已，吴画之作风，吾人试于唐代各家记载中，求概略之观念。张爱宾曰：

> 气韵雄壮，几不容于缣素，笔迹磊落，遂恣意于墙壁。❹

又曰：

> 虬须云鬓，数尺飞动，毛根出肉，

❶ 张彦远《历代名画记》（张海鹏校辑《学津讨原》上海涵芬楼影印琴川张氏本）1/17b。

❷ 《历代名画记·杨炎传》中有"建中元年迁左仆射"等语，故知杨仆射即杨炎。

❸ 同注❶ 10/1a。

❹ 同注❶ 1/16b。

力健有余……数仞之画，或自臂起，或从足先，足壮诡怪，肤脉连结。❶

又曰：

张、吴之妙，笔才一二，像已应焉。离披点画，时见缺落，此虽笔不周而意周也。若知画有疏密二体，方可议乎画。❷

朱景玄曰：

嘉陵江三百余里山水，一日而毕。❸

又曰：

景玄每观吴生画，不以装背为妙，但施笔绝踪，皆磊落逸势，又数处图壁，只以墨踪为之，近代莫能其彩绘。凡图圆光，皆不用尺度规画，一笔而成……其圆光立笔挥扫，势若风旋，人皆谓之神助。❹

自以上之记载，吾人可想见其画派，必属于张爱宾所谓"笔不周而意周"之疏体。是以三百里山水，一日而毕。其画中最主要之成分为用笔，注重在线条。天付劲毫，具有速度、力气及准确性，故能或自臂起，或从足先。

摩诘之作，究何若乎？所苦者，亦在今日不能获其真迹，作研究之材料。况即令能得一帧，或尚嫌不足，以爱宾谓其"体涉今古"❺，意必一人而具数种之作风也。读各家记载所得，摩诘画派约有三类：

（一）受吴道玄之影响，注重用笔，近乎疏体者。《唐朝名画录》曰：

其画山水松石，踪似吴生，而风致标格特出。❻

（二）受李思训之影响，笔法精细。张爱宾所谓细巧翻更失真者。谢肇淛曰：

李思训、王维之笔，皆细入微芒。❼

陈继儒《书画史》曰：

京师杨太和大夫家所藏晋唐以来名迹甚佳。玄宰借观，有右丞画一幅。宋

❶ 张彦远《历代名画记》（张海鹏校辑《学津讨原》上海涵芬楼影印琴川张氏本）2/5a。

❷ 同注❶ 2/6a。

❸ 朱景玄《唐朝名画录》（王世贞《王氏画苑》民国十一年泰东图书局印）6/2a。

❹ 同注❸ 6/3a。

❺ 同注❶ 10/1a。

❻ 同注❸ 6/9a。

❼ 谢肇淛《五杂俎》（明万历四十四年古歙潘氏如韦轩校刊本）7/18b。

❽ 陈继儒《书画史》（邓实辑《美术丛书》神州国光社铅印本）初集十辑二册6b。

❾ 董其昌《画眼》（《美术丛书》本）初集三辑一册9a。

❿ 同注❶ 10/1a。

徽宗御题左方，笔势飘举，真奇物也。检《宣和画谱》，此为山居图，察其图中松针石脉，无宋以后人法，定为摩诘无疑。相传为大李将军，其拈出于辋川者，自玄宰始。❽

董玄宰认为确系摩诘真迹之《江山霁雪图》跋曰：

……惟京师杨高邮州将处，有赵吴兴雪图小幅，颇用金粉，闲远清润，迥异常作，余一见定为学王维。或曰："何以知是学维？"余应之曰："凡诸家皴法，自唐及宋，皆有门庭，如禅灯五家宗派，使人闻片语单词，可定其为何派儿孙。今文敏此图，行笔非僧繇，非思训，非洪谷，非关仝，乃至董、巨、李、范，皆所不摄。非学维而何？"今年秋，闻王维有《江山霁雪》一卷，为冯宫庶所收，亟令友人走武林索观，宫庶珍之，自谓如头目脑髓。以余有右丞画癖，勉应余请。清斋三日，展阅一过，宛然吴兴小幅笔意也。余用是自喜……❾

玄宰跋中，虽谓摩诘与思训不同，但细观图中，皴法工谨，树木尤为精细，恐仍自李将军一派得来也。

（三）王维异于时代之破墨画。张爱宾所谓"余曾见破墨山水，笔迹劲爽"❿，又曰"人家所蓄多是右丞指挥，工人布色"。

摩诘之破墨画，必受禅家恬静思想，水木琴书、高雅生活及文学修养三者之影响而成。不重表面，不重色彩，重在表现内性之作品。于唐代画坛中，此等作风，定甚孤立，而不能为当时论者所了解。

摩诘之第一、第二两类作品，受道玄及思训之影响，纵佳，恐亦不能及吴、李。无论如何，唐代论者，绝不承认摩

诘胜过吴李二家。加以其破墨画，又不能为当时人所了解，则其地位之所以不高，何足怪焉。

或问曰：所谓破墨，其貌奚似？今日不获真迹，实难答复。沈宗骞曰："南宗多用破墨"，而其对于破墨之解释为：

用破墨者，先以淡墨勾定匡廓。匡廓即定，乃分凹凸，形体已成，渐次加浓，令墨气淹润，若常湿者。复以焦墨破其界限轮廓，或作疏苔于界处[11]

芥舟清人，吾正恐其眼福，与吾人等，未必获见摩诘之真迹。上文所云，殆指元明以后一般之南宗画而言，不足以代表王维之破墨画。爱宾称摩诘之作"笔迹劲爽"，可见虽重用墨，而笔迹于其画中，仍为要素之一。与王维之泼墨，"俯观不见其墨污之迹"[12]，爱宾所谓山水家有泼墨，"不见笔踪，故不谓之画"[13]者，不同。张璪后人称其得摩诘之传，而荆浩《笔法记》，颇以其能笔墨兼有见许[14]。于此测之，则摩诘异于时代，而为后人尊为南宗之祖之破墨画，虽足启示后人行向所谓南宗画之途径，至于其神貌是否相似，尚难断言也。

第二节　王维之诗

摩诘之画，有特殊而异于其时代之作风，有趋向后代所谓南宗画之倾向。惟摩诘设非诗家，其后日之声誉，绝不能凌驾唐代一切画家之上。《宣和画谱》中有：

观其思致高远，初未见于丹青。时时诗篇中已自有画意。由是知维之画，出于天性，不必以画拘，盖生而知之者。故"落花寂寂啼山鸟，杨柳青青渡水人"又与"行到水穷处，坐看云起时"及"白云回望合，青霭入看无"之类，以其句

法皆所画也。[15]

为摩诘宣传最力，收效最宏者，为苏东坡。《题〈蓝田烟雨图〉》曰：

味摩诘之诗，诗中有画。观摩诘之画，画中有诗。[16]

自此，"诗中有画，画中有诗"二语，便不绝人口。于是不但为摩诘之诗增色，同时更将其画之地位，不知增高几凡。

摩诘之诗，根本即有与文人画相同之处。主要在二者俱能表现内性。诗与画所异者形式，至于所欲表现者则一。试举数章为例。如《青溪》：

言入黄花川，每逐青溪水，随山将万转，趣途无百里。声喧乱石中，色静青松里。漾漾泛菱荇，澄澄映葭苇。我心素已闲，清川澹如此。请留盘石上，垂钓将已矣。[17]

《蓝田石门精舍》：

落日山水好，漾舟信归风，玩奇不觉远，因以缘源穷。遥爱云木秀，初疑路不同，安知清流转，偶与前山通。舍舟理轻策，果然惬所适。老僧四五人，逍遥荫松柏。朝梵林未曙，夜禅山更寂。道心及牧童，世事问樵客。暝宿长林下，焚香卧瑶席。涧芳袭人衣，山月映石壁。再寻畏迷误，明发更登历。笑谢桃源人，花红复来觌。[18]

二诗真能将当时冲淡恬静之胸怀，于每字中流露，足以摄得读者之精神，吸入诗人当时所处之境界。

摩诘画迹，流传后世，由众而罕，由罕而无。其诗却可致远，永垂不朽。所作之画，究以受吴李二家之影响者为多乎，抑破墨而富于文人色彩者为多乎？当然不更得知。幸右丞先生有其诗在。画迹丧失，于其声誉，竟有益而无损。后人读其诗，必觉其画每

⓫ 沈宗骞《芥舟学画编》（乾隆四十六年冰壶阁写刻本）1/10b。

⓬ 同注❸6/17b。

⓭ 同注❷2/7b。

⓮ 荆浩《笔法记》云："故张璪员外树石气韵俱盛，笔墨积微，真思卓然，不贵五彩，旷古绝今，未之有也。"

⓯ 《宣和画谱》（毛晋辑《津逮秘书》民国十年上海博古斋影印汲古阁本）10/4b。

⓰ 苏轼《东坡题跋》（温一贞《苏黄题跋》同治十一年刊本）下/19a。

⓱ 王维《王右丞集》（赵松谷笺注民国十七年中华书局《四部备要》本）3/3b。

⓲ 同注⓱3/3a。

❶ 王维《山水论》(王世贞《王氏画苑》本）1/41a—1/42b。

❷ 王维《山水诀》(詹景凤《画苑补益》民国十一年泰东图书局印）1/4a—1/5a。

❸ 王维《王右丞集》(赵松谷笺注民国十七年中华书局《四部备要》本）28/4a。

❹ 同上注。

❺ 李日华《六研斋二笔》(《李君实先生杂著》崇祯甲戌刻本）3/29b。

帧皆为恬静闲逸之幽情所充溢，更无不富有文人之思想。事实是否尽然，又颇有疑问矣。

第三节 王维论画法

旧题王维所作之画论，早经人断为伪托。各篇之名称为：

（一）《画学秘诀》 陶宗仪辑《说郛》卷九十一。

（二）《山水论》 《说郛》、《画学秘诀》共两篇，王世贞《画苑》取其中之一，名之曰《山水论》，与詹景凤《画苑补益》所载之《豫章先生论画山水赋》大致相同。❶

（三）《山水诀》 詹景凤收入《画苑补益》，以《画学秘诀》为书名❷，《山水诀》为篇名，即《说郛》、《画学秘诀》王世贞所未收之一篇。

（四）石刻二则 载赵松谷《王右丞集笺注》卷二十八。前一则与《山水诀》略有出入。

《山水论》、《山水诀》二篇，赵松谷断为伪作：

> 考其辞语，殊不类盛唐人。况维文章笔墨冠天下，宜有绝妙好辞，以写胸中所得之秘，传为模范，以启后人，乃卑卑无甚隽言，其为后人所托，又何疑焉？❸

石刻二则亦云：

其前一则与《秘诀》中首则微有异同，后一则语亦凡近，不能佳，殆非维笔也。❹

摩诘之画论，既系后人伪托，本无研究价值，惟以其流传已久，人所习谂，与后代论画法之作，大有关系，是以不得摒舍。

《山水论》、《山水诀》，皆论画法，今仍以表格方法分析之。（表三、表四）

论其性质，与梁元帝《山水松石格》极相似。对于传授后人作画，有无切实效果，姑置不谈，惟其"意在笔先"、"水墨为上"等语，却时为后人引用，而奉为金科玉律者也。〔李鹰《画品》跋关全《游仙图》称："石之并者，左右视之，各见其圆锐长短远近之势；石之坐卧者，上下视之，各见其方圆广狭薄厚之形。"可为王摩诘"石看三面"一语作注脚〕

总之，摩诘画论虽是伪托，对于其后日声誉之煊赫，南宗始祖之推尊，不无有功。尤以其诗，更可视作促成摩诘为文人画始祖之原动力。李日华曰：

> 士人以文章德艺为贵，若技艺，多一不如少一，不惟受役，兼亦损品。林君复极富画情，见与可、伯时，终日碌碌徇人，遂坚意禁制不为。余尝谓："王摩诘玉琢才情，若非是吟得数首诗，则琵琶伶人，水墨画匠而已！"❺

可见明代论者，已作如是观矣。

表三 王维《山水论》内容析览表

总论	凡画山水，意在笔先。 观者先看气象，后辨清浊；定宾主之朝揖，列群峰之威仪。多则乱，少则慢，不多不少，要分远近。
山	远山无石，隐隐如眉。 凡画山水，平夷顶尖者巅，峭峻相连者岭，有穴者岫，峭壁者崖，悬石者岩，形圆者峦，路通者川。两山夹道，名为壑也；两山夹水，名为涧也；似岭而高者为陵也，极目而平者为坂也。依此者则粗知山水之仿佛也。远山不得连近山。 山头不得一样。
水	远水无波，高与云齐，水看风脚，远水不得连近水。
树石	远树无枝。 石看三面。 树看顶领。 凡画树林，远者疏平，近者高密。有叶者枝嫩柔，无叶者枝硬劲。松皮如鳞，柏皮缠身。生土上者，根长而茎直，生石上者，拳曲而伶仃。古木节多而半死，寒林扶疏而肃森（《王氏画苑》本作"寒林伏雏而萧岑"，今从赵松谷笺注《王右丞集》）。 树头不得一般。
点缀	远人无目。 山腰云塞，石壁泉塞，楼台树塞，道路人塞。 路看两头。 山腰掩抱，寺舍可安，断岸坂堤，小桥可置。有路处，则林木；岸绝处，则古渡；水断处，则烟树；水阔处，则征帆；林密处，则居舍。临岩古木，根断而缠藤；临流石岸，敧奇而水痕。
时景	有雨不分天地，不辨东西；有风无雨，只看树枝；有雨无风，树头低压，行人伞笠，渔父蓑衣。雨霁则云收天碧，薄雾霏微，山添翠润，日近斜晖。早景，千山欲晓，雾霭微微，朦胧残月，气色昏迷；晚景则山衔红日，帆卷江渚，路行人急，半掩柴扉。春景则雾琐烟笼，长烟引素，水如蓝染，山色渐青。夏景则古木蔽天，绿水无波，穿云瀑布，近水幽亭。秋景则天如水色，簇簇幽林，雁鸿秋水，芦岛沙汀。冬景则借地为雪，樵者负薪，渔舟倚岸，水浅沙平。凡画山水须按四时，或曰烟笼雾琐，或曰楚岫云归，或曰秋天晓霁，或曰古冢断碑，或曰洞庭春色，或曰路荒人迷，如此之类，谓之画题。
杂论	丈山尺树，寸马分人。 山借树而为衣，树借山而为骨。树不可繁，要见山之秀丽；山不可乱，须显树之精神。

表四　王维《山水诀》内容析览表

总论	夫画道之中，水墨为上，肇自然之性，成造化之功。或咫尺之图，写百里之景。东西南北，宛尔目前，春夏秋冬，生于笔下。　手亲笔砚之余，有时游戏三昧。岁月遥永，颇探幽微。妙悟者不在多言，善学者还从规矩。
山	初铺水际，忌为浮泛之山。　主峰最宜高耸，客山须是奔趋。　远山须要低排。　山分八面。
树石	近树惟宜拔进。　石有三方。　松柏上现二尺长。
点缀	次布路歧，莫作连绵之道。　回抱处僧舍可安，水陆边人家可置。村庄着数树以成林，枝须抱体；山崖合一水而瀑泻，泉不乱流。渡口只宜寂寂，人行须是疏疏。泛舟楫之桥梁，且宜高耸；着渔人之钓艇，低乃无妨。悬崖险峻之间，好安怪木；峭壁巉岩之处，莫可通途。远岫与云容相接，遥天与水色交光。山钩锁处，沿流最出其中；路接危时，栈道可安于此；平地楼台，偏宜高柳映人家；名山寺观，雅称奇杉衬楼阁。远景烟笼，深岩云锁。酒旗则当路高悬，客帆宜遇水低挂。　塔顶参天，不须见殿，似有似无，或上或下，茅堆土埠，半露檐廒，草舍芦亭，略呈墙柠。　人物不过一寸许。
时景	闲云切忌芝草样。

第九章　唐代关于绘画之品评著作

自南北朝谢、姚有品评之专著，至唐代其风乃大盛。上古之画迹，当时尚有大量存在，后起画家，亦复日益众多，颇能自出新意，陵越前人。品评优劣，铨量高下，必为当时嗜画者所乐为。加以各家主见不同，难免众口纷呶，各从所好。前后论者所见愈不一致，愈足使后者别有新著，冀匡往谬。各家品评之作，直至今日，年代辽远，或早已散佚，或仅存一鳞半爪，附他书而得传，或经后人伪托增窜，难辨本来面目。但计之尚有七八种之多。兹将每家各成一节，分别论之。

第一节　释彦悰《后画录》

《后画录》一卷，释彦悰著。彦悰生卒年代不可考，但知其为隋唐间人。❶今日所能见之《后画录》，早有人断为伪托。〔道宣《高僧传》有释彦悰传，亦隋唐之际人，与作《后画录》之彦悰不知是否一人，手边无道宣书，不能一查也。觉明先生批。〕《四库全书总目》曰：

前有彦悰自序，称为帝京寺录，就所见长安名画，系以品题，凡二十七人❷。盖以续姚最之者。序题贞观九年，故

称阎立本犹为司平太常伯。然末一人为广陵郡仓曹参军李凑。考张彦远《名画记》，李凑，李林甫之侄也。初为广陵仓曹，天宝中，贬明州象山尉。尤工绮罗人物，为时惊绝，则凑乃明皇时人。彦悰远在太宗之世，何以能预录之乎？张彦远《历代名画记》曰："僧悰之评，最为谬误，传写又复脱错，殊不足看也。"是真本尚不足重，无论伪书矣！❸

李凑一条，时代谬误，确是明证，而余越园先生《书画书录解题》有更详细之考证：

是编前有小序，谓所录凡二十七人。今所传本则仅二十六人。曾取张彦远《历代名画记》所引彦悰诸条细校，除末一条李凑为作伪者妄增之外，余俱有之，而字句微异，当亦作伪之人，故意改窜者。《名画记》于郑法轮、刘乌两传，尚有引彦悰此书之文，今本无之，因知彦悰之书久亡，此编乃作伪者摭拾《名画记》所引而成。郑法轮、刘乌两条，偶未检得，遂至遗漏，而故增一李凑，不悟时代未符，遂又自显其拙，殊可嗤也。彦悰既有评郑法轮之文，则知小序所谓郑法轮等"虽行于代，未曰名

❶ 张彦远《历代名画记·叙画之兴废》篇中称隋沙门彦悰，而郭若虚《图画见闻志·叙诸家文字》篇中称唐沙门彦悰。

❷《四库全书总目》作"三十七人"，"三"系"二"字之误。

❸ 纪昀等《四库全书总目》（民国十九年上海大东书局再版）114/1a。

家，若兹之流，以俟来哲"云云，绝非彦悰原文，而亦出于伪作者。李凑一条，文词鄙拙，又推崇过甚，亦与《名画记》谓其"笔迹疏放"者不符，殆故为此以掩其剿袭之迹邪？❶

《后画录》虽系人伪托，但仍当加以研究。所当先决之问题为究竟原书尚存若干条，然后再就其存在之部分，讨论其内容及价值。越园先生已谓《后画录》乃作伪者自《名画记》掇拾而得，是以今日流传之本❷，反只能作为参考之辅助，而可信之材料，却须向张爱宾《名画记》中求之。

设有人问曰：彦悰之《后画录》，共收画家若干人？排列位置之先后为何？今日皆未能确断。吾人仅能根据自《历代名画记》辑录所得，而于可信范围内作我。所敢断言者为彦悰至少曾言及二十七家，高下次序，其间有间断处，不能似谢、姚之作自首至尾，有连贯之排列。附录中各条之先后，悉循伪托本之次序，仅为便于对照，并不认为其排列为可信。自郑法士至康萨陀共二十五人。张孝师虽无评语，但见于王定条中，可见当时彦悰必曾论及。此外益以郑法轮、刘乌，共二十七人，所可憾者为爱宾撰《名画记》时，未将彦悰位置各家之次序一一注明。否则不但能知彦悰对各家优劣之轩轾，且可知爱宾曾否将《后画录》全书录入《名画记》中。今所知彦悰排列各家之位置，仅如下列，共十三人。

郑法士、孙尚子、杨子华、田僧亮
阎立本、杨契丹
陈善见、董伯仁
靳智异、范长寿
王定、张孝师、王知慎

以上诸家之位置，仍属片段，一若分成若干小组，吾人仅知一组中之先后，至于某组当在某组之前或后，又无从断定。

吾人为辑录之材料所限，关于《后画录》之人数位置，今日所得言者，仅如上述。且当爱宾征引各条之时，曾否增减其字句，亦在不知之例。毕竟原书久佚，欲窥全豹，自不可能也。

今试论《后画录》之内容及价值。

彦悰《后画录》，确受谢姚二人之影响，《四库全书总目》，亦视之为续姚之作，内容及性质，可谓与《古画品录》及《续画品》无甚区别。谢、姚之书，今犹自存，吾人尚恨其不能予读者切实之品评观念，况此书久已散佚，而排列次序，又仅片段者乎？

爱宾对于彦悰之作，颇为不满，既曰"最为谬误"，又曰"传写又复脱错，殊不足看也"❸。但爱宾有爱宾之主见，孰敢断言，彦悰之说绝对不确。越园先生根据爱宾对彦悰之不满而曰："所引诸条，必彦远以为浅薄陋略或谬误者，方为征引，是原书未经征引者，当尚不少。"❹吾以为越园所持之理，未必可据。诚然，爱宾对于彦悰之评语，每加反驳。如在刘孝师条后，爱宾曰："不止鸟雀，曾见画他物皆好。"❺王定条后曰："定画骨气不甚长，既亡骨气，何故惊绝。"❻信与彦悰之见不符。但他如曹仲达条，爱宾称其"能画梵像"❼，彦悰称其"外国佛像，亡竟于时"。郑法士条，爱宾以为李嗣真将郑置于杨子华下为不当，而应在杨子华上❽，彦悰之品级，亦将郑置于杨子华上。此则显系二家意见相同者。况江志、王仲舒、靳智异、吴智敏各条，爱宾仅引彦悰之评语，而不更

❶ 余绍宋《书画书录解题》（民国二十一年北平图书馆印）9/8b。

❷ 彦悰《后画录》（孙岳颁等撰《佩文斋书画谱》光绪癸未上海同文书局石印本）17/4b—17/5b。

❸ 张彦远《历代名画记》（张海鹏校辑《学津讨原》上海涵芬楼影印琴川张氏本）1/8b。

❹ 同注❶9/9a。

❺ 同注❸9/6a。

❻ 同注❺。

❼ 同注❸8/3b。

❽ 同注❸1/8b。

唐代关于绘画之品评著作

另益只字，若非默许彦悰之言，必不如此。是故彦悰之《后画录》，未必爱宾必以为浅薄谬误，方为征引也。且爱宾曾谓《后画录》之文字"不越数纸"[9]，足证其篇幅不富，二十七条，已足充塞之矣，据此，则《后画录》之未经爱宾征引者，当不多也。

《后画录》乃唐代最早之品画专著，二十七人中，以南齐周昙研为最早，唐初檀智敏为最晚，不问其原书存之多寡，品评方面价值之巨细，吾人研究唐代关于绘画之品评，势必自彦悰始也。

第二节 裴孝源《贞观公私画史》及《画录》

裴孝源，唐太宗时人[10]，里贯未详。关于绘画之著作，有二：（一）《贞观公私画史》一卷，今尚存；（二）《画录》，已散佚，仅能于《历代名画记》中见其一鳞片爪。

（一）《贞观公私画史》

《贞观公私画史》，世人咸视之为最早之绘画著录专书，与品评似无涉。惟序中有言曰：

大唐汉王元昌，天植其材，心专物表。含运覃思，六法俱全。随物成形，万类无失。每燕时暇日，多与其流，商确精奥。以余耿尚，常赐讨论，遂命魏晋以来，前贤遗迹所存及品格高下，列为先后。起于高贵乡公，终于大唐贞观十三年。秘府及佛寺并私家所蓄，共[11]二百九十八卷，屋壁四十七所，目为《贞观公私画录》[12]。

可见裴孝源著此书时，画家人名排列之先后，亦寓有品第之意也。

书中内容，与序所言有出入处。《四库全书总目》曾将是点揭出：

序称高贵乡公以下，而此本所列，乃以宋陆探微为首，反居其前，疑传写之误。[13]

《贞观公私画史》，偏重著录，是以仅录画家画迹，而无评论。但其排列，不以朝代为次，不能不谓其与自序所称"品格高下，列为先后"有关。各家画迹之记载，与品评无关，可置不论。至于画家名姓之次序，却未可忽视。

次序之排列，颇有可疑之处。最显著者为张僧繇反居其子张善果下[14]，疑此处正与高贵乡公、王廙[15]两家同，因错乱遗落，致与原序不符。惟吾人于未能获得切实证据之前，未敢妄易其位置也。

（二）《画录》

爱宾于《叙画之兴废》一篇中，言及中书舍人裴孝源有《画录》[16]，此书极易使人与《贞观公私画史》误为一书，以裴孝源《贞观公私画史》自序有《贞观公私画录》之称。《四库全书总目》考证《画录》系另一书，与《贞观公私画史》无涉。

考张彦远《名画记》，引孝源《画录》最多，皆此书（指《贞观公私画史》）所无。盖孝源别有一书，记贞观显庆间画家品第，如谢赫《古画品录》之例，非此书也。[17]

按：《历代名画记》，确有引裴孝源之语，但仅三则。

裴孝源之《画录》，见于《名画记》者，不过数十字，吾人仅可知其为品评之书而已，无从推测其全篇之体制及格式。《四库全书总目》谓"如谢赫《古画品录》之例"，未免武断。

爱宾对于裴孝源之评论，亦不惬意。

[9] 同注❸1/8b。

[10] 《贞观公私画史》裴孝源自序于贞观十三年（639年）。

[11] 《贞观公私画史》，《王氏画苑》本作"其"，当是"共"之误。

[12] 裴孝源《贞观公私画史》（王世贞《王氏画苑》民国十一年泰东图书局石印本）1/19b。

[13] 纪昀等《四库全书总目》（民国十九年上海大东书局再版）112/2a。

[14] 裴孝源《贞观公私画史》张善果条后李源序曰："以品格高下，岂宜在此？"亦以为张善果不应在张僧繇上。同注❸1/27a。

[15] 详附录四。

[16] 同注❸ 1/8b。

[17] 同注❸112/2a。

于《论名价品》第一篇中曰:"昔裴孝源都不知画,安定品第,大不足观。"❶此言不指《贞观公私画史》,定为《画录》而发。论阎立本,裴以为张僧繇父子当在二阎、杨、陆之下。爱宾驳云:"二阎、杨、陆,虽则画美,张家父子,品第居最。裴云'张在阎下',此论未当。"❷皆足为证也。

裴孝源之《贞观公私画史》,次序凌乱,尽失旧观,故已不得于诸家位置中,见其优劣之排比。而《画录》又遗阙过多,仅存三条,吾人今日欲估计孝源对于品评方面之贡献及价值,又为材料所限,而难有所收获也。

第三节 李嗣真之品评著作

李嗣真,滑州匡城人,永昌中拜御史中丞知大夫事。所著论画之作,究有若干种,何者存,何者佚,皆未易言。见于前代书志及今尚有传本者为:

(一)《续画品录》《四库全书》入艺术类存目。今尚存,空录人名,无评语。

(二)《画品录》 唐朱景玄《唐朝名画录》谓:"自国朝以来,惟李嗣真《画品录》,空录人名,而不论其善恶,无品格高下俾后之观者,何所考焉?"❸

(三)《后画品录》 见郭若虚《图画见闻志·叙诸家文字篇》❹。

(四)《画后品》 见《新唐书·艺文志》❺。

(五)《续画记》 见宋晁公武《郡斋读书志》❻。

(六)《画人名》 同上❼。

(七)《名画记》《四库全书总目》:"晁公武《郡斋读书志》载嗣真《名画记》一卷,又《画人名》一卷。"❽

上列名称凡七,但往往有一书而异

名者。不同之书,安得有如是之多?《四库全书总目》谓晁公武《郡斋读书志》有《名画记》一卷,按,《读书志》仅有《续画记》,是以名字当系续字之误。《续画品录》、《画品录》、《画后品》、《后画品录》,名极相似,疑是一书。由此观之,不同之书至多亦不逾三种。今姑依《四库全书》及《郡斋读书志》称之曰《续画品录》、《续画记》、《画人名》。

《续画品录》,今尚得见,惟《四库全书总目》以为今日之《续画品录》,恐即《画人名》,其考证为:

是书名载《唐书·艺文志》,朱景玄《唐朝名画录》称嗣真"空录人名,而不记其善恶,无品格高下",与此本体例合。然《名画记》引李嗣真云"曹不兴以一蝇辄擅重价列于上品,恐为未当,况拂蝇云事一说,是杨修、谢赫黜卫进曹,是涉贵耳之论"云云,凡数条。又李绰《尚书故实》,亦引嗣真云:"顾画屈居第一,然虎头又伏卫协画北风图",是嗣真之书,又本有论断。同出唐人,而所言互异。晁公武《郡斋读书志》载嗣真《名画记》一卷(名当作续),又《画人名》一卷,岂彦远所引为《名画记》之文,而此为《画人名》耶?❾

《四库全书总目》疑今日之《续画品录》即《画人名》,所持理由,颇为充足。惟《四库全书总目》复谓张彦远与朱景玄同系唐人,不当所言各异,吾却以为非不可能之事。《历代名画记》征引李嗣真之言,仅称"李嗣真曰"或"李云",而未指明乃自《续画品录》中引得者,孰敢必谓李氏别无他书,而《名画记》所引者,定自《续画品录》耶?且即令《名画记》所引各条,乃自嗣真之《续画品录》录得,但朱景玄所见者为嗣真之《画品

❶ 张彦远《历代名画记》(张海鹏校辑《学津讨原》上海涵芬楼影印琴川张氏本)2/10b。

❷ 同注❶ 9/4a。

❸ 朱景玄《唐朝名画录》(王世贞《王氏画苑》本)6/序1a。

❹ 郭若虚《图画见闻志》(张海鹏校辑《学津讨原》本)1/1b。

❺《新唐书·艺文志》(开明书店《二十五史》本)V5/144。

❻ 晁公武《郡斋读书志》(光绪甲申长沙王氏刊本)15/1b。

❼ 同注❻。

❽ 纪昀等《四库全书总目》(民国十九年上海大东书局再版)114/1b。

❾ 同注❽ 114/1a。

录》，又孰敢必谓《画品录》与《续画品录》定是一书耶？余越园先生解题曰："今检张彦远《名画记》征引是书者，见于曹不兴、卫协……诸传，文辞之妙，已可窥见一斑。"❿亦断为《名画记》所载嗣真之言乃自《续画品录》引得者，与《四库》同有过于肯定之病也。

《四库全书总目》，又考证今日之《续画品录》为伪作：

嗣真唐人，而称梁元帝为湘东殿下，仍同姚最之文，其序又云"今之所载，并谢赫之所遗"，转不及最一字。恐嗣真原本已佚，明人剽姚最之书，稍为附益，伪托于嗣真耳。《法书要录》载嗣真《后书品》一卷，所载八十一人，分为十等，各有叙录，又有评有赞，条理秩然。计其《画品》体例，亦必一律，不应草草如此。是尤作伪之明证矣。⓫

《续画品录》之小序，及湘东殿下一条，为姚最《续画品》中之文，疑是作伪者剽取之而置于《画人名》之首，冠以今名。殊不知姚最序中有"今之所载，并谢赫所遗"二语，只合姚氏之书，与此编背谬。以谢赫所论及之画家，泰半皆在此书之内作，伪者何疏陋之甚也。

据研究所得，不独前半为后人妄增，即后部亦大有作伪之嫌疑。设非作伪，亦必次序凌乱，迥异原观。张爱宾《名画记》中，往往引李氏之言及其对于各家位置之前后，取与此书较，完全不同。后文当详言之。

研究李嗣真关于绘画之品评工作，惟一之方法为根据现有之材料，即《续画品录》及《历代名画记》所引李嗣真之论是也。

《续画品录》共一百二十四人，除湘东殿下居诸品之上外，余分为上中下

三品。每品又分上中下三级。

《历代名画记》征引李嗣真之论，凡十八条。

自《名画记》所引各条评语中，可知李嗣真为极力推崇顾恺之者。陆探微、张僧繇虽甚神妙，可与顾同居上品，但未免略有逊色。曹不兴之名次更低，上品中无其位置。杨子华颇为李嗣真所重，居然在郑法士上。郑又在孙尚子上。孙又在董、展二人上。董、展又在田、杨上。田、杨又在张善果上。张又在郑法轮、刘乌、郑德文三人上。以上数家之位置可知，以其见于《名画记》所引李嗣真各条也。试制表格，以示各家之地位（表五）。

表中每格为一单位。顾、陆、张三人相去不远，李嗣真认为乃画家中之最优者，是以将其列于右端。次为杨子华、郑法士等人，自杨直至二郑、刘乌，位置相连，故其间并无空隙。至于杨子华及顾陆张三人中更有何人，便不得知，是以留出空隙，而加以问号。李嗣真将田、杨二家，列入上品，可知田、杨以上，俱属之。至于张善果以下为何品，又无从得知矣。上品之领域为自顾、陆、张三人始，直至田、杨，此后复加问号。曹不兴、李嗣真认为不当居上品者，其位置最高亦当在田、杨之下。汉王元昌在二阎之上，复同居上品，是以其位置大概在顾、陆、张之后，田、杨之前。荀卫、李嗣真未尝言及其品级，只谓当在顾下。确定二家之位置，更难措手矣。

吾之表格，当然无准确之价值。惟据此可粗知李嗣真对于各家位置高下之大概情形。读者便于阅览，较自各条中，一一寻其位置为简明耳。

兹试假定《续画品录》中之各家位

❿余绍宋《书画书录解题》（民国二十一年北平图书馆印）9/9b。

⓫同注❽。

表五　李嗣真所论画家位置表

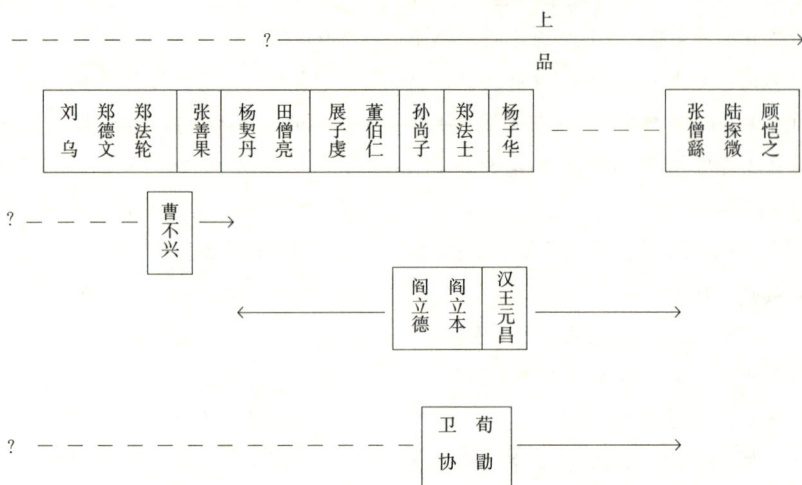

```
?─────────────── 上
                                                                            品  ──────►

┌─────┬───┬───┬───┬───┬───┬───┬───┬───┬───┐        ┌───┬───┬───┐
│刘郑郑│张 │杨 │田 │展 │董 │孙 │郑 │杨 │        │张 陆 顾│
│乌德法│善 │契 │僧 │子 │伯 │尚 │法 │子 │────    │僧 探 恺│
│  文轮│果 │丹 │亮 │虔 │仁 │子 │士 │华 │        │繇 微 之│
└─────┴───┴───┴───┴───┴───┴───┴───┴───┴───┘        └───┴───┴───┘

?─ ─ ─ ─ ┌───┐──►
         │曹不│
         │兴 │
         └───┘
                              ┌───┬───┐
                    ◄─────────│阎 阎│汉│
                              │立 立│王│
                              │德 本│元│
                              │      │昌│
                              └───┴───┘

?─ ─ ─ ─ ─ ─ ─ ─ ─ ─ ─ ─ ┌───┐──────►
                          │卫 荀│
                          │协 勖│
                          └───┘
```

置及《名画记》中所引各条，俱为李嗣真之作品而比较之。二者相去，实不可以道里计。

（一）按表五，顾恺之当居第一位，而《续画品录》中，顾恺之竟在中品上，曹不兴、卫协之下。

（二）按表五，杨子华地位甚高，而《续画品录》杨之地位，竟在郑法轮、张善果之下。

（三）按表五，孙尚子居上品，而《续画品录》竟将孙远降在下品中。

以上不过略举数端，细较之，几可谓《续画品录》与《名画记》所征引李嗣真各条，绝无相同之点。相传二者出于一手，且又同系品评之作，相去竟如此之远，吾人将何以解释之乎？

至于二者材料之真实性，吾以为《名画记》所引各条，较为可信，而《续画品录》，后人作伪之成分居多。即非作伪，亦必次序凌乱，与本来之面目殊观也。

第四节　张怀瓘《画断》

张怀瓘，海陵人，开元中翰林院供奉，所著《画断》，见宋郭若虚《图画见闻志》著录❶，早已散佚。张怀瓘著有《画断》三卷，征引繁博，体裁精审，今存。

张怀瓘论画语，为评顾恺之、陆探微、张僧繇等三家者，经张爱宾三度引用。

三条略有异同，主要者为张、陆、顾得肉、得骨、得神等三语，乃怀瓘对于三家之合评，而各条不同之字句，为对各家之分评，爱宾最喜其合评数语，是以一再引用，而于陆探微条后，又附以己意曰：“彦远以此论为当。”❷ 盖谓谢赫谓陆之“亡地寄言，故居标第一”及李嗣真之“顾、陆同居上品第一”等，咸不及张怀瓘之平允、妥恰，能道出各家之究竟。

所见三条，疑是自《画断》中录引者。《画断》为有价值之书，可以断言，

❶ 郭若虚《图画见闻志》（张海鹏校辑《学津讨原》本）1/1b。

❷ 张彦远《历代名画记》（张海鹏校辑《学津讨原》上海涵芬楼影印琴川张氏本）6/1b。

唐代关于绘画之品评著作

惜原书散佚，得见者又仅《名画记》所征引之二三百言，所存太少，后人无从窥其内容矣。

第五节　窦蒙《画拾遗录》

窦蒙，字子全，扶风人，生卒年代未能考，约大历间人，有《画拾遗录》一卷，亦散佚于宋初者**❸**。张爱宾于《叙画之废兴》篇中，言及此书，郭若虚亦列入《叙诸家文字篇》书目中。爱宾《叙历代能画人名传》中，时引窦蒙语。《韵语阳秋》亦有一条，为自此书录出者。共得十六条。

自辑得各条观之，《画拾遗录》亦是品评之作。但大都泛论高下，未指明某家在某品，及各家位置之先后。

张彦远对于《画拾遗录》，亦不甚以为然。与彦悰、裴孝源之书等，"率皆浅薄漏略，不越数纸"。于各家传中，亦时有驳子全之语。如冯提伽条中驳云："提伽之迹，未甚精密。"**❹**钱国养条中驳云："既言凡鄙贱工，安得格律出众。窦君两句之评自相矛盾。"**❺**

窦蒙之书，价值如何，不敢妄断，独讶后人绝少议及之者。实则《历代名画记》所引子全之言论，未必少于彦悰之《后画录》。彦悰各条，经后人删改窜易，虽失原书之旧，尚得流传于世，为后人所共晓。窦蒙之言，倘亦经好事者辑出，增减成书，又安敢谓其不与今日之《后画录》地位相埒。一家之著述，湮晦与显著，诚有幸与不幸者矣。

第六节　张彦远《历代名画记》

张彦远《历代名画记》，为画史及画论中空前绝后之伟著。内容包括非常浩博，前章已分析加以研究。此节专论其对于品评之贡献。

《历代名画记》之特色为关于绘画任何方面无不论及，且无不完善。惟以其对于一切问题过于浩博、过于完善，是以关于绘画品评，虽大有贡献，而竟不为后人所注意。

试将《历代名画记》涉猎一过，处处可见爱宾对于绘画品评，非常关切。议论绘画，品评高下，爱宾视作极难之事。必须有学识及修养，眼界广大，心情超逸，始有铨量优劣之资格。故于《叙画之废兴》篇曰："非至人之赏玩，则未辨妍蚩。"**❻**于《叙师资传授南北时代》篇曰："若不知师资传授，则未可议乎画。"**❼**后又将各家之渊源所自，细细叙说。于《论画体工用拓写》篇中又曰："非夫神迈识高、情超心惠者，岂可议乎知画。"**❽**于《论名价品第》篇中又曰："书画道殊，不可浑诘。书即约字以言价，画则无涯以定名。况汉魏三国，名踪已绝于代，今人贵耳贱目，罕能详鉴。"**❾**爱宾对于品评绘画，既如是之重视，又深知其中有种种之困难，则其议论各家之优劣，自是慎重从事，而非漫无根据者也。

欲详爱宾关于绘画品评之贡献，可分三项观之。（一）爱宾本人对于品评绘画之意见。（二）对于诸家品评言论之记载。（三）对于各家品评言论之意见。

（一）张爱宾本人对于品评绘画之意见

关于此项，爱宾实能胜过南北朝及同代之批评家。一般之批评家，专就各画家之技能定其高下，而爱宾于此之外，且有议及时代今古优劣之不同。是以此项复可分为二部：（甲）古今之优劣，（乙）各家之优劣。

❸ 窦蒙《画拾遗录》，见《新唐书·艺文志》。注云："卷亡。"

❹ 同注**❷** 8/4a。

❺ 同注**❷** 9/7b。

❻ 同注**❷** 1/5b。

❼ 同注**❷** 2/1b。

❽ 同注**❷** 2/6b。

❾ 同注**❷** 2/8b。

（甲）古今之优劣　爱宾论画，以为今不如古。《论画六法篇》曰："上古之画，迹简意澹而雅正，顾陆之流是也。中古之画，细密精致而臻丽，展郑之流是也。近代之画，焕烂而求备。今人之画，错乱而无旨，众工之迹是也。"❶此盖谓吾国绘画，每况愈下也。惟据吾人推测所得，殆指大体而言。爱宾推崇吴道玄最力，道玄自不在"焕烂求备"、"错乱无旨"之例。凡斯贬辞，或谓唐代之画工耳，岂足以律杰出之人材耶？

（乙）各家之优劣　爱宾于《叙画之兴废》篇之末，《叙历代能画》人名之前曰：

自史皇至今，大唐会昌元年，凡三百七十余人。编次无差，铨量颇定，此外旁求错综，心目所鉴，言之无隐。将来者有能撰述，其或继之。❷

三百余家传中，爱宾几无不系之以论断，谓为品评之作，自无不可。但篇幅过长，辑录将不胜其繁，且原书尽在，亦无辑录之必要。

《名画记》本属史传，故各家先后之排列，按时代今古为序，不以优劣为次。画家品级，则爱宾以夹行于名下注之。后人每易忽略，不知其为品评之作，良以此也。

爱宾定品，将等级分为上中下三品，各品又分上中下。《论画体工用拓写》篇，复将前五等之界说道出，此其切实处，非一般论者所能及也。

夫失于自然而后神，失于神而后妙，失于妙而后精，精之为病也而成谨细。自然者为上品之上。神者为上品之中。妙者为上品之下。精者为中品之上。谨而细者为中品之中。予今立此五等，以包六法，以贯众妙。其间铨量可有数百

等，孰能周尽。❸

上文虽不在《叙历代能画人名》篇之前，但吾敢断言，爱宾对于各家所定前五等之品级，必系根据以上之界说为标准。

爱宾排列各家次序，既以时代为准，今不妨按其所定之品级，另为排列。则爱宾对于各家优劣之观念，不难一目了然矣。

历代画家，爱宾为之定品者，以魏少帝曹髦为最早，唐初杨德绍为最晚。其间亦有不定品级者。曹髦之画，唐代已甚罕见，爱宾论之曰：

曹髦之迹，独高魏代，谢赫等虽著画品，皆阙而不载。彦远今著此书，不必备见其踪迹，但自古善画者即载之。❹

据云，则爱宾未曾备见曹髦之作，不意竟遽为定品。是爱宾亦难免有耳食之病。惟"不必备见"，或得见不多之意，非绝未寓目也。

所定品级，终于杨德绍，其理不难见。当以德绍之后，画家必有与爱宾同时者。推尊有标榜之嫌，指摘有招忌之虑。品级至此，戛然中止，必以此也。

按爱宾所定之品级高下，排列能画人名如下：

上品上　王廙　顾恺之　陆探微

上品中　张僧繇　孙尚子　杨契丹

上品下　卫协　史道硕　阎立德　
　　　　阎立本

中品上　曹不兴　陆宏肃　顾宝光　
　　　　袁蒨　史敬文　顾景秀　史粲　
　　　　姚昙度　毛惠远　陆杲　张儒童　
　　　　袁昂　陆整　杨子华　郑法士　
　　　　郑法轮　董伯仁

中品中　宗炳　谢惠连

❶ 张彦远《历代名画记》（张海鹏校辑《学津讨原》上海涵芬楼影印琴川张氏本）1/15b。

❷ 同注❶ 1/8b。

❸ 同注❶ 2/6b。

❹ 同注❶ 4/3b。

中品下　杨修　苟勖　王羲之　王献之
　　　　戴蜀　陶景真　谢赫　解茜
　　　　江僧宝　展子虔　王知慎
中　品　曹髦　陆绥　顾骏之　康允之
　　　　范怀珍　梁元帝　张善果
　　　　僧威公　僧吉底俱　僧摩罗菩
　　　　僧迦佛陀　高尚士　徐德祖
　　　　郑德文　江志　康萨陀
　　　　檀智敏　杨须跋
下品上　司马绍
下品中　无
下品下　蔡斌　毛惠秀
下　品　张墨　康昕　谢稚　夏候瞻
　　　　戴勃　王微　史艺　刘斌
　　　　尹长生　吴暕　张则　刘允祖
　　　　刘绍祖　濮万年　濮道兴
　　　　宋僧辩　褚灵石　蘧道愍
　　　　章断伯　钟宗之　王奴
　　　　王殿　陈公恩　张季和
　　　　沈标　谢约　虞坚　丁宽
　　　　刘瑱　萧贲　焦宝愿　嵇宝钧
　　　　聂松　田僧亮　刘杀鬼
　　　　刘乌　陈善见　李雅　王仲舒
　　　　阎思光　解倧　程瓒　张孝师
　　　　范长寿　赵武端　范龙树
　　　　周乌孙　杨德绍

　　张彦远所定各画家之品级如上，至
于各品之中有无先后，凡同品之画家是
否相等，皆无从推测。按其品级制度，
上中下三品，每品又分上中下，共当有
九等。但下品中一级，竟无画家属于此
者。复有不详其用意者为中品及下品之
设，且属于此二品者，人数特多。愚意
每品既有三级之分，何不将此二品之画
家，更行铨量，分别置入上中下各级，
以求体例严整，位置分明？岂各家优劣
相等，不能有更精确之区分耶？

（二）张彦远对于诸家品评之记载

　　设爱宾无《历代名画记》一书，后
人对于宋以前之画学知识，当不及今日
之什一。即以品评言，《名画记》之《叙
历代能画人名》，可称荟萃诸家之著，
集品评之大成。或原书散佚，于《名画
记》中可辑得一鳞片爪，使后人尚可推
测原书之大概体裁及性质。或经后人伪
托，而根据《名画记》所引征，可证其
伪作。或原书尚存，而《名画记》又予
人校勘之便利。今将《名画记》所征引
各书，罗列于后，略附数语，说明《名
画记》征引之情形，则爱宾记载各家品
评之功，其伟亦可知矣。

　　1. 谢赫《古画品录》 爱宾所征引之
字句，与原书虽有出入，但各条皆可于《名
记》中寻得。且《名画记》刘允祖❺传
中所引一条，为今日《古画品录》所无者。

　　2. 姚最《续画品》 每条皆经爱宾
征引，字句与原书有出入。

　　3. 彦悰《后画录》 除李凑一条显
系作伪者妄增外，余俱经爱宾征引。且
有郑法士法轮、刘乌两条，为作伪者所
未收，而《名画记》有之。

　　4. 裴孝源《画录》 爱宾引陈善见、
汉王元昌及阎立本三条。原书已散佚，
此三条赖《名画记》而得存。

　　5. 李嗣真之品评著作 爱宾引李嗣
真之言，共十九条。自何书引得，未敢
确断。李嗣真原书已佚，各条赖《名画记》
而得传。据此十九条，复可知今日所习
见之《续画品录》，必非出自李嗣真之手。

　　6. 张怀瓘《画断》 原书已佚，自《名
画记》中可辑得二三百字。

　　7. 窦蒙《画拾遗录》 原书已佚，《名
画记》中可辑得十五条。

　　以上七家，除谢赫、姚最之书今

❺ 同注❶ 6/7b。

尚存外，余皆仗《名画记》之征引传至今日，不致全部沦丧。爱宾倘无此书，或有此书而不录他家之言论，则今日若欲研究唐代之品评著述，恐将束手无策矣。

（三）张彦远对于各家品评之意见

爱宾评论各画家之优劣，自有主见。凡征引他家言论，与己意合，便不加可否。不合，必辩其诬，且往往有同时征引数家之论，而总之以己意，断定孰是孰非者。如顾恺之、陆探微、张僧繇三人，谢赫、姚最及李嗣真诸家，各有论断。而爱宾最后引张怀瓘之评，示前者皆非允论。是以爱宾《名画记》，实对批评家加以批评也。

爱宾对于各家之著述，罕有赞同者。《叙画之废兴》篇中曰：

> 后汉孙畅之有《述画记》，梁武帝，陈姚最、谢赫，隋沙门彦悰，唐御史大夫李嗣真，秘书正字刘整，著作郎顾况，并兼有画评。中书舍人裴孝源有《画录》，窦蒙有《画拾遗录》，率皆浅薄漏略，不越数纸。僧悰之评，最为谬误，传写又复脱错，殊不足看也。❶

仅一率字，便足表示对于以上各种著述，皆不惬意。《论名价品第》篇中又曰：

> 昔裴孝源，都不知画，妄定品第，大不足观。❷

《叙师资传授南北时代》篇中亦曰：

> 详观谢赫评量，最为允惬。姚李品藻，有所未安。❸

以上乃对于各家著述，大体上之不满。至于对于某家某条，认为不当而加匡正者，更多不胜录。本章前数节，曾屡次道及，无须重复矣。

❶ 张彦远《历代名画记》（张海鹏校辑《学津讨原》上海涵芬楼影印琴川张氏本）1/8a。

❷ 同注❶ 2/10b。

❸ 同注❶ 2/1a。

❹ 纪昀等《四库全书总目》（民国十九年上海大东书局再版）112/3b。

❺ 朱景玄《唐朝名画录》（王世贞《王氏画苑》本）6/6a。

❻ 同注❺ 6/12b。

❼ 同注❺ 6/14a。

❽ 同注❺ 6/8b。

❾ 同注❺ 6/9a。

第七节 朱景玄《唐朝名画录》

朱景玄，晚唐人，生卒年代未能考。有《唐朝名画录》一卷，录有唐一代画家一百二十四人。与前论各书，总集古今画家，不以一朝为断者，体例不同。景玄品级之法，分为神妙能三品。每品又分上中下。三品之外，又有逸品，专为等格之外"不拘常法"之画家而设。逸品无等次。神品前，冠以国朝亲王三人，不入品，《四库全书总目》所谓"贵贵之礼"❹是也。

诸家姓名之后，各有叙述，繁略不等，亦间有评论。今仅将人名列入附录，以示位置先后。叙述评论从略。

朱景玄品评各家优劣，颇为慎重。最后之二十五人，因其作品未经寓目，故不便妄定品格，是则其已定品级诸人，必根据画迹，详细铨量，始定位置者。惟吾人终觉评定品格，实难求得确当之标准，具有充分之理由。《唐朝名画录》中，有多处可窥得景玄虽极力愿将何以某人居某品告人，而费尽唇舌，终不能将所以然道出。后人读之，仍只觉景玄以为当如此排列而已，究竟所以然安在，茫然也。如尉迟乙僧条曰：

> 景玄尝以阎画外国之人，未尽其妙。尉迟画中国之像，抑亦未闻。由是评之，所攻各异，其画故居神品也。❺

张萱条曰：

> 画士女乃周昉之伦，其贵公子宫苑鞍马，皆称第一，故居妙品也。❻

戴嵩条曰：

> 戴嵩尝画山泽水牛之状，穷其野性筋骨之妙，故居妙品。❼

他处与此情形相等者甚多，亦皆未能将所以然道出。

画家所习之门类不一，有专精一科者，有兼擅数门者。数门之中，造诣亦自不等。是则为定品格，将何据乎？景玄有鉴于此，是以论朱审以为其山水可居妙上品，竹木居能品。❽论韦偃以为其高僧松石鞍马人物，可居妙上品，而山水人物等居能品。❾于此亦可见批评之困难，更不得不谓景玄于品评方法上有新贡献，不若前代论者，一家专以一品限之。至宋刘道醇，而著书体例，愈为完备矣。

朱景玄《唐朝名画录》除品评诸家外，富于唐代画家事迹及掌故之记载。有功于画史，自是不可磨灭。

第八节　各家品评著作之比较

比较各家品评之作，可自体制及内容两方面入手。体制于表格中详之（附表）。

所谓内容方面，包括各家对于绘画门类轻重之观念及对于画家地位高下之差别。关于前者，极易答复。唐代绘画，人物最盛。各书所收之画家，十之七八皆擅之。而位置最高之画家，自非精于人物者不得踞其席。是以各家之标准，大体颇为一致，设欲比较各论者位置画家地位之异同，实难有具体之答复。八九种著述之中，泰半散佚不传，且各书所收画家，时代不同，数亦不等，所敢断言者，不过最著名者数人，如顾恺之、陆探微、张僧繇等，论者无不将其置于卷首。至于其他各家高下之区别，便不得分辨矣。

第十章　五代荆浩之画论

五代数十年中，为中国绘画史上承前启后之时期。人物继唐旧绪，山水有荆浩、关仝，能变前朝宗派，花鸟有黄筌、徐熙两大宗匠。国事之紊乱，兵燹之凶险，竟不能阻止艺术之进展也。

五代画论家，仅有荆浩一人。荆浩，字浩然，河南沁水人，生卒年代未能考。相传著有画论三篇。（一）《画说》，见《唐六如画谱》❶。全书甚陋劣，伪托自不待言。（二）《豫章先生论画山水赋》，见《画苑补益》，与旧题王维《山水论》大致相同。《四库》斥其诞妄无稽❷。（三）《笔法记》，见《王氏画苑》。三篇以此最为精当。《四库全书总目》曰：

二书（指《画山水赋》与《笔法记》）文皆拙涩，中间忽作雅词，忽参鄙语，似艺术家粗知文义而不知文格者依托为之，非其本书。以相传既久，其论亦颇有可采者，姑录存之，备画家一说云尔。❸

余越园先生以为不尽出于伪托，且证明此书最后亦在北宋之前。

是书文词雅俗混淆，似非全部伪作。疑原书残佚，后人傅益为之者。考韩拙《山水纯全集》曾引编中笔有四势论，是宋宣和时已有此书。❹

《笔法记》中之论说，颇有可采之处。其中所注意之各点，就画论方面言其价值，有如五代绘画在画史上之地位，为承先启后关键之所在。吾人不可忽略，兹分理论、方法、品评三节论之。

第一节　《笔法记》中之六要

荆浩《笔法记》中曰："画有六要，一曰气，二曰韵，三曰思，四曰景，五曰笔，六曰墨。"其解释为：

气者，心随笔运，取象不惑。韵者，隐迹立形，备仪不俗。思者，删拨大要，凝想形物。景者，制度时因，搜妙创真。笔者，虽依法则，运转变通，不质不形，如飞如动。墨者，高低晕淡，品物深浅，文采自然，似非因笔。❺

所谓气，似是心与笔打成一片，能于毫不迟疑中，将对象按心中所想象者画出。韵为将对象微妙之处完全表现，而异于凡俗。思为熟知整幅画及画中各种物体之轻重虚实。景为所设想之景物，当求其合时而逼真。笔为用笔虽有一定之法则，但贵能变化，无固定之形质，而有飞动之姿态。墨为有深浅浓淡，能将物体之色彩，自然呈出，而不使人觉

❶ 此篇每句三言，有如儿童口诀，内容亦殊浅陋。

❷ 《四库全书总目》曰："考荀卿以后，赋体数更，而自汉及唐，未有无韵之格。此篇虽用骈词，而中间或数句有韵，数句无韵，仍如散体，强题曰赋，未见其然。又以浩为豫章人，题为豫章先生，益诞妄无稽矣。"（民国十九年上海大东书局再版）112/4a。

❸ 纪昀等《四库全书总目》112/4a。

❹ 余绍宋《书画书录解题》（民国二十一年北平图书馆印）9/11b。

❺ 宋韩拙《山水纯全集》引《笔法记》此节，但与原文略有出入，录备参考。"昔人有云：'画古六要，一曰气，气者，随形运笔，取象无惑。二曰韵，韵者，隐露立形，备仪不俗。三曰思，思者，顿挫取要，凝想物宜。四曰景，景者，制度时用，搜妙创奇。五曰笔，笔者，虽依法则，运用变通，不质不华，如飞如动。六曰墨，墨者，高低晕淡，品别浅深，文彩自然，似非用笔。'"（詹景凤《画苑补益》民国十一年泰东图书局印）2/25a。

六法　气韵生动　骨法用笔　应物象形　随类赋彩　经营位置　传移模写

六要　　气　　韵　　思　　　　景　　　　笔　　　　墨

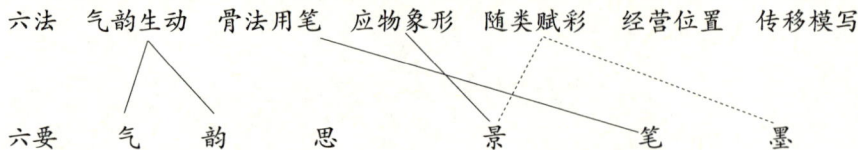

其由于用笔造作而成者。

言及六要，自令人思及六法。试比较二者，以虚实线表示其关系之疏密。

历来画论家，无不以气韵生动为绘画中最高之境界。荆浩以气及韵为六要之冠，正欲表示其重要。

气韵生动，自谢赫便曾将气韵二字拈出独用，如"风范气韵，极妙参神"。张爱宾更有"无生动之可拟，无气韵之可侔"。至于将气韵二字，再分割为二，始见于六要。

自表面观之，六要中之气，与谢赫之气韵生动不同。谢之气韵生动，为画中不可捉摸而仅可领会之动态。荆浩之气，"心随笔运，取象不惑"，似为画家精妙之技能。

六要中之韵，与气韵生动较为接近。荆浩之韵为"隐迹立形，备遗不俗"，言及画中微妙之表现也。

实则，六要之气，仍是气韵生动，以吾人不妨谓精妙之技能即可以画出气韵生动之技能也。且荆浩亦曾曰："似者得其形，遗其气；真者，气质俱盛。"气与形质并提，又将气视作画中之表现，而不以之为画家之技能矣。此等言论，实与张爱宾之"以气韵求其画，则形似在其间矣"，十分相似。

同篇荆浩又论及神、妙、奇、巧。神之定义为"亡有所为，任运成象"，仍不离爱宾"意不在于画，故得于画矣，不滞于手，不凝于心，不知然而然"之意。

荆浩论画病，有"有形"、"无形"之说，亦与气韵有关。

有形病者，花木不时，屋小人大，或树高于山，桥不登于岸，可度形之类也是。如此之病，不可改图。无形之病，气韵俱泯，物象全乖，笔墨虽行，类同死物，以斯格拙，不可删修。

既将无形之病，归诸"气韵既泯"，自不能将气韵视作有形之物。此又可证荆浩关于气韵之观念，与谢赫同矣。

综上诸端，吾之结论为荆浩虽将气韵分裂为二，但终不脱谢、张二人关于气韵所树立之思想也。

思，相当六法中之经营位置。"删拨大要"有取舍轻重、分别宾主、布置虚实之意。

六要之景，写实耳。写实包括形貌与色彩，故此一字当兼含应物象形、随类赋彩二法之义。

关于用笔，荆浩道前人所未道。其言曰："笔有四势，谓筋、肉、骨、气。"〔晋卫夫人《笔阵图》："善笔力者多骨，不善笔力者多肉。多骨微肉者，谓之筋书；多肉微骨者，谓之墨猪。多力丰筋者圣，无力无筋者病。"（六艺之一系四库本册五十三卷271/7a。）

唐太宗《论书指意》："太缓者滞而无筋，太急者病而无骨；横毫侧管则钝慢而肉多，竖笔直锋则干枯而孤露；及其悟也，心动而手均，圆者中规，方者中矩，粗而能锐，细而能壮，长者不为有余，短者不为不足，思与神会，同乎自然，不知所以然而然矣。"（同上书册五十四272/11b。）

唐虞世南《笔髓论·指意篇》："太缓而无筋，太急而无骨，侧管则钝慢而肉多，竖管直锋，则干枯而露骨。"（同上书 272/15b。）韩拙《山水纯全集》曾引此节❶❷，字句颇有不同，且与原文次序颠倒。今将二者列于表格内（表六），以资比较。表中末一格之数目，乃用以标明韩拙引文各句之次序者。

表中所列究竟将以何者较为可信，不易断定，第觉韩拙引文，似易于明了耳。其主要不同之处，有下列四点：

（一）原文为"筋肉骨气"，而引文易"气"为"皮"。

（二）原文"笔绝而断谓之筋"，引文适相反，"笔绝而不断谓之筋"。

（三）原文"筋死者无肉"，引文"劲死者无肉"。

（四）引文多于原文，说明当"骨肉相辅"，若"骨多"或"肉多"，俱属忌病。

第一点似当从原文，荆浩《笔法记》中之气，乃"笔画不败"、"墨色不微"之意，与后人所谓败笔有关，似较筋肉骨三者，略为抽象，而绝不当与之重复及冲突。引文易"气"为"皮"，定义曰："缠转随骨谓之皮"，使人思"骨"之外，另有笔画辅佐而行，此句殊费解。以荆浩既告人骨为笔势之一，而今又有"皮"随骨缠转，究竟一笔着纸而俱此"骨"、"皮"二势乎，抑另有"皮"势之笔画以辅助"骨"势之笔画乎？以上之二种假设，似俱不妥，不如从原文"迹画不败谓之气"为合理也。

第二点"笔绝而断谓之筋"一语，

表六　荆浩《笔法记》中笔有四势一节原文与韩拙《山水纯全集》中引文比较表

《笔法记》中原文	《山水纯全集》中引文	
笔有四势谓筋、肉、骨、气	笔有四势，筋、肉、皮、骨是也	1
笔绝而断谓之筋	笔绝而不断谓之筋	2
起伏成实谓之肉	伏起圆混而肥谓之肉	5
生死刚正谓之骨	笔迹刚正而露节谓之骨	4
迹画不败谓之气		
故知墨大质者失其体	墨而质朴失其真也	12
色微者败正气	墨微而怯弱败其正形	13
筋死者无肉	劲死者无肉也	10
迹断者无筋	迹断者无筋也	1
苟媚者无骨	苟媚者无骨也	8
	缠转随骨谓之皮	3
	尤宜骨肉相辅也	6
	肉多者肥而软浊也	7
	骨多者刚而如薪也	9

❶ 韩拙《山水纯全集》2/15a。

❷《美术丛书》四集，有《山水纯全集》孙鏊公校抄本，与诸本不同。惟此节之字句，与詹氏《补益》本，无甚出入，故表中不为另辟一格。

吾坚决主张应当从引文加入"不"字。以稍后即曰"迹断者无筋",倘无"不"字,岂不自相矛盾乎?所谓不断者,一笔之中,迹有断处,而气无断处也。若从原文,便不可解矣。

第三点"筋死者无肉"似乎当从引文中之"劲"字。劲死者,指太露骨而言。"肉"与"骨"二者相反,故"劲死者无肉"者,即骨太露则无肉之谓。至于肉与筋,则并无此种相反之关系。

第四点引文中"尤宜骨肉相辅也〔张怀瓘《评书药石论》,"以为书之棱角及脂肉俱是病弊,须访良医,故以名篇"。解题3/3a唐人论书与荆浩论画用笔相合,骨肉相辅之说,发源当在五代前也〕,肉多者肥而软浊也,骨多者刚而如薪也"三语,为原文所无者。意即曰:"肉"与"骨"二者相反,当骨肉停匀,肥瘦适中,任一太甚,皆非所宜。

以上各点之主张,吾未尝有切实之根据,不过得于原文及引文之参校,于全段推测其大意耳。

古人用笔,创骨法用笔之说。荆浩复以筋、肉、气三者益之。于原则上,笔画须具有力之支撑,荆浩自无违戾,但有新思想之加入,乃无可讳言者。此其所以论用笔有:虽依法则,贵有变通,无固定之形质,而备活动姿态之主张乎。

就《笔法记》全篇而观,墨有二义:(一)与笔相对而言。笔代表骨,墨代表肉。(二)墨色深浅浓淡,用之以代色彩。六要中之墨,根据其定义,"高低晕淡,品物浅深",乃属后者。

六要与六法比较之结果,惟用笔荆浩颇多新思。此外皆不出六法之范围。模写则荆浩无一语言及,或以轻之而不屑阑入也。

❶ 刘道醇《五代名画补遗》(王世贞《王氏画苑》民国十一年泰东图书局印)6/27b。

❷ 郭若虚《图画见闻志》(《四部丛刊续编子部》上海涵芬楼影印常熟瞿氏本)2/4b。

第二节　荆浩论画法

《笔法记》中,有论画山水树木云雾等画法文字。论画山"尖曰峰,平曰顶"一节,定名称耳,颇似王维《山水论》中"平夷顶尖者巅"等语,无录引之价值。论水曰:

> 有画流水,下笔多狂,文如断线,无片浪高低者,亦非也。

要在有波澜之势,而不在狂放之笔姿,前人尚未论及之者。论树木曰:

> 子既好写云林山水,须明象之源。夫木之生,为受其性。松之生也,枉而不曲,遇如密如疏,匪青匪翠,从微自直,萌心不低,势既独高,枝低复偃。倒挂未坠于地下,分层似叠于林间,如君子之德风也。有画如飞龙蟠虬,狂生枝叶者,非松之气韵也。柏之生也,动而多屈,繁而不华,捧节有章,文转随日。叶如结线,枝似衣麻,有画如蛇,如素心虚逆转亦非也。其有楸、桐、椿、栎、榆、柳、桑、槐,形质皆异,其如远思即合,一一分明也。

主要之意,在说明松柏及其他树木皆有其特殊之形态,画家当注重其特色,表而出之,观者始能一一分别其种类。

论云雾曰:

> 夫雾云烟霭,轻重有时,势或因风,象皆不定。须去其繁章,采其大要。

唐人画云,每多细勾。宋元以还,始求简逸。"去其繁章"二语,即后日云气画法之先声也。

《笔法记》之外,荆浩尚有《画山水图答大愚》诗,亦与画法有关。

> 恣意纵横扫,峰峦次第成。笔尖寒树瘦,墨澹野云轻。岩石喷泉窄,山根

到水平。禅房时一展，兼称苦空情。❶

一起道出画时情景，三、四二句谓瘦树当用尖笔，轻云当用淡墨。第五句谓画泉必须窄，水始有喷涌之势，第六句谓山与水衔接之处，宜作平远，缓山坡之降势，渐渐相连。

第三节　荆浩评论古代画家

张彦远将画品分成五等，自然、神、妙、精、细谨。朱景玄分为四品：神、妙、能、逸。《笔法记》中则分为神、妙、奇、巧四品。各品之界说为：

神者，亡有所为，任运成象。妙者，思经天地，万类性情。文理合仪，品物流笔。奇者，荡迹不测，与真景或乖，异致其理，偏得此者，亦为有笔无思。巧者，雕缀小媚，假合大经，强写文章，增邈气象，此谓实不足而笔有余。

吾尝以为朱景玄之神品，等于张彦远之"自然"及"神"相加。而荆浩之"神"品，亦含有自然之意，但观其神品定义"亡有所为，任运成象"二语可知也。荆浩之妙，与张朱二家之妙品，当无差别。巧指刻画精谨之画，相当于朱景玄之能，张彦远精与细谨二者之合。荆浩之奇品，颇似朱景玄之逸，殆非张彦远五等中所能寻得者。味其语气，乃指不合真景，不合画理，有佳笔致，而经营欠妥之作。奇品虽有缺憾，但位置仍在巧之上。精谨之不足重，亦可知矣。

《笔法记》中有评论唐以前之画家一节：

曰："自古学人，孰为备矣？"叟曰："得之者少。谢赫品陆之为胜，今已难遇亲踪。张僧繇所遗之图，甚亏其理。夫随类赋彩，自古有能，如水晕墨章，兴我唐代。故张璪员外，树石气韵俱盛，

笔墨积微，真思卓然，不贵五彩，旷古绝今，未之有也。麹庭与白云尊师，气象幽妙，俱得其元，动用逸常，深不可测。王右丞笔墨宛丽，气韵高清，巧写象成，亦动真思。李将军理深思远，笔迹甚精，虽巧而华，大亏墨彩。项容山人，树石顽涩，棱角无踪，用墨独得玄门，用笔全无其骨，然于放逸，不失真元气象。元大创巧媚，吴道子笔胜于象，骨气自高，树不言图，亦恨无墨。陈员外及僧道芬以下，粗升凡格，作用无奇，笔墨之行，甚有形迹……"

上文泛论各家短长，无品格，亦无位置先后，但自有其可注意处。（一）张僧繇及吴道子，于前人画论中，地位最高，而荆浩曰："甚亏其理"，"亦恨无墨"。（二）张璪于前人画论中，地位不高，而荆浩称其"旷古绝今，未之有也"。（三）谓王右丞曰"气韵清高"，而李将军"大亏墨彩"。据上以观，荆浩对于画家高下之观念，与前人迥不相同也。

《笔法记》为吾国重要之画论，其中论用笔及品评之标准，俱可见画风之转变。所苦者为此文有作伪之嫌，因而确实年代，未能断定。但无论如何，唐代之画，必须经转变之过程，始能成为宋代普遍之山水画，而此文却能显示重要转变之经过。

荆浩注意用笔，而兼用墨，笔为骨，墨为肉，主张骨肉相辅。肉太多则软浊，骨太多则劲死，俱为忌病。《图画见闻志》谓其曾与人曰：

吴道子画山水有笔而无墨，项容有墨而无笔，吾当采二子之所长，成一家之体。❷

吴道子之特长在用笔能旋转如风，纯以线条表现立意。项容适相反，纯以

水墨表现，而不见笔迹。是以荆浩以为二人皆有未当，而不能恰到好处。能恰到好处者，惟张璪耳。张璪以有笔有墨之破墨画见长，故荆浩有"旷古绝今"之誉。荆浩之理论，养成其笔墨兼重之作风，同时复树立其评画之准则。是则吴道玄、李思训之有缺憾，张璪、王维之为推崇，不亦宜乎。自荆浩出，而唐代专重线条之作风，便倾向线条而外兼用墨之破墨画矣。

第十一章　宋代与六法有关之画论

张爱宾对于六法非常注重，各法无不经其论及，是以前章张彦远对于六法之意见一节中，依法分项，逐一讨论。宋代论者之中，亦颇有言及六法者，惟吾人对于是项材料之取舍及分配，颇感困难。以宋人之论，或仅注重六法中之一部，他则漠然处之。或将某法之范围，向实际方面扩大，不谈理论，而谈方法。譬如郭若虚，吾人深信其于六法有透彻之认识，惟《图画见闻志》中，仅论气韵及用笔。郭熙论皴擦渲染，自不能谓其与用笔无关，但以此后有宋代画法一章，又不能不向该章归并。是以本章所取之材料，仅限与六法有关，而属于理论方面者也。

宋代论气韵、用笔，以郭若虚为最著，自成一节。第二节刘道醇之六要六长，未能脱离六法范围，取与六法作比较之研究。片段言论，不足成一家言者，入末一节。

第一节　郭若虚对于气韵及用笔之意见

六法之中，郭若虚对于气韵用笔二者，最为注意。《论气韵非师》篇曰：

谢赫云："一曰气韵生动，二曰骨法用笔，三曰应物象形，四曰随类赋彩，五曰经营位置，六曰传移模写。"六法精论，万古不移。然而骨法用笔以下五者可学，如其气韵，必在生知，固不可以巧密得，复不可以岁月到，默契神会，不知然而然也。尝试论之，窃观自古奇迹，多是轩冕才贤，岩穴上士，依仁游艺，探赜钩深，高雅之情，一寄于画。人品既已高矣，气韵不得不高，气韵既已高矣，生动不得不至。所谓神之又神，而能精焉。凡画必周气韵，方号世珍，不尔虽竭巧思，止同众工之事。虽曰画而非画。故杨氏不能授其师，轮扁不能传其子，系乎得自天机，出于灵府也。❶

谢赫论姚昙度曰："天挺生知，非学所及。"姚最亦有"天挺命世，幼禀生知"之论。俱将绘画中之最高境界，归诸得于天赋。张彦远主张气韵出于自然，与谢、姚之措辞不同，意实未改。至郭若虚而对于此等观念，阐发尤力。

若虚毅然曰：骨法用笔以下五法可学，而气韵必在生知。以气韵既非巧密之思、精细之笔所能致，亦非悠久之学习、功夫之培养所能获。气韵之生，正与爱宾所见同，由于不知然而然。若虚

❶ 郭若虚《图画见闻志》（《四部丛刊续编》上海涵芬楼借常熟瞿氏铁琴铜剑楼藏宋刻配元抄影印本）1/6a。

进而谓气韵之有无，最关人品。凡古代佳手，俱属轩冕才贤，岩穴上士，以其人品高，是以气韵高，气韵高，是以生动至。换言之，人品由于天生，是以气韵亦非学而后能。此实与爱宾之"古善画者，莫匪衣冠贵胄，逸士高人，振妙一时，传芳千祀，非闾阎鄙贱之所能为也"无别。将文人画之地位提高，而范气韵生动于文人画领域之内，非众工所能梦见也。

郭若虚有《论用笔得失》篇：

凡画，气韵本乎游心，神采生于用笔。用笔之难，断可识矣。故爱宾称惟王献之能为一笔书，陆探微能为一笔画，无适一篇之文，一物之像，而能一笔可就也。乃是自始及终，笔有朝揖，连绵相属，气脉不断，所以意存笔先，笔周意内，画尽意在，像应神全。夫内自足然后神闲意定，神闲意定则思不竭而笔不困也……又画有三病，皆系用笔。所谓三者，一曰板，二曰刻，三曰结。板者腕弱笔痴，全亏取与，物状平扁，不能圆浑也。刻者运笔中疑，心手相戾，勾画之际，妄生圭角也。结者欲行不行，当散不散，似物凝碍，不能流畅也。未穷三病，徒举一隅，画者鲜克留心，观者当烦拭眦。❶（大抵气韵高，笔画壮，则愈玩愈妍，其或格凡毫懦，初观纵似可采，久之还复意怠矣。）

爱宾以为用笔与气韵生动有关（已详前章），若虚谓神采生于用笔。上文一起，若虚虽将神采与气韵分立，但二者实系一事，无从区别。❷若虚之所以特别注重用笔者，恐即以其与气韵生动为最有关系之一法也。

张爱宾以一笔书一笔画证明书画用笔相同，若虚亦有"画衣纹林木，用笔全类于书"❸之论，上篇更将一笔两字，加以解释。所谓一笔，非全幅画仅用一笔、连接不断之谓，世间断无此理。乃是笔与笔之间，有呼应联络，气脉贯串，打成一片，中无丝毫之脱落，有如成之以一笔也。实与长康所云"衣髻俯仰中，一点一画，皆相与成其艳姿"相似。此后论必须"意存笔先"，始能"笔周意内"。"画尽意在，像应神全"，亦自爱宾之"意存笔先，画尽意在，所以神全也"数语得来。"神闲意定，则思不竭而笔不困"，仍源于爱宾之"守其神，专其一"。自上列各点观之，若虚之论，悉以爱宾为据也。

若虚论画有三病，板、刻、结，实皆论用笔者。论用笔之病，而直曰：画有三病，不啻谓大凡画病，多由于不善用笔，讵非若虚重视用笔之明证乎？所谓板，乃笔致痴弱，状物不能圆浑。刻，乃心手未能相应，不能意在笔先，不当有顿挫之处，无端生出圭角。结，乃笔放不开，不敢恣意挥洒，郭熙所谓"反为笔使"❹是也。总之，凡有以上任何一病者，其笔画必不能有力之表现，而有违于六法中骨法用笔之要求矣。

谢赫树立骨法用笔为六法之一，序引中仅有关于笔致之形容词，而无切实之解释。若虚论用笔得失，揭出三病，自较谢赫具体多矣。宋代论者，更有言及皴擦等用笔之技巧者，愈趋实际，而纯属作画之方法。可知关于用笔，自宋而后，乃渐有具体切实之言论产生也。

郭若虚《论气韵非师》篇一起，便将六法一一罗列。但十六篇叙论之中，除气韵及用笔外，其他各法，鲜有涉及。关于象形，不过于《制作楷模》篇中，列

❶ 郭若虚《图画见闻志》（《四部丛刊续编》上海涵芬楼借常熟瞿氏铁琴铜剑楼藏宋刻配元抄影印本）1/6b。

❷ 谢赫《古画品录》评陆绥曰："体韵遒举，风采飘然。"风采即指气韵而言。

❸ 同注❶ 1/4a。

❹ 郭熙《林泉高致》（詹景凤《画苑补益》民国十一年泰东图书局印）1/24a。

花鸟楼阁各部分之定名，以便写实者参考。傅彩不过于《刘文惠传》中有"傅彩虽勤，而气格伤懦"❺二语，可觇得其蔑视色彩之观念。经营仅于《论衣冠异制》篇中谓"凡在经营，所宜详辨"❻。关于摹拟，竟无只字及之。六法之中，若虚惟对于气韵用笔二法特别注重，固不待言也。

第二节　刘道醇之六要六长

刘道醇《圣朝名画评》序曰：

夫识画之诀，在乎明六要而审六长也。所谓六要者：气韵兼力一也，格制俱老二也，变异合理三也，彩绘有泽四也，去来自然五也，师学舍短六也。所谓六长者：粗鲁求笔一也，僻涩求才二也，细巧求力三也，狂怪求理四也，无墨求染五也，平画求长六也。❼

荆浩《笔法记》中有六要，与上文不同，曾于前章取与谢赫之六法相较。刘道醇之六要六长，亦属于六法之系统，仍以虚实线表明其关系之轻重。惟六要六长，与六法之内容，极少恰恰相等者，大都不过范围相同而已。

六要	六法	六长
气韵兼力	气韵生动	粗鲁求笔
格制俱老	骨法用笔	僻涩求才
变异合理	应物象形	细巧求力
彩绘有泽	随类赋彩	狂怪求理
去来自然	经营位置	无墨求染
师学舍短	传移模写	平画求长

自刘道醇之"明六要，审六长"二语，及六要六长之字句构造方面观之，六要与六长，不无区别。六要乃绘画之要素，与六法地位相等。六长乃画家之特殊技能。六长每句之首二字与末一字，如"狂怪"与"理"，"细巧"与"力"，为相反者。其意即谓狂怪之作，极难合乎情理，细

巧之迹，极难具有笔力，而贵在狂怪而合乎情理，细巧而表现气力。推至各长，无不皆然。惟六要与六长之中，亦颇有相似者。如"变异合理"与"狂怪求理"，便难辨别二者之不同。

今试将六要六长，分别解释。书中各家小传及评语中之言论，颇有与六要六长有关，而可取以为注解者。至于书中并未论及之各项，只得加以揣测。是否与刘道醇之意相符，又未敢自信也。

（甲）六要

（一）气韵兼力　相当于六法之气韵生动，兼力又似与骨法用笔有关。

（二）格制俱老　评赵光辅曰："骨格厚重。"❽评孙怀说曰："气格清峭。"❾李成传中曰："思清格老。"❿《王士元传》中曰："笔力则老于商训。"⓫是则所谓格制，殆指形象之全体，或整幅图画之气概，亦与六法之气韵有关，而王士元条中之老字，又同时告人与笔致有关。⓬

（三）变异合理　评张昉曰："用意敏速，变态皆善。"⓭《张昉传》中又称："大中祥符中，玉清昭应宫成，召昉画三清殿天女奏音乐像，昉不假朽画，奋笔立就，皆丈余高。流辈惊顾，终潜于主者，以昉不能慎重，用意多速，出于矜炫，恐有效尤者。寻遭诘问。昉不加彩绘而去。"⓮可知张昉作画，迅疾而不拘成法，是以同辈始得以"不能慎重"谮言于上。评李用及石恪等画鬼神曰："鬼神之状，虽不可穷，大约不远于人。"⓯亦可证所谓"变异合理"，当是翻陈出新，虽奇诡而仍不违常理之作品。

（四）彩绘有泽　六法之随类赋彩，有写实之意，亦即依照各物之原态，

❺ 同注❶ 4/7b。

❻ 同注❶ 1/6a。

❼ 刘道醇《圣朝名画评》（王世贞《王氏画苑》民国十一年泰东图书局印）5/序1a。

❽ 同注❼ 5/3b。

❾ 同注❼ 5/16a。

❿ 同注❼ 5/19b。

⓫ 同注❼ 5/21b。

⓬ 张适跋李唐《夏禹治水图》卷曰："画不难于色泽，而难于格制，格制不老，终是腕弱之病。"愈足证格制之老，与用笔有关。（《梦园书录》光绪三年方氏锦城柏署刊本）4/18a。

⓭ 同注❼ 5/11a。

⓮ 同注❼ 5/9b。

⓯ 同注❼ 5/37b。

敷以颜色之谓。今此要则重在"有泽"二字。《厉昭庆传》中曰："笔精色泽，久而如新。"[1] 评厉昭庆曰："居必幽静，故其澄虑设色，久而愈精。"[2] 评叶进成曰："设色清润。"[3] 泽与润，俱有光彩而不枯燥之意，不仅象真而已也。

（五）去来自然　《孟显传》中曰："笔无少滞，转动飘逸，观者不能穷其来去之迹。"[4] 可知"来去自然"，指用笔而言。用笔转动飘逸，气脉始能贯串，浑成如一，而观者难究每笔之终始，与张爱宾、郭若虚所谓之一笔画，有相近之处。

（六）师学舍短　此要与摹拟有关。道醇以为学古人而能舍短取长，最为难能可贵。《圣朝名画评》，王瓘名列人物门神品第一人，即以其能"废古人之短，成后世之长"。[5] 而孙梦卿在王瓘下，即以"吴生画天女及树石，有未到处，瓘霭能变法取工，梦卿则拘于模范。虽得其法，往往袭其所短，不能自发新意"。[6] 传移模写，于六法中为最下一法，而刘道醇则坚持倘能去古人之短，而加以改善，便是第一流画家。惟严格言之，设色改善古人之弱点，亦可谓之为创造也。道醇之推尊，又何足怪焉。

（乙）六长

（一）粗鲁求笔　《圣朝名画评》中，极少言及粗鲁，仅评黄筌山水曰："失于粗暴。"[7] 刘道醇之意，必以为作画粗鲁，而笔致仍佳，始可珍贵。

（二）僻涩求才　书中未见有论此项之语。揣测其用意，当指经营布局而言。僻窘之境界，而能显出画家之才思，乃特殊之技巧也。清布颜图《画学心法问答》中，论及此法，虽未必与道醇之意

尽合，可供参考，特收入附录中。

（三）细巧求力　细巧与力，二者不易得兼，显然易见。评侯翌曰："墨路谨细，笔力刚健，富于气焰。"[8] 评师训曰："笔法虽细，其势极壮。"[9] 皆赞美细巧与笔力二者不相妨害而能兼备之言也。此项与象形应物及骨法用笔，均有关系。

（四）狂怪求理　此语与"变异合理"，实无分别。

（五）无墨求染　此语书中亦未论及，恐指画有阴阳向背，浓淡自然，而不觉由于笔墨造作而成者。其意当源于荆浩。布颜图亦曾论及，但恐去道醇之意甚远（参阅第三十七章）。

（六）平画求长　此语书中亦未论及，且颇费解。味"平长"二字，或指画景不穷而言。若然，又与经营位置有关矣。

概括言之，六要六长，于大体上不能脱离六法之范围，而另有原则上之树立。是以其自身虽有价值，若欲取六法而代之，信不可能也。

第三节　各家之片段言论

宋代画论家，关于六法之片段言论，悉散见于著录、画法及随笔等书中，搜集之后，加以类分，申述于后。

（一）气韵

宋人言气韵，每与形似对立，但所见未必相同。各家见解，约可分为下列三种：

（甲）气韵、形似并重，不可缺一。

五代末欧阳炯《奇异记》中曰：

六法之内，惟形似、气韵二者为先。有气韵而无形似，则质胜于文。有形似而无气韵，则华而不实。荃之所作，可谓兼之。[10]

[1] 刘道醇《圣朝名画评》（王世贞《王氏画苑》民国十一年泰东图书局印）5/11a。

[2] 同注[1]。

[3] 同注[1] 5/18b。

[4] 同注[1] 5/9a。

[5] 同注[1] 5/1b。

[6] 同注[1] 5/3a。

[7] 同注[1] 5/24b。

[8] 同注[1] 5/7b。

[9] 同注[1] 5/9a。

[10] 黄休复《益州名画录》（王世贞《王氏画苑》本）9/16b。

《圣朝名画评》曰：

夫气韵全而失形似，虽活而非。形似备而无气韵，虽似而死。二者俱得，惟逖卓焉。⓫

（乙）重气韵。有气韵自有形似，类近张爱宾之主张。

韩拙《山水纯全集》中曰：

凡用笔先求气韵，次采体要，然后精思。若形势未备，便用巧密精思，必失其气韵也。以气韵求其画，则形似得于其间矣。⓬

（丙）形似根本不重要。

董逌书阎立本《渭桥图》曰：

邵仲恭⓭出其图，且讶其画长阔远近，或不可料。至芙蓉李杏杂见，一时人马屋木，全失形似，大不与今世画工所见相类，此其理何哉？余曰："世之论画，谓其形似也。若谓形似，长说假画，非有得于真象者也。若谓得其神明，造其悬解，自当脱去辙迹，岂媲红配绿，求众后摹写拳界而为之邪？……"⓮

又书李元本《华木图》曰：

乐天言："画无常工，以似为工。"画之贵似，岂其形似之贵耶？要不期于所以似者贵也。今画师拳墨设色，摹取形类，见其似者，踉跄其处而喜矣。则色以红白青紫，花房萼茎蕊叶，以尖圆斜直，虽寻常者犹不失曰：此为日精，此为木芍药，至于百花异英，皆按形得之。岂徒曰似之为贵。则知无心于画者，求于造物之先，凡赋形出象，发之生意，得之自然，待其见于胸中者，若花若叶，分布而出矣。然后发之于外，假之手而寄色焉，未尝求其似者而托意也。元本学画于徐熙，而微觉用意求似者，既遁天机，不若熙之进乎技。⓯

又书孙知微《画水图》曰：

孙生为此图，甚哉其壮观者也！……虽雷霆之震，无所骇其视听，放乎天机者也。岂区区吮笔涂墨、求索形似者同年而语哉！⓰

邓椿《画继》曰：

此若虚深鄙众工，谓虽曰画而非画者，盖止能传其形，不能传其神也。故画法以气韵生动为第一。⓱

三种见解，愈后愈富于文人画思想。董、邓之言论，均受苏东坡之影响，非形似之势力，自宋而后，日渐滋长，证之以后日元代之画论，愈知其倾向之所归矣。

（二）用笔

宋代论用笔得失，除郭若虚外，尚有郭熙、韩拙及赵希鹄等家。郭熙《林泉高致》曰：

笔迹不混成谓之疏，疏则无真意。墨色不滋润谓之枯，枯则无生意。⓲

又曰：

一种使笔，不可反为笔使，一种用墨，不可反为墨用。笔与墨，人之浅近事，二物且不知所以操纵，又焉得成绝妙也哉？此亦非难，近取诸书法，正与此类也。故说者谓王右军喜鹅，意在取其转项，如人之执笔转腕以结字，此正与论画用笔同。故世之人多谓善书者往往善画，盖由其转腕用笔之不滞也。⓳

笔迹疏，骨太多也。笔迹枯，肉太少也。与荆浩之主张，有相近处。论右军喜鹅，意在指明书画用笔相同，与张彦远之意等。

韩拙《山水纯全集》论《用笔墨格法气韵之病》篇曰：

故笔以立其形质，墨以分其阴阳，山水悉从笔墨而成。⓴

⓫ 同注 ❶ 5/25b。

⓬ 韩拙《山水纯全集》（詹景凤《画苑补益》本）2/22a。

⓭ 十万卷楼本作"印"，今从《适园丛书》本作"邵"。

⓮ 董逌《广川画跋》（陆心源辑《十万卷楼丛书》本）4/8b。

⓯ 同注⓮ 5/4b。

⓰ 同注⓮ 6/bb。

⓱ 邓椿《画继》（王世贞《王氏画苑》本）8/33b。

⓲ 郭熙《林泉高致》（詹景凤《画苑补益》民国十一年泰东图书局印）1/18b。

⓳ 同注⓲。

⓴ 同注⓬ 2/21a。

不啻谓笔墨为画中二大要素。稍后又曰：

其用笔有简易而意全者，有巧密而精细者，或取气格而笔迹雄壮者，或取顺快而流畅者，纵横变用，在乎笔也。**❶**

说明画中各种不同之意态，由于用笔之不同。更后论画病，引郭若虚用笔三病之后，复益之以礭病。

愚又论一病谓之礭病。笔路谨细而痴拘，全无变通，笔墨虽行，类同死物，状如雕切之迹者礭也。**❷**

所谓礭病，仍属笔画缺少气力之表现。既不能谓其于郭氏三病之外有所创发，原则上更不能脱谢氏骨法用笔之范围。

赵希鹄《洞天清录》曰：

画无笔迹，非谓其墨淡模糊而无分晓也。正如善书者藏笔锋，如锥画沙、印印泥耳。书之藏锋，在乎执笔沉着痛快。人能知善书执笔之法，则能知名画无笔迹之说。故古人如王大令，今人如米元章，善书必能善画，善画必能善书，实一事耳。**❸**

上节反复申说之点，仍不外乎书画相通。读此可知爱宾之言，入人之深矣。

（三）位置

经营位置亦可分为偏重方法及理论二部。郭熙之"上留天之位，下留地之位"**❹**，切实之方法也，不入此章。《梦溪笔谈》载宋迪论画中位置，近于理论。

陈用之善画。迪见其画山水，谓用之曰："汝画信工，但少天趣。"用之深伏其言曰："尝患其不及古人者，正在于此。"迪曰："此不难耳，汝当求一败墙，张绢素讫，倚之败墙之上，朝夕观之。观之既久，隔素见败墙之上，高平曲折，皆成山水之象，心存目想，高者

为山，下者为水，坎者为谷，缺者为洞，显者为近，晦者为远，神领意造，恍然见其有人禽草木飞动往来之象，了然在目，则随意命笔，默以神会，自然境皆天就，不类人为，是谓活笔。"用之自此画格进。**❺**

就败壁之高下坎缺而生出种种山水丘壑之设想，诚为构景之妙方。惟画者必须饱阅天地间或古人画中之山水丘壑，会之在心，始能假壁上之高低曲折，启发再现其以往所积蓄之经验。吾敢断言，设无此等经验者，壁上之高下坎缺，于彼必毫无意义。宋迪虽将是法授于用之，因而画格大进，恐亦惟用之能如此耳，易以他人，或无成效之足言也。

董逌论位置，以为全在画家之天机，更属于理论。《书燕龙图写蜀图》曰：

山水在于位置，其于远近广狭，工者增减，在其天机，务得收敛众景，发之图素，惟不失自然，使气象全得，无笔墨辙迹，然后尽其妙。**❻**

又《书时记室所藏山水图》曰：

此画善于位置，囊藏万里，都在阿堵间，非其胸中无町畦，得于随所遇而发于不可索其所至也……此人天机不可到矣。子其凝心储思徐以神视，初若可见，忽然忘之。此中真有到处，吾恐观者未知求也。**❼**

将位置极端推重，几视之为画家之天赋，非学习而能之技巧。此类主张，乃前人所无者。

（四）摹拟

摹拟向不为人重视。论画家如沈括、郭若虚等，俱以为此事不足道，索性不谈。是以有非薄摹拟之言论者，反不多也。

❶ 韩拙《山水纯全集》（詹景凤《画苑补益》本）2/21b。

❷ 同注❶ 2/22a。

❸ 赵希鹄《洞天清录》（据余绍宋《画法要录初篇》引文引）5/5a。

❹ 郭熙《林泉高致》（詹景凤《画苑补益》民国十一年泰东图书局印）1/23a。

❺ 沈括《梦溪笔谈》（光绪二十八年大关唐氏成都刊本）17/4b。

❻ 董逌《广川画跋》（陆心源辑《十万卷楼丛书》本）5/17b。

❼ 同注❻ 6/9a。

❽ 米芾《画史》（王世贞《王氏画苑》本）11/15a。

❾ 同注❹ 1/13b。

❿ 同注❶ 2/27a。

米芾天分极高，豪放不羁，自不屑师法古人。《画史》中曰：

> 山水古今相师，少有出尘格者。因信笔作之，多烟云掩映，树石不取细，意似便已。❽

郭熙以为作画不妨学古人，惟不可限于一家，千篇一律，恐为读者生厌。

> 人之学画，无异学书。今取钟、王、虞、柳，久必入其仿佛。至于大人达士，不局于一家，必兼收并览，广议博考，以使我自成一家，然后为得。今齐鲁之士，惟摹营邱。关陕之士，惟摹范宽。一己之学，犹为蹈袭，况齐鲁关陕，幅员数十里，州州县县，人人作之哉。专门之学，自古为病，正谓出于一律，而不肯听者，不可罪不听之人，追由陈迹。人之耳目，喜新厌故，天下之同情也。故予以为大人达士，不局于一家者，此也。❾

其所期望者，乃能将各家融会贯通，而有一己之面目，盖为已有成就之画家而发。韩拙则主张必须学古人，且先执一家之法。

> 且人之无学者，谓之无格。无格者，谓之无前人之格法也……夫欲传古人之糟粕，达前贤之间奥，未有不学而自能也。信斯言也！凡学者宜先执一家之体法，学之成就，方可变易为己格则可矣。❿

纯全供奉宣和画院，允宜重视规矩。且又为初学人说法，不务高深，见解自又不同矣。

合言

宋代与六法有关之画论

第十二章　苏轼与文人画

唐代文人，关于绘画之诗文，多不胜述，而尤以杜甫、韩愈、白居易等家为最富。各家题画之作，皆极赞美之能事，因之将绘画推广，而为普遍之好尚。唐代绘画之盛兴，文人与有力焉！

各家诗文虽多，于绘画理论，殊少发挥。宋之苏轼实为文人对于画论贡献最巨者。即以王摩诘而论，虽身兼为诗家画家，以创破墨画、南宗之祖、文人画之始著名〔此句意未显〕，但其地位，实假后人之力有以造成，与绘画之关系，尚不及东坡先生之密切也。

东坡先生（1036—1101 年）允称一代文豪，即身成名，天下景仰，不仅德行文章、诗词书法为千古圭臬，枯木竹石为后人师法，所创画论，更足以左右一般论者之思想，树立绘画中极主要之文人画派。

东坡先生无论画之专著，议论散见于诗文中。本章首节，归纳其言论，而研讨其思想。第二节论东坡对于同时及稍后各论者之影响。

第一节　苏轼论画

东坡先生天资超越，一切学术，咸能彻底明了其所以然。对于画之鉴赏，亦颇自负。《次韵李端叔》诗中有"知君论将口，似我识画眼"❶之句。今读其论画诗文，所见确有独到之处。

东坡先生以为画家对于一切景物之观念，并非得自强记，而实得之于天机。乃画家之精神与外界交感，于不知其然而然中摄得者。此虽在画家平日之修养，亦当视其是否具有艺术家之本能。《书李伯时山庄图后》曰：

或曰："龙眠居士作山庄图，使后来入山者，信足而行，自得道路，如见所梦，如悟前世，见山中泉石草木，不问而知其名，遇山中渔樵隐逸，不名而识其人，此岂强记而不忘者乎？"曰："非也，画日者常疑饼，非忘日也。醉中不以鼻饮，梦中不以趾捉，天机之所合，不强而自记也。居士之在山也，不留于一物，故其神与万物交，其智与百工通。虽然，有道有艺。有道而不艺，则物虽形于心，不形于手。吾尝见居士作华严相，皆以意造而与佛合。佛菩萨言之，居士画之，若出一人，况自画其所见者乎？"❷

此等思想，实源于宗炳之"夫以应

❶ 苏轼《东坡全集》（中华书局《四部备要》本据陶斋校刊本校刊）后集 4/2b。

❷ 同注❶ 正集 23/8a。

目会心为理者，类之成巧，则目亦同应，心亦俱会。应会感神，神超理得"。至于作画之先，更当运思凝神，待对于景物全体，有认识之时，始行落笔。与爱宾所谓"意存笔先，画尽意在"，颇多似处。惟自其所论观之，画家所期待者，不仅在景物全体之认识，而同时当有兴致及领会。兴致及领会，须经历酝酿之时期，如暴风雨，始而遥山作云，继而密布四垂，终而狂风挟江海之势，倾盆而下。画家之构思，于酝酿时期中，对于景物全体之了解，自能逐渐清晰，趣味逐渐浓厚，气力逐渐充沛，滂渤激荡于胸中，倏忽之间，恍然开悟，若有神助，更非一己所能抑制，恨不能于顷刻之间，全量倾出，始得畅快。坡公所言，实非无据。盖其自身所处之情境，每如是。且以为一切佳画之产生，俱当有此等之经历也。于《文与可画筼筜谷偃竹记》中曰：

> 故画竹必先得成竹于胸中，执笔熟视，乃见其所欲画者，急起从之，振笔直遂以追其所见，如兔走鹘落，少纵则逝矣。❶

可知兴会之来临，不可纵而使之逸。非不可纵，情不由己，不容其纵也。《道山清话》记东坡作书曰：

> 苏子瞻一日在学士院闲坐，忽命左右取纸笔，写"平畴交远风，良苗亦怀新"两句。大书小楷行草书凡写七八纸。掷笔太息曰："好！好！"散其纸于左右给事者。❷

所记虽为作书，而非作画，但当时兴会之勃发，及所处之情境，与作画复有何异。《书蒲永升画水后》曰：

> 始知微欲于大慈寺寿宁院壁作湖滩水石四堵。营度经岁，终不肯下笔。一

日仓皇入寺，索笔墨甚急，奋袂如风，须臾而成，作输泻跳蹙之势，汹汹欲崩屋也。❸

营度经岁，不肯下笔，正以兴致不来，未有会心之故。于《郭祥正家画壁诗》中更将不可抑制之情况道出：

> 空肠得酒芒角出，肝肺槎枒生竹石。森然欲作不可回，吐向君家雪色壁……❹

作画注意兴会，注重于最后一刹那间将对象攫得。上诗能备详当时兴会之酝酿及情感之奔放。坡公之前，未见有如是之诗也。

坡公不仅于兴会方面，备详其原委，《书晁补之所藏与可画竹诗》中，更显露哲学之趣味：

> 与可画竹时，见竹不见人。岂独不见人，嗒然遗其身。其身与竹化，无穷出清新。庄周世无有，谁知此凝神？……❺

画家专一凝神❻，直至身与竹化。此当与"庄周梦蝴蝶，蝴蝶为庄周"❼之意，更无二致。

东坡先生既以为画家作画，得自天机之摄取外界，斯乃天赋之本能，非得自学习者。是以有作画不必学之说：

> 高人岂学画，用笔乃其天。譬如善游人，一一能操船……❽

论作书亦谓：

> 吾虽不善书，晓书莫如我。苟能通其意，常谓不学可。貌妍容有颦，璧美何妨椭……❾

天下之事，未有不学而能者。岂坡公之言，不足信乎？惟所谓不学而能，指画家能以精神与外界交感之本能耳。本能不能学，故亦不必学。有之自是画家，无之学更何补。若谓功力技巧，岂有生而知之者理。坡公于《文与可画

❶ 苏轼《东坡全集》（中华书局《四部要》本据陶斋校刊本校刊）正集32/9b。

❷ 王晔《道山清话》（张海鹏校辑《学津讨原》上海涵芬楼影印琴川张氏本）8b。

❸ 同注❶ 正集23/7a。

❹ 同注❶ 正集14/2a。

❺ 同注❶ 正集16/10a。

❻ 按东坡专一凝神之说，同时人亦有论之者。郭熙曰："凡一景之画，不以大小多少，必须注精以一之，不精则神不专……故积惰气而强之者，其迹软懦而不决，此不注精之病也……"见《林泉高致》。

❼ 李白《分类补注李太白诗》（嘉靖吴会郭云鹏校刊本）2/9b。

❽ 同注❶ 续正 1/18b。

❾ 同注❶ 正集 1/5a。

篔簹谷偃竹记》中曾曰：

故画竹必先得成竹子胸中，执笔熟视，乃见其所欲画者，急起从之，振笔直遂以追其所见。如兔起鹘落，少纵则逝矣。与可教予如此，予不能然也，而心识其所以然。夫既心识其所以然而不能然者，内外不一，心手不相应，不学之过也。❿

知其所以然，人之本能也，天机也，不须学。若求心手合一，能将心所欲画者画出，便不得不学矣。

不学岂能无病。字不学，有如美人靥、美璧楴。靥虽不足减容貌之妍媚，楴亦不能害质地之莹洁，但奚若妍且不靥，美且不楴，究非尽美尽善，亦无可讳言也。

不学而作画，或学而功力不深，俱足为病。其病为何？求其形似，求其象真，难矣。东坡既以为不学而可以作画，故有非形似之论。《书鄢陵王主簿所画折枝》曰：

论画以形似，见与儿童邻。赋诗必此诗，定非知诗人。诗画本一律，天工与清新……⓫

形似之画，究竟是否足贵，为另一事。吾但知若欲不学画而能象真，必不可能也。

后人根据东坡先生之主张，或以为形似不甚重要，当注意画中之趣味，摄取生意。或以为形似不但不足贵，且是大病。是以蔑视技巧，不妨以意为之，任情涂抹。东坡先生对于后代绘画之影响，亦可谓功罪参半也。

历来张彦远、郭若虚俱推崇文人高士，东坡先生此等思想，尤为坚固。文与可为坡公所最心折者，其论曰：

亡友文与可有四绝。诗一，楚词二，草书三，画四。与可尝云："世无知我者，惟子瞻一见，识吾妙处。"既殁七年，睹其遗迹，而作是诗。⓬

又曰：

斯人定何人，游戏得自在。诗鸣草圣余，兼入竹三昧。时时出木石，荒怪轶象外。举世知珍之，赏会独余最。知音古难合，奄忽不少待。谁云死生隔，相见如龚隗？⓭

又曰：

与可之文，其德之糟粕。与可之诗，其文之毫末。不能尽，溢而为书，变而为画，皆诗之余。其诗与文，好者益寡，其有好其德如好其画者乎？悲夫！⓮

与可之画，坡公以为尚不及其德行诗文，是则与可真可谓以道德文章为本，而以画为余事之画家矣。坡公之所以心折者，正以此也。其他诗文中推崇文人之处尚多，如《次韵吴传正枯木歌》：

天公水墨自奇绝，瘦竹枯松写残月。梦回疏影在东窗，惊怪霜枝连夜发。生成交坏一弹指，乃知造物初无物。古来画师非俗士，妙想实与诗同出。龙眠居士本诗人，能使龙池飞霹雳。君虽不作丹青手，诗眼亦自工识拔。龙眠胸中有千驷，不独画肉兼画骨……⓯

谓李龙眠诗家而能兼画家，是以可贵。《王维吴道子画》一诗曰：

何处访吴画，普门与开元。开元有东塔，摩诘留手痕。吾观画品中，莫如二子尊。道子实雄放，浩如海波翻。当其下手风雨快，笔所未到气已吞。亭亭双林间，彩晕扶桑暾。中有主人谈寂灭，悟者悲啼迷者手自扪。蛮君鬼伯千万万，相排竞进头如鼋。摩诘本诗老，佩芷袭芳荪，今观此壁画，亦若其诗清且敦。祇园弟子尽鹤骨，心如死灰不复

❿同注❶ 正集32/9b。
⓫同注❶ 正集16/10b。
⓬同注❶ 正集16/2b。
⓭同注❶ 正集16/5a。
⓮同注❶ 正集20/8b。
⓯同注❶ 后集3/6a。

温。门前两丛竹，雪节贯霜根。交柯乱叶动无数，一一皆可寻其源。吴生虽妙绝，犹以画工论，摩诘得之于象外，有如仙翮谢笼樊。吾观二子皆神俊，又于维也敛衽无间言！❶

吴道子之画名煊赫，不可一世，远在王维之上，而东坡先生却以为近于画工。最后比较二人高下，以"又于维也敛衽无间言"结之。王维之所以为坡公之视重，恐即以其"诗中有画，画中有诗"耳。《净因院画记》曰：

余尝论画，以为人禽宫室器用，皆有常形，至于山石竹木水波烟云，虽无常形，而有常理。常形之失，人皆知之，常理之不当，虽晓画者有不知其故。凡可以欺世而取名者，必托于无常形者也。虽然，常形之失，止于所失，而不能病其全；若常理之不当，则举废之矣。以其形之无常，是以其理不可不谨也。世之工人，或能曲尽其形，而至于其理，非高人逸才不能辨。与可之于竹石枯木，真可谓得其理者也。如是生，如是而死，如是而挛拳瘠蹙，如是而条达遂茂，根茎节叶，牙角脉缕，千变万化，未始相袭，而各当其处。合于天造，厌于人意，盖达士之所寓也欤？昔岁尝画两丛竹于净因之方丈，其后出守陵阳而西也，余与之偕。别长老道臻师，又画两竹梢、一枯木于其东斋。臻方治四壁于法堂，而请于与可。与可既许之矣，故余并为记。必有明于理而深观之者，然后知余言之不妄。❷❸

此文虽记文与可画竹，而言及常形常理，指明常理，非高人逸士不能为。所谓常形之画，人禽宫室器用是也。常理之画山石林木水波烟云是也，不但推尊文人，且有崇山水画、抑人物画之意，

更与唐代及宋初各家（参阅唐宋两朝品评章）之评画标准不同矣。

归纳坡公论画之主要思想，可得五端。（一）画得诸自然天机。（二）天机不能学，亦不须学。（三）非形似。（四）尊重文人。（五）崇山水画，抑人物画。此五端复可以一言以蔽之曰：东坡先生之画论，最足以代表文人画思想。

第二节　苏轼对于宋代画论之影响

东坡先生之德行文章，诗词书法，既在当世即已风行天下，人人戴仰。富于文人思想之画论，亦自深入人心。当时文人多出坡公门下，如黄庭坚鲁直、秦观少游、晁补之无咎、张耒文潜四人，有苏公门客之称❹。陈师道后山与坡公过从甚密，米芾亦与坡公相识❺，李鹰方叔，以其父与坡公同年，更属晚辈，坡公弟辙亦与以上诸人往还。是以当时文士，凡有论及绘画之诗文，无形之中，咸受坡公思想之沾染。今日纵不能谓诸人对于绘画之观念尽受其支配，但坡公确据有领导之地位。略晚于坡公之董逌、邓椿二家，自《广川画跋》、《画继》各书中，更可显见其议论有源于东坡者。兹举其重要者略言之。

苏辙题《王诜都尉画山水横卷》曰：

摩诘本词客，亦自名画师。平生出入辋川上，鸟飞鱼泳嫌人知。山光盎盎著眉睫，水声活活流肝脾。行吟坐咏皆目见，飘然不知世俗情。高情不尽落缣素，连峰绝涧开重帷……❻

又曰：

怜君将帅虽有种，多君智慧初无师。篇章后发已可骇，丹青绝妙当谁知……❼

推崇摩诘能以诗之余，发而为画。

❶ 苏轼《东坡全集》(中华书局《四部备要》本据陶斋校刊本校刊)正集 1/7a。

❷ 同注❶ 正集 31/5a。

❸ 按欧阳修论画有类于此者，其杂书九事其七云："萧条澹泊，此难画之意，画者得之，览者未必识也。故飞走谷速，意近之物易见，而闲和严静，趣远之心难形。若乃高下向背远近重复，此画工之艺尔，非精鉴之事也。"据程庭鹭《箬庵画尘》引文引（铅印本）上 /13a。

❹ 王应麟《困学纪闻》："后山云：'苏公之门，有客四人。黄鲁直、秦少游、晁无咎、则长公之客也。张文潜则少公之客也。'"（民国二十四年商务印书馆《万有文库》本）18/1137。

❺ 米芾《画史》："吾自湖南从事过广州，初见公（东坡），酒酣曰：'君贴此纸壁上，观音纸也。'即起作两竹枝，一枯树，一怪石，见与。后晋卿借去不还。"（王世贞《王氏画苑》民国十一年泰东图书局印）10/16a。

❻ 苏辙《栾城集》(《四部丛刊》上海涵芬楼影印明蜀府活字本）16/3a。

及"智慧初无师"等语，悉与乃兄之论相似。《墨竹赋》更以问答体说明画理：

与可听然后笑曰："……始也，余见而悦之，今也，悦之而不自知也。忽乎忘笔之在手与纸之在前，勃然而兴，而修竹森然，虽天造之无朕，亦何以异于兹焉。"客曰："盖予闻之：庖丁，解牛者也，而养生者取之。轮扁，斫轮者也，而读书者与之。万物一理也，其所从为之者异尔。况夫子之托于斯竹也，而予以为有道者则非耶？"与可曰："唯唯。"❽

画竹时忘纸笔之在手，即东坡先生所谓"与可画竹时，见竹不见人，岂独不见人，嗒然遗其身"。后更引用庄子之学说，意在说明万物一理，亦富哲学趣味。

黄山谷之言论，与坡公类似者更多。《刘仲明墨竹赋》曰：

苏子曰："世之工人，或能曲尽其形，至于其理，非高人逸才不能辨。"意其在斯，故借外论之。梓人不以庆赏成虡，伛偻不以万物易蜩，及其至也。禹之喻于水，仲尼之妙于韶，盖因物而不用吾私焉。若夫燕荆南之无俗气，庖丁之解牛，进技以道者也。文湖州之得成竹于胸中，王会稽之用笔如印印泥者也。诗云："鹤鸣于九皋，声闻于天。"妙万物以成象，必其洞然好学者，天不能掣其肘。刘子勉旃！❾

《东坡居士墨戏赋》曰：

东坡居士，游戏于管城子楮先生之间，作枯槎寿木，丛筱断山，笔力跌宕于风烟无人之境，盖道人之所易，而画工之所难。如印印泥，霜枝风叶，先成于胸次者欤？挐申奋迅，六反震动，草书三昧之苗裔者欤？金石之友质已死，而心在斫泥郢人之鼻，运斤成风之手者

欤？夫惟天才逸群，心法无轨，笔与心机，释冰为水，立之南荣，视其胸中无有畦畛，八窗玲珑者也。❿

《次韵谢与迪惠所作竹五幅》曰：

吾宗墨修竹，心手不自知。天公造化炉，揽取如拾遗……⓫

《题李汉举墨竹》一起曰：

如虫蚀木，偶尔成文，吾观古人绘事，妙处类多如此。所以轮扁斫轮，不能以教其子。⓬

以上俱谓画家之天机，能于不知然而然中写出对象。屡次引用庄子中解牛运斤等事作为比喻。诗集中更有"胸中元自有丘壑，故作老木蟠风霜"⓭，"东坡老人翰林公，醉时吐出胸中墨"⓮，"酒浇胸次不能平，吐出苍竹岁峥嵘"。"卧龙偃蹇雷不惊，公与此君俱忘形"⓯诸句，实从东坡《郭祥正家画壁》一诗化出。

《题徐巨鱼》：

徐生作鱼，庖中物耳。虽复妙于形似，亦何所赏。但令馋獠生涎耳。⓰

菲薄形似，亦与坡公所见相同。苏公门客之中，实以黄鲁直论画之篇什最多，意见亦与坡公最接近。

晁无咎自其《赠文潜甥杨克一学文与可画竹求诗》中，亦可见其受东坡先生之影响。

与可画竹时，胸中有成竹。经营似春雨，滋长地中绿。兴来雷出土，万箨起崖谷。君今似与可，神会久已熟……君从问轮扁，何用知圣读。⓱

董逌以为形似根本不重要，此种主张，或系受东坡先生之影响，已于前章言及，今不更述。此外《广川画跋》中尚颇有与坡公议论吻合处。如《书曹将军照夜白图》：

夫能忘心于马，无见马之累形。尽

❼ 同注❻ 16/4a。

❽ 同注❻ 17/8a。

❾ 黄庭坚《山谷诗集注》（中华书局《四部备要》据宋刻本校刊）外集1/2a。

❿ 黄庭坚《豫章文集》（《四部丛刊》上海涵芬楼借嘉兴沈氏藏宋乾道刊本）1/8a。

⓫ 同注❿ 7/9b。

⓬ 同注❿ 27/11a。

⓭ 同注❿ 5/11a。

⓮ 同注❿ 6/15a。

⓯ 同注❾ 内集12/10b。

⓰ 同注❿ 27/13b。

⓱ 晁补之《鸡肋集》（《四部丛刊》上海涵芬楼影印诗瘦阁仿宋刊本）8/9a。

倏忽若灭若没，成象已具寓之胸中，将逐逐而出，不知所制，则腾骧而上，景入缣帛，初不自觉，而马或见前者真马也。若放乎象者，岂复有马哉？ **❶**

所谓"画马而忘心于马"，"成象具寓之胸中，将逐逐而出，不知所制"，正与坡公之凝神及兴会相同。《书李成画后》曰：

由一艺以往，其至有合于道者，此古之所谓进乎技也。观咸熙画者，执于形相，忽若忘之。世人方且惊疑，以为神矣。其有寓心见耶？咸熙盖稷下诸生，其于山林泉石，岩栖而谷隐，层峦叠嶂，嵌奲崒嵂，盖其生而好也。积好在心，久则化之，凝念不释殆与物忘。则磊落奇特，蟠于胸中，不得遁而藏也。他日忽见群山横于前者，累累相负而出矣。岚光霁烟，与一一而上下，漫然放乎外而不可收也。盖心术之变化，有时出则托于画以寄其放，故云烟风雨雷霆变怪，亦随以至。方其时忽乎忘四肢形体，则举天机而见者，皆山也。故能尽其道。后世按图求之，不知其画忘也，谓其笔墨有蹊辙，可随其位置求之，彼其胸中自无一丘一壑，且望洋向若，其谓得之，此复有真画者邪？ **❷**

画家有爱山水之本性，故能"积好在心"，所积既久且富，渐与相忘，合而为一。惟以其能如此，是以画时放乎外而不可收。上节能将画家先天之本能，后天之修养，作画时之兴会，阐说详尽，不仅与坡公之见解相同，且更为透彻。其余如《书范宽山水图》 **❸**、《书王氏所藏燕仲穆画》 **❹** 等二篇，立意亦与此节同，不更引录。

邓椿撰《画继》十卷，所收画家止于乾道三年（1167），约坡公卒后六十五载。读其书可知其对于坡公之崇拜，蔑以加矣。

《画继》自卷一至卷五，记画人轶事，以人类分。圣艺侯王贵戚之下，便为轩冕才贤，邓椿目之为最可钦仰之阶级，而坡公竟位列首席。《苏轼传》中曰：

苏轼字子瞻，眉山人。高名大节，照映今古。据德依仁之余，游心兹艺。所作枯木枝干，虬屈无端倪，石皴亦奇怪如其胸中蟠郁也。作墨竹从地一直起至顶，或问何不逐节分，曰："竹生时何尝逐节生耶？"虽文与可自谓吾墨竹一派在徐州，而先生亦自谓吾为墨竹，尽得与可之法。然先生运思清拔，其英风劲气来逼人，使人应接不暇，恐非与可所能拘制也。又作寒林，尝以书告王定国曰："予近画得寒林，已入神品。"虽然，先生平日胸臆宏放如此，而兰陵胡世将家收所画蟹，琐屑毛介，曲畏芒缕，无不备具。是亦得从心不逾矩之道也。 **❺**

不仅尊坡公，即先生之门客晁补之、季子苏过等人，亦列轩冕才贤之内。卷九杂说中更有：

予尝取唐宋两朝名臣文集，凡图画纪咏，考究无遗。故于群公略能察其鉴别。独山谷最为精严，元章心眼高妙，而立论有过中处。少陵、东坡两翁，虽注意不专，而天机本高，一语之确，有不期合而自合者……至东坡又曲尽其理，如"始知真放本细微，不比狂华生客慧"，"当其下笔风雨快，笔所未到气已吞"。非前身顾、陆，安能道此等语耶？ **❻**

可见邓椿对于坡公之鉴别及议论，何等诚服。又曰：

画者，文人之极也……本朝文忠欧

❶ 董逌《广川画跋》（陆心源辑《十万卷楼丛书》本）4/13b。

❷ 同注 **❶** 6/10a。

❸ 同注 **❶** 6/11b。

❹ 同注 **❶** 6/12a。

❺ 邓椿《画继》（王世贞《王氏画苑》本）7/14b。

❻ 同注 **❺** 8/34a。

❼ 同注 **❺** 8/33a。

❽ 同注 **❺** 7/28a。

❾ 同注 **❺** 7/31b。

❿ 同注 **❾**。

公、三苏父子、两晁兄弟、山谷、后山、宛丘、淮海、月岩，以至漫仕、龙眠，或评品精高，或挥染超拔，然则画者岂独艺之云乎？难者以为自古文人，何止数公，有不能且不好者。将应之曰："其为人也多文，虽有不晓画者寡矣。其为人也无文，虽有晓画者寡矣。"❼

以为知画与否，只视其是否为文人。真将文人之地位，推高至于巅极。他如鄢陵王主簿❽、陈直躬❾及朱象先❿

等传中，又录引东坡先生之题跋。盖邓椿深信画家若得坡公之品题，必能身价十倍也。

以上不过略举受坡公影响最显著者数人，以示一般。自宋而后，山水画渐据有画中之首席。文人色彩，亦日益浓厚。元祐间，郑刚中、罗大经诸人，皆有论著，无不以文人思想为归。俊雅之辞，散见于篇什，其众多又非本章所能尽述者矣。

第十三章　宋人论画所注重之理

宋代论画者，最喜谈理。此种风气，为宋代所独有，盖当时理学昌盛，而画论者，亦无形中沾染其色彩也。

韩拙《山水纯全集》中有言曰：

……天地之间，虽事之多，有条则不紊。物之众，有绪则不杂。盖各有理之所寓耳。观画之理，非融心神、善缣素、精通博览者不能达是理也。画有纯质而清淡者，僻浅而古拙者，轻清而简妙者，放肆而飘逸者，野逸而生动者，幽旷而深远者，昏暝而意存者，真率而闲雅者，冗细而不乱者，重厚而不浊者，此皆三古之迹，达之名品，参乎神妙，各适于理者然矣。画者初观而可及，究之而妙用益深者上也。有初观而不可及，再观而不可及，穷之而理法乖异者，下也。画譬如君子欤？显其迹而如金石，着乎行而合规矩，亲之而温厚，望之而俨然，易事而难悦，难进而易退，动容周旋，无不合于理者，此上格之体，若是而已。画犹小人欤？以浮言相胥，以矫行相尚，近之而取侮，远之而有怨，苟媚谄以自合，劳诈伪以自蔽，旋为交构，无一循乎理者，此卑格之体，有若是而已。倘明其一而不明其二，达于此而不达夫彼，非所以能别识也。❶

纯全虽备言画之理矣，但宋人心目中，所谓理也者，究何谓乎？试加分析，约有四端：

（一）尚真　并非指刻画入微而言。指所画景物，合于天地之真情实理。张怀所谓："造乎理者，能画物之妙。昧乎理则失物之真"❷是也。

（二）与形似对立　凡非形似所能刻画者，当以理求之。

（三）巧思　画者以旁敲侧击之方法，衬托其用意，以期见赏于观者。

（四）与常理不合　由于画家兴之所至，或由于故作新奇。

以上四类，性质各不相同，而宋人皆称之曰理。尤可异者为第四类，显不合理，而竟包括于埋之内。今按类略加说明，并举例为证。

（一）尚真

沈存中《梦溪笔谈》曰：

欧阳公尝得一古画牡丹丛，其下有一猫，未知其精粗。丞相正肃吴公与欧公姻家，一见曰："此正午牡丹也。"何以明之？其花披哆而色燥，此日中时花

❶ 韩拙《山水纯全集》（詹景凤《画苑补益》民国十一年泰东图书局印）2/24a。

❷ 同注❶ 2/28b。

87

也。猫眼黑睛如线，此正午猫眼也。有带露花则房敛而色泽，猫眼早暮则睛圆，日渐中狭长，正午则如一线耳。❶

沈存中记此节，意在称誉画家能据正午时动植物之真情实景作画，而吴公又能识画家之用心。画家及鉴赏家所根据者，同一理字耳。记相国寺壁画一则云：

相国寺旧画壁乃高益之笔，有画众工奏乐一堵，最有意。人多病拥琵琶者，误拨下弦，众管皆发四字，琵琶四字在上弦，此拨乃掩下弦，误也。予以谓非误也，盖管以发指为声，琵琶以拨过为声，此拨掩下弦，则声在上弦也。益之布置尚能如此，其匠心可知。❷

又曰：

国史谱言，客有以按乐图示王维，维曰："此霓裳第三叠第一拍也。"客未然，引工按曲乃信。此好奇者为之，凡画奏乐，止能画一声，不过金石管弦同用一字耳，何曲无此声，岂独霓裳第三叠第一拍也。或疑舞节及他举动拍法中别有奇声可验，此亦不然。霓裳曲凡十三叠，前六叠无拍，至第七叠方谓之叠遍，至此始有拍而舞也。故白乐天诗中云："中序擘騞初入拍"，中序即第七叠也。第三叠安得有拍？但言第三叠第一拍，即知其妄也。或说常有人观画弹琴图曰："此弹广陵散也。"此或可信，广陵散中有数声他曲皆无，如拨捫声之类是也。❸

前则根据琵琶拨过声，而辨白高益之画，并无错误。后则根据霓裳第三叠无拍，而指摘传闻之妄。俱假物理作论画之根据。非于画中景象，世间物理，有详细之观察及研究者，不能妄置一辞也。论画牛虎一则曰：

画牛虎皆画毛，惟马不画。予尝以问画工，工言："马毛细，不可画。"予难之曰："鼠毛更细，何故却画？"工不能对。大凡画马，其大不过尺，此乃以大为小，所以毛细而不可画。鼠乃如其大，自当画毛。然牛虎亦是以大为小，理亦不应见毛，但牛虎深毛，马浅毛，理须有别。故名辈为小牛小虎，虽画毛，但略拂拭而已。若务详密，翻成冗长，约略拂拭，自有神观，迥然生动，难可与俗人论也。若画马如牛虎之大者，理当画毛。盖见小马无毛，遂亦不法，此庸人袭迹，非可与论理也。❹

上则乃根据大小比例，毛之深浅，按理推测，以规定各动物之适当画法。《图画见闻志》卷六《近事》中，有论斗牛画一则。

马正惠尝得斗水牛一轴，云厉归真画，甚爱之。一日展曝于书室双扉之外，有输租庄宾，适立于砌下，凝玩久之，既而窃哂。公于青琐间见之，呼问曰："吾藏画，农夫安得观而笑之，有说则可，无说则罪之。"庄宾曰："某非知画者，但识真牛，其斗也尾夹于髀间，虽壮夫膂力不可少开，此画牛尾举起，所以笑其失真。"（愚谓虽画者能之妙，不及农夫❺见之专也。擅艺者所宜博究。）

名家作画，而见笑于农夫，正以其于理不合，是以郭若虚特记之，以供擅艺者之博究。

《林泉高致·画诀》中亦有数条，全据物理，定其画法。

山有戴土，山有戴石。土山戴石，林木瘦耸。石山戴土，林木肥茂。木有在山，木有在水。在山者土厚之处有千尺之松，在水者土薄之处有数尺之蘖……❻

❶ 沈括《梦溪笔谈》（光绪二十八年大关唐氏成都刊本）17/1a。

❷ 同注❶ 17/1b。

❸ 同注❶ 17/2b。

❹ 同注❶ 17/3a。

❺ 郭若虚《图画见闻志》（上海涵芬楼借常熟瞿氏铁琴铜剑楼藏宋刻配元抄影印本）6/6b。

❻ 郭熙《林泉高致》（詹景凤《画苑补益》本）1/23b。

大松大石，必画于大岸大坡之上，不可作于浅滩平渚之边。❼

店舍依溪，不依水冲。依溪以近水，不依水冲以为害。或有依水冲者，水虽冲之，必无水害处也。村落依陆不依山。依陆以便耕，不依山以为耕远。或有依山者，山之间，必有可耕处也。❽

前二则谓树木之生，必以托根之处性质相符，不然便不合理。后一则谓店舍村落之位置，必与民生有利，不然亦于理背戾。以上数节，俱足证画论家以为画中景物，必须与天地间之常理相合，而评画之标准，亦建基于是也。

（二）与形似对立

苏东坡《净因院画记》曰：

余尝论画，以为人禽宫室器用，皆有常形，至于山石竹木、水波、烟云，虽无常形，而有常理。常形之失，人皆知之。常理之不当，虽晓画者有不知。故凡可以欺世而取名者，必托于无常形者也。虽然，常形之失，止于所失而不能病其全。若常理之不当，则举废之矣。以其形之无常，是以其理之不可不谨也。❾

此处所谓物之无常形，而必须注意常理者，变动无常态之物体也，于坡公文中其所处之地位，与有定状之物体对立。董逌与坡公之说相近，以为凡世所不存，悉凭想象而入画者，当求其合理，不必论其形似。良以其无形可似也。《画犬戏图》曰：

昔有人为齐王画者。问之："画孰难？"对曰："狗马最难。""孰最易？"曰："鬼魅最易。"狗马人所知也，旦暮于前，不可类之，故难。鬼魅无形，无形者不可睹，故易。岂以人易知故难画，人难知故易画耶？狗马信易察，鬼神信

难知，世有论有理者，当知鬼神不异于人，而犬马之状，强得形似，而不尽其理者，未可谓工也。然天下见理者少，孰当与画者论而索当哉？故遇知理者，则鬼神索于理 [不索于形似。为犬马则既索于形似，复求于理，则犬马之工常难] （以上四语据《适园丛书》本补）。若夫画犬而至于变矣，则有形似而又托于鬼神怪妖者，此可求以常理哉？❿

鬼魅人不能见，是以无从论其形似。《御府吴淮龙秘阁评定因书》中又有：

谢赫阅秘阁所藏画，独爱曹不兴画龙，以谓龙首若见真龙然。不兴遗墨，不传久矣。不知赫于此画，何以论其真邪？然观者必先穷理，理有在者可以尽察，不必求于形似之间也。⓫

所谓何以论其真，非谓谢赫未尝见不兴之原迹而妄参议论。读《古画品录》"观其风骨，擅名不虚"二语可知。董逌之意，在真龙根本无从得见，是以推测谢赫当日鉴赏此画，必于理求之，而不斤斤于形似也。

（三）巧思

运用巧思，钩心斗角，以期将不易表现之情景，衬托出之。此等作风，每于画院供奉之作品中见之。宋代开国之初，即立翰林图画院。政和中，更优待画院职官，赐服绯紫，带佩鱼，并时以诗句为画题，公布天下，以试画人。一时稗史随笔，记之者颇众。邓椿《画继》曰：

……子房笔墨，妙出一时，咸谓得人。所试之题如"野水无人渡，孤舟尽日横"，自第二人以下多系空舟岸侧，或拳鹭于舷间，或栖鸦于篷背。独魁则

❼ 同注❻ 1/24a。

❽ 同注❼。

❾ 苏轼《东坡全集》（中华书局《四部备要》本据陶斋校刊本校刊）正集31/5a。

❿ 董逌《广川画跋》（陆心源《十万卷楼丛书》本）2/8b。

⓫ 董逌《广川画跋》（张钧衡《适园丛书》吴兴张氏刊本据钱塘丁氏旧藏本刊）3/4b。

不然，画一舟人卧于舟尾，横一孤笛。其意以谓非无舟人，止无行人耳，且以见舟子之甚闲也。又如"乱山藏古寺"，魁则画荒山满幅，上出幡竿，以见藏意。余人乃露塔尖或鸱吻，往往有见殿堂者，则无复藏意矣。❶

又曰：

战德淳本画院人，因试"蝴蝶梦中家万里"题，画苏武牧羊假寐，以见万里意，遂魁。❷

俞子《萤雪丛说》曰：

徽宗政和中建设画学，用太学法补试四方画工，以古人诗句命题，不知抡选几许人也。尝试"竹锁桥边卖酒家"，人皆可以形容无不向酒家上着工夫，惟一善画但于桥头竹外，挂一酒帘，书酒字而已，便见得酒家在竹内也。❸

陈善《扪虱新话》曰：

唐人诗有"嫩绿枝头红一点，动人春色不须多"之句，闻旧时尝以此试画工，众工竞于花卉上妆点春色，皆不中选。惟一人于危亭缥缈、绿杨隐映之处，画一美妇人，凭栏而立，众工遂服，此可谓善体诗人之意矣。❹

以画题取士，应试者必众。欲求见赏于上，造意设景，自须不凡，以新警亲切见长。于是专向理字上搜索，用尽巧思，以期夺取魁首。此种画风，文人提倡之力不巨，实帝王以职官禄俸、颁赏奖励所得之结果也。

（四）与常理不合

与常理不合，本不足称为理，而宋人竟以"奥理"、"造理入神，迥得天意"等词语称之。沈存中曰：

书画之妙，当以神会，难可以形器求也。世之观画者，多能指摘其间形象位置、彩色瑕疵而已，至于奥理冥造者，罕见其人。如彦远画评言，王维画物，多不问四时。如画花往往以桃、杏、芙蓉、莲花同画一景。予家所藏摩诘画《袁安卧雪图》，有雪中芭蕉。此乃得心应手，意到便成，故造理入神，迥得天意，此难可与俗人论也。❺

原此说之由来，半以摩诘为诗人高士，存中尊重文人，乃与摩诘可以"造理入神"之无上威权。半以宋人过嗜谈理，处处在理中讨生活，即非理亦归之于理。王维画雪中芭蕉，或因兴之所至，随意而成，未必有故作新奇之动机。若画人应试，则时有因求进之心过于迫切，求理反有过犹不及之处。如《萤雪丛说》曰：

又试"踏花归去马蹄香"，不可得而形容，何以见得亲切。有一名画克尽其妙，但扫数蝴蝶，飞逐马后而已。便表得马蹄香出也。❻

马蹄践踏尘泥，安得有香之理。诗人之有此诗，言游人之豪兴，赏春归去，踏遍落花，极形容之能事而已。马蹄本不香，应试者为求切合画题，迎逢帝王好奇心理之故，势又不得不从香处着想。香属无形，如何刻画，假有形以写无形，而蝴蝶飞逐于马后矣。巧非不巧也，惟原诗句中，固未尝言及蝴蝶。且世间真见蝴蝶因马蹄有香，而追逐于后者，有几人耶？画家所期望者在帝王能欣赏其画中之理，而实其所表现者，竟背于理，此则寓有故作新奇之动机，与摩诘之雪中芭蕉，不可同日而语，然其不合于理则一也。

❶ 邓椿《画继》（王世贞《王氏画苑》民国十一年泰东图书局印）7/7a。

❷ 同注❶ 8/18a。

❸ 俞元德《萤雪丛说》（商浚辑《稗海》顺治刻本）上 /8a。

❹ 陈善《扪虱新话》（毛晋辑《津逮秘书》民国十年上海博古斋影印汲古阁本）9/5b。

❺ 沈括《梦溪笔谈》（光绪二十八年大关唐氏成都刊本）17/1b。

❻ 同注❸ 上 /8a。

第十四章　郭若虚《图画见闻志》论各家画体

《图画见闻志》六卷，郭若虚撰。若虚太原人，生卒年代未详。熙宁四年（1071年），若虚曾被命接劳北使为辅行，且《图画见闻志》所收画家，止于熙宁七年，是以知其当为熙宁间人。陆心源关于其事迹考证颇详，见《仪顾堂题跋》。❶

《图画见闻志》为《历代名画记》后画学中之伟著。议论精当，纪事周详，故马端临誉之为"看画之纲领"❷。

《图画见闻志》卷一为《叙论》，卷二至卷四《纪艺》，即画人传，卷五《故事拾遗》，卷六《近事》。议论悉见卷一《叙论》中，余皆史实之记载也。

卷一《叙论》共十六篇，今将篇名及性质略述于下：

（一）《叙诸家文字》　著录前代论画著作。

（二）《叙国朝求访》　叙宋代帝王，搜访图画庋藏情形。

（三）《叙自古规鉴》　论图画功用，富礼教思想，与张彦远之《叙画之源流》篇相近。

（四）《叙图画名意》　叙古画名及其立意。

（五）《论制作楷模》　论各种画法。

（六）《论衣冠异制》　论各代衣冠服制不同。

（七）《论气韵非师》　论气韵生动不可学。

（八）《论用笔得失》　论用笔。

（九）《论曹吴体法》　辨正曹吴系曹仲达、吴道子，而非曹不兴、吴暕。

（十）《论吴生设色》　论吴装。

（十一）《论妇人形相》　论妇人形相，贵清古而不宜婍丽。

（十二）《论收藏圣像》　驳不宜收藏佛道圣像，恐有亵慢之说。

（十三）《论三家山水》　论李成、关仝、范宽三家山水。

（十四）《论黄徐体异》　论黄筌、徐熙二家花鸟画。

（十五）《论画龙体要》　论崔白等画龙。

（十六）《论古今优劣》　品评古今各体绘画优劣。

十六篇中，第七、八两篇，已详前章。五、六及十六诸篇，将于后章讨论。所余者以九、十三、十四三篇，最为比较其异同，实画史画论上之重要问题。特辟本章论之。

❶ 陆心源《仪顾堂题跋》（光绪十六年归安陆氏刊本）9/2a。

❷ 马端临《文献通考》（上海商务印书馆《万有文库》本）229/1831。

（一）《论曹吴体法》

曹吴二体，学者所宗。按唐张彦远《历代名画记》称北齐曹仲达者，本曹国人[1]，最推工画梵像。是为曹。谓唐吴道子曰吴。吴之笔，其势圆转而衣服飘举；曹之笔，其体稠叠，而衣服紧窄，故后辈称之曰："吴带当风，曹衣出水。"又按蜀僧仁显《广画新集》言，曹曰昔竺乾有康僧会者，初入吴，设像行道，时曹不兴见西国佛画，仪范写之，故天下盛传曹也。又言吴者，起于宋之吴暕之作，故号吴也。且南齐谢赫云："不兴之迹，代不复见，惟秘阁一龙头而已，观其风骨，擅名不虚。"吴暕之说，声微迹暧，世不复传。（谢赫云："擅美当年，有声京洛在第三品，江僧宝下也。"）至如仲达见北齐之朝，距唐不远，道子显开元之后，绘像仍存。证近代之师承，合当时之体范，况唐室已上，末立曹吴，岂显释寡要之谈，乱爱宾不刊之论。推时验迹，无愧斯言也。[2]（雕塑铸像，亦本曹吴。）

曹吴二家，最显著之不同为吴画衣服宽大，有迎风飘动之姿；曹画衣服紧窄，一若水中初出，湿贴在身。郭若虚重在考证，断定曹为曹仲达，非曹不兴，吴为吴道子，非吴暕。四人之中，吴道子之记载最多，所予人之印象，确有迎风飘举之致。于《送子天王图》中，可想象其大概。郭若虚之断定，似颇可信。而经其断定之后，亦罕有异议矣。清叶德辉论曹吴衣纹画法颇详，可供参考，见附注〔附录郎园《观画百咏》论曹吴画法，为说似亦不免揣测依附之处，不尽可据也。——觉明先生批〕。

[1] 按《历代名画记》并未言及曹吴二家体法，郭若虚所见或与今日传流之本不同。

[2] 郭若虚《图画见闻志》（上海涵芬楼借常熟瞿氏铁琴铜剑楼藏宋刻配元抄影印本）1/7a。

[3] 同注[2] 1/8b。

（二）《论三家山水》

画山水惟营邱李成，长安关仝，华原范宽，智妙入神，才高出类，三家鼎峙，百代标程。前古虽有传世，可见者如王维、李思训、荆浩之伦，岂能方驾。近代虽有专意力学者，如翟院深、刘永、纪真之辈，难继后尘（翟学李、刘学关、纪学范）。夫气象萧疏，烟林清旷，毫锋颖脱，墨法精微者，营邱之制也。石体坚凝，杂木丰茂，台阁古雅，人物幽闲者，关氏之风也。峰峦浑厚，势状雄强，抢（上声）笔俱均，人屋皆质者，范氏之作也。（烟林平远之妙，始自营邱，画松叶谓之攒针，笔不染淡，自有荣茂之色。关画木叶，间用墨搨，时出枯梢，笔踪劲利，学者难到。范画林木或侧或敧，形如偃盖，别是一种风规，但未见画松柏耳。画屋既质，以墨笔染，后辈目为铁屋。）复有王士元、王端、燕贵、许道宁、高克明、郭熙、李宗成、丘讷之流，或有一体，或具体而微，或预造堂室，或各开户牖，皆可称尚。然藏画者方之三家，犹诸子之于正经矣[3]。（关仝虽师荆浩，盖青出于蓝也。）

宋初所盛行之山水三大宗派为关仝、李成、范宽。郭若虚"夫气象萧疏……"以下数语，颇能将三家山水之特色道出。今取关仝之《溪山待渡图》、李成之《乔松平远图》、范宽之《溪山行旅图》，为三家作品之代表，以便读者与上篇参读。

自宋初画论家之记载中，可知当时山水画家之宗派，大都不能脱离关、李、范三家。郭若虚之"三家鼎峙，百代标程"二语，盖纪实也。

与关、李、范同时，而其画派影响

后日，较三家尤巨者为董源，但不为若虚所推重。仅于《纪艺》中有略传，称其"水墨类王维，着色如李思训"❹而已。由此揣测当时董源在画坛中之地位，必不十分重要，自元黄公望学董之后，始渐为后人所注重也。

（三）《论黄徐体异》

谚云："黄家富贵，徐熙野逸。"不惟各言其志，盖亦耳目所习，得之于心，应之于手也。何以明其然？黄筌与其子居寀，始并事蜀为待诏。筌后累迁如京副使。既归朝，筌领真命为宫赞。（或曰筌到阙未久物故，今之遗迹多是在蜀中日作，故往往有广政年号。宫赞之命，亦恐传之误也。）居寀复以待诏录之，皆给事禁中，多写禁籞所有珍禽瑞鸟，奇花怪石。今传世桃花鹰鹘，纯白雉兔，金盆鹁鸽，孔雀龟鹤之类是也。又翎毛骨气尚丰满，而天水分色。徐熙江南处士，志节高迈，放达不羁，多状江湖所有，汀花野竹，水鸟渊鱼，今传世兔雁鹭鸶，蒲藻虾鱼，丛艳折枝，园蔬药苗之类是也。又翎毛形骨贵轻秀，而天水通色。（言多状者，缘人之称，聊分两家作用，亦未在临时命意，大抵江南之艺，骨气多不及蜀人，而潇洒过之也。）二者犹春兰、秋菊，各擅重名，下笔成珍，挥毫可范。复有居寀兄居宝、徐熙之孙曰崇嗣、崇矩。蜀有刁处士（名光，下一字犯太祖庙讳）刘赞、滕昌佑、夏候延祐、李怀衮，江南有唐希雅，希雅之孙曰中祚，曰宿及解处中辈，都下有李符、李吉之俦，及后来名手间出，跂望徐生与二黄，犹山水之有正经也。❺（黄筌之师刁处士，犹关仝之师荆浩。）

黄筌、徐熙为五代时花鸟两大家，其声誉在当时必已家喻户晓，故有富贵野逸之谚。关于二家之画派及地位，颇有讨论之价值。

后世论者，以花鸟中勾勒、没骨二派对立，往往溯其原始，推黄筌、徐熙为二派之首创。清张浦山即主是说，于《画徵录·迟煓传》曰：

花鸟有三派，一为勾染，一为没骨，一为写意。勾染黄筌法也，没骨徐熙法也……其写意一派，宋时已有之，然不知始自何人。至明林良独擅其胜，其后石田、白阳辈，略得其意。❻

叶德辉不以浦山之说为然，以为徐熙实写意一派之始，而没骨则为熙之孙崇嗣所创，于《观画百咏》中特论及之曰：

熙与筌画，同用笔墨先勾，但筌傅色浓厚，掩其墨痕。熙傅色清丽，不必掩其墨痕。因是而分勾染、写意二派。至熙孙崇嗣变诸黄之格，更不用墨笔，直以粉色图之。此不仅变黄法，且变其家法，是即谓之没骨法❼〔王诰《菊庄论画》亦论及之，《今画偶录》附刻本〕。

考郋园之说所由来，盖本沈存中。《梦溪笔谈》中有一则曰：

国初江南布衣徐熙，伪蜀翰林待诏黄筌，皆以善画著名，尤长于画花竹。蜀平，黄筌并二子居宝、居实、弟惟亮，皆隶翰林图画院，擅名一时。其后江南平，徐熙至京师，送图画院品其画格，诸黄画花妙在赋色，用笔极新细，殆不见墨迹，但以轻色染成，谓之写生。徐熙以墨笔画之，殊草草，略施丹粉而已，神气迥出，别有生动之意。筌恶其轧己，言其画粗恶不入格，罢之。熙之子❾乃效诸黄之格，更不用墨笔，直以彩色图之，谓之没骨图❾，工与诸黄不相上下。筌等不复能瑕疵，遂得齿院品，其气韵皆不及熙远甚。❿

徐熙之花卉，以善用墨骨为时所称。

❹ 同注❷ 3/4a。

❺ 同注❷ 1/8b。

❻ 张庚《国朝画徵录》（通行本）下 /5a。

❼ 叶德辉《观画百咏》（丁巳叶氏观古堂刊本）1/19b。

❽ 徐崇嗣画史皆作徐熙之孙，存中称熙之子善画，或偶误耳。

❾ 董迢书没骨花图，疑没骨二字，专指芍药而言，非画派之名。但后世论崇嗣没骨法者，无不从存中之说。

❿ 沈括《梦溪笔谈》（光绪二十八年大关唐氏成都刊本）17/6b。

《宣和画谱》曰："独熙落墨以写其枝叶蕊萼，然后傅色，故骨气风神，为古今之绝笔。"❶ 其作画之方法，诚视存中所记，崇嗣用以与黄家争胜，不用墨笔，直以色彩图之之法，迥不相侔。盖徐熙以墨笔作花卉之主干，犹人之有骨格，而崇嗣之没骨，乃仅有丹粉，不见墨笔之谓。是则没骨一派，乌得谓为徐熙之法。郎园辨正浦山之误，信有所据也。

黄筌及徐氏祖孙之画派，既已略陈其梗概于前，今试于宋代论者，对各家之评论中，觇文人之好尚，或更可以此进而明了何以花卉之画风，由宋入元，竟一转繁缛之彩绘，而为澹泊之梅兰竹菊也。

自徐崇嗣创没骨法后，效之者颇众，赵昌为其中之杰出者。《图画见闻志》记没骨图曰：

蔡君谟乃命笔题云："前世所画，皆以笔墨为上，至崇嗣始用布彩逼真，故赵昌辈效之也。"❷

但不问黄筌之作，勾勒如何精工，崇嗣、赵昌之作，设色如何鲜润，论者无不推尊徐熙。

沈存中于文中有结论曰"其气韵皆不及熙远甚"，谓徐崇嗣及诸黄皆远逊徐熙也。刘道醇亦曰：

士大夫议为花果者，往往宗尚黄筌、赵昌之笔，盖其写生设色，迥出人意，以熙视之，彼有惭德。筌神而不妙，昌妙而不神，神妙俱完，舍熙无矣。夫精于画者，不过薄其彩绘，以取形似，于气骨能全乎。熙独不然，必先以其墨定其枝叶蕊萼等，而后傅之以色，故其气格前就，态度弥茂，与造化之功不甚

远，宜乎为天下冠也。❸

与存中所见实同。米芾《画史》曰：

滕昌佑、边鸾、徐熙、徐崇嗣，花皆如生，黄筌惟莲差胜，虽富艳皆俗。❹

又曰：

李、王山水，唐希雅、黄筌之伦，翎毛小笔，人收甚众，好事家必五七本，不足深论。❺

又曰：

黄筌画，不足收，易摹。徐熙画不可摹。❻

可知元章固抑黄而崇徐者。李鹰《画品》曰：

昌善画花，设色明润，笔迹柔美，国朝以来，有名于蜀。士大夫旧云："徐熙画花传花神，赵昌画花写花形。"然比之徐熙，则差劣。❼

董迪书徐熙《牡丹图》曰：

赵昌画花，妙于设色，比熙画更无生理，殆若女工绣屏障者。❽

邵博《闻见后录》曰：

画花赵昌意在似，徐熙意不在似，意不在似者，太史公之于文，杜少陵之于诗也。❾

皆以为赵不及徐也。

各家于花鸟画家中，独重徐熙，所论如出一辙，其理果安在乎？推测其所以然，纯以黄筌设色过于鲜明，繁华气重，所谓"虽富艳皆俗"。赵昌太重设色，无笔无墨，有违吾国绘画以笔墨为要素之主旨。沈存中谓徐崇嗣远逊徐熙，亦以此。惟徐熙以墨作花木骨干而略施颜色者，能轻秀潇洒，神采自足，饶野逸之趣，此正文人高士所契心者也。宋代文人之好尚如此，则元代画尚逸趣，梅兰竹菊四君子画之所以盛兴，亦可知其然矣。

❶《宣和画谱》（毛晋辑《津逮秘书》民国十年上海博古斋影印汲古阁本）17/10a。

❷ 郭若虚《图画见闻志》（上海涵芬楼借常熟瞿氏铁琴铜剑楼藏宋刻配元抄影印本）6/7b。

❸ 刘道醇《圣朝名画评》（王世贞《王氏画苑》民国十一年泰东图书局印）5/30b。

❹ 米芾《画史》（王世贞《王氏画苑》本）10/6b。

❺ 同注❹。

❻ 同注❹10/20b。

❼ 李鹰《画品》（詹景凤《画苑补益》民国十一年泰东图书局印）2/48b。

❽ 董迪《广川画跋》（陆心源《十万卷楼丛书》本）3/16a。

❾ 邵博《闻见后录》（毛晋辑《津逮秘书》本）27/6b。

第十五章　董逌《广川画跋》

吾人试阅唐宋间著录绘画之书籍，如《贞观公私画史》、《宣和画谱》等书，所载画迹，以历史故事画为最多。虽曰古代人物画盛兴，亦风气使然也。

故事画至宋而渐替，故米元章曰："今人绝不画故事，则为之，人又不考古衣冠，皆使人发笑。"❶明谢肇淛亦曰："自唐以来，名画未有无故事者，盖有故事便须立意结构，事事考订。人物衣冠制度，宫室规模大略，城郭山川，形势向背，皆不得草草下笔，非若今人任意师心，鲁莽灭裂，动辄托之写意而止也。"❷此语出于宋人、明人之口，正足以证故事画在古代之重要为奚若也。❸

人物故事画，既为古人如是之重视，是故唐宋画论家中，颇有叙说各代之衣冠制度者。张爱宾曰：

若论衣服车舆，土风人物，年代各异，南北有殊。观画之宜，在乎详审。只如吴道子画仲由，便戴木剑。阎令公画昭君，已著帏帽。殊不知木剑创于晋代，帏帽兴于国朝。举此凡例，亦画之一病也。且如幅巾传于汉魏，幂离起自齐隋。幞头始于周朝，（拆上巾军旅所服，即今幞头也。用全幅帛向后幞发，俗谓之幞头，自武帝建德中，裁为四脚也。）巾子创于武德。胡服靴衫，岂可辄施于古象，衣冠组绶，不宜长用于今人。芒屩非塞北所宜，牛车非岭南所有。详辨古今之物，商较土风之宜，指事绘形，可验时代。其或生长南朝，不见北朝人物。习熟塞北，不识江南山川。游处江东，不知京洛之盛，此则非绘画之病也。故李嗣真评董展云："地处平原，阙江南之胜。迹参戎马，乏簪裾之仪。此是其所未习，非其所不至。"如此之论，便为知言。❹

吴道元，爱宾称之曰"人假天造，英灵不穷"，阎令亦有"丹青神化"❺之誉；而疏于服制，论者病之。可知绘画有关学识，非悉凭画者之技巧为权衡也。

郭若虚《图画见闻志》，更有《论衣冠异制》篇：

自古衣冠之制，荐有变更，指事绘形，必分时代，衮冕法服，三礼备存，物状寔繁，难可得而载也。汉魏以前，始戴幅巾，晋宋之世，方用幂离。后周

❶ 米芾《画史》（王世贞《王氏画苑》本，民国十一年泰东图书局印）10/10a。

❷ 谢肇淛《五杂俎》（万历四十四年古歙潘氏如韦轩校刊本）。

❸ 清阮元持论亦与元章等同，见《石渠随笔》（珠湖草堂刊本）2/6a又3/9b。

❹ 张彦远《历代名画记》（王世贞《王氏画苑》本）2/21a。

❺ 同注❹4/10a。

以三尺皂绢，向后幞发，名折上巾，通谓之幞头。武帝时裁成四脚。隋朝惟贵臣服黄绫纹袍、乌纱帽、九环带、六合靴（起于后魏）。次用桐木黑漆为巾子，裹于幞头之内，前系二脚，后垂二脚，贵贱服之，而乌纱帽渐废。唐太宗尝服翼善冠，贵臣服进德冠，至则天朝以丝葛为幞头巾子，以赐百官。开元间，始易以罗，又别赐供奉官及内臣圆头宫幞巾子。至唐末方用漆纱裹之，乃今幞头也。三代之际，皆衣襕衫，秦始皇时，以紫绯绿袍为三等服色，庶人以白。《国语》曰："袍者，朝也。"古公卿上服也。至周武帝时，下加襕。唐高宗朝给五品以上随身鱼，又敕品官紫服金玉带，深浅绯服并金带，深浅绿服并银带，深浅青服并鍮石带，庶人服黄铜铁带。一品以下文官带手巾算袋、刀子砺石，武官亦听。睿宗朝制，武官五品以上，带七事跕蹀（佩刀、刀子、磨石、契苾真、哕厥针筒、火石袋也）。开元初，复罢之。晋处士冯翼，衣布大袖，周缘以皂，下加襕，前系二长带，隋唐朝野服之，谓之冯翼之衣，今呼为直掇。（《礼记·儒行篇》，鲁哀公问于孔子曰："夫子之服，其儒服与？"孔子对曰："丘少居鲁，衣逢掖之衣，长居宋，冠章甫之冠。"注云："逢，大也，大掖大袂，禅衣也，逢掖与冯翼音相近。）又梁志有袴褶以从戎事。三代以前，人皆跣足，三代之后，始服木履。伊尹以草为之，名曰履。秦世参用丝革。靴本胡服，赵灵王好之，制有司衣袍者宜穿皂靴。唐代宗朝令宫人侍左右者，穿红锦鞠靴。凡在经营，所宜详辨。至如阎立本图昭君妃（音配）房，戴帷帽以据鞍。王知慎画梁武南郊，有衣冠而跨马。殊不知帷帽创从隋代，轩车废自唐朝。虽弗害为名踪，亦丹青之病耳。❶（帷帽如今之席帽，周回垂网也。）

❶ 郭若虚《图画见闻志》（上海涵芬楼借常熟瞿氏铁琴铜剑楼藏宋刻配元抄影印本）1/5a。

其间考据各代之服制，尤为详尽。此篇之所由设，殆与《叙制作楷模》同意。书其绘事之学识，供学者之考检。而画中景物，庶几不致与时代乖谬也。

米颠胸襟萧散，本不期其有拘谨之论。孰意《画史》中除有本章一起所引之言论外，复详论历代服饰之制：

唐人软裹，盖礼乐阙，则士习贱服，以不违俗为美，余初惑之。当侯史子留意，耆旧言，士子国初皆顶鹿皮冠弁，遗制也。更无头巾掠子，必带篦，所以裹帽，则必用篦子约发，客至即言容梳裹，乃去皮冠梳发角加后以入幞头巾子中，篦约发乃出，客去复如是。其后方有丝绢作掠子，掠起发顶帽，出入不敢使尊者见。既归，于门背取下掠子，篦约发讫，乃敢入，恐尊者令免帽，见之为大不谨也。又其后方见用紫罗，为无顶头巾，谓之额子，犹不敢习庶人头巾。其后举人，始以紫纱罗为长顶，头巾垂至背，以别庶人、黔首。今则士人皆戴庶人花顶头巾，稍作幅巾、逍遥巾，额子则为不敬。衣用裹肚勒帛，则为是，近又以半臂军服被甲上，不带者谓之背子，以为重礼，无则为无礼。不知今之士服，大带拖绅乃为礼，不带左袵皆夷服，此必有君子制之矣。汉刻从者巾与殷母追同。今头巾若不作花顶而四带，两小者在发，两差大者垂，则此制也。礼岂有他，君子制之耳。余为涟水古徐州境，每民去巾，下必有鹿楮皮冠，此古俗所著，良足美也。又唐初画举人，必鹿皮冠，缝掖大袖，黄衣短至膝，长白裳也。萧翼御史至越见辩才云着黄衣大袖，如山东举人用证未软裹曰襕也。李白像鹿皮冠，大袖黄袍服，

亦其制也。❷

以上诸家，对于衣冠制度，俱颇注意，然犹不足称考证故事画之专家。当之而无愧者，其惟董逌乎？

董逌，字彦远，东平人，政和中，官徽猷阁待制。有《广川画跋》六卷。《四库全书总目提要》曰：

逌在宣和中，与黄伯思均以考据赏鉴擅名。毛晋尝刊其《书跋》十卷，而《画跋》则世罕传本。此本为元至正乙巳华亭孙道明所钞，云从宋末书生写本录出，则尔时已无锓本矣。纸墨岁久剥蚀，然仅第六卷末有阙字，余尚完整也。古图画多作故事及物象，故逌所跋皆考证之文……❸

余越园先生《书画书录解题》曰：

题跋凡一百三十四篇，《画苑》本卷三，原缺三篇，仅存其目。其文偏重考据及论议，俱极朴实。逌与苏、黄同为宋人，而题跋风趣迥殊。题故事图画，应以此种为正宗。然非学有本源者不办。故后来无能效之者。❹

《广川画跋》，所记各迹，其中一切事物，董逌往往集各家之学说，而抉择其精微。穷本源，详流变，处处以历史考古之眼光论断之。故何良俊曰："《广川画跋》盖不甚评画之高下，俱论古今之章程仪式，可谓极备。若天子欲议礼制度考文，则此书恐不可缺。"❺其足广后人之学识如此，不仅于艺苑有殊功也。历代画跋，不虑百数十种，诚未有能效之者。此所以本文为其特辟专章，以示其有异于他书之特色也。

欲窥董逌之渊博，自有《广川画跋》在，今不过录引数篇，以见一斑。所引各篇，拟分为（一）足资制度之考证者，（二）正图名之误者，（三）补图名之佚者等三类。亦不过视其性质略加区别耳。至其必须熟于史乘，精于考订，始克为之，则一也。

一　足资制度之考证者

董逌《书封禅图》后曰：

秘阁藏《封禅图》，旧矣。崇宁三年，曝书石渠，发奁出之，盖大中祥符元年，章圣皇帝有事于泰山者也。龙旗千节，豹尾万纛，天清地夷，日开月辟，诸福毕应，形势呈露，羽卫威仪，稽自典礼，此帝王之盛节，虽恨不出此时得与诸儒参定大典，犹幸按图识之，可以想望追念跂慕于一时也。既而叹曰，臣等幸生太平时，充职麟台，得以文墨编摩，论著国典，朝廷礼文，宜有知也。然封禅告成，号为大礼，自昔不见于经，故展采错事，用于器（一作临）时，诸儒不能深究，则天子建中和之极以立制度，其说未可考也。古之言曰，郜上距（一作巨）黍，北里文禾，三脊之茅，比行之鰈（音榻），凤凰在庭，麒麟在郊，然后可以讲事。蒲车之驾，苴（音租）稭（音忧）之席，扫地而祀封土于山，然后可以讲理。石函金册，玉牒银绳，范金之泥，刻玉之章，增太山之高以报天，附梁父之厚以报地，然后为尽登封之制。是果礼之谓邪？今考于图，则杂取于秦汉之制矣。如借用薰樆，尊以瓦瓴（音舞）？则有类于郊祭。祀坛以祀上帝，侑太祖以从祀，则其礼有类于明堂。柴于东方，偏于群神，建坛八十一尺，则类于巡狩。分陛四面，土用五色，则类于太社之制。皮弁缙绅，射牛行事，则有类于祀大一之礼。坛场圭瓒，寓车象马骝驹牂羊，则类于泰山之祠。然后礼书不备，诸儒

❷ 米芾《画史》（王世贞《王氏画苑》本，民国十一年泰东图书局印）10/30a。

❸ 纪昀等《四库全书总目》（民国十九年上海大东书局再版）。

❹ 余绍宋《书画书录解题》（民国二十一年北平图书馆印）5/5b。

❺ 何良俊《四友斋画论》（邓实辑《美术丛书》神州国光社铅印本）三集三辑一册2a。

刺（千赐反）取六经，以立王制，杂列于事天之仪，凡国之大祭祀之礼，咸取备焉。是求所谓易姓奉度，继德崇功之礼者也。（河图真纪）传曰，（崔灵恩）自皇帝尧舜以至三代，各一封禅，未有中修其礼，然自三代用事于岱宗者七君，而汉武帝、孝安，唐高宗、玄宗，皆非易姓，是于礼不得封，而秦始皇帝，汉光武，又皆溺于方士，说以封禅为不死之名，是虽行其事而不得其礼者也。惟贞观用事于礼为可封。房乔定礼，悉取建武遗文，至乐歌降神，悉用郊丘之祠，虽采韦安仁说，然封禅歌时迈自不类。经曰，知礼乐之情者能作，识礼乐之文者能述，斟酌情文，考合经义，恐非房乔所能任也。然是图也，其惟秦汉之间，区区而讲于礼文者，未尽合六经，比之唐贞观间，则亦有据矣。惜哉礼司学官论议拘儒不能超度汉唐，使甚盛之举，犹有歉于三代者，臣窃耻焉。昔唐集贤御书院，有开元东封图，晋国公度得其本以进，且曰，祖宗盛时，绍复有期，所以写成此图，辄敢上献。征史氏之失，纂礼容之要，唐之诸臣，如裴度者，知所以事君矣。至于求封禅之图，以幸告成岱宗，岂汨于流俗，而不知考于礼乎。况唐在贞观，已告岱矣，开元行之，尚谁告邪？举前王既往之失，而期后王之为过举，不亦悖哉。惜夫不知学术，其弊至此！❶

跋中"借用蘽秸"以下一节，叙图中所见，封禅之制也。观其"今考于图，则杂取于秦汉之制矣"一语，可知其能列举前代礼制，如数家珍。不然，何以知各礼制之所类似。后复谓"使甚盛之举，犹有歉于三代者"，三代之制何若，其"鄗上距黍，北里文禾"等制乎？叙一图之所见，而备论三代以来之制度，

❶董逌《广川画跋》（陆心源辑《十万卷楼丛书》本）1/1a。

俾后世礼官得事其君以盛典，所谓"征史氏之失，纂礼容之要"，即可取而移赠董逌也。

《书李子西兵车图》曰：

百工之事，皆圣人作。顾后世循用其法，而不得其意，久则并与其法失之。考三代兵车之利，知后世无复有遗制也。绍圣四年，绍造兵车〔绍，疑"诏"之误〕，下其法，四方制作，庚古不施于用，卒以自敝，是未尝讲其制于三代也。明年，余来京师，会李子西出兵车图。左人持弓，右人持矛，主御者在中，乃知昔之画者，能深观其隐察于制度，此有稽于成器者，盖不妄作丹墨也。余闻古之为车者，乘车则君在左，若兵戎革路，则君在中央，御者居左。诗曰："左旋右抽，中军作好。"盖一车之任，御者在车左，右谓猛勇之士在车右，中谓将车车中，故右主持兵，抽刃击刺，亦其所主于车者。传曰："兵车参乘，射者在左，戈盾在右，御在中央。"若非兵车参乘，则尊者在左，故曰"乘君之车，不敢虚左"。昔韩厥代御居中，谓非元帅，御者在中，将在左，以此而言，则元帅及君，宜在中也。兵车之法，将居鼓下，故御者在左，君子恶空其位也。春秋之时，兵车最备，其用于师旅者，不敢废也。邲之战，楚许伯御，乐伯摄叔为右，以致晋师，乐伯曰致师者左射以菆，夫在左矣，而云射，是持弓者左矣。鄢陵之役，晋栾鍼为右，告子重曰，寡君之使，鍼御持矛焉。铁之战，邮无恤御，简子卫太子为右，曰：蒯聩不敢自佚，备持矛焉，岂不右人持矛乎？《书》曰："左不攻于左，女不共命御，非其马之正。"女不共命，则御者固在中也。天下不知兵戈之战久矣，胡骑奔冲，莫有制之，

自陈陶之败，后世不复议车矣，况论其制邪？愿君持此图献之朝，且求知礼乐者考古而求其制焉，则御夷虏君，羁縻累囚，御戎固垒，将车之一事尔，岂与武刚鹿角等功哉！❷

兵车古制，君在中央，御者居左，猛士居右，所以卫其君也。董逌深信胡骑不得制，由于兵车之废，是兵车之复兴，边事之巩固，端赖此图之不乖古制也。虽然，若非董逌识其究竟，又孰知其不为妄作丹墨而有功于武事哉！

二 正图名之误者

《书武皇望仙图》曰：

秘阁有《武皇望仙图》，轩县业簴，撞（一作崇）牙树羽，升龙舞鹤，卿云瑞雾，按曲奏技者，皆霞衣云练，日月冠褑，卷云履步摇诸于垂佩错囊，雁进蚁行，罗布殿上，旧传汉武帝会西王母也。然庭下装倡者，复有武帝会王母，设位庭上严深，更得冠通天而袍绛纱者，开轩止御，意色遐想，怆恍自失。余以画考之，殆《唐武宗仙乐图》也。闻知前史，武皇初锐精政理，铲削蠹弊，诛叛讨逆，四方大定，其后急于政事，肆欲游幸。崔魏公曰："陛下听政余暇，行幸稍频，射猎击鞠，角抵趫捷之技，不离左右，累闻谏官上疏，愿赐省览。自后帝亲万机，辛门壶渊，去如薙草，内臣耆旧，相顾曰，刘行深、杨钦义败风弃本，而致于斯。"因幸教坊，撰《孝武宴瑶池曲》，广召容倡，曳云环仙袂，星冠月帔，鹤驾龙轩，偶汉武封王母举流霞杯，归《武帝□长生乐》，奏《霓裳羽衣曲》《太和万寿乐》，上若有感者。继幸两军，皆恢张新意，穷奢极侈，互

进神仙乐，于是上恼然有遗天下意，飘然若神仙可接袂而升也。故赵归真得以左道荧惑上听，即此图是也。夫佞邪之移人，必待见所欲焉，然后能变人之思虑意好也。至于意好已移，则佞媚实中，欲其虚明内照，不蔽于外，不可得已，惟英明睿断，其刚有以胜天下者，则虽可欲竞前，不立得见，故物有至者，过而不留，则物自无进矣。然天下岂无多欲而累者哉，则不能断知见意者，未有不蔽于惑也。传曰，佞犹腻也，人主未尝近腻，而常以远腻为意，则正虑胜矣。苟持正虑者不刚，则心惑意移，物随蔽焉。彼佞衷投人，遇隙乘之，则其受入甘矣。会昌之祸，殆此图发之。昔之传此者，将为后王龟鉴，则其名之失，不可不正。❸

武帝会王母，则一武帝耳。读其所叙，图中有君王观乐，乐中更有伶倡饰汉武帝会王母事，是以董逌知其必非汉武会王母，而当为《唐武宗仙乐图》也。

《书陆羽点茶图》后曰：

将作丞周潜，出图示余曰："此萧翼取兰亭叙者也，其后书跋众矣，不考其说，受声据实，谓审其事也。"余因考之，殿居邃严，饮茶者僧也。茶具有在，亦有监视而临者，此岂萧翼谓哉？观孔延之记萧翼事，商贩而求受业，今为士服，盖知其妄。余闻纪异言，积帅以嗜茶久，非渐儿供侍不向口。羽出游江湖四五载，积师绝于茶味。代宗召入内供奉，命宫人善茶者以饷，师一啜而罢。上疑其诈，私访羽，召入。翌日赐师斋，俾羽煎茗，喜动颜色，一举而尽。使问之，师曰："此茶有若渐儿所为也。"于是叹师知茶，出羽见之，此图是也。故《陆羽点茶图》。❹

❷ 同注❶ 1/16b。

❸ 同注❶ 1/3b。

❹ 同注❶ 2/6b。

殿居邃严，不似僧寮，士商异服，与孔延之所记不符，愈足知其非萧翼。然昧于宫室服饰之制者，将不能辨原题"赚兰亭"之诬，而易之为《陆羽点茶图》也。

三　补图名之佚者

《书七夕图后》曰：

> 图作乞巧，自陆探微后，皆为穿针缕彩，绮楼绣阁，又为美女错立，谓织女善女工，而求者得巧。此图皆异，惟衣冠伟男子拜空中乘车女子，号曰七夕图。闻郭子仪初从军沙塞至银州，见左右皆赤光，仰视空中，见辎轩车自天而下。子仪祝曰："今七月七日，必是织女降临，愿赐寿贵。"神笑曰："大富贵，亦寿考。"冉冉升天而去，疑此是也。❶

画子仪故事而题曰《乞巧图》者，于近代画中，屡见不鲜。读董逌之跋而知其由来旧矣。然在宋时作七夕图者，多喜绘绮楼绣阁等景。吾敢断言，董逌若无此跋，为图确定斯名，子仪故事恐不得为后世习用之题材。

《书举子图后》曰：

> 孙祖仁出古图相示，人物衣冠，作唐人服，为举子者七十八人，列二队，是若相嘲谑，指呼纷纭，众客不谕。祖仁曰："此旧无名，惟呼措大出队，请以名号识之。"余曰："此殆昔《朋甲图》也。唐之士子，中世最盛，各以朋甲相为敌者。至有东西甲东呼西茫茫为队，言无所知也。开成后，又有遇韦蜀甲、注巳甲、又有四凶甲、芳林十哲，至此儒道衰矣。是图之设，得无患此邪？❷

"措大出队"，名实不雅，盖原题久佚，致有此俗名耳。以董逌之精鉴，得复旧称，亦此图之幸也。方其考证之时，先察衣冠之制度，而知其为唐时举子。嘲谑相敌各状，复与当时学子之风合，则其为《朋甲图》无疑矣。

考证之学，不得为求释吾之疑而稽诸典籍，当胸中饱贮籍典，以期疑之至。能如是，则疑无不释，而疑亦终不至。然考证之难，亦正以籍典繁浩，渊博之未易臻也。此所以后来画籍，无能效董逌《广川画跋》者欤？

❶ 董逌《广川画跋》（陆心源辑《十万卷楼丛书》本）1/14b。

❷ 同注❶ 5/18a。

第十六章　宋代关于画法之著作

晋唐以还，论画法之作不多，仅梁元帝、王维、荆浩等数家，且所著均疑出于后人之伪托。有宋一朝，其风乃炽，重要之作，有郭若虚《图画见闻志》中之《论制作楷模篇》、郭熙《林泉高致》、韩拙《山水纯全集》、释仲仁《华光梅谱》及宋伯仁《梅花喜神谱》五种。赵孟坚有《论画梅诗》，略及画法。至于李澄叟《画山水诀》❶、董羽《画龙辑议》❷等著，或简略不足成篇，或因袭陈言，罕有新意，更无研讨价值。

画法之书，自宋而后，日益繁杂，岂容一一录引，以累读者心目。且吾以为亦无一一录引之必要，古今之理无二，人情之好恶同耳。绘画之法，人各言之，又安得求其尽异乎？后人之论，往往有与前人不期而合者，不见前人之论，后人不自知也。在作者当日未尝不以为乃独得之秘，吾人今日视之，则有同滥调矣。至于故以剽窃为事者，更不足论。往往篇什甚富，竟有全自前人掇摭而来者。或节录章句，略易数字，或面目改观，而原意未易，若加追溯，不难知何书为其前身。本文今后所注意者在：某节为前人已有之言论，某者为作者独抒己见之心得。前者不过酌量录引，指明其来源，后者则录引不厌其备，且当详加讨论焉。

第一节　郭若虚《图画见闻志·论制作楷模篇》

《图画见闻志·论制作楷模篇》❸乃专言画法之文，长虽不逾千言，范围则殊广泛。今即按绘画各科，分别论之。

---

❶ 纪昀《四库全书总目》李澄叟《画山水诀》提要曰："今勘验书中所载，皆世传李成《山水诀》之文而小异，其字句殆原本散佚，妄人勦李成之书，伪撰此本。"（民国十九年上海大东书局再版）114/2a。又李成《山水诀提要》曰："是书《宋志》及晁陈书目皆不著录。宋人诸家画录亦不言成有是书，殆后人依托其文，与《王氏画苑》所载嘉定中李澄叟《山水诀》大同小异。大抵庸俗画工，有是口诀辗转相传，互有损益，随意伪题古人耳。"同上 114/1b。

❷ 余绍宋《书画书录解题·唐六如画谱》解题曰："是编首二卷，杂采张彦远、郭若虚、郭熙诸家之说，并伪王维、荆浩诸篇，既不次诸时代，又任意删节，舛误百出。末一卷为董羽《画龙辑议》及王绎《写真秘诀》，其用笔以下二十条，俱勦窃前人绪论，悉题为王绎作。所勦多非僻书，亦殊可异。六如通人，绝不如是，其为明时坊贾伪辑，绝无可疑。"（民国二十一年北平图书馆印）9/14b。

❸ 郭若虚《图画见闻志》（上海涵芬楼借常熟瞿氏铁琴铜剑楼藏宋刻配元抄影印本）1/4a。

（一）人物

画人物者，必分贵贱气貌，朝代衣冠。释门则有善巧方便之颜，道像必具修真度世之范，帝皇当崇上圣天日之表，外夷应得慕华钦顺之情，儒贤即见忠信礼义之风，武士固多勇悍英烈之貌，隐逸俄识肥遁高世之节，贵戚盖尚纷华侈靡之容，帝释须明威福严重之仪，鬼神乃作丑貌驰趁之状，士女宜富秀色婑媠之态，田家自有醇甿朴野之真，恭驽愉惨，又在其间矣。画衣纹林木，用笔全类于书。画衣纹有重大而调畅者，有缜细而劲健者，勾绰纵掣，理无妄下，以状高侧深斜卷摺飘举之势。

一起与刘道醇《圣朝名画评》序文中之"大抵观释教者"数语，颇多似处。郭刘均宋仁宗时人，孰先孰后，孰创孰因，一时尚未能断定。论衣褶，似属于吴道子一派之画法者。

（二）山水

画林木者有樛枝挺干，屈节皴皮，纽裂多端，分数万状。作怒龙惊虺之势，耸凌云翳日之姿，宜须崖岸丰隆，方称蟠根老壮也。画山石者多作矾头，亦为凌面，落笔便见坚重之性，皴淡即生窊凸之形。每留素以成云，或借地以为雪，其破墨之功，尤为难也。

画水者有一摆之波，三折之浪，布之字之势，分虎爪之形，汤汤若动，使观者浩然有江湖之思为妙也。

论林木近似荆浩《笔法记》。论山"借地为雪"一语，源于王维《山水论》。

（三）屋木

画屋木者折算无亏，笔画匀壮，深远透空，一去百斜。如隋唐五代以前，

洎国初郭忠恕、王士元之流，画楼阁多见四角，其斗拱逐铺作之，向背分明，不失绳墨。今之画者多用直尺，一就界画，分成斗拱，笔迹繁杂，无壮丽闲雅之意。

或未识汉殿、吴殿，梁柱斗拱，叉手替木，熟柱驼峰，方茎额道，抱间昂头，罗花罗幔，暗制绰幕猢狲头、琥珀枋、龟头虎座、飞檐扑水、膊风化废、垂鱼蕙草、当钩曲脊之类，凭何以画屋木也。画者尚罕能精究，况观者乎。

前节主张不用界尺，后节录殿阁各部名称，俱建筑学中之专门名辞〔详下函册甲〕，非常人所能悉者。何况后代名目或有变更，今日恐难再一一确定其所指。宋代论画之著，载屋木名称，除刘道醇 [1] 及郭若虚外，未之见也。

（四）花木

画花果草木，自有四时景候，阴阳向背，笋条老嫩，芭萼后先，逮诸园蔬野草，咸有出土体性。

言花木情态之各异也。

（五）翎毛

画翎毛者必须知识诸禽形体名件，自嘴喙口脸眼缘，丛林脑毛，披蓑毛；翅有梢翅，有蛤翅，翅邦上有大节小节，大小窝翎，次及六梢，又有料风、掠草（弥缝翅习之间）、散尾、压碑尾、肚毛、腿裤、尾锥；脚有探爪（三节）、食爪（二节）、撩爪（四节）、托爪（一节）。宣黄八甲鹙鸟乌眼上谓之看棚（一名看檐），背毛之间谓之合溜，山雀鸡类，各有岁时苍嫩，皮毛眼爪之异。家鹅鸭即有子肚，野飞水禽，自然轻梢。如此之类，或鸣集而羽翮紧戢，或寒栖而毛叶松泡。

[1] 刘道醇《圣朝名画评》："凡唐画屋宇柱头坐斗飞檐直插，今之画者，先取折势，翻檐竦杜更加琥珀坊，及于柱头添铺矣。"（王世贞《王氏画苑》民国十一年泰东图书局印）5/38a。

宋代关于画法之著作

上节定禽鸟各部之名称，亦前人所无者。

（六）禽兽

画畜兽者全要停分向背，筋力精神，肉分肥圈，毛骨隐起，仍分诸物所禀动止之性。（四足惟兔掌底，有毛谓之建毛。）

画动物注重骨格，自晋顾长康已然，其说之创远在宋之前也。

（七）龙

画龙者折出三停（自首至膊，膊至腰，腰至尾也），分成九似（角似鹿，头似驼，眼似鬼，项似蛇，腹似蜃，鳞似鱼，爪似鹰，掌似虎，耳似牛也），穷游泳蜿蜒之妙，得回蟠升降之宜。仍要骏鬣肘毛，笔画壮快，直自肉中生出为佳也。（凡画龙，开口者易为巧，合口者难为功。画家称"开口猫儿合口龙"，言其两难也。）

此节与董羽《画龙辑议》大致相同。按《圣朝名画评》称羽曾仕南唐李煜为待诏，太宗太平兴国元年（976），命羽画端拱楼，当在郭若虚之前。惟今日所传之《画龙辑议》，附《唐六如画谱》而存。《画谱》后人断为伪托[2]，虽不能因此而遽断董羽之作亦为伪托，但其真实性似终不及《图画见闻志》也。

第二节　郭熙《林泉高致》

《林泉高致》一卷，郭熙撰。熙字淳夫，河阳温县人，元丰五年（1082年）进士，为御画院艺学。

《林泉高致》，前有其子郭思序。《四库全书总目》以为此书出自郭氏父子二人之手：

今按书凡六篇，曰《山水训》，曰《画意》，曰《画诀》，曰《画题》，曰《画格拾遗》，曰《画记》。其篇首实题赠正议大夫郭熙撰，又有政和七年翰林学士河南许光凝序，亦谓公平日讲论小笔范式，灿然盈编，题曰《郭氏林泉高致》，而书中多附思所作释语，并称间以所闻，注而出之。据此则自《山水训》至《画题》四篇，皆熙之词，而思为之注。惟《画格拾遗》一篇，记熙平生真迹。《画记》一篇，述熙在神宗时宠遇之事，则当为思所论撰，而并为一篇者也。许光凝序尚有元丰以来，诗歌赞记。陈振孙即称已阙，而此本前后又载入王维、李成《山水诀》，荆浩《山水赋》，董羽《画龙辑议》各一篇，亦非郭氏原本之旧。书末有"至正八年豫章欧阳必学重刻"一行，或即元时刊书者所附入欤？……[3]

据上所云，可知《四库》所采者为元至正刊本。《林泉高致》，今日习见者有《詹氏画苑补益》本[4]、《百川学海》本、《古今图书集成》本。《百川学海》本，仅《山水训》、《画意》、《画诀》等三篇。《画苑补益》本，计《山水训》、《画意》、《画诀》、《画格拾遗》、《画题》等五篇。《图书集成》本与《画苑补益》本大致相同，但次序略有出入，计《山水训》、《画意》、《画诀》、《画题》、《画格拾遗》五篇，而《画题》一篇，除戴安道一节外，后复将《画苑补益》本《画诀》篇"一种春夏秋冬"以下数节并入，合为一篇。至于《四库》本之《画记》一篇，则皆诸本所阙者也。

为悉《画记》之内容，不得不借《四库》本补全。其中一如《四库提要》所云，皆郭思纪其父于神宗时宠遇事，与画法无关。《四库》本各篇之次序，与《古今图书集成》本同，《画格拾遗》在《画

❷ 余绍宋《书画书录解题·唐六如画谱》解题曰："是编首二卷，杂采张彦远、郭若虚、郭熙诸家之说，并伪王维、荆浩诸篇，既不次绘时代，又任意删节，舛误百出。末一卷为董羽《画龙辑议》及王绎《写真秘诀》，其用笔以下二十条，俱剽窃前人绪论，悉题为王绎作。所剽多非僻书，亦殊可异。入如通人，绝不如是，其为明时坊贾伪辑，绝无可疑。"（民国二十一年北平图书馆印）9/14b。

❸ 纪昀《四库全书总目》（民国十九年上海大东书局再版）112/5b。

❹ 郭熙《林泉高致》（詹景凤《画苑补益》民国十一年泰东图书局印）1/11a—1/29b。

题》之后。

《林泉高致》，就大体言，为论山水画法之书。读郭思之序，可知也。

思叨角时，侍先子游泉石，每落笔必曰："画山水有法，岂得草草。"思闻一说，旋即笔记，今收拾纂集殆百数十条。不敢失坠，用贻同好。

其中以《山水训》、《画诀》两篇，为最主要。间有论及画家之修养、画迹之记载等事，不过十之一二耳。所论画法，今试分之为：（一）论画山画水、（二）时景、（三）位置、（四）笔墨等四项。

（一）论画山画水

此项之中，复可分为（甲）论山，（乙）论水，（丙）山水合论。

（甲）论山　关于画山，淳夫所注意之问题为（1）山之形态，（2）山之形态因地而异，（3）山之远近大小，（4）山之点缀。

（1）山之形态　因山之形态不同，是以画中当具种种变化。

山大物也，其形欲耸拔，欲偃蹇，欲轩豁，欲箕踞，欲盘礴，欲浑厚，欲雄豪，欲精神，欲严重，欲顾盼，欲朝揖，欲上有盖，欲下有乘，欲前有据，欲后有倚，欲上❶瞰而若临观，欲下游而若指麾，此山之大体也。

山之体裁，有高下之不同，形态亦因之而异。

山有高有下，高者血脉在下，其肩股开张，基脚壮厚，峦岫冈势，培拥相勾连，映带不绝，此高山也，故如是高山谓之不孤，谓之不什。下者血脉在上，其巅半落，项领相攀，根基庞大，堆阜雕肿，直下深插，莫测其浅深，此浅山也，故如是浅山谓之不薄，谓之不泄。高山

而孤，体干有什之理，浅山而薄，神气有泄之理，此山水之体裁也。

（2）山之形态因地而异　画者当察地势，将其特征画出，始不致千篇一律。

东南之山多奇秀，天地非为东南私也。东南之地极下，水潦之所归，以漱濯开露之所出，故其地薄，其水浅，其山多奇峰峭壁，而斗出霄汉之外。瀑布千丈，飞落于云霞之表，如华山垂溜，非不千丈也，如华山者鲜尔。纵有浑厚者，亦多出地上，而非出地中也。

西北之山多浑厚，天地非为西北偏也。西北之地极高，水源之所出，以冈陇臃肿之所埋，故其地厚，其水深，其山多堆阜盘礴，而连延不断于千里之外。介丘有顶而迤逦拔萃于四遠之野。如嵩山少室，非不峭拔也，如嵩少类者鲜尔。纵有峭拔者，亦多出地中，而非地上也。

又曰：

嵩山多好溪，华山多好峰，衡山多好别岫，常山多好列岫，泰山特好主峰。

不仅因地而异，即一山之中，形态亦因方向而转变。

山近看如此，远数里看又如此，远十数里看又如此，每远每异，所谓山形步步移也。山正面❷如此，侧面又如此，背面又如此。每看每异，所谓山形❸面面看也。如此是一山而兼数十百山之形状，可得不悉乎。

（3）山之远近大小　说明山水之看法与大小之比例。

山之林木映蔽，以分远近。山之溪谷断续，以分浅深〔《画苑补益》本作"蒌厌"，从《画论丛刊》本作"浅深"〕。

〔山〕无深远则浅，无平远则近，无高远则下。

山有三远，自山下而仰山巅谓之高

---

❶《画苑补益》本作"下"，今从于海晏《画论丛刊》本作"上"。

❷《画苑补益》本作"王甫"，今从《画论丛刊》本作"正面"。

❸《画苑补益》本作"曲眇"，今从《画论丛刊》本作"山形"。

❹《画苑补益》本作"里"，今从《画论丛刊》本作"重"。

合击

宋代关于画法之著作

远，自山前而窥山后谓之深远，自近山而望远山谓之平远。高远之色清明，深远之色重晦，平远之色有明有晦。高远之势突兀，深远之意重叠，平远之意冲融而缥缥缈缈。其人物之在三远也，高远者明了，深远者细碎，平远者冲澹。明了者不短，细碎者不长，冲澹者不大，此三远也。

山有三大。山大于木，木大于人，山不数十重❹，如木之大，则山不大。木不数十重〔《画苑补益》本作"百"，以《画论丛刊》本作"重"〕，如人之大，则木不大。木之所以比夫人者〔《画苑补益》本作"大"，从《画论丛刊》本作"夫"〕，先自其叶。而人之所以比夫木者，先自其头。木叶若干可以敌人之头，人之头自若干叶而成之，则人之大小，木之大小，山之大小，自此而皆中程度，此三大也。

山欲高，尽出之则不高，烟霞锁其腰则高矣……盖山尽出，不惟无秀拔之高，兼何异画碓嘴。

正面溪山，林木盘折委曲，铺设其景而来，不厌其详，所以足人目之近寻也。傍边平远，峤岭重叠，钩连缥缈而去，不厌其远，所以极人目之旷望也。

（4）山之点缀　下列三节皆以山为主体，故不另辟点缀一项，而附于此。

山之人物以标道路，山之楼观以标胜概。

山无烟云，如春无花草。

山无云则不秀，无水则不媚，无道路则不活，无林木则不生。

（乙）关于画水所注意之问题为:（1）水之形态，（2）水之远近。

（1）水之形态　水乃流质，形态之变化更多。

水活物也，其形欲深静，欲柔滑，欲汪洋，欲回环，欲肥腻，欲喷薄，欲激射，欲多泉，欲远流，欲瀑布插天，欲溅扑入地，欲渔钓怡怡，欲草木欣欣，欲挟烟云而秀媚，欲照溪谷而光辉，此水之活体也。

水者天地之血也，血贵周流而不凝滞。

（2）水之远近　以得远神为贵。

水欲远，尽出之则不远，掩映断其派则远矣……水尽出不惟无盘折之远，兼何异画蚯蚓。

（丙）山水合论　下节论山与种种景物之关系。实则与山之关系最密切者，莫过于水。二者缺一，皆不成画，故曰山水合论。

山以水为血脉，以草木为毛发，以烟云为神采，故山得水而活，得草木而华，得烟云而秀媚。水以山为面，以亭榭为眉目，以渔钓为精神，故水得山而媚，得亭榭而明快，得渔钓而旷落，此山水之布置也。

历来梁元帝、王维、荆浩等家，咸论画山画水之法。今读《林泉高致》淳夫所论，实远胜前代诸作。关于山与水之形态，及大小远近等问题，俱阐发详尽。山有三大、山有三远及三远中人物画之形态，乃据摩诘诸家之意见而加以扩充者。对于山水之形态，所论更多。盖自然之景物，处处变化，绝无相同之理。画者能体会此意，则画之题材，绝不致枯窘，而画者尤当运其精思，选择自然中最适于入画之景物，形之于缣素也。

（二）时景

其中可分为:（甲）山水云气，（乙）四季画题，（丙）晓晚画题。

（甲）山水云气　山水云气，四时不同，早晚又不同，设按数学中所谓"可遇率"计之，不同之景物，将不可胜数矣。

真山水之云气，四时不同。春融怡，夏蓊郁，秋疏薄，冬黯淡。尽其大象，而不为斩刻之形，则云气之态度活矣。真山水之烟岚，四时不同，春山澹冶而如笑，夏山苍翠而如滴，秋山明净而如妆，冬山惨淡而如睡，尽见其大意而不为刻画之迹，则烟岚之景象正矣。真山水之风雨，远望可得，而近者玩习，不能究错纵起止之势。真山水之阴晴，远望可尽，而近者拘挟，不能得明晦隐见之迹。

山春夏看如此，秋冬看又如此，所谓四时之景不同也。山朝看如此，暮看又如此，阴晴看又如此，所谓朝暮之变态不同也。如此是一山而兼数十百山之意态，可得不究乎。

春山烟云连绵人欣欣，夏山嘉木❶繁阴人坦坦，秋山明净摇落人肃肃，冬山昏霾❷翳塞人寂寂。看此画令人生此意，如真在此山中，此画之景外意也。

水色春绿，夏碧，秋青，冬黑。天色春晃，夏苍，秋净，冬黯。

（乙）四季画题　分论各季之中晦明风雨各时景物皆有分别。

雨有欲雨，雪有欲雪。雨有大雨，雪有大雪。雨有雨霁，雪有雪霁。风有急风，云有归云。风有大风，云有轻云。大风有吹砂走石之势，轻云有薄罗引素之容。

一种画春夏秋冬，各有始终，晓暮之类，品意物色，便当分解，况其间各有趣哉。其他不消拘四时，而经史诸子中故事，又各须临时所宜者为可。谓如春有早春云景，早春雨景，残雪早春，

雪霁早春，雨霁早春，烟雨早春，寒云欲雨，春早春晚景，晓日春山，春云欲雨，早春烟霭，春云出谷，满溪春溜，春雨春风作斜风细雨❸，春山明丽，春云如白鹤，皆春题也。

夏有夏山晴霁，夏山雨霁，夏山风雨，夏山早行，夏山林馆，夏雨山行，夏山林木怪石，夏山松石平远，夏山雨过。浓云欲雨，骤风急雨，又曰飘风急雨，夏山雨罢云归，夏雨溪谷溅瀑，夏山烟晓，夏山烟晚，夏日山居，夏云多奇峰，皆夏题也。

秋有初秋雨过，平远秋霁，亦曰秋山雨霁，秋风雨霁，秋云下陇，秋烟出谷，秋风欲雨，又曰西风欲雨，秋风细雨，亦曰西风骤雨，秋晚烟岚，秋山晚意，秋山晚照，秋晚平远，远水澄清，疏林秋晚，秋景林石，秋景松石，平远秋景，皆秋题也。

冬有寒云欲雪，冬阴密雪，冬阴霰雪，翔风飘雪，山涧小雪，四溪远雪，雪后山家，雪中渔舍，叙舟沽酒，踏雪远沽，雪溪平远，又曰风雪平远，绝涧松雪，松轩醉雪，水榭吟风，皆冬题也。

（丙）晓晚画题　专就晓晚，论其因天气之转变而景物有别。

晓有春晓，秋晓，雨晓，雪晓，烟岚晓色，秋烟晓色，春霭晓色，皆晓题也。

晚有春山晚照，雨过晚照，雪残晚照，疏林晚照，平川返照，远水晚照，暮山烟霭，僧归溪寺，客到晚扉，皆晚题也。

四时山水不同，以及画题等等，前人皆曾论及，惟较淳夫之详尽则有逊色。各节之意，仍不外乎说明山水之形态，因时而易。所列四季晓晚画题，不过对画家取景之一种启发耳。天地间可入画

---

❶《画苑补益》本作"未"，今从《画论丛刊》本作"木"。

❷《画苑补益》本夺"霾"字，今《画论丛刊》本补入。

❸以上二行难于句读，疑有讹脱。

❹黄休复《益州名画录·黄居宝传》："前辈画太湖石，皆以浅深墨淡嵌空而已，居宝以笔端揿擦，文理纵横，夹杂砂石，棱角峭硬，如虬虎将踊，厥状非一也。"（王世贞《王氏画苑》）9/22b。

者，实多不胜数，今偶一举录，已近百条，画家倘肯用心体会自然中之各种境界，则题材必不致有枯窘之虞也。

（三）位置

关于此项，淳夫之言论不多。

（甲）主张当合天地

凡经营下笔，必合天地。何谓天地，谓如一尺半幅之上，上留天之位，下留地之位，中间方立意定景。见世之初学，据把笔下去，率尔立意，触情涂抹，满幅看之填塞人目，已令人意不快，那得取赏于潇洒，见情于高大哉。

（乙）画中当分宾主

大山堂堂，为众山之主，所以分布以次冈阜林壑为远近，大小之宗主也。其象若大君，赫然当阳，而百辟奔走朝会，无偃蹇背却之势也。

山水先理会大山，名为主峰。主峰已定，方作以次近者远者，小者大者，以其一境主之于此，故曰主峰，如君臣上下也。

林石先理会一大松，名为宗老，宗老已定〔《画苑补益》作"意"，从《画论丛刊》本作"已"〕，方作以次杂窠小卉，女萝碎石，以其一山表之于此，故曰宗老，如君子小人也。

画中主位，最为重要。主位既定，其他附庸者，自易布置。

（四）笔墨

关于此项，可别为理论及方法两方面。理论方面，已详前章。方法方面之言论为：

砚用石，用瓦，用盆，用瓷片，墨用精墨而已，不必用东川与西山。笔用尖者，圆者，粗者，细者，如针者，如刷者。运墨有时而用淡墨，有时而用浓墨，有时而用焦墨，有时而用宿墨，有时而用退墨，有时而用厨中埃墨，有时而取青黛杂墨水用之。用淡墨六七加而成深，即墨色滋润而不枯燥。用浓墨、焦墨，欲特然取其限界，非浓与焦，则松棱石角不了然故尔。了然然后用青墨水重叠过之，即墨色分明，常如雾露中出也。淡墨重叠，旋旋而取之，谓之干淡。以锐笔横卧，惹惹而取之，谓之皴擦。以水墨再三而淋之，谓之渲。以水墨滚同而泽之，谓之刷。以笔头直往而指之，谓之捽。以笔头特下而指之，谓之擢。以笔端而注之，谓之点。点施于人物，亦施于木叶。以笔引而去之，谓之画。画施于楼屋，亦施于松针。雪色用淡浓墨作浓淡，但墨之色不一，而染就。烟色就缣素本色萦拂，以淡水而痕之，不可见笔墨迹。风色用黄土或埃墨而得之。土色用淡墨埃墨而得之。石色用青黛和墨而浅深取之。瀑布用缣素本色，但焦墨作其旁以得之。

上节所论，颇有可注意者。试将引文中重要各点，揭出于后：

墨共有七种不同名称：（一）淡墨，（二）浓墨，（三）焦墨，（四）宿墨，（五）退墨，（六）埃墨，（七）青黛杂墨水。

笔之动作共有八种不同名称：（一）干淡（淡墨重叠旋旋而取之），（二）皴擦（锐笔横卧惹惹而取之），（三）渲（以墨水再三而淋之），（四）刷（以墨水滚同而泽之），（五）捽（以笔头直往而指之），（六）擢（以笔头直下而指之），（七）点（以笔端而注之），（八）画（以笔引而去之）。

关于用墨用笔之方法，除荆浩、黄休复❹等略曾论及，此外罕有言之者。

淳夫信属罗列用墨用笔种种名称之第一人。所可异者为用笔八种名称中，最足表现线条之画，却居末位，而干淡、渲、刷等法，几无笔迹可寻，与线条之关系最小者，竟列于首。可见山水画至宋代，笔法方面，增加种种不同之动作，而有多量之墨，着于纸面。于是墨与笔并重，俱成为画中之要素矣。

第三节　韩拙《山水纯全集》

《山水纯全集》一卷，韩拙撰。拙字纯全，号琴堂，南阳人，《四库全书总目》称：

> 拙始末不可考，惟集末有宣和辛丑（1121年），夷门张怀后序称："自绍圣间，担簦至都下进艺，为都尉王晋卿所惬，荐于今圣藩邸，继而上登宝位，授翰林书艺局祗侯，累迁为直长秘书待诏，今已授忠信郎"云云。盖徽宗时画院中人也……考邓椿《画继》载有洛人韩若拙工画翎毛，又善写真……二人同时同乡里，而姓名只差一字，殆一人而伪传欤？不可考也。❶

《山水纯全集》自序中有言曰：

> 岁久所得山水之趣，粗以为法，不敢为卓绝之论，虽言无华藻，亦使后学之士，顿为开悟。因述十论以附于后。时宣和岁在辛丑夏月十八日也。❷

二序成于同岁，《纯全集》亦疑是年脱稿。

自序中称凡十论。今《函海》本及《詹氏画苑补益》本，俱仅存论山、论水、论林木、论石、论云霞烟霭岚光风雨雪雾、论人物桥彴关城寺观山居船车四时之景、论用笔墨格法气韵之病、论观画别识、论古今学者九篇❸，《四库全书总目》以为"岂佚其一"❹。余越园先生以为：

> 窃意第六篇中，四时之景，当别为一篇。其文既不连属，而与人物等亦无关涉。当是后人传录时，误为连属也。❺

《美术丛书》四集，有《山水纯全集》孙毓公校抄本，目录后题识曰：

> 谨案清乾隆《钦定四库全书目录》所载韩拙《山水纯全集》一卷，提要谓原本十篇，今佚其一。《佩文斋书画谱》所载韩拙《山水纯全论》则仅八篇。此集五卷十篇，及首尾两序，乃余幼年手写者，忆从明抄本录出，确为全翁原本无疑，洵可宝贵。❻

今取孙本与《画苑补益》等本校，知诸本所佚者为最末论三古之画过与不及一篇，中论高古、中古、近古，兼采爱宾、若虚古今优劣之说，无关作画之方法。

孙本之辞句，与《画苑补益》本颇有出入，间有赖其改正，得释吾人之疑者。本节引文，仍依《画苑补益》本，而与孙氏校抄本不同之处，则以夹行注明之，以供读者参考。

《山水纯全集》，著者既有篇目，吾人即按其原有之次序讨论之。

（一）论山

此篇一起，"丈尺分寸"，乃王右丞之论，以下便言山有主客尊卑之序，与郭熙所言"大山堂堂"、"山水先理会大山"两节甚相似。再下引洪谷子《笔法记》中关于峰顶等之定名，但多出嵩、岑、锐山等二十余名色。再下言"山有四方"，体貌景物各异，亦与郭熙诸说相近。再下言山有四时三远，与郭说相同，但秋山一语曰"明净如洗"，而不曰"明净如妆"。（孙氏校抄本四时山色曰："春山艳冶

❶ 纪昀《四库全书总目》（民国十九年上海大东书局再版）112/8a。

❷ 韩拙《山水纯全集》（詹景凤《画苑补益》民国十一年泰东图书局印）2/9a。

❸ 同注❷ 2/11a—2/27b。

❹ 同注❶。

❺ 余绍宋《书画书录解题》（民国二十一年北平图书馆印）3/10a。

❻ 韩拙《山水纯全集》孙毓校正本（邓实辑《美术丛书》神州国光社铅印本）四集十辑三册目/1b。

夏山苍翠，秋山明净，冬山惨淡。"）后又自创三远，实从淳夫之说衍绎而来。

愚又论三远者，有近岸广水、旷阔遥山者（有山根边岸水波亘望而遥），谓之阔远。有烟（野）雾溟漠〔孙校本"雾"作"霞"〕、野水隔而仿佛不见者，谓之迷远。景物至绝而微茫缥缈者，谓之幽远。

更后言岚雾锁映、林木遮藏，并有"山以林木为衣"等数语，实与郭氏之"山以水为血脉"一节相似。

论山一篇，虽长逾千言，但加以剔洗之后，韩氏一己之言论，仅论山之名色二十余种，及阔、迷、幽等三远而已。

（二）论水

定山之名目，前人屡见不鲜。为水定名色者却罕。董逌《广川画跋》中，论及水之画法。董逌政和中（1111年）官徽猷阁待制，考其时代当略早于纯全。但所论与此篇不同，是以纯全之言，仍有录引之价值：

夫水者（无"者"字），有缓急浅深，此为大体也。有山上水曰沜（上语作"山上有水曰沜"），谓出于高陵（无此六字）。山下有水曰潺潺（"潺潺"作"淀"），谓其文溶缓（无此六字）。山涧间有水曰潨湍，而漱石者谓之涌泉。岩石间有水泮波，而仰沸者谓之喷泉。言瀑泉（布）者，巅崖峻壁之间，一水飞出，如练十尺，分（悬）洒于万仞之下，有惊涛怒浪，涌瀼腾沸，喷溅漂流，虽龟（鼋）鼍鱼鳖，皆不能容也。言溅瀑者，山间积水欲流，而石隔蟺中猛卜，（欲）其片浪如滚，有石迎激，方圆四（曲）折，交流四会（"四会"作"会合"），用笔轻重，自分浅深盈满而散漫也。言潀（漂）者，众（激）流攒冲，鸣湍叠濑，喷若雷风，四面丛流，谓之

潈也。言沂水者，不用分开，一片注下，与瀑泉〔孙校本"泉"作"布"〕颇异矣（无"矣"字），亦宜（宣）分别。夫（天）海水者风波浩荡，巨浪卷（翻）翻（卷），山水中少用也。有两边峭壁（"峭壁"下有"万仞"二字）不可通途，中有流（湍）水，（急）漂急（流）如箭，舟不停者硖〔孙校本作"舟船不可停者"〕，水可（耳）无，无急于此也。言江湖者，注（无"注"字）洞庭之广大也。言泉（水）源者，水（无水字）平出（孙校本平出下有"之"字）流（"流"下有"水"字）也。其水混混不绝，故孟子所谓源泉混混（无上四字），不舍昼夜（"夜"下有"者"字）是也。惟溪水者，山水中多用之。宜画盘曲掩映，断续伏而复见，以远至近（无上四字），仍宜烟霞锁隐为佳。王右丞云"路欲断而不断，水欲流而不流"，此之谓欤？夫砂碛者，水心逆流，水流两边，急而有声，中有滩也。夫石碛者，辅岸绝流，水流两边，回环有纹，中有石也。言罄者，有岸而无水也。

再下言四时水色，以碧、凉（孙本凉作绿）、清、惨四字定之，与郭说略有不同。

（三）论林木

关于此项，纯全颇有发挥己意处。一起曰：

夫（"夫"字作"凡林"二字）林木者（无者字），有四时之（无之字）荣枯，大小之（无"之"字）丛薄，咫尺重深，以分（远）远（次）近。故（故下有林字）木贵高乔，苍逸健硬（上语作"要看苍逸健硬"），笔迹坚重，或丽（质）或质（丽），以笔迹欲断〔孙校本"断"下无"而"字〕，而复续也。且或轻或重，本在乎行（用）笔，高低晕〔孙校本"晕"下有"淡"字〕悉由于

用墨，此乃画林木之格（要）要（格）也。

以下便引荆浩《笔法记》中"凡笔有四势"。按荆浩此说，为总论山水画中之用笔，而纯全今专以之论树木之画法，似与原意略有出入。再下论木势：

其木要停分（匀）而有势，不可太长，太长（"长"下有"者"字）无势力（无"力"字），不可太短，太短者俗（差）浊也。木皆有形势，而取其力（大），无势而乱作盘曲者，乏其势也。若只要（取）刚硬而无环转者，亏其生意也。若笔细脉（墨）微者，怯弱也。

再下论松为众木之长，其意实原于郭熙之"林石先理一大松，名为宗老，宗老已定，方作以次杂窠小卉，女萝碎石，以其一山表之于此，故曰宗老，如君子小人也"。再下论松柏之姿态及画法，并楸梧槐柳等形仪，与《笔法记》中松之生也一段相似，不更引录。再下总论画林木之法：

大概〔孙校本作"有概"〕有叶之木，贵要（在）丰茂而荫郁，至于寒林者（"者"下有"止"字），务森耸重深，分布而不杂，宜作枯梢老槎（背）背（槎）后（无后字），当用浅墨画以相类之木，伴和为之，故得幽韵之（而）气清也。林罅不用明白，尤宜烟岚映带，诚（无"诚"字）为（此）咸熙（此下有"中李成"三字）深得乎（其）妙用者哉（无"哉"字）。

再下引梁元帝"春英夏荫，秋毛冬骨"二语而加以解释：

春英者，谓（无"谓"字）叶细而花繁也。夏荫者，谓（无"谓"字）叶密而茂盛也。秋毛者，谓（无"谓"字）叶疏而飘零也。冬骨者，谓（无"谓"字）枝（叶）枯而叶（枝）槁也。

再下论林之种类及其忌病：

其有林峦者，山岩石上有密木也。有（无"有"字）林麓者，山脚下（"下"下有"有"字）林木也。林迥者，远林烟暝也（此下有"远木者取其"五字），大要（"要"下有"而"字）不可狂斜倒起，隐淡直立，辨其形质，可（耳）一一分明〔孙校本"明"下有"也"字〕。

最后以林木与山水之关系，结束全篇：

林木者，山之衣也，如人无衣装，使山无仪盛之貌，故贵密林茂木，有华盛之表也。木少者谓之露骨，如人少（衣）衣（少）也。若作一窠一石，务要减（简）矣（耳）。

纯全对于林木画法之贡献，不谓不多，凡上所引各节，俱不妨谓为其心得也。

（四）论石

历来论石，大都附于论山，以山由石积也。韩拙虽亦有"石为山之体"之言，却与论山分列，自成一篇。

夫画石者〔孙校本无"者"字〕，贵要（重）磊落雄壮，苍硬顽涩，矾头菱面，层叠厚薄，覆压重深，落墨（笔）坚实（此下有"堆叠"二字）。凹深（凸）凸（深）浅〔孙校本"浅"下有"之形"二字〕，皴（皱）拂阴阳，点均〔孙校本"均"作"匀"〕高下，乃为破墨之功也。且（无"且"字）言磬石者，平（无"平"字）大石也，然石之状不一，或层叠而秀润，或崔嵬而巅险，有崖（岩）岩（石）嵯峨者，有怪石崩坍者，或直插入水而深不可测者，或根石浸水而脚石相辅者，崒屼嶙峋〔"崒屼嶙峋"四字，孙校本作"峰屹嶙峋"〕，千怪万状，纵横放逸，其体无定，而又皴（皱）纹〔孙校本"纹"作"拂"〕多端也。有披麻皴

（皴）者，有点错皴（皴）者，或斫碌皴（皴）者，或横皴（皴）者，或匀而连水皴（皴）纹〔孙校本无"纹"字〕者（无者字），一画一点〔孙校本作"一点一画"〕，各有古今家数〔孙校本无家数二字〕体法存焉。昔人云："石无十步真，山有十（千）里远"，况石为山之体，贵气韵（"气韵"二字作其"润泽"）而不贵枯燥也。画（书）之者不可失此论也（无"论也"二字）。

其中主要之意为：画石重形态变化，而形态变化，又端赖不同之皴法。文中列披麻等皴法五种，前人不过偶尔言及皴字❶，韩拙恐系论各种皴法之第一人。

皴法为吾国山水画中独有之技巧，论者所不绝于口者也。今始言之，不得不为之说。

夫山水之始兴，人各据其所见而形之于缣素，但求山水形态之得传，未尝有宗派家法之念存于心。是以皴或有法，皴实无名。各家所得之天不齐，所形之山有异，面目自亦有殊。后人视其所肖而称之，皴名生焉。

皴法之有名，始于纯全之著。元人不尚空言，未创新说。至明而皴法之名大备。古之所无者益之，本属一皴者强别之。厌简喜繁，惟恐不紊。清人更往往参以己意而为之说，于是今日反仅知皴之名，而难详其貌。严格论之，不仅人人之皴各殊，即一人之皴，往往因兴致画题之不同而改观。皴法之不得因其貌有微殊，而一一命名之，以求其备，明矣。盖无从求其备，亦不必求其备也。吾以为皴法之确能代表某时代、某宗派者，固当有名。巧立名目，妄为区别，适足觇明人好事之本色耳。

皴法既为画论中之重要问题，纵或繁杂难于董理，空泛不得实征，亦试为

画一表格（附表），横列披麻、纵点、斧劈、横点等四系，而以未详所属者殿之。实归纳求简之意也。如此既可见各家先后增益之不同（皴之名，未必为各家所创，要为入论画著述之始耳），复可实吾明人好事妄立名目之说，且略有系统可循，亦便于释解也。

纯全所列五皴分别言之于后：

1. 披麻皴　披麻言其状肖麻皮，丝长而虚离，故后人又称之曰麻皮皴。唐岱谓："董北苑用王右丞渲淡法，下笔均直，以点纵长，变为披麻皴。"❷右丞之迹，今殆无存。玄宰曰："唐人山水皴法，皆如铁线。"❸虽言其劲不言其形，亦可供人想象。董源之皴，自唐人脱化而来，盖可信也。今于所作《龙宿郊民图》可见之。后世习者既众，变化亦多，遂成为皴法中最大一系。

2. 点错皴　顾名思义，点错皴为笔迹不长，成点形，而错落不齐之皴也。纵点之系，以此为始。设唐岱之言有据，则右丞之皴法，近于是矣。后之范宽，即其苗裔。纯全虽列之于披麻之后，倘自画法演变之过程推之，似尚在披麻之前也。

3. 斫碌皴　斫，击也。碌，当与剁通，即以锷刃击凿之意。斧劈皴，必与此相近。后人言皴，恒用斧劈，而斫碌二字不常道。故表中取斧劈二字为皴系之名。

4. 横皴　古人用横皴者，于画史罕征。有之，其荆、关乎？荆、关画石，其形多方。玄宰称："余尝见赵文敏扣角图，仿关仝笔，皆用横皴，如叠糕坡。"❹布颜图亦谓："关仝亦用钩锁以开石，形体方解，谓之玉印叠素。"❺方有纵笔，亦有横笔，云林取其意，一变而为折带。今谛观之，折带与披麻，仍是一家眷属。

❶ 指郭若虚、郭熙等人。

❷ 唐岱《绘事发微》（于海晏辑《画论丛刊》民国二十六年中华印书局印）册二 4b。

❸ 董其昌《容台别集》（崇祯刊本）4/33b。

❹ 同注❸ 4/14a。

❺ 布颜图《画学心法问答》（《画论丛刊》本）册二 9a。

今以后人纯用横皴者少，复与披麻有会通处，是以不更另辟一系，而附于披麻系中。

5.或匀而连水皴纹　此语费解。当时皴法之名不多，此殆名目之尚未成立者，故长而诘屈，不顺口。味其语气，非谓以画水之法皴石，必指水与石邻近处之皴法。列入未详一格，以俟博雅。

（五）论云霞烟霭岚光风雨雪雾

篇中所论诸物，纯全以云为最重要，开章明义即曰：

夫通山川之气，以云为总也。

以下便论晴云阴云四时之象，"白鹤"、"奇峰"两语，亦本郭氏，但经足成如下：

春云如白鹤，其体闲逸（"逸"下有"融"字），和而舒畅也。夏云如奇峰，其势阴郁，浓淡暖曋〔孙校本作"暖暖"〕而无定也。秋云如轻浪飘零，或若（无"若"字）兜罗之状，廓静而清明（"明"下有"也"字）。冬云（"云"下有"如"字）澄（波）墨惨翳，示其玄溟之色，昏寒而深重（"重"下有"也"字）。此晴云四时之象（"象"下有"也故"二字）。春阴则云气淡荡，夏阴则云气突黑，秋阴则云气轻浮，冬阴则云气惨淡，此阴云四时之气（象）也。

再下谓云之轻者为烟，重为雾，浮为霭，聚为气，而烟雾等等，实皆云之别名，所当注意者为：

凡画者，分气候、别云烟为先。山水中所用者，霞不重以丹青，云不施以彩绘，恐失其（无"其"字）岚光野色、自然之气也。

盖谓画云不可太着痕迹也。再下论云雾霭霞，有晨暮远近种种之不同，与郭氏晓题晚题所言景物多相似。再下言

❶ 纪昀《四库全书总目》（民国十九年上海大东书局再版）112/8a。

❷ 余绍宋《书画书录解题》（民国二十一年北平图书馆印）3/10b。

❸ 同注❶114/2a。

❹ 徐荣《怀古田舍梅统》（原刊本）10/16a。

❺ 同注❷2/19a。

画种种云气，不可逆其岚光，当顺其物理。

风虽无迹（跡），而草木衣带之形，云头雨脚之势，无少逆也。如（无"如"字）逆之，则失其大要矣。

再下言雨雪种种之不同，仍不外乎郭熙画题中之范围。

吾以为凡论云气雨雪有种种之不同，不足称为纯全之贡献，郭熙既已详言于前，且此类言论，实际上对于画法无甚补益，不如"画者分气候"及"风虽无形"两节，有功于学者也。

（六）论人物桥彴关城寺观山居舟船四时之景

此篇前半言点缀及景物之经营位置，乃据梁元帝、王维等著铺陈而成者。下半言四时之景物，绝类郭熙之四时画题。惟郭氏偏重自然之景物，而韩氏偏重在画中之人事而已。

（七）论用笔墨格法气韵之病

此篇理论多于方法，已见前章。

（八）论观画别识

此篇不论画法，不在本节范围之内。

（九）论古今学者

此篇论画家之修养，不在本章范围之内。

（十）论三古之画过与不及

此篇论张、郭二家品评之意见，不在本章范围之内。

综观《山水纯全集》，十之七八皆关于画法，其中摘录与衍绎前人言论与独抒己见者，各居其半。《四库全书总目》称其持论"多主规矩"❶，余越园

先生称其"不为虚缥空泛之谈"❷,信然。盖其主旨本在"粗以为法,不敢为卓绝之论"也。

第四节 释仲仁《梅谱》

释仲仁,会稽人,居衡州华光山,华光遂为其别号,与黄庭坚同时,有《华光梅谱》一卷。

《梅谱》系伪托之书,《四库全书总目提要》言之凿凿:

> 此书盖后人因仲仁之名,依托为之。其口诀一则,词旨凡鄙,其取象一则,附会于太极阴阳奇偶,旁涉讲学家门径,尤乖画家萧散之趣。末有《补之总论》一则,补之即杨无咎字,南宋高宗时,始以画梅著。曾敏行《独醒杂志》载:"绍兴初有华光寺僧来居清江慧力寺。士人杨补之、谭逢原与之往来,乃得仲仁之传。"仲仁在元祐间,不应先引其说。至华光著书,乃又自引华光之书,其谬尤不待辩矣。❸

《华光梅谱》,必前人录当时流传画梅之口诀,托名华光、补之所作。(当时二人或本有歌诀,相传错脱,后人妄加增补,致有今本,亦未可知。)明沈小霞《梅谱》中有《花光口诀》一则,据徐荣称乃裁剪仲仁之作而成者❹,可知此书之作伪时期,必远在明代之前。余越园先生《梅花喜神谱》解题曰:"世传《华光梅谱》,乃伪托之作。梅之有谱,此编最古。"❺惟《悔花喜神谱》,仅有画谱,而无解说。以最早之画梅方法言,恐仍当推《华光梅谱》。此书在梅花画法中之地位,与梁元帝《山水松石格》在山水画法中之地位等,而后人梅谱,因袭之者尤众。是以虽知其为伪托,亦不在摒弃之例也。

书中第一节,谓华光(见附表)善画梅,绝非仲仁本人语气,与画法无涉,不录。第一篇为口诀。

口诀之中,不可解者,重复者,形容花之意态者,辞意空泛者,居十之七八,切实之画法,于字里行间约略求得者,不过下列数语耳:笔须有力,不可迟疑;墨彩当浓处浓,当淡处淡;嫩枝忌弱如柳,老枝当挺劲;枝忌对生成十字;枝当分老嫩,老枝不当着花;枝当有前后,背面花之萼以五点画之,正面之花萼以一圈画之;须七茎,中有一须最长。

第二篇《取象》,一起论梅花各部位数目之奇偶,附会于太极阴阳,与画法无涉,此后论梅花各部之画法。

一丁 其法须是丁香之状,贴枝而生,一左一右,不可相并。丁点须要端折有力,无令其偏,丁偏即花偏矣。是故诗有曰:"丁点须端折,安排不要偏。丁偏花不正,难使叶如钱。"

二体 谓梅根也。其法根不独生,须分为二,一大一小,以别阴阳。一左一右,以分向背。阴不可加阳,小不可加大,然后为得体。故诗曰:"根莫与独发,独发则成孤,二体强同势,开源有放殊。"

三点 其法贵如一字,上阔下狭,两边者连丁之状,向两角中间者,据中而起,萼带相接,不可不相接,接不可断续也。故诗曰:"三点加丁上,举房自此全。落毛冲断却,蒂萼不相连。"

四向 其法有自上而下者,有自下而上者,有自右而左者,须布左右上下取焉。

五出 其法须是不尖不圆,随笔而偏分折,如花开七分则全露,如半开则见其半，正开者则见其全，不可无分别也。

五萼　"其法须分别，圆尖要识中。随花成上下，掩映莫相同。"

六枝　其法有偃仰枝、覆枝、从枝、分枝、折枝。凡作枝之际，须是远近上下，相间而发，庶有生意也。故诗曰："六位须分别，毋令写处同。有人能识此，何必觅春工。"

七须　其法须是劲，其中劲长而无英，侧六茎短而不齐。长者乃结子之须，故不加英，啖之味酸。短者乃从者之须，故加英点，啖之味苦。诗曰："举发如虎须，七茎有等殊。中茎结青子，六短就成虚。"

八结　其法有长梢、短梢、嫩梢、叠梢、交梢、孤梢、分梢、怪梢等，须是用木而成，随枝而结，若任意而结成，无体格也。

九变　其法一丁而蓓蕾，蓓蕾而萼，萼而渐开，渐开而半折，半折而正放，正放而烂熳，烂熳而半谢，半谢而荐酸。诗曰："九变如终始，从丁次第开。正开还识谢，飘落秀苍苔。"

十种　其法有枯梅、新梅、繁梅、山梅、疏梅、野梅、官梅、江梅、园梅、盘梅，其本不同，不可无别也。诗曰："十种梅花本，须凭墨色分。莫令无辨别，写作一般春。"

一丁，乃梅未作花时，枝上隆起之处，亦即后日之花蒂也。读《取象》中之"蒂者，花之所自出，象以太极，故有一丁"数语，可知也。蒂，上连花，下连枝，故接梗而生。丁状如丁香，丁香之子，上阔下锐，正与画梅萼下一笔相似。梅花不对生，左右自不宜相并。"丁点须要端折有力"，折字不可解，当是楷字之误。《华光指迷》一节中，

有"凡作花萼，必须丁点端楷"，可为明证。丁点端楷，即不苟且，不偏斜之意。花生于蒂，蒂之偏正，自关花之偏正。论画丁之绝句，强凑成韵而已，无甚精义。

二体，文中谓指画根而言，但画中梅花，见根者极少，味其语，殆为画主干而发。主干宜双不宜单，当有大小左右之别，若仅画主干一枝，未免孤独矣。

三点，即花萼也。萼本有五瓣，背面花，五瓣全见。侧面花，则仅见三瓣。惟画中侧面花较背面为多，三点者，从其众也。文中谓其法贵成一字之状，上阔下狭，不易解。或指正中一点与两旁两点成一字形，而两旁落笔稍重，向内踢去，成●●●状，上端以用笔见锋，故稍阔也。

四向，谓梅花枝干生发之方向，有自上、自下、自左、自右之不同。

五出，指花瓣而言，形状介乎尖圆之间，将开正开及烂熳各时期之花瓣，或舒展或紧合，所露多寡，各有不同。

五萼，此处仅有诗而无说明。"圆尖要识中"之"识"字，疑是"适"字之误。全诗之意重在末一句，画萼当有变化之谓耳。

六枝，即梅枝有六种不同之姿态。偃仰二字之间，疑夺一"枝"字，始与数目相符。画枝亦贵有变化。

七须，为雄蕊与雌蕊相合之数。花须画毕，恒加细点于其端，所谓英者，即此点耳。长须一茎为雌蕊，无点。短须六茎为雄蕊，有点，此其异也。画长须当求劲，短须不宜齐。

八结，指枝梢而言。枝梢生枝上，较枝为纤细。枝有不同，所生之梢，亦

宜因之而异，不可任意为之也。

九变，系梅花自丁至结果所经历之过程。

十种，谓梅之种类各有不同，画亦宜有别。

以上十项，将梅花各部分之名称，尽行概括。其中论丁、点、须、萼等形状，俱不愧为切实之画法。惟六枝、八结、九变、十种等称，又殊牵强，盖欲附会取象，而为数目所限，不足定数者，设法添凑，多于定数者，又只得弃舍，便不能言所欲言，繁简恰到好处。

此后为《三十六病》，其中不可解者、重复者，亦复不少。如枝无后先、弃条写花等，不过与第一篇口诀中之词意相反而已。兹仅择其显著之忌病，录之于下：笔画重复；笔停墨积成冗节；老树当花疏，而竟作繁花；花枝无变化；雪压梅花，而花全露；老干用浓墨；新枝用淡墨；花瓣太圆；位置失当；宾主无呼应；向阳花少，向阴花多。

更后为《补之总论》。文中第三句，字有颠倒，似应作"分梢而萼蕊疏疏"，方与上句对偶语气亦合。前半谓画梅因时因境而异，下半谓梅视所生之地，而枝条不同。与十种一节，意正相似。全节似是而非，无足称者。

《总论》之后，为《华光指迷》，所言俱见前数节中。

《指迷》之后，为《补之疑难》，解说梅须何以仅画七茎，梅花何以仅画五瓣，又附会少阳等玄虚之说。

末一节言梅似品、叉、桠、枝四字，并谓枝有父子、君臣、夫妻等等，毫无意义，殆《四库提要》所谓"有乖画家萧散之旨"者也。

综观《华光梅谱》，其中荒谬不伦之处，不为不少，但于画法，亦颇有切实之贡献，尤以取象后之十一项，为画梅各部一一定名，时为后之论画梅者所沿用，虽是伪书，于后代画梅一门中，自有其位置，此即收入本章之重要原因也。

第五节　宋伯仁《梅花喜神谱》

宋伯仁，字器之，湖州人，嘉定中，曾为盐运司属官，有《梅花喜神谱》二卷，初刻于嘉熙二年（1238 年），再刻于景定辛酉（1261 年）。今所据者，为商务印书馆《续古逸丛书》本，即景定辛酉所镂之影印本也。

宋时俗语称写像曰喜神，此谱即为梅写照之意。前有自序，一起谓其爱梅成癖，中叙此谱之内容："余于是与其自甲而芳，由荣而悴，图写花之状貌，得二百余品，久而删其具体而微者，只留一百品，各名其所肖，并题以古律，以梅花谱目之。"❶此后申著书之主旨，在与天下有此癖者，共同欣赏，而不在为墨梅画法作谱。"兹非为墨梅设，墨梅自有花光仁老、杨补之家法，非余所能"。❷最后又谓此谱以"商鼎催羹"为殿，意在示梅之实用，故此谱亦有补世道，非等闲之作也。

书中名色共百种。

名色百种，各有图，并各题五绝一首。诗非咏梅者，只就名色敷衍铺陈而已。名色之由来，视花之形态而命之。为求命名与梅花切合，故每幅仅有一朵，枝干亦极少，尤甚变化。

梅花只有五瓣，形状本极简单，为定名目百色，实好事而近于附会。前人虽有称器之此谱"颇能传梅花之远神"❸，不过妄加赞誉之词耳。阮元则目之为"江

❶宋伯仁《梅花喜神谱》（《续古逸丛书》之四十六，民国二十七年商务印书馆影印吴县梅景书屋藏宋本）序 /2b。

❷同注❶序 /3b。

❸钱曾《读书敏求记》（民国十四年扫叶山房印）3/33b。

❶ 阮元《四库未收书目提要》（民国十九年上海大东书局再版）1/5a。

❷ 余绍宋《书画书录解题》（民国二十一年北平图书馆印）2/19a。

湖派人"❶，信是定评。余越园先生更申其说曰：

> 原序谓本有二百余品，实则百品已嫌其多。大凡作谱，俱不免巧立名色，数至于百，则涉于繁冗，不堪记忆矣。所题诗多涉纤巧，阮氏谓其为"江湖派人"是也。❷

颇能中其弊病。

繁冗之病，器之自不能辞。为梅花作谱，多至三四十式，不仅可备具自蓓蕾至开谢之形态，即向背侧覆各势，亦可应有尽有。此谱既为定名色，又求名实相符，竟有多帧变化之形而牵就之，其弊乃致花几不成为花矣。试观烂熳中之"鼓"及"惊鸥振翼"二式，前者五瓣成一平面，后者一瓣居中，两旁四瓣整齐排比，恐梅花之中，绝少作此态者。此外花形与名色不符者更多，此类似是而非、巧立名目之图谱，实好事之甚也。

自序谓此书并非为墨梅画法作谱，是其解嘲语也。枝条仅一二茎，梅花仅一朵，式式如此，终不成章。何况花式不伦不类，可笑之至，画家自不敢有所取法也。

《梅花喜神谱》，与画法之关系极少，本章本可舍之不谈，惟其本身虽不足称，尚不失为后代梅花图谱之嚆矢，故仍附于本章之末也。

合击

宋代关于画法之著作

第十七章　宋代关于绘画之品评著作

唐代画论，以品评一门为最盛，当时各抒己见，争辩是非之情况，不难想见。绘画门类，至宋代而大备，画家人数之多，亦为亘古所未有。孰意品评之风，却有逐渐消沉之势。

宋代关于品评之著述，屈指可数。黄休复之《益州名画录》、刘道醇《五代名画补遗》及《圣朝名画评》，俱以画家为单位，定其品级之高下。至于郭若虚《图画见闻志》之《论古今优劣篇》，则以时代为单位，论今古之价值，有类于张彦远之《论六法篇》矣。❶

第一节　黄休复《益州名画录》

黄休复《益州名画录》，上中下三卷，前有李畋景德三年（1006 年）序。《中兴书目》以为今存之书为李畋撰，黄休复之原书已亡。陈振孙《直斋书录解题》已辩其诬❷。《四库全书总目》对于黄休复之籍贯及李畋之序，有详细之考证。

亭畋序称江夏黄氏休复，字归本，通《春秋》学，校左氏公谷书。鬻丹养亲，游心顾、陆之艺，深得厥趣。考休复别有《茅亭客话》，陈振孙《书录解题》，亦不详其里贯，但以所言多蜀事，

又尝著《成都名画记》，疑为蜀人。则此书一名《成都名画记》，而旧本与《茅亭客话》皆未题里贯，故振孙云然。今本皆题江夏人，疑后人以畋序补书欤？然畋序作于宋初，或沿唐五代余习，题黄氏郡望，亦未可知，未必果出于是地也……《书录解题》又称《中兴书目》以为李畋撰，休复书今亡。此书有景德三年序，不着姓名，而叙休复所录明甚。又有休复自为序，则固未尝亡也"云云。据其所说，则别本但题李畋之名，不以序文出李畋。今本直作李畋序，又与宋时本不合。然诸刻本皆作畋序，故姑从旧本，仍存畋序焉。❸

《益州名画录》之范围，仅限于蜀中画家。西蜀虽偏处一隅，与中原隔绝，但未遭兵燹，实为当时乐土。蜀主又奖励画士，待遇甚优，是以五代绘画，蜀中最盛。李畋序中，亦曾言及。

盖益都多名画，富视他郡。谓唐二帝播越及诸侯作镇之秋，是时画艺之杰者，游从而来，故其标格楷模，无处不有。❹

取一时一地之画家而品评之，当以是书为创举也。

❶ 宋张澄有《画录广遗》，载卞永誉《式古堂书画汇考》。自叙云："予所著录，位置品核，或有未当，尚几博雅君子，为予是正。"盖亦以品评之书自居。惟书中仅十四家小传，不分门目，亦无品评之语，故本章从略。

❷ 陈振孙《直斋书录解题》（光绪九年江苏书局刊本）14/9b。

❸ 纪昀等《四库全书总目》（民国十九年上海大东书局再版）112/5a。

❹ 黄休复《益州名画录》（王世贞《王氏画苑》民国十一年泰东图书局印）9/序1b。

❶ 纪昀等《四库全书总目》（民国十九年上海大东书局再版）112/5a。

❷ 余绍宋《书画书录解题》（民国二十一年北平图书馆印）4/6a。

❸ 黄休复《益州名画录》（王世贞《王氏画苑》民国十一年泰东图书局印）9/1b。

❹ 同注❸ 9/2b。

❺ 同注❸ 9/6b。

❻ 晁公武《读书志》原作"成"，《四库》误刊作"醇"。设果作"醇"，则公武原不误，《四库》何必更为改正。（上海涵芬楼影印北平故宫博物院图书馆藏宋淳祐袁州刊本）志3下/26b。

❼ 同注❶ 112/5a。

❽ 刘道醇《五代名画补遗》（《王氏画苑》本）6/19a。

《益州名画录》有明翻宋本，未见。习见者有《王氏画苑》、《说郛》、《唐宋丛书》、《函海》等丛书本。书前有目录，但遗漏颇多。如卷中之《写真二十二处》，卷下之《有画无名》五条、《无画有名》六条、《重写前益州五长史真记》、《胡氏画亭记》等篇，皆目录所无者。

尝取《函海》本与《王氏画苑》本校，其间略有出入。《函海》本于《写真二十二处》后，列杜相国至吕侍郎等二十二真，并注明各写真当时存何处，较《画苑》本为完备。《四库全书》所收之本，与以上二本皆异。《四库总目》曰：

逸格凡一人，神格凡二人，妙格上品凡七人，中品凡十人，下品凡十一人，而《写真二十二处》无姓名者附焉。能格上品凡十五人，中品凡五人，下品凡七人，而《有画无名》、《有名无画》者附焉，其大慈寺六祖院罗汉阁图画（即《有画无名》中之第一条），休复评妙格中品，而列能品之末，不与《写真二十二处》一例。非妙字误刊，则编次时偶疏也。❶

据上文所云，则《写真二十二处》，当附于妙品之后，而今所见二本，皆附于能格十五人后，故知其所著录之书，必系另一本也。至《有画无名》中大圣慈寺六祖院罗汉阁图画一条，《四库》以为"非妙字误刊，则论次时偶疏"，实误。盖归本著书之体例为凡有画而无名者皆聚集一处，不更分入各品，但观同篇中后有能格上品一条，能格中品三条，皆未分入能格上、中二品可知也。

《益州名画录》品评画家，分为逸、神、妙、能四格。妙能又分上、中、下三品。采自唐乾元初至宋乾德间（758—963年）之画家五十八人。历代画论家分级定品，多不加解释，亦无界说。有之，亦不过如张爱宾之论自然、神、妙等五等，及荆浩之对于神、妙、奇、巧四品，略有一二语拈提而已。归本于《益州名画录》中，独将四格之界说，于目录中郑重揭露。余越园先生以为乃此书之特色。

书画品目，自谢赫以来，因革损益，不外此四端。然此四品界说，以前诸书，俱未言及。至此编卷首，始为论定。此后亦更无异议矣。❷

本节为欲知其所定各格之界说及画家位置之次序，特将目录载之附录中。

读《益州名画录》对于各家之评传，可使人注意者有二点：（一）逸、神、妙三格之中，十九为人物画家。（二）品级最高之画家，皆宗吴派。故吴道子当为今古第一，归本最敬仰之画家。据此二点，可推知五代蜀中之画风及归本评画之准则也。

逸神二格及妙格上品之画家，俱以写真及地狱变相等见长。妙格中品，仅黄筌一人，下品仅李升、刁光胤、居宝兄弟等三数人，为以花鸟山水著者。

黄休复评逸格孙位曰：

两寺天王部众，人鬼相杂，矛戟鼓吹，纵横驰突，交加戛击，欲有声响，鹰犬之类，皆三五笔而成，弓弦斧柄之属，并摄笔而描，如从绳而正矣。❸

评神格赵公祐曰：

数仞之墙，用笔最尚，风神骨气，惟公祐得之。❹

评妙格上品张素卿曰：

素卿于诸图画而能敏速，落锥之后，下笔如神，自始及终，更无改正。❺

以上之评语，悉与唐代后期品评家赞扬吴道子之言相似。归本评画之准则，可谓：画中之地位，以人物画最为重要；

人物画家以能具吴道子之作风，用笔不依规矩，挥运自如者为最佳。与唐末之朱景玄，所论颇为相似也。

若论《益州名画录》之价值，吾以为亦与朱景玄之贡献相伯仲。品评高下，未能予后人切实之观念。记载事迹掌故，确有功于画史。

归本以定四格界说，为后人所称道。是则其界说究竟有无价值，似当有所议及。

朱景玄神、妙、能、逸四品，逸品之义，乃"不拘常法"之作者，不在神、妙、能三品系统之内。归本之逸格，与景玄不同。其位置在神、妙、能三格之上，乃四格之冠，而凌驾其他三品者也。

吾以为归本四格之界说，实有过于抽象之嫌。除能格外，逸、神、妙三者，其间无清晰之界限。其逸格曰："笔简形具，得之自然，莫可楷模，出于意表。"神格曰："其天机迥高，思与神合，创意立体，妙合化权。"妙格曰："笔精墨妙，不知所然，若投刃于解牛，类运斤于斫鼻。目心付手，曲尽玄微。"所谓"自然"、"天机"、"化权"、"玄微"，究竟有何分别，吾实未能分辨。界说既不清晰，则其排列品格，后人亦自无从知其确实之根据矣。

第二节　刘道醇《五代名画补遗》及《圣朝名画评》

刘道醇，宋仁宗时人，有《五代名画补遗》一卷，《圣朝名画评》三卷。《四库全书总目》关于作者之姓名及书名皆有考证。

考晁公武《读书志》曰："《五代名画补遗》一卷，皇朝刘道醇纂。符嘉应撰序云：'胡峤尝作《梁朝名画录》，因

广之。故曰补遗。'"❻又别载《宋朝名画评》三卷，亦注刘道成纂，符嘉应序。则刘道醇当作道成。又陈振孙《书录解题》曰《五代名画记》一卷大梁刘道醇撰，嘉祐四年陈询直序，则补遗字又当作记。然此本为毛晋汲古阁影摹宋刻，楮墨精好，纤毫无缺，不应卷首题名乃作讹字。盖本此一书，振孙误题书名，公武误题人名，马瑞临作《文献通考》，又偶未见其书，但据两家之目，遂重载之。观卷首陈询直序，与振孙所言合，而公武所载符嘉应序又即询直序中语。知公武并以《宋朝名画评》序误注此条，不但成字之讹也。❼

《四库提要》考证虽详，惟易圣朝为宋朝，盖有不得不如此者，今从原名。二书皆有明刻本，未能见，今据《王氏画苑》本分别论之于后：

（一）《五代名画补遗》

《五代名画补遗》陈询直序曰：

故五代名流，抑多遗缺，则有若国初监察御史胡峤，遂采撷遗子，记于编帙，始自尹继昭，终于刘永忞，四十三人，名之曰《广梁朝名画目》。夫纪述虽备，缺坠尚多，譬拔毫拾翰，刈薪弃楚。呜呼，自唐祚陵季，五代脆促，自朱梁至于柴周，凡·十四主，计五十四年，而又日寻干戈，转战不暇，虽义夫哲妇，忠臣孝子，尤多漏略，况于画人哉？……今因集本朝名画评，又据拾其见遗者，叙而编之，名曰《五代名画补遗》。其门品上下，一如《圣朝名画评》之例类。❽

序中谓道醇此书，乃续胡峤之《广梁朝名画目》而作，故曰《五代名画补

遗》。胡书见郭若虚《图画见闻志》❶著录，今已不传。

《五代名画补遗》，收二十四人，分为人物、山水等七门。（人名次序见附录。）

各门之中，山水走兽二门，仅有神品。屋木门缺妙品，而第六第七塑作雕木两门，并非绘画，为《圣朝名画评》所无者。至于《圣朝名画评》中之鬼神门，又为《五代名画补遗》所无。陈询直序中谓其"门品上下，一如《圣朝名画评》之例类"，实不尽然。

五代五十余年之中，画家纵多，毕竟有限，胡峤原书，仅四十三人，此书又为续胡之作，意必可收之画家，数已不多，是以山水各门中有缺品。而最后塑作等家，或以不忍割舍，故亦附于画录之内也。

《五代名画补遗》品评诸家，甚少说明，多叙述事迹掌故，与《圣朝名画评》较，颇有逊色。恐为材料所限，未能展其所长也。

（二）《圣朝名画评》

《圣朝名画评》，自品评方面而论，为比较成功之作品，大有详细研究之价值。

《圣朝名画评》三卷，首有序文。《四库全书总目》以为乃书前发凡：

首有叙文，不著姓氏，其词亦不类序体，疑为书前发凡。后人以原书无序，析出别为一篇也。❷

文中论观画之法，实即道醇评画之标准及其观审之步骤。全文❸可分为五节，第一节论六要六长。

夫识画之诀，在乎明六要而审六长也。所谓六要者，气韵兼力一也，格制

俱老二也，变异合理三也，彩绘有泽四也，去来自然五也，师学舍短六也。所谓六长者，粗鲁求笔一也，僻涩求才二也，细巧求力三也，狂怪求理四也，无墨求染五也，平画求长六也。既明彼六要，是审彼六长，虽卷帙溢箱，壁版周庑，自然至于识别矣。

第二节论观画有时：

大凡观画，抑有所忌。且天气晦暝、风势飘迅、屋宇向阴、暮夜执烛，皆不可观，何哉？谓其悉不能极其奇妙，而难约以六要六长也。必在平爽霁清，虚室面南，依正壁而张之，要当澄神静虑，纵目以观之。

第三节论定画之钤键：

且观之之法，先观其气象，后定其去就，次根其意，终求其理，此乃定画之钤键也。是故见短勿诋，返求其长，见功勿誉，返求其拙。

第四节论三品：

夫善观画者必于短长工拙之间，执六要凭六长，而又揣摩研味，要归三品。三品者，神、妙、能也。品第既得，是非长短，毁誉工拙，自名然矣。

第五节论绘画门类之不同，而其中取尚亦有差别：

大抵观释教者，尚庄严慈觉；观罗汉者，尚四像归依；观道流者，尚孤闲清古；观人物者，尚精神体态；观畜兽者，尚驯扰扩厉；观花竹者，尚艳丽妍冶；观禽鸟者，尚毛羽翔举；观山水者，尚平远旷荡；观鬼神者，尚筋力变异；观屋木者，尚壮丽深远。今之人或舍六要弃六长，而能致此者，何异缘木求鱼，汲泉得火，未之有也。

全书分绘画为六类，每类分神、妙、能三品。人物门各品又分上、中、下三等。

共收画家九十一人，各门及画家品级之排列，见附录中。

吾前曾谓《圣朝名画评》为比较成功之品评著作，今试将其特殊之处，分项言之于后。

（一）卷首之叙文极有价值。六要六长，可兼为理论及品评之准则。观画有时，更可见审察之谨慎。定画钤键，道出观画之步骤。论门类，道出各画取尚之不同。俱能使人感觉道醇为评画定出有系统之方法。除张彦远有相似之言论，散见《名画记》诸篇外，他家论著中不多见也。

（二）前人品评，仅分品级，不分绘画门类。是以画家若擅长一门以上，而各门优劣不同，便难定其位置。朱景玄最先发觉品评方法有改善之必要，于《唐朝名画录》朱审条中，注明山水居妙上品，人物、竹木居能品。韦偓条中注明高僧、松石、鞍马人物居妙上品，山水、人物居能品，但亦不过于此一二处注明而已。刘道醇深知各门绘画之取尚不同，故将画各分类，类各分品，而各人依其各门之优劣，列入各门各品，盖创举也。其中如高益，人物门列神品下，畜兽门列能品，鬼神门列妙品。王士元人物门列妙品上，山水林木门列妙品，畜兽门列能品，屋木门列神品。黄筌人物门列妙品中，山水林木门列能品，花木翎毛门列神品。他如陈用志、王道真、石恪、燕文贵、李用及等，皆列入二门或二门以上。《四库全书总目》称之曰："盖即一人，亦必随其技之高下而品骘之。其评论较为平允。"[4]诚恰论也。

（三）画家传后系以评语，或一人一评，或二三人一评，而评语注重在说明何以将某人列入该品，何以此人逊于

前者而胜于后者。历来诸书，极少有能将品级之所以然道出者，此点亦道醇之能超越一般之品评家处也。兹举数例于后：

评人物门神品第一人王瓘曰：

本朝以丹青名者，不可胜计，惟瓘为第一，何哉？观其意思纵横，往来不滞，废古人之短，成后世之长。不拘一守，奋笔皆妙，诚所谓前无吴生矣。故列神品上。[5]

王瓘善在能废古人之短，成后世之长。神品第二人王霭之评语，便不及之。

霭之为画也，可谓至矣。意思婉约，笔法豪迈，皆不下王瓘，但气焰稍劣耳。[6]

评神品第三人孙梦卿，又说明何以不及瓘霭二人。

予谓梦卿，亦吴生之后身，而列于瓘霭之下，何哉？吴生画天女及树石，有未到处，瓘霭能变法取工。梦卿则拘于模范，虽得其法，往往袭其所短，不能自发新意，谓之脱壁者，岂诬哉？[7]

徐熙于花竹翎毛门列神品，位置居黄筌、赵昌之上。评曰：

筌神而不妙，昌妙而不神，神妙俱完，舍熙无矣。[8]

凡上所引皆足解释道醇位置各家之理由。或有二家之优劣相去甚微，虽定高下，但其间差别，实不易形之于言辞。微细之处，偶有简略，自所不免。当亦不足为道醇咎也。

第三节　郭若虚《论今古优劣篇》

郭若虚《图画见闻志·纪艺》，上中下三卷，录画家二百数十人小传，但未加品评。自序中曰：

亦尝览诸家画记，多陈品第，今之作者，各有所长。或少也嫩而老也壮，或始也勤而终也怠。今则不复定品。[9]

❶ 郭若虚《图画见闻志》（上海涵芬楼借常熟瞿氏铁琴铜剑楼藏宋刻配元抄影印本）1/1b。

❷ 纪昀等《四库全书总目》（民国十九年上海大东书局再版）112/5a。

❸ 刘道醇《圣朝名画评》（王世贞《王氏画苑》本）5/序1a—5/序2b。

❹ 同注❷。

❺ 同注❸5/1b。

❻ 同注❸5/2b。

❼ 同注❸5/3a。

❽ 同注❸5/30b。

❾ 同注❶序1b。

❶ 韩拙《山水纯全集》孙鑛校正本，有《论三古之画过与不及篇》，涉及品评，但与若虚此篇，大致相同，故不录。

❷ 郭若虚《图画见闻志》（上海涵芬楼借常熟瞿氏铁琴铜剑楼藏宋刻配元抄影印本）1/9b。

❸ 何良俊《四友斋画论》（邓实辑《美术丛书》神州国光社铅印本）三集三辑一册5a。

郭若虚虽不曾以画家为单位，品级高下，但有以时代为单位之《论今古优劣篇》。❶

或问近代至艺，与古人何如？答曰："近代方古多不及，而过亦有之。若论佛道、人物、仕女、牛马，则近不及古。若论山水林石、花竹禽鱼，则古不及近。何以明之？且顾、陆、张、吴中及二阎，皆纯重雅正，性出天然。吴生之作，为万世法，号曰'画圣'，不亦宜哉！张、周、韩、戴，气韵骨法，皆出意表，后之学者，终莫能到。故曰：近不及古。至如李与关、范之迹，徐暨二黄之踪，前不谢师资，后无复继踵，借使二李、三王之辈复起，边鸾、陈庶之伦再生，亦将何以措手于其间哉？故曰：古不及近。是以推今考古，事绝理穷，观者必辨金鍮，无矜玉石。"❷

其议论之态度极为坚定。古今优劣，当视画之门类，始能断言。佛道人物、仕女牛马，则近不及古。山水林石、花竹禽鱼，则古不及今。张彦远之意见，以为唐代除吴道玄外，就绘画大体论，远不如古。与郭若虚所见不同。自二人意见之不符处，可窥得中唐以后至宋初之间绘画之演变。前于彦远者，著名之画家，俱以佛像人物见长。山水花鸟大家，如荆浩、关仝、徐熙、黄筌等人，皆在彦远之后。山水花鸟之地位，至五代以后，方日渐增高，而技巧亦确能凌驾前代。何良俊《四友斋丛说》曰："昔人之评画者，谓画人物则今不如古，画山水则古不如今，此一定之论也。盖自五代以后，不见有顾虎头、陆探微、张僧繇、吴道玄、阎立本。五代以前，不见有关仝、荆浩、李成、范宽、董北苑、僧巨然。"❸张、郭二人，所处之时代不同，所见之作品亦异，今古优劣之意见，自不能求其一致也。

第四节　各家品评著作之比较

宋代各家，品评著作，体制之不同，可以表格明之。见附表。

宋代各家，品评之标准，大致相去不远。黄归本以为人物画乃画中最主要之一科，吴道玄为画家中地位之最高者。刘、郭二家，俱不免有相同之观念。《图画见闻志》、《五代名画补遗》、《圣朝名画评》，俱以人物门居首，山水门居次。由此点已可证明宋代山水画之地位，确已与唐代不同，但尚不能取高踞首席已久之人物画而代之。吾正恐此等情况一日不变，吴道玄之地位，亦一日不移也。

宋代品评之著作，可以刘道醇之《圣朝名画评》为代表，视唐代诸家，显有改善。后人虽不能于此书获得十分切实之优劣观念，但在道醇似已尽其所能，以期将其所见，公诸后世矣。

宋代三百余年，国祚不为不永，而品评之作，不及唐代之半。郭若虚《图画见闻志》为续《历代名画记》者。《纪艺》中，竟不论画家之高下。可见品评之风，至宋而渐消沉。当代论者，或有鉴于古代之画迹日希，空事品评，于实无补，是以不更致力于此欤？

第十八章 元代关于绘画之理论

元代绘画，自山水画观之，可称极盛，而画论之著，竟不多觏。即以理论一类言，前代均有专篇，元代各家，仅有片段言论，或见于画家之诗文集中，或见于画端之题跋，或载于著录之书籍，欲知其大概，只得自各处搜集辑录，按其内容类分，而加以研讨。

辑录所得，元代理论方面之言论，约可分作四类：（一）不求形似，（二）逸气，（三）书画相通，（四）复古。

（一）不求形似　不求形似，在宋时已不绝于论者之口，元代各家，以汤垕主之最力，于其《画论》一书中，议及此者，凡五六条之多，其言曰：

人物于画，最为难工，盖拘于形似位置，则失神运气象。

俗人论画，不知笔法气韵之神妙，但先指形似者。形似者，俗子之见也。

今之人看画，多取形似，不知古人最以形似为末节。如李伯时画人物，吴道子后一人而已，犹未免于形似之失。盖其妙处在笔法气韵神采，形似末也。东坡先生有诗云：“论画以形似，见与儿童邻。作诗必此诗，定知非诗人。”余平生不惟得看画法于此诗，至于作诗

之法，亦由此悟。

画梅谓之写梅，画竹谓之写竹，画兰谓之写兰，何哉？盖花卉之至清，画者当以意写之，不在形似耳。陈去非诗云，“意足不求颜色似，前身相马九方皋”，其斯之谓欤？

看画如看美人，其风神骨相，有肌体之外者。今人看古迹必先求形似，次及傅染，次及事实，殊非赏鉴之法也。

观画之法，先观气韵，次观笔意、骨法、位置、傅染，然后形似，此六法也。若观山水、墨竹、梅、兰、枯木、奇石、墨花、墨禽等，游戏翰墨、高人胜士寄兴写意者，慎不可以形似求之。先观天真，次观意趣，相对忘笔墨之迹，亦为得趣。❶

君载论形似，不能不言及气韵，仍与宋代董逌、邓椿等相似，以气韵为最高境界，而以形似为画中之末节。画梅一条，尤注重花卉之格清者，当以意写之。当以意写之者，便不妨用墨，不妨不似。元代画竹者最多，兰次之，菊更次之。于夏文彦《图绘宝鉴》之画家传中可见，而君载此论，不啻为正在勃发中之四君子画，发扬而光大之也。

❶ 汤垕《画论》（汪砢玉《珊瑚网·画录》《适园丛书》本）24/40a—24/45b。

汤君载之外，如郭畀等，亦鄙视形似。题《为僧作山水诗》曰：

> 门有方袍客，图成水墨山。我非求肖似，汝亦爱幽闲。密树难分辨，高云任往还。行当绝世事，终老屋三间。❶

总之，元代画家，名传后世者，大都皆高人畸士，放浪湖山，自恨生不逢辰，愤激之余，发之于笔墨，不受羁束，一味解放，而渐竟以不求形似为文人画之本色。其作风之所归，亦时代背景之使然也。

（二）逸气 以逸评画，最早见于唐朱景玄《唐朝名画录》。所谓"等格之外，不拘常法"者也。宋黄休复《益州名画录》，更将逸格列神妙能之上，而其界说曰："笔简形具，得之自然，莫可楷模，出于意表。"惟唐宋人所谓之逸，与元代画家之逸，似不相同。《唐朝名画录》中逸品之画家为王墨、李灵省、张志和。景玄以三家之秉性，疏野不羁，画法亦不循常轨，实于一般画家正统排列中，未能为其觅得适当之位置，是以故为另辟一品，附于书末。《益州名画录》之逸品，乃凌驾一切品格之上者。属于此品，仅孙位一人。位以画水著，但据黄氏之记载：

> 画东方天王及部从两堵……仿润州、高座寺、张僧繇战胜一堵。两寺天王部众，人鬼相杂，矛戟鼓吹，纵横驰突，交加夏击，欲有声响，鹰犬之类，皆三五笔而成，弓弦斧柄之属，并撮笔而描，如从绳而正矣。❷

盖深得吴道元之妙，实以人物擅长。设以元人之观念评之，必不称之为逸也。元人论逸，当以倪云林为代表。《画史会要》称倪云林写山水不着人物，此语虽不尽然，但云林作画，不喜以人物点

缀，固共许之事实。今试录引其论于后。《书画竹》曰：

> 以中每爱余画竹。余之竹，聊以写胸中逸气耳，岂复较其似与非，叶之繁与疏，枝之斜与直哉？或涂抹久之，他人视之，为麻为芦，仆亦不能强辩为竹，直没奈览者何。但不知以中视为何物耳？❸

又答张藻仲书中有：

> 仆之所谓画者，不过逸笔草草，不求形似，聊以自娱耳。近迂游偶来城邑，索画者必欲依彼所指授，又欲应时而得，鄙辱怒骂，无所不有冤矣乎〔曹氏刊本无以下"不"字，今从《佩文斋书画谱》补入〕，讵可责寺人以不聱也。❹

自上文可知，逸气与气韵生动及不求形似，乃属同一系统者。吾人不妨为其注释曰：不求似，并非不能似，亦非故求不似，第心中如何想，手便如何画耳。任兴所至，而着纸者，正足代表画家当时对于外界所得之印象。印象之生，发于画家之内心，亦即云林所谓之逸气也〔中国画家之所谓逸，不知与范蔚宗《逸民传》之所谓逸是一是二。——觉明先生批〕。东坡之论，以为画者对外象须先有所理会，经历酝酿之时期，兴会自能一旦降临，必于刹那间倾出，不能自抑。云林之逸气，与此亦有差别。据东坡所云，于领会酝酿之时，不免运思凝心，劳神伤志，而云林对于作画之态度，以为不屑如此。不假思索，任情画去，工拙本非所计。设为作画乃致心神劳苦，逸气恐已敛迹矣。东坡论画，已富文人色彩，而云林论画，更可勖励后代一般以文人鸣高、笔墨简略之画家，可以随意涂抹，而有所借口。佳者或能寥寥数笔，笔尽意在，隽永耐人寻味，而劣者恐难免有散漫无章，不复成画之病也。

❶ 陈邦彦《历代题画诗类》（康熙四十六年序殿版本）16/6b。

❷ 黄休复《益州名画录》（王世贞《王氏画苑》民国十一年泰东图书局印）9/1b。

❸ 倪瓒《倪云林先生诗集》（《四部丛刊》上海涵芬楼借秀水沈氏藏明初刊本影印）附录5a。

❹ 倪瓒《清閟阁集》（康熙间曹氏刊本）10/7a。

（三）书画相通　书画用笔相通之说，最早源于唐之爱宾。宋之郭熙亦有论及。元代之钱选、杨维桢俱曾泛论书画相通，而认为艺术家无不书画兼善者。董玄宰《容台集》载：

赵文敏问画道于钱舜举："何以称士气？"钱曰："隶体耳，画史能辨之，即可无翼而飞。不尔，便落邪道，愈工愈远。"❺

杨维桢《图绘宝鉴》序曰：

书盛于晋，画盛于唐宋。书与画一耳，士大夫工画者必工书。其画法即书法所在，然则画岂可以庸妄人得之乎？❻

元代多工画竹者。画竹笔画，不外乎撇、竖、横、勾，而此数种笔法，无不于书中见之。是以论画竹，必时时以书法比拟。如成廷珪《题高房山墨竹》曰：

黄花山主澹游翁，写竹依稀篆籀工，独有高侯知此趣，一枝含碧动秋风。❼

杜本题《柯敬仲植木墨竹》：

绝爱监审柯博士，能将八法写疏篁。细看古木苍藤上，更有藏真长史狂。❽

又《题子昂竹》：

纨素精明照耀人，此公已往笔如神。能知八法仍知韵，始识吴兴善写真。❾

倪瓒《题柯敬仲竹》：

谁能竹写复尽善，高赵之后文与苏。检韵萧萧人品系，篆籀浑浑书法具。奎光博士生最晚，耽诗爱画同所趋。兴来挥洒出新意，孰谓高赵先乎吾。❿

赵孟頫题画：

石如飞白木如籀，写竹还应八法通。若也有人能会此，须知书画本来同。⓫

柯敬仲曰：

写干用篆法，枝用草书法，写叶用八分，或用鲁公撇笔法。⓬

又题《墨竹谱》嫩竹帧：

凡踢枝当用行书法为之，古人之能事者，惟文苏二公。北方王子端得其法，今代高彦敬、王澹游、赵子昂其庶几。前辈已矣，独走也解其趣耳。⓭

此等言论，多不胜书，兹不过举其大概耳。

不仅此也，即论画梅及葡萄，亦有以为与书法通者。陶宗仪《题画墨梅》曰：

明月孤山处士家，湖光寒浸玉横斜。似将篆籀纵横笔，铁线圈成个个花。⓮

郑元祐《题温日观葡萄》：

伊昔钱唐温日观，醉兀兀兮殊傲岸。却将书法画葡萄，张颠草圣何零乱。⓯

作梅花瓣，圜圈之动作，十分迅速，与篆籀之笔画不甚相似。画葡萄扶疏大叶，除枝藤外，亦与草书有别。所谓用笔相同，不过指笔画圆劲，及水墨淋漓耳。二者用笔与书法之关系，自不及墨竹之密切。实以书画相通之学说，当时过于普遍，故渐有取所以论墨竹者，推而至其他之花卉也。

（四）复古　前代论者，多数主张师造化。以师古意、守前人格法为贵者，不过姚最、韩拙等一二家耳。复古之风，至元初而大盛。推其所以然，不外乎人物、山水、花鸟各科之画法及宗派，至宋已十分完备，不易使后人更有新面目之创发。若非洒然自放，摆脱规矩，倾向极端简易一派，只可归师守古法，沿习旧学之一途。

元初画家，当以赵孟頫声势最为浩大。位既显赫，加以诗义清远，书名满天下，画艺又复精绝，不期而居画苑之领导地位。文敏天资过人，虽师古而不泥古，能变通改易，参以己意，所以能矫然独步一时者正以此。至于复古派画

❺ 董其昌《容台集》（明崇祯间刊本）。

❻ 夏文彦《图绘宝鉴》（民国十九年商务印书馆《万有文库》本）序/1。

❼ 同注❶78/6a。

❽ 同注❶79/6a。

❾ 同注❶80/2a。

❿ 同注❸2/7a。

⓫ 郁逢庆《书画题跋记》（宣统辛亥顺德邓氏依旧抄本印）6/5b。

⓬ 同注⓫6/5b。

⓭ 柯九思《画竹谱》（上海有正书局印）第七页"嫩枝"。

⓮ 同注❶83/8b。

⓯ 同注❶92/3b。

❶ 孙岳颁等撰《佩文斋书画谱》（光绪癸未上海同文书局印）85/1a。

❷ 同注❶ 85/1b。

❸ 董其昌《容台别集》（明崇祯三年刊本）4/35b。

❹ 戴表元《剡溪文集》（《四部丛刊》上海涵芬楼影印明万历本）19/1a。

❺ 张丑《清河书画舫》（乾隆二十八年仁和吴氏池北草堂刊本）酉/52b。

❻ 同注❶ 16/1a。

❼ 陶宗仪《辍耕录》（毛晋辑《津逮秘书》，民国十年上海博古斋影印汲古阁本）7/1b。

❽ 朱谋垔《画史会要》（崇祯四年刊本）3/37a。

❾ 同注❽ 53/1b。

❿ 夏文彦《图绘宝鉴》（民国十九年商务印书馆《万有文库》本）5/101。

⓫ 同注❽ 3/37b。

⓬ 同注❽ 3/45a。

家之中，亦当以子昂为首领。当代画家，受文敏提创复古之影响，而一味泥古者，亦大有人在。

吾人随意涉猎著录书籍，便可知子昂之画，颇有沿古法、师古意而有所本者。杨子奇《跋九歌图》：

> 予尝于秘府见李伯时画九歌，今又见赵文敏之画于李祭酒时勉所，大同而小异，亦各极其趣也。❶

杨维桢《跋谢幼舆丘壑图》：

> 咸亭侯，风流任达，赵文敏用六朝笔法作是图，格力似弱，气韵终胜。披卷之余，令人遐想。❷

《容台别集》中有：

> 吴兴此图（《鹊华秋色图》）兼右丞、北苑二家画法，有唐人之致去其纤，有北宋之雄去其犷。❸

《剡源集》中有：

> 右赵子昂摹李龙眠《飞骑习射图》一卷。子昂故诸王孙家，无画种，其艺之至此，盖天机所激，一学便似，非如他人疲精竭力而能者也。❹

其他谓文敏师古者尚多，不胜枚举。文敏既善师古，其论调为：

> 作画贵有古意，若无古意，虽工无益。今人但知用笔纤细，傅色浓艳，便自为能手。殊不知古意既亏，百病横生，岂可观也。吾所作画，似乎简率，然识

者知其近古，故以为佳。此可为知者道，不为不知者说也。❺

又曰：

> 宋人画人物，不及唐人远甚。予刻意学唐人，殆欲尽去宋人笔墨。❻

《辍耕录》谓尝见文敏题画马曰：

> 吾自幼好画马，自谓颇尽物之性。友人郭佑之尝赠余诗云："世人但解比龙眠，哪知已出曹韩上。"曹韩固是过许，使龙眠无恙，尝与之并驱耳。❼

可知文敏盖深以师古自负者也。

与赵孟𫖯同时而善师古者，如钱选，《画史会要》称其花鸟师赵昌，青绿山水师赵千里❽。胡长儒又称其借摹古《白鹰图》，而次日以临本还之，人不能觉❾。陈仲仁善花鸟，孟𫖯叹曰："虽黄筌复生，亦复尔耳。"❿陈琳，人称其山水、人物、花鸟俱师古人，无不臻妙。见画临摹，咄咄逼真⓫。王渊《画史会要》称赵文敏多指教之，故所画皆师古人，无一笔院体。⓬以上诸家，皆复古派中之佼佼杰出者。至于声名不彰，专心摹古之画家，恐指不胜屈也。

以上四项，与前代画论，自各有其因承之关系。而复古逸气两项，视前代之学说不同。盖经演变之后，而各自具其特殊之面目矣。

第十九章　元代关于画法之论述

元代关于画法之著作，除图谱外，仅饶自然《绘宗十二忌》，黄公望《写山水诀》，及王绎《写像秘诀并彩绘法》等三种。他如汤垕《画论》、《画鉴》等书，虽向经人视为论画法者，实则偏重鉴赏。《元代塑画记》，专言绘塑所用材料，与画法亦无涉，皆可从略。

第一节　饶自然《绘宗十二忌》

《绘宗十二忌》，饶自然撰，载《画史会要》、《古今图书集成》、《佩文斋书画谱》❶等书中。《画史会要》与《书画谱》皆题宋人，《图书集成》则题元人。孙承泽之《庚子销夏记》❷、厉樊榭之《南宋院画录》❸，皆引饶氏《山水家法》一书，亦并称元人。《山水家法》见钱遵王《读书敏求记》著录❹，略谓至元庚辰，玉笥山人饶太白自然，选唐王维及元商德符等二十人，法其笔意染法以为式❺，后附画家十二忌。可知自然固元人无疑，而十二忌，即《山水家法》中之一部也。

《山水家法》，流传极罕。吴县吴君诗初，藏有崇祯八年刊罗周旦《古今画鉴》附刻本。襄曾函询《山水家法》之

内容，据称首为二十家传，次为十二忌，末附合色法。内容殊为寻常，苛刻评之，则晚明人草草成书之结习，正得之于自然也。《佩文斋书画谱》，只收其十二忌，此正辑录者之大有见地处耳云云。则《山水家法》除十二忌外，于画法更无特殊之贡献也。

论画法而专自忌病入手者，当以自然为第一人。本拟逐忌为之诠解，而郑纪常已先获我心，《画学简明·论忌》❻一篇，悉对自然之言而发，特假之以实吾篇。

饶自然曰：

一曰布置迫塞。凡画山水，必先置绢素于明净之室，伺神闲意定，然后入思。小幅巨轴，随意经营，若障过数幅，壁过十丈，先以竹竿引炭朽，布山溪树石楼阁人物大小高低，一一位置，然后立于数十步之外，详审谛观，自见其可，却将淡墨约定，谓之小落笔，然后肆志挥洒，无不得宜。宋元君所谓盘礴睥睨、意在笔先之谓也。亦须上下空阔，四旁疏通，庶几潇洒。若塞满腹，便不风致，此第一事也。

郑纪常曰：

❶ 孙岳颁等辑《佩文斋书画谱》（光绪癸未上海同文书局石印本）14/2b—14/3a。

❷ 孙承泽《庚子销夏记》（乾隆乙亥鲍氏知不足斋别刊本）2/15a。

❸ 厉鹗《南宋院画录》（光绪十年钱唐丁氏竹书堂刊本）2/1b。

❹ 钱曾《读书敏求记》（民国十四年扫叶山房印）3/34a。

❺ 自"法其笔意染法以为式"一语观之，疑《山水家法》本有图式，乃吾国极早之山水图谱也。

❻ 郑绩《梦幻居画学简明》（同治间郑氏家刊写刻本）1/7a—1/12a。

布置拍密者，全幅逼罨，不能推宕。故凡布景，要明虚实，虚实在乎生变，生变之诀，虚虚实实，虚实实虚，八字尽之矣。以一幅而论，如一处聚密，必间一处放疏，以舒其气，此虚实相生法也。至其密处有疏（如山石树屋，凡出顶处须避疏留眼，毋相逼撞是也），疏处有密（如海阔则藏以波涛舟楫，天空则接以飞鸟云烟是也），此实中虚虚中实也。明乎此，庶免拍密之忌。

饶自然曰：

二曰远近不分。作山水先要分远近，使高低大小得宜。假如一尺之山，当作几大人物为是。盖近则坡石树木当大，屋宇人物称之，远则峰峦树木当小，屋宇人物称。极远不可作人物，墨则远淡近浓，愈远愈淡，不易之论也。

郑纪常曰：

远近不分者，远与近相连，近与远无异也。夫近须浓，远须淡，浓当详，远宜略。惟其略也，故远山无纹，远树无枝，远人无目，远水无波。以其详也，故山隙石凹、人物须眉、枝叶、波纹、瓦鳞、几席，井然可数。而由近至远，由远而至至远，则微茫仿佛，难言其妙，宜望真景，以法取之。其中深意在目中，斯在图中矣。

饶自然曰：

三曰山无气脉。画山于一幅之中，先作一山为主。却从主山分布起伏，余山皆气脉连接，形势映带。如山顶层垒，下必有数重脚，方盛得住。凡多山顶而无脚者，大谬也。此全景之大义也，若夫透角，不在此限。

郑纪常曰：

山无气脉者，所谓琐碎乱叠也。凡山皆有气脉相贯，层层而出，即耸高跌低，闪左摆右，皆有余气连络照应，非

多览真山，不会其意也。若写无气脉之山，不独此山固为乱砌，即通幅章法，亦是乱布耳。无气脉，当为画学第一病。

饶自然曰：

四曰水无源流。泉必于山峡中流出，顶上有山数重，则其源高远。平溪小涧，必见水口；寒滩浅濑，必见跳波，乃活水也。间有画一折山，便画一派泉，架上悬巾，绝为可笑。

郑纪常曰：

水无源流者，无源头出处也。夫石底坡脚，有清流激湍，其上要有长泉涓涓而下，方为有源之水。此理易知，然两山之间，夹流飞瀑，上须高山，乃有出处，此理人多失察。盖必有高山，其下方有积润，水乃山之积润而成也。况本山特耸，泉宜脚出，若泉向高山之顶而来，顶之上，又无再高之山，则水之来也，岂非从天而下耶？孤峰挂瀑，譬诸架上悬巾者，此之谓也。

饶自然曰：

五曰境无夷险。古人布境不一，有卑犀者，有平远者，有萦回者，有空阔者，有层叠者。或多林木亭馆，或多人物船舫，每遇一图，必立一意。若大障巨轴，悉当如之。

郑纪常曰：

境无夷险。盖古人布境，有巉岩卑犀者，有深翳曲折者，有平远空旷者，有层层重叠者，其境不一。每图中，虽极平淡，其间必有一变险阻处，令人意想不到，乃入化境也。

饶自然曰：

六曰路无出入。山水贯出远近，全在径路分明。或林下透见，而水末复出。或巨石遮断，而琳琅半露。或隐坡陇，以人物点之。或近屋宇，以竹木藏之。

庶几有不尽之景。

郑纪常曰：

路无出入者，塞断不通也。水隔宜接以桥梁，石遮当留以空淡，或旋环屋畔，或掩映林间，似断非断，不连而连，前有去，后有来，斯之谓有出入。

饶自然曰：

七曰石止一面。各家画石，皴法不一，当各随所学，一家为法。须要有顶有脚，分棱面为佳。

郑纪常曰：

石只一面，一面之石，便成石板矣。又云分三面者，正一面，左右二面也。然此言其概耳，必将皴法交搭多面，以成峻嶒，凹中凸，凸中凹，推三面之法，而作十面八面，亦无不可。且左右圆转运化，向背阴阳，不露笔墨痕迹，如出天然，无寻落笔处，方得石之体貌也。

饶自然曰：

八曰树少四枝。前代画树有法，大概生崖壁者多缠错，生坡陇者多高直，干霄多顶，近水多根。枝干不可分左右，须当间作正背。叶有单笔双笔，更分荣悴，乃按四时。

郑纪常曰：

树少四枝。四枝者，前后左右四便之枝，非四条树枝之谓也。近学写树，只从左右出枝，前无掩身，后无护体，纵有千枝万枝，不过两便之枝，是即少四枝矣。必知此忌，而后枝干有交搭处，且四便玲珑，穿插掩护，则虽三枝两枝，亦见不尽之意，奚必定要四枝哉。

饶自然曰：

九曰人物伛偻。山水人物，各有家数。描画者眉目分明，点凿者笔力苍古，必皆意态闲雅。古人所作可法，切不可以行者、望者、负荷者、鞭策者一例作伛偻之状，则伪甚矣。此狂纵之习，可不慎欤？

郑纪常曰：

人物伛偻者，驼背缩颈，无轩昂高雅气景象也。然不但此也，盖山水中安置人物处，为通幅之主脑。山石林屋，皆相顾盼，岂徒人像人、物似物已哉？古人之清如鹤，飘若仙，此亦就写人物一端而言，至随处点景，宜俯宜仰，当坐当立，仍须与山林亭宇相照应，庶得山水中人物一定不易之法。当加此忌于伛偻之外也。

饶自然曰：

十曰楼阁错杂。界画虽末科，然重楼叠阁，方寸之间，而向背分明，桷榱拱接，而不离乎绳墨，此为最难。或论江村山坞间作屋宇者，可随处立向，虽不用尺，其制一以界画之法。

郑纪常曰：

楼阁错杂者，间架层叠，安置失宜也。凡一图之中，楼阁亭宇，乃山水之眉目也，当在开面处安置。盖眉目应在前而安在后，应在右而安在左，则非其类矣。是以画楼阁屋宇，必因通幅形势穿插，斜正高低，或露或掩，审顾妥帖，与夫间架之方圆曲直不相拗撞，乃为合式。

饶自然曰：

十一曰浓淡失宜。下墨不论水墨设色，金碧即以墨沉浓淡，须要浅深得宜。如晴景空明，雨夜昏蒙，雪景稍明，不可与雨雾烟岚相似。青山白云，止当夏秋之景为之。

郑纪常曰：

浓淡失宜，不独近浓远淡已也。盖山石必有阴阳，有阴阳则有明晦，有明晦则有浓淡矣。更有渲淡接气，以补意到笔未到之处。故或无或有，如烟如云，

❶ 见张丑《清河书画
舫》（有竹人家刊本）
戊/10a，吴升《大观
录》（李氏圣译楼印本）
20/11b，刘体仁《七
颂堂识小录》（《美术
丛书》）等书。

❷ 陶宗仪《辍耕录》（毛
晋辑《津逮秘书》民
国十年上海博古斋影
印汲古阁本）8/1a—
8/4b。

❸ 顾文彬《过云楼书
画记》："孙雪居旧
藏此册，用朱色印
格，都二十七叶，
三百五十九行，惟第
廿二叶脱去九行，以
他纸补缀之。据末叶
署款'至正五年六月
廿又七日，后学黄
公望书，时七帙又
七'，凡绢缣胶砚，
白描墨花，皆有定程，
至界画篇，图示屋宇，
如营造法式，期合于
高低向背之理，而以
师心篇，或问一村张
子正画理结之……"
（光绪八年序刊本）
2/5a。

❹ 戴熙《习苦斋画絮》：
"子久每教人作潭濡，
以杂树瀹之，其造境
可想矣。"（光绪十九
年惠氏刊本）3/34a。

❺《十三经注疏·礼记注
疏》（同治十年广东书
局重刊本）30/6b。

❻《辍耕录》（《津逮秘
书》本）作"要"，今
从于海晏《画论丛刊》
本（据元刻《辍耕录》
作"恶"）。

生动活泼之机，全向墨中浓淡微妙而出。浓淡得宜，则通幅生动，浓淡失宜，则全图死然。学者最宜留心也。

饶自然曰：

十二曰点染无法。谓设色金碧，各有重轻。轻者山用螺青，树石用合绿染，为人物不用粉衬。重者山用石青绿，并缀树石，为人物用粉衬。全碧则下笔之时，其石便带皴法，当留白面，却以螺青合绿染之，后再加以石青绿，逐折染之。间有用石青绿皴者，树叶多夹笔，则以合绿染，再以石青绿加之。金泥则当于石脚沙嘴，霞彩用之。此一家只宜朝暮及晴景，乃照耀陆离，而明艳如此也。人物楼阁，虽用粉衬，亦须清淡。除红叶外，不可妄用朱金丹青之属，方是家数。如唐李将军父子、宋董源、王晋卿、赵大年诸家可法。日本国画常犯此病，前人已曾识之，不可不谨。

郑纪常曰：

点染无法。夫画成用色，如锦上添花，庖中调味，得其法则粗恶亦艳而甘，不得法虽华美反成劣坏，故点染合宜，如春宜润，夏宜深，秋宜淡，冬宜黯。又如绿中点衬以红，浓中渲染以淡，非止一端。即此之类，在人灵变，不能指一而概也。

第二节　黄公望《写山水诀》

黄公望，亦名坚，本姓陆，嗣于永嘉黄氏，字子久，号一峰，又号大痴道人，井西道人❶，常熟人。宋咸淳五年生，元至正十四年卒（1269—1354年），有《写山水诀》一卷。

《写山水诀》共三十二则，见明陶宗仪《辍耕录》❷。据清顾文彬《过云楼书画记》❸称，曾见一峰道人手书画理册，中论墨花界画各法，皆此本所无者，当系另一书，惜今不得见。

《写山水诀》之内容，涉及山、水、树、石、点缀、时景、位置、皴法、笔墨、设色等事。今择其有重要言论者各项，论之于后。若语甚简略，且因袭前人、毫无新意者，则从略焉。

（一）山

黄子久论山有三远曰：

从下相连不断谓之平远，从近隔开相对谓之阔远，从山外远景谓之高远。是殆摭拾郭熙之平远高远、韩拙之阔远而成者。论山形势曰：

山头要折搭转换，山脉皆顺，此活法也。众峰如相揖逊，万树相从，如大军领卒，森然有不可犯之色，此写真山之形也。

又与郭熙之"大山堂堂"一则略似。它如"山腰用云气，见得山势高不可测"，实源于郭熙之"山欲高，尽出之则不高，烟霞锁其腰，则高矣"无殊。

（二）水

水出高源，自上而下，切不可断脉，要取活流之源。

山水中惟水口最难画。

第一则之措辞，虽与饶自然之水无源流异，意实仿佛。第二则却未经人道。山水中之水口，画家多视为畏途。水口之变化甚多，泉自高处落下，其势急，须画出激跃之态；自涧谷斜出，其势缓，须画出潺湲之意；或正取，或侧取，或宽阔，或窄狭，或重叠，或平衍，方法皆殊也。且画水口，表现泉水之轮廓，全仗墨笔一勾。表现水纹之流动，全仗线条曳划。换言之，画水必须善于用笔，不善用笔，而思以渲染搪塞，必徒劳无功也。水性至柔，而至刚寓焉。若无遒劲之笔姿，曷得尽其神情哉？

山下有水潭，谓之濑。画此甚有生意，四边用树簇之。

画潭以树围簇者，即戴醇士所谓"以杂树瀹之"❹也。古人虽未必无此画法，特揭出以授人者，自黄子久始。子久作画，往往画树用墨深于坡石。《江山胜览图》，即可为证。图中山坳及邻水之处，皆有树木围簇。树点极繁，而坡石极简，因墨色浓淡之不同，能令人有远近深浅之感觉。水、树、石，三者之分判然，是亦衬托之一法也。

（三）树

树要有身分，画家谓之纽子，要折搭得中，树身各要有发生。

上则只就一株树设论。纽字之解释为"带之交结处"❺。所谓纽子，当即枝干交错之处。纽子贵与树身折搭妥适，而每枝俱当与向上所生之小枝连贯。

树要偃仰，稀密相间，有叶树枝软，面后皆有仰枝。

大概树要填空，小树大树，一偃一仰，向背浓淡，各不少相犯。繁处间疏处，须要得中。若画得纯熟，自然笔法出现。

上二则，指多株之树木而言，谓树与树之关系也。姿态之呼应，浓淡之分配，疏密之间杂，皆画家所宜熟虑者。《写山水诀》中，别有论树两条。（一）树要四面有枝干，（二）以松喻君子。与饶自然、郭熙等说无异，不更录引。

（四）石

画石之法，先从淡墨起，可改可救，渐用浓墨者为上。

此谓画石当用淡墨，逐渐加深也。自"可改可救"一语测之，可知乃为初学者道。但元代以后，南宗画家，画山石之程序，确以用由浅而浓，层层加深之法者为多。

石无十步真，石看三面。用方圆之法，须方多圆少。

"石无十步真"，"石看三面"，皆袭前人之论。画石方多圆少，可代表痴翁之作风。《写山水诀》中曾谓"郭熙画石如云"。河阳画山石，圆多方少，子久谓其如云者，正欲示其一己之方，与河阳之圆有异耳。

画石之法，最要形象不恶❻。石有三面，或在上，或在侧，皆可为面。临笔之际，殆要取用。

《辍耕录》此则作"画石之法，最要形象，不要石有三面"。"要"字当是"恶"字之误，因依《辍耕录》，必在形象下断句，而下句便读成"不要石有三面"，岂不与前则"石看三面"相抵触？"或在上，或在侧，皆可为面"，谓人立石前，至少可见石之三面，而任何一面，俱可为画中之正面，端视人立何许耳，亦即郭熙之"山形面面看"也。但各面有宜人画者，有不宜入画者，孰美孰丑，又在画家之取舍矣。

画一窠一石，当逸墨撇脱，有士人家风。才多便入画工之流矣。

李日华曰："古人林木窠石，本与山水别行。大抵山水意高深回环，备有一时气象。而树石则草草逸笔中，见偃仰亏蔽与聚散历落之致而已。李营邱特妙山水，而林石更造微。倪迂源本营邱，故所作萧散简逸，盖林石窠石之派也。"❶颇可为子久"画一窠一石"一条作注解也。

（五）时景

关于此项，《写山水诀》中仅两条。"或画山水一幅，先立题目"一则，无新意，不录。"冬景借雪为地，要薄粉晕山头"二语，虽亦取自王维，惟后世之南宗画家，每以雪景用粉为非。子久此言，可证后人所见之偏。亦非假画家之地位如子久者，不足以说服之，故特论及也。

（六）皴法

董源坡脚下多有碎石，乃画建康山势。董石谓之麻皮皴，坡脚先向笔画边皴起，然后用淡墨破其深凹处。着色不离乎此。石着色要重。

董源小山石谓之矾头，山中有云气，此皆金陵山景。皴法要渗软，下有沙地，用淡墨扫屈曲为之，再用淡墨破。

黄子久山水用矾头及披麻皴。矾头即画中山头之碎石，以其类碱质结晶后突出之颗粒，故名。麻皮皴，即披麻皴，一笔一笔相邻比，有如麻丝，二者俱自董源得来。《图绘宝鉴》称："黄公望山水师董源，晚年变其法，自成一家。"❷《清河书画舫》谓："大痴画格有二：一种作浅绛色者，山头多岩石，笔势雄伟。一种作水墨者，皴纹极少，笔意尤为简远。"❸皴法及矾头，于前二则中，自称取法董源。今以董、黄二人之代表作《龙宿郊民图》，及《富春卷》相较，确有相似处。

关于麻皮皴画法，子久谓坡脚先从笔画（当指轮廓而言）边皴起，然后以

淡墨于凹入不受光处，逐渐加深。着色法与此同，亦凹处深，凸处浅也。

（七）笔墨

山水中用笔法，谓之筋骨相连，有笔有墨之分。用描处糊突其笔，谓之有墨，水笔不动描法，谓之有笔，此画家紧要处。山石树木皆用此。

按作画论有笔有墨，骨肉并重，始于荆浩。前章曾将荆浩原文及韩拙之引文对校，而断定笔即是骨，墨即是肉。痴翁此节，乃得自浩然矣。描处糊涂其笔，谓骨为墨色所遮，笔画不清晰。水笔不动描法，谓骨上虽将墨水迤过，而笔划仍颇显著。一幅画中，有见笔处，复有见墨处，即荆浩骨肉相辅之法也。

作画用墨最难，但先用淡墨积至可观处，然后用焦墨浓墨分出畦径远近，故在生纸上有许多滋润处。李成惜墨如金是也。

上论用墨，由浅入深，与论画石先从淡墨起一节同。痴翁谓生纸用此画法，尤为滋润。古人多用矾纸，生纸不多见。清代末叶，画家以南宗鸣高，竟用不矾之纸，几以不能用生纸者为不知画。推其原始，岂肇于痴翁此则乎？

（八）设色

画石之妙，用藤黄水侵入墨笔，自然润色。不可用多，多则要滞笔。间用螺青入墨亦妙。吴装容易入眼，使墨士气。

着色螺青拂石上，藤黄入墨画树，甚色润好看。

前人论"吴装"，多指人物❹。画山水设色而曰"吴装"，自子久始。然"吴装"究何色乎？李日华曰："画家浅绛色，

始于董元，盛于黄子久，谓之'吴装'。文沈遂成专尚，浓艳如金碧，淡韵如白描，泼墨间一为之耳。"❺ 可知"吴装"即浅绛，亦子久所习用者也。第二则论画树石所用之藤黄螺青，亦浅绛中之主要颜色。

黄子久为元代四大家之首领，后代之南宗画家，多奉为圭臬。尤以矾头披麻等画法，一经标示，无不宗之。是以其论画之著，亦为人奉为金科玉律。今详读之，其于画法，实少特殊之贡献，且重复前人者居大半。其间较为重要者，即用淡墨后再加重，麻皮皴矾头等画法。子久为南宗大家，其中涉及南宗之画法，自是其出色当行处也。

第三节　王绎《写像秘诀并彩绘法》

王绎，字思善，其先睦人，居杭新门，生卒年代未能考。据陶宗仪《辍耕录》称，至正乙酉间（1345年）从叶居仲学，而是时绎年仅十二三，可知乃元末人。陶宗仪称思善工写真，小像尤妙，不仅貌似，且能摄得人之神气❻。清蒋赤霄亦称曾见王绎所画五老图。"虬须云鬓，数尺飞动，根毛出肉，力健有余"❼，其天姿爽奕，想象可见。有杨竹西小像传世❽。《写像秘诀并彩绘法》，乃思善授与陶宗仪，赖《辍耕录》而得传者❾。

（甲）《写像秘诀》

凡写像须通晓相法〔《牟谷传》善传写者兼工相术，《图画见闻志》3/10b 宋刻元抄本〕，盖人之面貌部位，与夫五岳四渎，各各不侔，自有相对照处，而四时气色亦异。彼方叫啸谈话之间，本真性情发现，我则静而求之。默识于心，闭目如在目前，放笔如在笔底，然后以淡墨霸定，逐旋

积起。先兰台庭尉，次鼻准，鼻准既成，以之为主。若山根高，取印堂一笔下来，如低，取眼堂边一笔下来，或不高不低，在乎八九分中，则侧边一笔下来。次人中，次口，次眼堂，次眼，次眉，次额，次颊，次发际，次耳，次发，次头，次打圈——打圈者，面部也。必宜如此，一一对去，庶几无纤毫遗失。近代俗工，胶柱鼓瑟，不知变通之道，必欲其正襟危坐，如泥塑人，方能传写，因是万无一得，此又何足怪哉？吁，吾不可奈何矣！

写像须通相术，宋时已有言之者❿。人面各部位之称，星相家咸有专门名词。写真者不另创立，而悉沿用之。是以吾人欲明写真者所用之名词，必须取相书一读，始能知其究竟。《神相全编》⓫ 中有言曰：

五岳四渎定高深，左颧泰岳，右颧华岳，额为衡岳，颏为恒岳，鼻为嵩岳。一渎耳为江，二渎目为河，三渎口为淮，四渎鼻为济。⓬

天道周岁，有二十四节气，人面一年气色，亦二十四变。以五行配之，无不验者。但色最难审，当于清明昧爽之时观之，又须隔绝不醉不近色，乃可决耳，慎之慎之。⓭

星相家言，未免玄妙。切实言之，五岳四渎，殆面上凸凹之部分耳；亦即星相家相人所首先注意处，而各人面貌之不同，亦以此数处之出入最为显著。画家写照，自然当与星相家同，首先注意面上重要各部分，攫其特点，始兑传真。四时气色不同，亦尚近情理。夏日润，冬日燥，显有殊别。若谓一节一变，又过于玄妙矣。即相对注目视之，亦不能审其变，况形之于缣素乎。

❶ 李日华《紫桃轩杂缀》（《李君实先生杂著》崇祯甲戌刊本）1/12a。

❷ 夏文彦《图绘宝鉴》（《万有文库》民国十九年商务印书馆初版）5/102。

❸ 张丑《清河书画舫》（光绪乙亥有竹人家刊本）戊 /9a。

❹ 见郭若虚《图画见闻志》，详前章。

❺ 李日华《紫桃轩又缀》（《李君实先生杂著》本）3/37a。

❻ 陶宗仪《辍耕录》（毛晋辑《津逮秘书》民国十年上海博古斋影印汲古阁本）11/1a。

❼ 蒋骥《读画纪闻》（《蒋氏游艺秘录》潘氏写原刊本）上 /5b。

❽ 郁逢庆《续书画题跋记》，汪砢玉《珊瑚网》，吴升《大观录》，吴修《论画绝句》，毛庆臻《一亭考古杂记》等书，皆见著录。

❾ 同注❻ 11/1a—11/5a。

❿ 指苏东坡《传神记》"传神与相一道"一语。《东坡全集》（中华书局《四部备要》本据甸斋校刊本校刊）续集12/9a。

⓫ 《神相全编》，据称乃宋陈抟秘传，明袁柳庄订正，相术之丛辑也。其中各篇，著作年代虽不考，五岳、四渎、气色诸说，在宋时已极盛行，要可断言。

⓬ 陈抟《神相全编》（民国十六年吴兴李氏排印本）1/2a。

⓭ 同注⓬ 首 /6b。

思善谓写照必伫彼方真性情发现，静而求之，此说远可溯至顾长康之"迁想妙得"，近实源于苏轼、陈造之言论。东坡曰：

> 欲得其人之天，法当于众中，阴察其举止。今乃使具衣冠坐，注视一物，彼敛容自持，岂复见其天乎。❶

陈造曰：

> 使人伟衣冠，肃瞻眄，巍坐屏息，仰而视，俯而起草，毫发不差，若镜中写影，未必不木偶也。着眼于颠沛造次，应对进退，颦颊适悦，舒急倨敬之项。熟想而默识，一得佳思，亟运笔墨，兔起鹘落，则气王而神完矣。❷

二家所持之理，实显而易见。即以今日之摄影论，往往造像与本来面目有别。人之五官某部，或自根与常人稍异，于摄影中，其病益著。盖一经矜持，不但不能将其改善，反使其愈不自然。若倩人写照，亦复如是。对方画者，所见原非神情闲适之时，莫怪画毕，毫不生动神肖也。

稍后论写照之步骤，先以"淡墨霸定"，然后"逐旋积起"。淡墨者，以笔勾出眶格，五官之轮廓也；积者，渲染衬托面上凹凸，阴阳深浅各部也。霸墨程序，原文叙说颇详，今为求明了其所用各名词，特从《神相全编》中摹出一图，名词亦仍其旧，以便与思善之文对照。所谓兰台，乃鼻下端左部。庭尉，乃右部。鼻准，亦名准头，乃中部。山根，乃眼堂之中。印堂，乃两眉之中。文中有费人寻思处，即"若山根高，取印堂一笔下来，如低，取眼堂边一笔下来，或不高不低，在乎八九分中，则侧边一笔下来"数语。印堂一笔下来，每易使人疑为眉心有一笔直勾至鼻端，但除画侧面像外，实无此笔，而吾国写真，率以正

面为常格。沈宗骞《芥舟学画编》亦论画鼻，取与参照，乃得了然。其言曰：

> 鼻尖两笔，有接着山根者，直鼻也。有不接山根者，鼻梁中间开大也。❸

乃知印堂一笔下来，谓画鼻与印堂连成一笔，而鼻梁低洼者，中间自然开大，则画鼻当与眼堂连作一笔，不高不低，则在眼堂之上，印堂之下，一笔画下。鼻居面之中部，由中向外，逐渐画去，便有规矩。各部之尺寸及地位，皆可以此推测，一一不失比例。至圈面部外廓，则全面已成矣。

（乙）《彩绘法》

《彩绘法》中可分作两部：（一）染面色法，（二）调合诸物颜色法。《写像秘诀》所论，皆属"淡墨霸定"，而《彩绘法》中之前半，乃属"逐旋积起"者，录之于后：

> 凡面色先用三朱，腻粉、方粉、藤黄、檀子、土黄、京墨，合和衬底。上面仍用底粉薄笼，然后用檀子墨水斡染。面色白者，粉入，少土黄胭脂，不用胭脂则三朱。红者，前件色入，少土朱。紫堂色者，粉檀子老青入，少胭脂。黄者，粉土黄入，少土朱。青黑者，粉入，檀子土黄老青各一点。粉薄罩，檀墨斡。以上看颜色清浊加减用，又不可执一也。
>
> 口角胭脂淡，如要带笑容，口角两笔略放起。
>
> 眼中白染瞳子外两笔，次用烟子点睛，墨打圈。眼梢微起，有折便笑。
>
> 口唇上胭脂蓦。
>
> 鼻色红，胭脂微笼。
>
> 面雀斑，淡墨水斡。麻，檀水斡。
>
> 髯色黑者，依鬓发渲。紫者，檀墨间渲。黄红者，藤黄檀子渲。

❶《东坡全集》（中华书局《四部备要》本据甸斋校刊本校刊）续集12/8a。

❷孙岳颁等辑《佩文斋书画谱》（光绪癸未上海同文书局石印本）15/4b。

❸沈宗骞《芥舟学画编》（乾隆四十六年冰壶阁原刊写刻本）3/6a。

❹《南史·陶弘景传》称陶氏曾著《图像集要》。

❺郑渔仲《通志艺文略》载唐时有《彩画录》。

发先用墨染，次用烟子渲。有间渲、排渲、乱渲，当自取用。

手指甲，先用胭脂染，次用粉染根。

凡染妇女面色，胭脂粉衬，薄粉笼，淡檀墨幹。

凡染法，白纸上先染后却罩粉，然后再染提掇。绢则先衬背后。

"逐旋积起"之最初一步，乃以三朱等七色衬底，第二步乃以粉笼套，第三步乃以檀子墨水幹染。但衬底之颜色，又不可拘执，当视面色而异。面色约分白、红、紫堂、黄、青、黑等数种，而每种所用之颜色，配合多寡，各加注明。此后逐条论面上各部之渲染方法。惟画笑容口角，两笔放起，及眼梢微起，有折便笑，仍与"墨笔霸定"有关，附于画口、画眼两条中言及。人当笑时，口必张大，口角向上，颊部皮肤收缩，两目较平常窄长，是以眼梢生出折纹。髯色分黑、紫、黄红三种。所用颜色，各不同。发有三种渲法。排渲，笔笔相接，按次着色，用以画发色之最黑者。间渲，笔笔不排比，中有间断，用以画发之较稀者。乱渲，笔无次序，用以画发之梳栉不齐者。指甲于根际有白色半月形，以粉染根，即所以状之也。最末二条，论妇人面色染法及纸绢染衬法之不同。妇人皮肤较为白皙，只用胭脂粉衬底。藤黄、檀子、土黄、京墨等俱不相宜。幹染亦宜色淡。纸绢画法最大之不同，在正背之衬染。纸之衬染皆在面，而绢则衬于背而染在面。推其所以然，当以绢地较明，虽衬在背，自能透过，且其质光滑，吸水较纸为少，倘衬及提掇皆在正面，则二次罩色时，下层之颜色必易泛起，与上层相混，不复鲜洁。是以当衬于背，而染于面也。

《彩绘法》之后半，为调和服饰器用颜色诸法，与本文关系不甚密切，载于附录。

画人物，传真容，必以物饰辅佐，而物饰之颜色至多，殊难详备。思善将各色之调和法一一开列，意亦至善。惟吾人研究此类记载，若不期其有切实之效则已，不然，便当将最基本之颜色若干（即可以用以配合各色者），一一于纸上涂出，标明名称，然后依思善之法配合，更将所配得之颜色标明，以备学者有所依据。惜思善所授人之调合法，不甚科学化，各种颜色，无一定之分量。若今日以意调配，又恐未必与思善所列之各色相符，是以此项研究工作，必难求其准确也。

《彩绘法》最末一段（指附录中"凡合用颜色"一段）意不甚显，疑头青等二十余色，统称为细色，当谓颜色中之较鲜艳者也。

人物画论之成立，远在东晋。谢赫创六法，亦偏重人物。唐代人物画地位最高，而可异者为关于画法之著，自顾恺之后，仅梁陶弘景有《图像集要》❹，唐有《彩画录》❺之作，而二书皆不传。张彦远论六法，亦偏重人物，但与切实之方法无涉。关于人物画法之片段言论，仅见于刘道醇《圣朝名画评》序，郭若虚《图画见闻志》，及东坡、陈造等集中。吾人欲求略具篇幅之人物画论，竟不可得。反观山水画家，各抒己见，著书传世，二门之著作，量之多寡，实相去悬殊矣。

人物画与传真，唐时不分。试读唐代人物画家之传记，可知人物画家，无不兼善传真。至宋代山水画之地位日高，人物故事画日益沦替，而人物画与传真，亦渐分为两歧。但即使元代已有此等极明显之现象，吾人不得否认思善之《写像秘诀并彩绘法》与人物画有关。由此观之，思善此书，直不妨称之为远承长康，千百年来，罕有之著也。

《写像秘诀》中，偏乎理论之说，乃有所本（指真性发现，静而求之等语）。而切实之方法，如面部各笔勾画之先后及地位之不同，确道前人所未道。后之关于传神诸作，如蒋骥《传神秘要》、沈宗骞《芥舟学画编》等，皆以此书为根据。即丁皋自谓传真从来无谱，实则其《写真秘诀》，何尝不沿思善之法。至于论用色，前人仅有张彦远于《论画体工用拓写》篇中道及数种颜色之产处，既不及配合方法，亦未详各色之用途。今罗列颜色至数十种，亦以思善为第一人。

思善之著述不长传授方法，教导后学，亦有不详尽处。但自创发方面论之，诚有不可磨灭之功也。［宗白华先生谓《故宫周刊》中载录某家文集中有一则论传真，大意谓写真之术有十要（落笔前之准备），殆最后望见眉宇间有紫气出现，乃可下笔而得其全神。］

第二十章　元代画竹图谱

以图谱传授画法，自较仅用文字叙解为切实简明。最早之图谱，当推宋伯仁《梅花喜神谱》，惜为好事者炫奇之作，于画法并无贡献。

元朝图谱，据吾人所知者有三种：（一）李衎《竹谱详录》，（二）吴镇《墨竹谱》❶，（三）柯九思《画竹谱》。其中除吴镇《墨竹谱》乃寻常画册外，其他二种信为有功画法之著。

吾人研究元代画竹图谱之先，当一考竹画进展之经过，而更须注意宋元墨竹之盛行。叙述历代画竹家最详者，即为李衎：

盖自唐王右丞、萧协律、僧梦休、南唐李颇、宋黄筌父子、崔白兄弟及吴元俞，以竹名家者，才数人。右丞妙迹，世罕其传，协律虽传，昏腐莫辨。梦休疏放，流而不反，自属方外。黄氏神而不似，崔、吴似而不神。惟李颇似神兼足，法度该备，所谓悬衡众表，龟鉴将来者也。墨竹亦起于唐，而源流未审。旧说五代李氏，描窗影，众始仿之。黄太史疑出于吴道子。（《画评》云："写竹于古无传，自沙门元霭及唐希雅、董羽辈，始为之倡。旧说郭崇韬夫人李氏，月夜模影作窗，自后往往

有仿之者。"《广画集》载孙位松石墨竹，又成都大慈寺灌顶院，有张立墨竹画壁。孙张皆晚唐人，蜀中皆有墨竹，乃知非元霭辈倡始，亦不起于李夫人也。山谷黄太史云："墨竹起于近代，不知其所师承。初吴道子作画竹，加丹青，已极形似。意墨竹之师，近出于此。"此论宜有所据依，敢取以为证云。）迨至宋朝，作者浸盛。文湖州最后出，不异杲日升堂，爝火俱息。黄钟一振，瓦釜失声。❷

《宣和画谱》墨竹叙论中亦有：

墨竹与夫小景，自五代至本朝，才得十二人，而五代独得李颇。本朝魏端献王頵，士人文同辈。❸

画竹之原始不易考。墨竹之兴，试观李衎所引各家之说，亦纷纭淆杂，莫衷一是。惟墨竹自文与可为一代宗匠后，又经东坡极力赞扬，俑日盛一日。元代异族，入主中原，人心厌世，逃于闲放。墨竹简淡之色彩，超越之姿态，与文人狷介高洁之性情，正相吻合。当时著名之画竹家固多，不以画竹名而能画竹者，恐更不可胜数。吾人只须披览《图绘宝鉴》，便可知其盛况。编中所载，金代画家四十余人中，王庭筠、王曼庆等，善墨竹者几近二十人。元代画竹家有李

❶ 吴镇《竹谱》迭经诸家著录，不止一部。李竹懒《六研斋三笔》纪二十幅一册（《李君实先生杂著》崇祯刊本）4/25a—4/32a 即故宫博物院所影印者，每幅皆有题识，但不过寻常题画之语耳，与画法无甚关系。

❷ 李衎《竹谱详录》（民国十年上海古书流通处据鲍氏刊本影印）1/2b。

❸ 《宣和画谱》（毛晋辑《津逮秘书》民国十年上海博古斋影印汲古阁本）20/1b。

衍、商琦等五十余人。如赵孟頫等，善画竹而为他画所掩者，尚不在此数之内。竹画既如是盛行，则自有好学深思之士，以嘉惠后学为怀，撰谱以传世者矣。

第一节　李衎《竹谱详录》

李衎，字仲宾，号息斋，蓟丘人。生于宋淳祐五年，卒于元延祐七年（1245—1320年）。有《竹谱详录》七卷传世。

《竹谱详录》，今日所流传各本之名目及内容，皆不符合。《说郛》本、《唐宋丛书》❶本及《续百川学海》本，仅一卷，题曰《画竹谱》，无图。《图书集成》本，题曰《竹谱》，亦一卷，较《说郛》诸本，前多息斋自序❷，后多《竹态谱》、《竹根》二种，亦无图。《詹氏画苑补益》本，一卷，题曰《竹谱详录》，无图，内容与《图书集成》本同，但《竹态谱》前，又多《墨竹谱》。《四库全书》本十卷，有图，据称乃据《永乐大典》而来者❸。《知不足斋丛书》本，七卷，有图，后有鲍廷博跋，谓此书乃据明成化间缮本摹抄，缺久竹一图，并自序一篇，自文澜阁本补全，而柯谦、牟应龙二序，又系阁本所无者。由此观之，诸本实以《知不足斋丛书》本为最全。至于与《四库全书》本卷数之不同，乃鲍氏因成化缮本之旧，而并非其中有阙佚也。

《竹谱详录》之内容为：

卷一　叙学画竹经过篇❹　画竹谱总叙❺　粘帧矾绢等二条　位置等五条图十五帧　墨竹谱画墨竹总叙❻　画竿等四条图二十二帧

卷二　竹态谱　叙名目态度篇❼　竹根二种图二帧　竹态谱图十八帧　墨竹态谱图十五帧

卷三　竹品谱　全德品七十五品图十三帧

卷四　竹品谱　异形品上四十九品图二十六帧

卷五　竹品谱　异形品下一百零三品图八帧

卷六　竹品谱　异色品六十三品图七帧　神异品三十八品图七帧

卷七　竹品谱　似是而非竹品二十三品图八帧　有名而非竹品二十三品图十帧

息斋著《竹谱详录》之主旨，于自序中可见：

序事绘图，条析类推。俾封植长养，灌溉采伐者识其时；制作器用，铨量才品者审其宜；摹写形容，设色染墨者究其微。❽

可知其并不仅为学画者说法。关于种植之方法，实业之利益，种类之分析，均有解说。是以《四库》称之"非惟游艺之一端，抑亦博物之一助"❾也。竹有图谱，息斋首创，自当详细讨论。今研究此书，既专从画法方面着眼，于此范围之外者，便一律从略。

第一、二两卷之内容甚明显，专论画竹。卷三全德品之定义为："以南北俱有，宜入图画者为全德品。"❿亦与绘事有关。此外各卷，便罕有涉及绘事者。故一、二、三等卷，即吾人主要之材料也。

为求条理明晰，不按书中次序研究。先将各卷依其内容加以分析，列入表格。表格将内容分成三大类：（甲）画竹法（即勾勒设色竹），（乙）画墨竹法，（丙）全德品竹（画竹或墨竹）。

本节之程序，先论（甲）关于画竹

诸法,次(乙)关于墨竹诸法,最后论(丙)全德各品。

表中(甲)粘帧位置等项,本系墨竹各谱中所无。但墨竹之粘帧位置各法,实与画竹无殊。息斋之意,本二谱所当共有者,因既于画竹各谱中说明,此后便毋庸重复。今将各项仍添入(乙)类中,惟加圈栏,以示区别。

《竹谱详录》画竹谱之前,息斋有叙学画竹经过篇。据称初学王曼庆,渐得文同、李颇、萧协律等画,于是墨竹及勾勒乃能兼善。后言远使交趾,深入竹乡,得详览各品,荟萃画法,核究异品,成此书以传世。息斋学画之精勤,考物之详审,悉能于此文中窥得。但究与画法无关,故仅载在附录。

(甲)画竹法

(一)画竹谱 画竹谱一起寥寥三百余字,实为画竹者(画墨竹亦在内)所当恪守。原无篇名,今因其性质,称之曰总叙〔息斋《画竹谱》一起三百余字,袁小修《游居柿录》一○五○条亦及此,惟谓为梅花道人画竹自序,文字与息斋谱全同不知孰是也。——觉明先生批〕。

文湖州授东坡诀云:"竹之始生,一寸之萌耳,而节叶具焉。自蜩腹蛇蚹至于剑拔十寻者,生而有之也。今画竹者乃节节而为之,叶叶而累之,岂复有竹乎?故画竹必先得成竹于胸中,执笔熟视,乃见其所欲画者,急起从之,振笔直遂,以追其所见,如兔起鹘落,少纵则逝矣。"坡云:"与可之教予如此,予不能然也。夫既心识所以然而不能然者,内外不一,心手不相应,不学之过也。"且坡公尚以为不能然者,不学之过,况后之人乎?人徒知画竹者,不在节节

而为、叶叶而累,抑不思胸中成竹,从何而来?慕远贪高,逾级躐等,放弛情性,东抹西涂,便为脱去翰墨蹊径,得乎自然。故当一节一叶,措置于法度之中,时习不倦,真积力久,至于无学,自信胸中真有成竹,而后可以振笔直遂,以追其所见也。不然徒执笔熟视,将何所见而追之耶?苟能就规矩绳墨,则自无瑕累,何患乎不至哉?纵失于拘,久之犹可达于规矩绳墨之外,若遽放佚,则恐不复可入于规矩绳墨,而无所成矣!故学者必自法度中来,始得之。⓫

天资高迈者,往往贻误后人。前章曾谓东坡之画论,影响后代,功罪参半,良以此也。大凡学画者,纵使其资质鲁钝,亦未必有自知之明。未历刻苦之功夫,便以为胸中已有成竹,可任意挥洒。山水花鸟等画,苟无根底,规矩,其疵立见。画毕悬诸壁间,或不禁哑然自笑,遂不致再一味狂慢。惟画竹以其撇画简省,最易似是而非。殊不知失诸毫厘,差之千里。惟以其简省易似,反使人无从捉摸。最简省而实系最复杂,最易似而实系最难似。慕远贪高,放弛情性者,终必至不可救药。是以息斋坚决主张,一节一叶,俱当自法度中来,时习不倦,积学深久,始能臻真正胸有成竹之境。但闻循规矩而仍失于拘者,未闻放佚而可遽跻于逸者。东坡天姿卓绝,以"不学之过"四字轻轻带过,而息斋深知若轻视此四字,必为所误,是以不惜于斯再三致意也。

此后粘帧、矾绢两项,与画法无关,不录。

再后为位置等画竹五法。

(一)位置 须看绢幅宽窄横竖,可容几竿,根梢向背,枝叶远近,或荣或枯,

❶ 《说郛》与《唐宋丛书》实系同一版本。

❷ 《古今图书集成》题此篇曰:"自序"实误,因《知不足斋丛书》本前别有自序也。

❸ 纪昀等《四库全书总目》(民国十九年上海大东书局印)112/10a。

❹ 此篇原无篇名,今为便于讨论起见,据其内容名之。

❺ 同注❹。

❻ 同注❹。

❼ 同注❹。

❽ 李衎《竹谱详录》(民国十年上海古书流通处据鲍氏刊本影印)序/5b。

❾ 同注❸。

❿ 同注❽ 3/1a。

⓫ 同注❽ 1/4b—1/5b。

表七　竹谱详录一、二、三卷内容分析表

甲	乙	丙
画竹法 （勾勒设色）	画墨竹法	全德竹品 （画竹或墨竹）

甲

（卷一）
画竹谱

总叙

矾绢　粘帧

（一）位置（十病）图8
（二）描墨　叶图4　竹图1　节图1　枝图1
（三）承染
（四）设色附调绿法
（五）笼套附调草汁法

（卷二）
竹态谱

名目及态度篇

竹根图2

墨竹态图18

乙

（卷一）
墨竹谱

画墨竹总叙　矾绢

总叙

粘帧

（一）位置（十病）图8
（二）描墨　叶图8　枝图10　节图2　竿图2

（卷二）
墨竹态谱

名目及态度篇

竹根图2

墨竹态图15

丙

（卷三）
竹品谱

叙全德品

全德品七十五品图12

式合

元代画竹图谱

140

及土坡水口，地面高下厚薄，自意先定，然后用朽子朽下，再看得不可意，且勿着笔，再审看改朽得可意，方始落墨，庶无后悔。然画家自来位置为最难。盖凡人情好尚才品，各各不同，所以虽父子至亲，亦不授受，况笔舌之间，岂能尽之。惟画意所忌，不可不知。所谓冲天、撞地、偏重、偏轻、对节、排竿、鼓架、胜眼、前枝、后叶，此为十病，断不可犯，余当各从己意。❶

起稿用朽子，为一般画家以"胸有成竹"自诩者所不屑道。但其凝思布局之时，恐又未必能须臾或释。息斋不作过高之论，其嘉惠初学多矣。位置以各人之思境不同，无从授受，而所列十病乃位置一道最基本之知识，切不可犯者。十病各有插图，并皆略有文字说明。

关于对节、排竿、鼓架、胜眼、俱生在前、俱生在后等项，其忌病显而易见，毋庸更加讨论。冲天、撞地、偏重、偏轻、前枝、后叶等病，似尚有可议处。

画竹，梢至绢头，根至绢末，本画中所习见者。惟中间必须枝叶扶疏掩映取势，其下或假坡石陪衬，其顶或有枝梢垂袅，皆所以破冲天撞地之格也。所当注意者乃画中若已有一竿冲撞天地，则第二竿切不可更与之排比，填塞绢之两端。一竿或不觉其病，两竿则未有不触目者矣。息斋此图，两竿皆然，殆即此意欤。

所谓偏重偏轻，"乃左右叶，一边偏多，一边偏少，不停称者"。此病图式，仅一节着叶，有于理不合处。若从是式，则每节之叶，左右必须停称，岂复有竹乎？试以柯九思《晚香高节》一帧为证。一竿之中，自上而下，有叶之节凡五。

第一节右多于左，第二节左多于右，第三节右多于左，第四节左多于右，第五节右多于左，无一节为左右停称者，而疏疏落落，自然得势。即以《详录》中所插之偏重偏轻一图言，竹叶右多于左，吾未尝觉其有乖画理，其不足为画忌之图式，明矣。测息斋之意，盖谓一竿之中，竹叶若干节，倘节节俱向右或向左偏重（雪压风竹不在此例），则为画病矣。是则其图式当有竹叶数节，节节向一方偏重也。当吾四年前草本章时，即疑是式不当，然未敢遽断。后阅北平图书馆《四库》本，并手摹高遁山《竹谱》，悉与吾向所臆断者合，乃知息斋原谱图式，本不如此，而《知不足斋本》以屡经传摹，致有今误也。

竹节生枝，竹枝生叶，枝叶本无定向。生于竿后之竹枝，有一两叶挑出竿前，生于竿前之竹枝，有一两叶拗在竿后，本不悖自然之理。吾且深信，必有人故用此法，以见变化。若前枝而叶尽在后，或后枝而叶尽在前，则显是画病矣。

（二）描墨　握笔时澄心净虑，意在笔先。神思专一，不杂不乱，然后落笔。须要圆劲快利，仍不可太速，速则失势。亦不可太缓，缓则痴浊。复不可太肥，肥则俗恶。又不可太瘦，瘦则枯弱，起落有准的，来去有逆顺，不可不察也。如描叶则劲利中求柔和，描竿则婉媚中求刚正，描节则分断处要连属，描枝则柔和中要骨力。详审四时荣枯老嫩，随意下笔，自然枝叶活动，生意俱备。若待设色而后成竹，则无复有画矣。❷

此段专论勾勒轮廓，用笔当圆劲快利，忌太速、太缓、太肥、太瘦。描叶劲利中求柔和，描竿婉媚中求刚正，描

❶ 李衎《竹谱详录》（民国十年上海古书流通处据鲍氏刊本影印）1/6b。

❷ 同注❶ 1/11a。

节分断处要连属，描枝柔和中要骨力，各有插图。轮廓处处见用笔，自是画中最重要部分，是以息斋谓贵在描画之后，便具活动生意。正似设色山水，墨底打成后，便须神完气足。若必须色彩调敷，始觉醒目，则终不过暂时取媚，不耐久观也。

（三）承染　最是紧要处，须是别浅深、翻正、浓淡。用水笔破开时，忌见痕迹，要如一段生成。发挥画笔之功，全在于此。若不加意，稍有差池，即前功俱废矣。法用番中青黛，或福建螺青，放盏内入稠胶杀开，慢火上焙干，再用指面旋点清水，随点随杀，不厌多时，愈杀则愈明净。看得水脉着中，蘸笔承染，嫩叶则淡染，老叶则浓染，枝节间深处则浓染，浅处则淡染，更在临时相度轻重。❶

所谓承染者，设色之初步也。于未着石绿之先，用螺青（即花青）打底，而色泽浓淡，已于此时决定。墨笔勾勒轮廓，贵在不仗设色能自成画。但设色倘得其宜，更能补助墨笔，使其愈见精彩。善设色者，自能浅深翻正，浓淡得宜，不见痕迹也。花卉设色，老叶浓，嫩叶淡，正面浓，背面淡，枝节间深处浓，浅处淡，定例也。米芾《画史》曰："画竹以墨深为面，淡为背，自与可始也。"❷（指墨竹而言）元章之言，当有所据。惟五代李颇以勾勒竹著，息斋称其"似神兼足，法度该备"，其能浅深翻正，浓淡得宜，固敢断言。是则即使与可为墨竹画家中正背分浓淡之第一人，恐亦脱胎于勾勒竹之成法也。

（四）设色　须用上好石绿，如法入清胶水研淘，分作五等。除头绿粗恶不堪用外，平绿、三绿染叶面。色淡者名枝条绿，染叶背及枝干。更下一等极淡者名绿花，亦可用染叶背枝干。如初破箨新竹，须用三绿染节，下粉白用石青花染。老竹用藤黄染。枯竹枝干及叶梢笋箨皆土黄染。笋箨上斑花及叶梢上水痕，用檀色点染。此其大略也。若夫对合浅深，斟酌轻重，更在临时。❸（调绿之法，先入稠胶研匀，别煎槐花水，相轻重和调得所，依法濡笔，须轻薄涂抹，不要重厚及有痕迹。亦须嵌墨道过截，勿使出入不齐，尤不可露白。若遇夜则将绿盏以净水出胶乞放干，明日更依前调用。若只如此，经宿则不可用矣。）

石绿研淘之后，可分为头绿、平绿、三绿、枝条绿、绿花五种。质粗色深，质细色浅，用法已详原文，不再赘述。于附调绿法注中，亦论及画法，未容忽略。石绿以其质重，故虽研制极细，下笔仍易见痕迹。况叶面深绿必须用较粗者，更难一过便匀。但又不可重叠，设为求其匀而重叠之，又有重厚之弊，此皆初学所易犯者也。着色不得与轮廓出入不齐，不得露白，亦画者所当留意。

（五）笼套　此是画之结果，尤须缜密。候设色干了，仔细看得无缺空漏落处，用干布净巾，着力拂拭，恐有色脱落处，随便补治匀好。除叶背外，皆用草汁笼套。叶背只用淡藤黄笼套。❹（草汁之法，先将好藤黄浸开，却用杀开螺青汁，看深浅对合，调匀使用，若隔夜则不堪用。若暑月，则半日即不堪用矣。）

所谓"笼套"，即画山水之"染"（与前所谓承染不同），画竹至此而全事毕，故尤宜缜密也。

（二）竹态谱　竹态谱插图之前有论说数百言，因其性质，名之曰叙名目态度篇。

凡欲画竹者，先须知其名目，识其态度，然后方论下笔之法。如散生之竹，竿下谓之蚕头。蚕头下正根谓之菊，又名笏。旁引者谓之边，或谓之鞭。节间乱赘而生者谓之须。旁根生时谓之行边。边根出笋谓之伪笋，又名二笋。丛生之竹根外出者谓之蝉肚。根竹下插土者谓之钻地根。凡竹从根倒数上，单节生枝者谓之雄竹，双节生枝者谓之雌竹。或云从下第一节生单枝者谓之雄竹，生双枝者谓之雌竹，生长挺挺然者名笋。笋出土者谓之萌，又名蕊，又名籤（下乃反），又名竹胎。稍长谓之牙，渐长名苗，又名篛（徒改反，又音台），又名子，又名笆，又名篛。过母名簜（音官），别称曰篊龙，曰锦绷儿，曰玉版师。节叶谓之笆篛，又名箬。解箨谓之箬，半笋谓之初篁。梢间叶尽名篛，方为成竹。竹箨谓之竿，竿中之水结而为膏，曰簧。竿上之肤曰筠。竹之皮曰箟（或尽切）。刮下青皮谓之笳。火烧谓之篗，又烧出汗谓之沥。竹之节曰药（乙孝反）。竹列谓之笂。竹叶谓之篃（五涉反）。竹叶下垂曰箬箬。竹枝谓之天帚。竹花谓之篁（虚元切），又名华草，又名篛（音福）。竹实谓之练实。竹有病谓之篊（乙公切）。竹枯换根谓之符。竹枝谓之个。积竹曰攒，批条曰篾，编而为瓦曰籧。杀青而尺截曰简。联简曰策。熨而为版曰牒（音业）。竹貌谓之箬（上声）。竹声谓之笗（去声）。竹色谓之苍莨。竹态谓之婵娟。竹深谓之篓。竹得风，其体夭屈谓之笑。生而曲曰篛弱，曰篙（上声）。此其名目之大略也。若夫态度则又非一致。要辨老嫩荣枯，风雨明晦，一一样态。如风有疾慢，雨有乍久，老有年数，嫩有次叙，

根干笋叶，各有时候。今姑从根生笋，长至于生成，壮老枯瘁，风雨疾乍，各各态度，依式图列如左。虽未能悉备，抑亦可见其梗概。用资初学，不为达者设也。❺

列举画中某科之各部位名称，前代画论中屡见不鲜。如郭若虚《论制作楷模》篇，关于屋木、翎毛二节是也。息斋上文所列名目，间有与画竹无涉者，箚、沥、简、牒等等，皆不过以竹制成之器皿而已。可广见闻，无关画法也。最后叙竹之态度，因老嫩风雨而有别。

散生竹根与丛生竹根不同，各有图式，并有文字说明。

竹根二种（凡散生之竹类，先一年行根而敷生，次年出笋而成竹。丛生之类，不待行根，而数年出笋成竿。然须至次年，方生枝叶也。）

一散生之竹根皆如此。如篁竹、淡竹、甜竹、猫头竹、白竹、篨竹、水竹、筋竹、窃竹、蒔竹、浮竹、江南竹、双叶竹、凤尾竹、龙须竹、寸金竹、雪竹、篠竹、篁竹、芜竹、广竹之类是也。

一丛生之竹根皆如此。如苦竹、慈竹、簧竹、桃枝竹、荡竹、刺竹、由衔竹、篁竹、钓丝竹之类是也。❻

此后为竹态图式十八帧。原来之次序为萌、渐长、过母、边笋、崖生、解箨、初篁、成竹、一年、二年、三年、四年、瘁、枯、微风、疾风、乍雨、久雨。若分析言之，萌、渐长、过母、解箨、初篁、成竹、一年、二年、三年、四年、瘁、枯十二帧，乃自幼至长各时期之写真，可自成一组。微风、疾风、乍雨、久雨等，为因气候之转变而有不同之姿态。此四帧可成一组。边笋、崖生二帧，又可自成一组。

❶ 李衎《竹谱详录》（民国十年上海古书流通处据鲍氏刊本影印）1/15a。

❷ 米芾《画史》（王世贞《王氏画苑》民国十一年泰东图书局印）8/16a。

❸ 同注❶ 1/15a。

❹ 同注❶ 1/16a。

❺ 同注❶ 2/1a—2/2b。

❻ 同注❶ 2/2b。

（乙）画墨竹法

（一）墨竹谱　此谱文字，与《说郛》题管夫人道升撰《墨竹谱》同。管夫人，字仲姬，赵文敏室，善墨竹。谱中一起便曰"墨竹位置一如画竹法"，盖息斋令学者参考前文也。若谓系管夫人作，此语便无着落，其伪不考自破也。

墨竹谱为首一节，无篇名，今称之曰画墨竹总叙。

墨竹位置，一如画竹法，但干节枝叶四者，若不由规矩，徒费工夫，终不能成画矣。凡濡墨有深浅，下笔有重轻，逆顺往来，须知去就，浓淡粗细，便见荣枯。仍要叶叶着枝，枝枝着节。山谷云："生枝不应节，乱叶无所归。"须一笔笔有生意，一面面得自然，四向团栾，枝叶活动，方为成竹。然古今作者虽多，得其门者或寡。不失之于简略，则失之于繁杂。或根干颇佳，而枝叶谬误，或位置稍当，而向背乖方。或叶似刀裁，或身如板束。粗俗狼藉，不可胜言。其间纵有稍异常流，仅能尽美。至于尽善，良恐未暇。独文湖州挺天纵之才，比生知之圣，笔如神助，妙合天成。驰骋于法度之中，逍遥于尘垢之外。纵心所欲，不逾准绳。故一依其法，布列成图，庶后之学者，不陷于俗恶，知所当务焉。❶

画墨竹不必用承染、设色、笼套之法，仅位置及用墨而已。正以此，故其干节枝叶之用墨，较勾勒竹为难，荣枯老嫩，种种姿态，悉仗墨色表现。上文全篇主要之意，与画竹谱之总叙同，一切必由规矩，自法度中来。

此后叙竿、节、枝、叶等画法。所论各部，与画竹谱中之描墨同，惟一以尖颖勾勒，一以中锋竖撇耳。

（一）画竿　若只画一二竿，则墨色且得从便。若五竿之上，前者色浓，后者渐淡。若一色，则不能分别前后矣。然从梢至根，虽一节节画下，要笔意贯串。梢头节短，渐渐放长，比至节根，渐渐放短。每竿须要墨色匀停，行笔平直，两边如界，自然圆正。若臃肿偏邪，墨色不匀，间粗间细，间枯间浓，及节空匀长匀短，皆文法所忌，断不可犯。颇见世俗用蒲绠槐皮，或叠纸濡墨，画竿无问根梢，一样粗细，又且板平，全无圆意，但堪发笑。学者切忌，不宜仿效。❷

山水中树木，若有三株以上，所用墨色，必不相同。深浅不同，便能分远近，生变化。墨竹数竿，色分浓淡，正此意也。"笔意贯串"四字，极堪注意。画竹虽节节中断，其间自有气脉连属。中间节长，两头节短，盖真竹无不如此也。息斋以为画竿之难，在求圆正，"板平全无圆意"乃不足取。纸面虽平，但纸上之竹竿，当有立体之表现，而立体之表现，全仗每竿之墨色匀停，行笔平直，两边如界。关于忌病，举出六点，除臃肿、偏邪、墨色不匀二者之外，俱有插图。意元代虽有木刻，法或未备。臃肿等二病，虽能用笔墨形容，但非木刻所能传。

文中更有"皆文法所忌"语，可知当时墨竹宗派甚多。格律严谨，恐皆不及文湖州也。

（二）画节　立竿既定，画节为最难。上一节要覆盖下一节，下一节要承接上一节。中间虽是断离，却要有连属意思。上一笔两头放起，中间落下，如月少弯，则便见一竿圆混。下一笔看上笔意趣，承接不差，自然有连属意。不可齐大，不可齐小，齐大则如旋环，

齐小则如墨板。不可太弯，不可太远，太弯则如骨节，太远则不相连属，无复生意矣。❸

息斋上节及其图式，有令人费解处，因可有种种不同之解释。或曰：文中称立竿既定，画节为难，是则节与竿自是二事，未容淆混。当竹竿画毕，再添竹节。文中又曰："上一笔两头放起，中间落下，如月少弯，则便见一竿圆混。下一笔看上笔意趣，承接不差，自然有连属意。"是谓两段竹竿之中，不仅有节，且须分两笔画之。邹一桂《小山画谱》论画竹一篇中，多引息斋之说，亦曰："画节即用两笔勾出，上一笔稍弯如仰月，其生枝处略突。下一笔承上略短，无两头超起，此画节法也。"❹此画节须以两笔画之之说也。

或曰画竿与节，信是二事，惟谱中"两头放起，中间落下，如月少弯"一式，各段竹竿之间，仅有节一笔。若从此，则画节只可有一笔也。

或曰，谱中间粗间细、间枯间浓、匀长匀短、齐大齐小、太弯太远各式，各段竹竿之间，空空无物，不着一笔。文中所谓"上一节覆盖下一节，下一节要承接上一节"，盖谓竹竿之上下两段耳，非谓夹于二者间之节也，而竹节即以各段两端宽阔处为之。若从此，则竹竿之间，竟别无画节之笔画也。

以上三说，各有所据，究以何者为信乎？愚意以为当从第二说，而所以使人有种种揣测者，则息斋之文字，略有芜乱处，未能切实显豁也。吾人试观元代各家墨竹画竿，无不一笔画下，而下端以画节一笔收之。竹节一笔之两端翘起处，往往与竹竿连属，惟中间少弯处，间或不与竹竿贴紧，稍露白点。此下微

微让出距离，再画下一段竹竿。息斋所谓"上一节覆盖下一节，下一节要承接上一节，中间虽是断离，却要有连属意思"，此处之节，指竹竿中相邻比之两段而言，将竹节一笔画入上段范围之内，统称之曰上一节。惟以上段之下端，有画节一笔，故较下段之上端为宽阔，是以有覆盖下一段之意。后曰："上一笔两头放起，中间落下，如月少弯，则便见一竿圆混。"此处之上一笔，不指竹竿之上段，乃指上段下端之竹节一笔。后又曰："下一笔看上笔意趣，承接不差，自然有连属意。"此处之下一笔，又与竹节一笔无涉，乃指竹竿之下一段而言。竹节与竹竿各段，息斋统称之曰节，曰笔，不各为定名而区别之。文中复错杂互见，遂致文字似自相抵触，与图式亦不能符合。小山论画竹，有"画节须用两笔勾出"之说，亦以息斋之原文不甚显豁而误解之也。

（三）画枝各有名目，生叶处谓之丁香头，相合处谓之雀爪，直枝谓之钗股。从外画入谓之埚叠，从里画出谓之逆跳。下笔须要遒健圆劲，生意连绵，行笔疾速，不可迟缓。老枝则挺然而起，节大而枯瘦。嫩枝则和柔而婉顺，节小而肥滑。叶多则枝覆，叶少则枝昂。风枝雨枝，触类而长，亦在临时转变，不可拘于一律也。尹白、邹王，随枝画断节，既非文法，今不敢取。❺

文中所言竹枝各部名称，各有附图。丁香头、雀爪、埚叠等式，又疑传抄失真。以墨竹态谱各图中所画竹枝，竟无一帧与以上三式相似者。推其原式，当与柯九思《画竹谱》嫩枝老枝等幅相近。其他各图，却颇得势，尤以覆枝雨枝等，不待着叶，已有低重之态矣。

❶ 李衎《竹谱详录》（民国十年上海古书流通处据鲍氏刊本影印）1/16b。

❷ 同注❶ 1/17a。

❸ 同注❶ 1/18a。

❹ 邹一桂《小山画谱》（于海晏辑《画论丛刊》四铜鼓斋本）下/16a，（民国二十六年中华印书局）册六下/6b。

❺ 同注❶ 1/19a。

尹白，东坡谓其工墨花，汴人。郓王，徽宗第二子，据称有水墨笋竹及墨竹蒲竹等图传世。❶

（四）画叶，下笔要劲利，实按而虚起，一抹便过，少迟留则钝厚不铦利矣。然写竹者，此为最难。亏此一功，则不复为墨竹矣。法有所忌，学者当知。粗忌似桃，细忌似柳。一忌孤生，二忌并立，三忌如叉，四忌如井，五忌如手指及似蜻蜓。翻正向背，转侧低昂，雨打风翻，各有态度，不可一例抹去，如染皂绢无异也。❷

大凡墨竹，最先入目者为竹叶，且变化亦最多。各种不同之姿态，悉仗其表现。画墨竹竹叶最难，信矣。此节之图谱，不仅标明忌病，且有翻正转侧、向背低昂各式，颇为详尽。惟最后又有雨打风翻二样，与墨竹态谱乍雨疾风二图无甚出入。愚意息斋实不妨将此二帧并入该谱，以严体制。不然，即删去亦无害也。

（二）墨竹态谱　此谱无文字，竹态谱中之叙名目及态度篇，并竹根二种诸说，可与此谱共有。

墨竹态谱共图十五帧，计笋、解箨、半笋、成竹、一年、二年、三年、四年、瘁、枯、微风、疾风、向晴、轻露、乍雨、久雨。与竹态谱较，无萌、渐长、过母、边笋、崖生等式。（按半笋即初箪，见叙名目态度篇。）而向晴、微露二式，又为竹态谱所无者也。

（丙）全德竹品

竹品谱，共六品，而全德品居首。全德品诸竹，宜入图画，前已言及。息斋于叙全德品篇中，更有详细之解说：

竹之为物，非草非木，不乱不杂，虽出处不同，盖皆一致。散生者有长幼之序，丛生者有父子之亲。密而不繁，疏而不陋，冲虚简静，妙粹灵通，其可比于全德君子矣。画为图轴，如瞻古贤哲仪像，自令人起敬起慕。是以古之作者，于此亦尽心焉。故作全德品。❸

全德品共七十五品。附笙笋、笙竹、淡笋、淡竹叶、大苦笋、小苦笋、苦竹、篌笋、篌竹、潇湘竹、慈笋、慈竹、簝竹图十三帧。

七十五品中，颇有曾经名家写之入画者。息斋以其有关绘事，特附说明。如苦竹图后曰：

以上种类，品格尤高，宜图画，南北俱有之。但北方笙竹、苦竹二种差少，故文湖州多画笙竹，王黄华多画淡竹，习惯也。❹

篌竹图后曰：

右篌竹，古人少画之者。惟崔白《子母猫图》侧画两竿绝佳。❺

慈竹图后曰：

右慈竹，古人亦少画之者。吾亡友李仲方，喜作此竹，尝为高彦敬侍御画一幅，绝佳。❻

簝竹图后曰：

右簝竹，古人多于栏槛湖石旁画之。金朝待诏赵绍隆、冀珪等，尤喜作此。特装点景物耳，墨画则不雅，故前辈略之。❼

前列各种笙竹、淡竹，宜以墨写。崔白之篌竹，当是设色。李仲方之慈竹，设色抑墨竹，未详。至于簝竹，则设色无疑。由此观之，全德品中诸竹，有宜设色者，有宜墨写者。此所以前于表格中，称之谓画竹或墨竹也。

全德品中之竹，可供博物及画迹之考证。画法方面，自不及以前诸谱

❶ 邓椿《画继》："尹白，汴人，专工墨花，坡尝赋之云：'花心起墨晕，春色散毫端。'"（王世贞《王氏画苑》本）8/19a。夏文彦《图绘宝鉴》："郓王，楷，徽宗第二子，善画花鸟，极为精到，尤善墨花，但用墨欠生动耳。"（《万有文库》本）3/33。

❷ 李衎《竹谱详录》（民国十年上海古书流通处据鲍氏刊本影印）1/24a。

❸ 同注❷ 3/1b。

❹ 同注❷ 3/8b。

❺ 同注❷ 3/11a。

❻ 同注❷ 3/15b。

❼ 同注❷ 3/17b。

之重要。

《竹谱详录》为极有价值之著作，久有定评，不仅乃博物之一助，画竹方面之贡献亦至巨。阐述做法，秩然有条，图谱与文字之对照，亦甚周密，是以与愿究心此道者，尤有裨益。其特长尤在面面俱到，既博且精，详录二字，诚可当之无愧。

竹之有谱，息斋滥觞，后来作家，咸未能及。首创而能如此，赞叹而外，无间言矣。

第二节　柯九思《画竹谱》

柯九思，字敬仲，仙居人，文宗时仕至奎章阁学士。徐显《稗史集传》称其卒于至正三年，享年五十四[8]。《元诗选》小序称卒于至正二十五年[9]。曹元忠《丹邱生集》跋称卒于至正十二三年间[10]。似以曹说为可信，有《画竹谱》一册。

《画竹谱》原迹未获见，今有有正书局石印本，日本博文堂影印本。

有正书局石印本之内容为：目次（查士标手记）、枯梢等二十幅，董其昌、王澍、查士标、蒋主忠、刘铉、程瑶、孙暹、景贤诸题跋。

日本博文堂影印本散页十八帧，无目录，帧上亦未标明前后次序，尤跋。

按前人著录柯九思《画竹谱》者颇不乏人：

（一）詹景凤《东图玄览》：

姚元白、柯丹邱大幅，古木竹石甚奇。又于都下见柯木石一幅，中插着色勾勒大叶竹，上写二腊嘴，亦佳。盛仲交藏小幅竹，墨气大佳，原《写竹谱》一部，为张布政裹物，张后以赠吾郡胡

梅林总制，仲交于中乞得此一纸。[11]

（二）明都穆《铁网珊瑚》，元柯敬仲《画竹谱》，录刘铉、钱溥、刘钦昌、蒋主忠四跋。[12]

（三）清吴升《大观录》，柯敬仲《竹谱》二十幅，题后有叙说：

此册计二十幅，淡黄纸本，高一尺[13]七分，阔九寸。谱竹之横偃斜直、风晴雨雪、老嫩长短、烟梢月筱、凡筼筜之形势，无不毕具，而所谓别枝破叶诸法尤备。每幅各有所题语，极简妙。书行楷参半，正楷为多，印亦精艳。[14]

后录四跋，与《铁网珊瑚》同。

（四）《石渠宝笈初编》，元柯九思《竹谱》一册，叙说称：

素笺本，凡二十幅。墨画无款，姓名见跋中。第一幅署"晴叶破墨法"五字，下注云："此法极难，非积学之久不能也。"第二幅署"风叶"二字，第三幅雨叶，第四幅茂叶，第五幅老叶，第六幅棘条，第七幅枯梢，第八幅倚木，第九幅鞭梢，第十幅穿林，第十一幅雨枝，第十二幅风林。第十三幅署"雨叶破墨"四字，下注云："与前说同。"第十四幅署"嫩枝"二字，下注云："凡踢枝当用行书法为之，古人之能事者，惟文、苏二公，北方王子端得其法，今代高彦敬、王澹游、赵子昂其庶几。前辈已矣，独走也解其趣耳。"第十五幅著"老树"二字，第十六幅老枝，第十七幅署"叶繁"，第十八幅署"嫩叶新叶"四字，第十九幅署"风叶破墨"四字。第二十幅自识云："坡脚四样，随意着竹木。"后副贞有刘铉、董其昌二跋。[15]

（五）杨恩寿《眼福编》著录元柯学士墨竹册：

纸本，宋尺高九寸，宽七寸二分，

[8] 徐显《稗史集传》（李栻辑《历代小史》民国廿九年上海商务印书馆影印明刊本）77/3a。

[9] 顾嗣立辑《元诗选》三集（康熙三十三年至五十九年秀野草堂刊本）《丹邱生集》1a。

[10] 柯九思《丹邱生集》（光绪戊申息园刊印）跋/3a。

[11] 詹景凤《玄览编》（据故宫图书馆藏抄本抄）80a。

[12] 都穆《铁网珊瑚》（乾隆戊寅都氏刊本）7/8b。

[13] 李氏排印本作"寸"，据寄怡轩旧抄本改正之。

[14] 吴升《大观》（民国九年武进李氏圣译楼排印本）18/41a。

[15] 《石渠宝笈初篇》（民国七年上海涵芬楼印本）46/22a。

水墨、竹石、风晴、雨雪凡四幅。❶

后录刘铉、钱溥、刘昌谨、董元宰、黄姬水五跋。

（六）李葆恂《无益有益斋读画诗》识云：

柯九思《竹谱》，纸本巨册，幅幅自题，并元人及国朝查梅壑、王虚舟诸跋，剧迹也。❷

（七）余越园先生据有正书局石印本，解题曰：

此谱原有三十六种，影印本只有二十种……原迹尚有风竹、雨丛竹、倚壁、悬崖、穿林、倚木、老树、棘条、晴叶、破墨雨叶、破墨风叶、破墨鞭梢、坡脚两样。曾于北京某展览会获见之，不知当时何以仅印二十页也……原迹后有蒋主忠、刘铉、董其昌、程邃、查士标、王澍诸跋，原委甚明，绝非赝鼎。《佩文斋书画谱》卷八十五，曾载此谱，跋语有为此本所未载者，不知何时散失也。❸

关于丹邱《竹谱》吾人所有之材料为：著录七❹，目录三（即《石渠》所载，有正本查梅壑所记，汇录博文堂本各帧标题所得），影印本二。研究工作，允宜自比较各本异同入手。

据著录文字以断定各家所见是否一本，大不可凭。吾人至多只能谓某二家著录，并无抵触之处，而不得断言甲与乙所见是否同本。《玄览编》所记极为简略，无论矣。《铁网珊瑚》及《大观录》所载四跋，完全相同，无抵触处。李葆恂所见，与有正石印本，就查、王二跋而言，有同本之可能。《大观录》本与有正石印本最大之差别在帧数之不同。《大观录》标明二十帧；有正石印本，据王澍跋，谓有三十六帧；

至于《石渠》，虽与《大观录》帧数相符，是否同本，又大有疑问。因《竹谱》中有缺帧，系夏仲昭所补。仲昭明初人，蒋主忠天顺元年（1456年）跋中言及补缺帧事，跋并见《铁网珊瑚》、《大观录》二书，但《石渠》著录竟无一字及之。且记第二十幅自识题语云"坡脚四样，随意着竹木"，似四样同在一幅者。而所谓自识，自指柯敬仲原迹，而非出于后人之手。是则《石渠》显系另一本。《眼福编》所著录，仅四幅，与诸本相差更远矣。

为比较方便起见，将三种目录列入表格（表八）。表中左端之数目，为《石渠》著录之次序，右端之数目，为有正书局石印本中查梅壑手记之次序。博文堂本无次序，无从注定。

今据表格比较各本之内容，有正与博文本有差别。嫩枝、老枝、石谱、坡脚等五帧，为博文本所无，而三帧破墨，又为有正本所无，其间出入尚微。若取此二者中之任何一本，与《石渠》本较，则相差甚巨。有正本越园先生称，原本有三十六种，于某展览会中获见，并能道出有正本所缺各帧之名称，必先生目睹而加以记载，始能详尽若是。如此则更可信有正本与《石渠》所著录者，非一本。前既谓博文本与有正本出入颇微，故博文与《石渠》亦绝非一本。若欲解释有正石印本仅有二十幅之故，或因选印，或因散失，或因为求与《大观录》及《石渠》著录数目相符，而故抽去十六帧，皆未可知也。

影印本二种，亦非同本（帧数不同不足为证，因博文堂之十八帧，无目次，或非全豹）。二本书画虽极相似，大小亦相等。（墨彩无从比较，因一系石印，

❶ 杨恩寿《眼福编》二集（杨氏坦园刻本）14/8a。

❷ 李葆恂《无益有益斋读画诗》（《义州李氏丛刻》民国五年刻本）下/6b。

❸ 余绍宋《书画书录解题》（民国二十一年北平图书馆印）2/21b。

❹ 除上列各家著录外，梁章钜亦曾言及此册："时有以柯丹邱《竹谱册》来售者，适可与此卷（赵子固《兰谱卷》）作配，而其价过昂，转瞬即不知所之，至今犹往来于余心而莫释也。"（《退庵金石书画题跋》12/20a。

一系珂罗版。）但倘向日重叠以观，便可见各笔位置，时有出入。或左齐则右参差，或上齐则下悬隔，而尤以全竿坡脚二帧，差别最显著。有正本一竿八节，博文本仅七节。有正本皺长，博文本皺短。且二本印鉴，亦无一帧相同者。博文本有数帧押有"柯氏敬仲"方印，"乾隆御鉴之宝"圆印，"石渠宝鉴"圆印，而有正本皆无之。有正本与博文本，非自一本影印而来，敢断言也。

若论真赝，未敢妄置一辞。观各家著录，詹东图时原本已分散，而清初竟有三十六帧及二十帧不同之本❺。凭今日所有之区区材料而欲断定孰真孰伪，殆不可能。越园先生未言另有二十幅一本，而断为三十六帧本，绝非赝鼎，似太肯定。惟吾所敢深信者为，即令今日所见之影印本俱是赝本，作伪者必据原本细细对临（有正本与博文本已至相似），当不致与真迹相去太远。自学术方面言，真赝问题，似不甚重要也。

集二种印本，共得不同者二十三帧。次序试为分类，排列如下：

（一）嫩叶新叶　新枝　嫩枝　茂叶　叶繁　老叶　老枝　枯梢

（二）风叶　雨叶　风枝二帧　雨枝　晴叶破墨　风叶破墨　雨叶破墨

（三）全竿　嫩根老根　行鞭

（四）石谱四样之一　石谱四样之二夏仲昭补坡脚之一　夏仲昭补坡脚之二

《画竹谱》之图式，非常简易，选插数图，以见一斑。说明只见于嫩枝、晴叶、破墨、全竿等帧，故可论者极少。嫩枝题曰："踢枝用行书法……"全竿题曰："上瘦下大，中节稍稀"，俱经前人言及。惟破墨法殊堪注意。所谓破墨法，丹邱仅谓极难，非积学久不能，而未详如何画，何以难。自晴叶、雨叶两幅破墨中，可见其墨笔浓淡相间，各笔所含之水分及墨色皆不同。是以浓笔中之墨可渗进淡笔中，淡笔中之水分亦可浸入浓笔中。用此法不但各笔深浅不同，即一笔之中，亦有不同之色彩，渗晕出于天然，不假人力，变化最多。而色调亦最浑成灵活。丹邱特将此法，于谱中揭出，可供后人取法也。

若论此册之价值，自不足与息斋之著抗衡。解说既少，图谱亦不完备。丹邱之有此谱，似不过随意画出几式，以备学者临摹，而息斋乃郑重其事，具我谱必传、千古不朽之决心。二人之收获，自不得同日而语。所可惜者为息斋之谱，原本早失，而木刻本未能传真，辗转抄摹，不免中有讹误。今日若取作入门画稿，反不如丹邱之竹册，以其为墨迹影印，用笔用墨，俱有迹象可求也。

❺ 吴升《大观录》成于康熙五十一年（1712年），王澍跋书于雍正四年（1726年），相去不过十四年耳，而吴所见为二十帧，王所见为三十六帧。

表八　柯敬仲墨竹谱各本内容比较表

	石渠宝笈初编著录	日本博文堂影印本	有正书局石印本	
1	晴叶破墨法（有题语）	晴叶破墨法（有题语）		
2	风叶	风叶	风叶	2
3	雨叶	雨叶	雨叶	3
4	茂叶	茂叶	茂叶	7
5	老叶	老叶	老叶	5
6	棘条			
7	枯梢	枯梢	枯梢	1
8	倚木			
9	鞭梢			
10	穿林			
11	雨枝	雨枝	雨枝	13
12	风株			
13	雨叶破墨（有题语）	雨叶破墨（有题语）		
14	嫩枝	嫩枝（有题语）		8
15	老树			
16	老枝	枝		9
17	叶繁	叶繁	叶繁	4
18	嫩叶新叶	嫩叶新叶	嫩叶新叶	6
19	风叶破墨	风叶破墨		
20	坡脚四样（有题语）			
		坡脚一样	夏仲昭补坡脚二	20
		新枝	新枝	12
		风枝	风枝	10
		无题（有正本查纪目次作风枝二）	风枝	11
		全竿（有题语）	全竿（有题语）	15
		行鞭	行鞭	16
		嫩根老根	嫩根老根	14
			石谱四样（一）	17
			石谱四样（二）	18
			夏仲昭补坡脚一	19

第二十一章　明代关于绘画之理论

明代享国约三百载，方诸胡元，不为不久，且文人习画者众，关于画论方面之著作，自不在少数。以理论言，亦多可述者。本章择其中主要之问题数端，分项讨论。凡因袭前代，并无创发或迁易者，只略举一二为例，以示此类理论，仍为明人所乐道。否则引录不厌完备，解说亦较详焉。

本章所讨论者为：（一）气韵，（二）逸气，（三）书画相通，（四）用笔，（五）画尊山水，（六）师法，（七）空灵，（八）生熟等项。

（一）气韵

气韵为宋元以前各朝画论中最受人注意之问题。明代画论家对此议论更多，且有以为气韵以下五法，皆须得气韵而后全之说[1]，其重视气韵可知。今将各家之论，按其性质类分，自何谓气韵及如何始有气韵两方面论之。

（甲）何谓气韵　何谓气韵，前章屡经论及。明人论气韵，十原则上未见有与古人违背处。惟措辞及解说之方法，时有不同耳。董香光曰：

梅花道人吴仲圭……本与盛子昭比门而居。四方以金帛求子昭画者甚众，

而仲圭之门阒然，妻子颇笑之。仲圭曰："二十年后不复尔。"果如其言。盛虽工，实有笔墨畦径，非若仲圭之苍苍莽莽，有林下风气，所谓气韵非耶？[2]

玄宰将苍苍莽莽之气概，视作画中之气韵。《庄子》中有："适莽苍者，三餐而返。"[3]注曰："司马云：'莽苍，近郊之色也。'李云：'近野也。'支遁云：'冢间也。'崔云：'草野之色。'"[4]莽苍当是田野间所流露若有若无之色，而香光所谓苍苍莽莽，即指画中所流露不可捉摸之韵味。与香光知交最谂之陈眉公有相似之言论。

玄宰携示北苑一卷……玄宰曰："潇湘图也。"……而是时方见伯时潇湘卷，亦复效之，作一小幅。今见北苑，乃知伯时虽名家，所之苍莽之气牟。[5]

至于论前人名迹而最足为香光莽苍二字作注解者，则莫过于顾凝远。其言曰：

仿梅道人而滥极者，则钱谷磐室矣。非磐室滥，而后人习之者滥，不知梅道人为何物也。国朝惟沈启南是其嫡血，见梅道人画而知启南之有祖矣。梅道人是谁嫡血，见沙弥巨然画而知梅道人之

[1] 汪砢玉《题六法英华册》曰："谢恭（当是"赫"之误）论画有六法，而首贵气韵生动，盖骨法用笔非气韵不灵，应物寓形非气韵不宣，随类傅彩非气韵不妙，经营位置非气韵不真，传模移写非气韵不化。又前贤论画有神逸雅之态以定品格，有轩冕岩穴之辨以拔气韵，乃所谓气韵者，即天地间之英华也。六要六长俱寓其间矣。余故取之颜其首云。"《珊瑚网》（张氏《适园丛书》本）19/21a。

[2] 董其昌《画眼》（邓实辑《美术丛书》神州国光社铅印本）初集三辑一册13b。

[3]《庄子集释》郭庆藩辑（民国十四年上海扫叶山房石印本）1/4a。

[4] 同注[3]。

[5] 陈继儒《妮古录》（《美术丛书》本）初集十辑四册1/11b。

有祖矣。巨然画当以萧翼赚兰亭图为第一。初视之，特苍古荒率耳。有顷再视之，则生气蓊然，林麓间若沉若浮，油油无定，稍逼之，无有也。转步咫尺，回首一凝眸，而此身不觉入其图中矣。无多转折，自然深远。不辟蓁棘，自可跻攀。群峰杂立，而又倚徙相顾。矶头垒块，而又浑融。大小荣枯诸树，一一饰岩绮望，略无攒点安放之痕。人物朴拙，屋木周遭安隐，令人争思寻梁契集。大概绝无怪诞迂癖之议，真千古名迹哉。董宗伯重价购之不得，有遗憾焉。偶因论梅道人及此，不觉其言之琐琐也。今后学梅道人者，切不可草草下笔。❶

香光所论者为仲圭，凝远所论者为巨然，眉公所论者为北苑。此正南宗嫡派传人，一家眷属。是以吾人可深信董、陈、顾三家，于画中所领略之苍苍莽莽气概，即所谓气韵也者，实相同也。

唐志契论气韵生动，又将四字之内容加以分析。

气韵生动，与烟润不同。世人妄指烟润为生动，殊为可笑。盖气者有笔气、有墨气、有色气，而又有气势、有气度、有气机。此间即谓之韵，而生动处，则又非韵之可代矣。生者生生不穷，深远难尽；动者动而不板，活泼迎人。要皆可默会不可名言。如刘褒画云汉图，见者觉热。又画北风图，见者觉寒。又画猫绝鼠，画大士渡海而灭风，画龙点睛飞去，此之谓也。至如烟润，不过点墨无痕迹，皴法不生涩而已，岂可混而为一之哉。❷

敷五将气韵视作笔、墨、色、气势、气度、气机之组合，而生动尤须气韵之外，有勃勃活泼之表现，与略得用墨及皴法之烟润，不可同日而语。

顾凝远对于气韵之观念，与敷五异。以为潜心运墨，未尝不可领略六法之妙。

墨太枯则无气韵，然必求气韵，而漫羡生矣。墨太润则无文理，然必求文理，而刻画生矣。凡六法之妙，当于运墨先后求之。❸

惟凝远主张用墨必须细心玩味，非仅仅积墨所能成者。

六法中，第一气韵生动。有气韵，则自生动矣。气韵或在境中，亦或在境外。取之于四时寒暑晴雨晦明，非徒积墨也。❹

上谓生动，乃由气韵而生者，有气韵，则有生动，与郭若虚之"气韵既已高矣，生动不得不至"正似。若取与敷五之言论"生动处又非韵之可代"相较，又颇有径庭处矣。

总之，明代论者，或称气韵曰"苍莽之气"，或曰"要皆可默会而不可名言"，或曰"气韵或在境中，亦或在境外"，俱将气韵视为自画中流露，不着痕迹之意味。是以吾曰，于原则上未见有与古人违背处也。

（乙）如何始有气韵　明代画论家，大都以为气韵之有无，全在画家之人品如何。人品卑俗，纵有功力，气韵不可求也。人品由于天性，是以有气韵不可学，一派之主张。董香光可为此派学说之中坚。惟吾当为其下一转语曰，所谓不可学，专指本质凡庸者而言，并不绝对坚持气韵必尽凭借天赋。意即资质倘佳，由学识之修养，可助气韵之增长。

气韵有关人品之说，可先阅何良俊《四友斋画论》中之说：

元人之画，远出南宋人之上。文衡山评赵集贤之画，以为唐人品格。倪云林亦以高尚书、石室先生、东坡居士并

❶ 顾凝远《画引》（崇祯诗瘦阁刊本）1/20a。

❷ 唐志契《绘事微言》（商务印书馆影印文渊阁本）下/10b。

❸ 同注❶1/24b。

❹ 同注❶1/19a。

论。盖二公神韵最高，能洗去南宋院体之习。其次则以黄子久、王叔明、倪云林、吴仲圭为四大家。盖子久、叔明、仲圭，皆宗董、巨，而云林专学荆、关。黄之苍古，倪之简远，王之秀润，吴之深邃，四家之画，其经营位置，气韵生动，无不毕具，即所谓六法兼备者也。此外如陈惟允、赵善长、马文璧、陆天游、徐幼文诸人，其韵亦胜。盖因此辈皆高人，耻仕胡元，隐居求志，日徜徉于山水之间，故深得其情状。且从荆、关、董、巨中来，其传派又正，则安得不远出前代之上耶？乃知昔人所言"一须人品高，二须师法古"，盖不虚也。❺

李竹嬾曰：

姜白石论书曰"一须人品高"，文徽老自题其米山曰"人品不高，用墨无法"。乃知点墨落纸，大非细事。必须胸中廓然无一物，然后烟云秀色与天地生生之气，自然凑泊笔下，幻出奇诡。若是营营世念，澡雪未尽，即日对丘壑，日暮妙迹，到头只与髹采圬墁之工，争巧拙于毫厘也。❻

董香光更引申人品高之说，探讨其中所以然之理由。

米元晖又作《海岳庵图》，谓于潇湘得画境。其次则京口诸山，与湘山差类。今海岳图，亦在行笈中。元晖未尝以洞庭北固之江山为胜，而以其云物为胜，所谓天闲万马，皆吾师也。但不知云物何以独于两地可入画。或以江上诸名山，所凭空阔，四天无遮，得穷其朝暮之变态耳。此非静者何繇深解。故论书者曰："一须人品高"，岂非品高则闲静无他好萦故耶？❼

末句一收，真一针见血语。人品高，则闲静无他好。闲静无他好，则可以专

心理气，得自然之意态，而出之以笔墨。

气韵不可学，明代画论家持之最力者即为香光。

子昂尝有创为即工者。题画卷有曰："余尝画马，未尝画羊，子中强余为此，不知合作否？"此卷特为精妙，故知气韵必在生知，非虚也。❽

又曰：

潘子辈学余画，视余更工。然皴法三昧，不可与语也。画有六法，若其气韵，必在生知，转工转远。❾

又曰：

古人自不可尽其伎俩，元季高人，皆隐于画史。如黄公望莫知其所终，或以仙去。陶宗仪亦异人也。梅花道人吴仲圭自题其墓曰梅花和尚，后值兵起，以和尚墓独全。樗里子之智，与国朝沈启南、文徵仲，皆天下士，而使不善画，亦是人物铮铮者。此气韵不可学之说也。❿

陈眉公曰：

六一居士极好书，然书不能工。大都书有不可学处，亦犹画家气韵，必在生知。禅家所谓无师智，不可强也。⓫

唐敷五《绘事微言》中有"画在天分带来"一节，与上引各节略异。究其原意，仍不外绘事在天赋，而非由学习者。

昔姚最品画，谓"立万象于胸中，传千祀于毫翰"。夫毫翰固在胸中也。若使岷岷然依样葫芦，那得名流海内。大抵聪明近庄重，便不佻。聪明近磊落，便不俗。聪明近空旷，便不拘。聪明近秀媚，便不粗。盖言天资与画近，自然嗜好亦与画近。古人云："笔力奋疾，境与性会"，言天资也。《贞观公私画史》评吴道玄为"天付劲毫，幼抱神奥，后

❺ 何良俊《四友斋画论》（《美术丛书》本）三集三辑一册 7b。

❻ 李日华《紫桃轩杂缀》（《李君实先生杂著》崇祯甲戌刻本）1/13a。

❼ 董其昌《画眼》（邓实辑《美术丛书》神州国光社铅印本）初集三辑一册 12a。

❽ 同注❼14b。

❾ 同注❼17b。

❿ 董其昌《容台别集》（崇祯刻本）4/3a。

⓫ 陈继儒《妮古录》（《美术丛书》本）初集十辑四册 1/12b。

有作者，皆莫过之"，岂非天性耶？❶

唐志契以为不佻、不俗、不拘、不粗，皆天赋之聪明，虽未明言气韵，必由天授，谓其论全为气韵而发，亦未尝不可。

香光既言气韵不可学，但又谓有可学得处。其意见并非自相矛盾（前已为其下一转语）。其言为：

> 画家六法，一曰气韵生动。气韵不可学，此生而知之，自然天授，然亦有学得处。读万卷书，行万里路，胸中脱去尘浊，自然丘壑内营，成立鄞鄂，随手写出，皆为山水传神。❷

又曰：

> 昔人评大年画，谓得胸中着万卷书更奇。又大年以宋宗室，不得远游。每朝陵回，得写胸中丘壑。不行万里路，不读万卷书，欲作画祖，其可得乎？此在吾曹勉之，无望庸史矣。❸

读万卷书，学也。行万里路，识也。眉公、竹嬾各有相似之言论。《妮古录》中有：

> 世人爱书画而不求用笔用墨之妙。有笔妙而墨不妙者，有墨妙而笔不妙者，有笔墨俱妙者，有笔墨俱无者。力乎，巧乎，神乎，瞻乎，学乎，识乎，尽在此矣。总之，不出蕴藉中沉着痛快。❹

笔墨之妙，究而至其极，仍是气韵也。《紫桃轩杂缀》曰：

> 余常泛论学画，必在能书，方知用笔。其学书又须胸中先有古今。欲博古今，作淹通之儒，非忠信笃敬，植立根本，则枝叶不附。斯言也，苏黄米集中，著论每每如此，可检而求也。❺

又曰：

> 今天下散人逸民，攻绘日多，而绘道益不振。由见古人真本不多，不能掩其灵秀，以自灌溉而汰其凡浊耳。且凡

浊之能汰，又在多读书，多探奇。❻

又曰：

> 余昔与沈无回论画曰："必先多读书。读书多，见古今事变多，不狃狭劣见闻，自然胸次浩荡，山川灵奇，透入性地。时一洒落，何患不臻妙耶。❼

概括言之，人品天赋为气韵最主要之成分，属于先天。至于后天而可以以人力辅佐者为：多读书，多游历。有深湛之学识，空阔之胸怀，皆足以促进画境之造诣也。

（二）逸气

绘画理论中之问题，与气韵生动关系最密，而甚或可合并讨论者，当推逸气矣。元代逸字之意义，与前代颇有不同，已于前章略加分辨。明人论逸，乃直承元人者。

元代逸品画家之代表者为倪迂。明代论逸，几无不以云林为议论之中心。

逸字之义，本不易解释。读明人对于逸品内容之观念可知也。唐敷五曰：

> 水山之妙，苍古、奇峭、圆浑、韵动，则易知，惟逸之一字，最难分解。盖逸有清逸，有雅逸，有俊逸，有稳逸，有沉逸。逸纵不同，从未有逸而浊，逸而俗，逸而模棱卑鄙者。以此想之，则逸之变态尽矣。逸虽近于奇，而实非有意为奇，虽不离乎韵，而更有迳于韵。其笔墨之正行忽止，其丘壑之如常少，异令观者泠然别有意会，悠然自动欣赏，此固从来作者，都想慕之而不可得入手，信难言哉。吾于元镇先生，不能不叹服云。❽

敷五先叙逸之种类，次论何者为非逸，自逸之反面腾挪。最后谓逸在不即不离，若有若无之间，可以意会，难于言传。沈朗倩《画麈》定格一则中有：

❶ 唐志契《绘事微言》（商务印书馆影印文渊阁本）下 /9a。

❷ 董其昌《画眼》（邓实辑《美术丛书》神州国光社铅印本）初集三辑一册 1a。

❸ 同注❷19a。

❹ 陈继儒《妮古录》（《美术丛书》本）初集十辑四册 1/10b。

❺ 李日华《紫桃轩杂缀》（《李君实先生杂著》崇祯甲戌刻本）1/21b。

❻ 李日华《墨君题语》（《李君实先生杂著》本）13a。

❼ 李日华《紫桃轩又缀》（《李君实先生杂著》本）2/8a。

❽ 同注❶下 /7a。

少陵云："高简诗人意。"今人刻意求简，便落倪迂。不刻意求简，欲为倪迂不可得也。❾

上文亦饶趣味，谓云林以简为特色，但仅学其简，未能及逸之境界，所谓"刻意求简，便落倪迂"。落者，落套之谓，不过谓貌似神非而已。倘不求简，更无从与逸接近。此不啻曰：画家求逸，简不是，繁不是，左右俱不是。学者至此，束手无策，啼笑皆非。其懊丧之情况可想而得。朗倩与敷五同，仍是一意欲求将逸告人，而终不过于反面腾挪。孙月峰亦然，"称云林画格，不宜着色"❿，又以为逸品非仅浅浅设色者所得借口。

作画用深色最难，一色不得法，即损格。若浅色，则可任意。勿借口曰逸品。⓫

王弇州对于云林西园图之意见为：

云林此图，乍看不似西园，而细求之，乃无不合作。其用笔似弱而老，似浅而深。功力最多，是得意笔也。⓬

孙月峰跋同图曰：

弱浅是此公本色，一味杜撰，惟以其天资有独得处，遂成家耳。若论工力，则良不少，其得趣亦由此。⓭

弇州谓云林在老弱浅深之间，正因其未能获得适当之形容词。月峰称其一味杜撰，正以其与古人之蹊径，无相合者，其宗派家法，不可得而名之也。顾凝远论云林，乃假《南华经》为比喻：

《南华》一书，跌宕诡异，文章之轶伦绝群者，倪高士云林，足以配之。盖笔墨之外，示现南华者也。王摩诘画中有诗，诗中有画，虽自媚幽独，亦渐以金针度人矣。⓮

云林与摩诘之异，在不以金针度人，

令学者茫然不知从何着手，从何肖似也。

细察以上诸家解释逸字，俱在题前题后题左题右发议论，而无一语着着实实言及逸字者。实因逸本无形，摸不着边际。可以体会，而不得以语言形容也。

逸之难学，既如上述，明人对于逸之推尊，可想而知。董玄宰将云林于画家中置在最高之地位，此虽近于品评，亦不妨略引一二节，以见一斑。

沈石田每作迂翁画，其师赵同鲁见，辄呼之曰："又过矣！又过矣！"盖迂翁妙处，实不可学。启南力胜于韵，故相去犹隔一尘也。⓯

石田于明代画坛中高踞首席，久有定评。而董以为其学倪之作，韵味不足副其功力。于张伯雨题元镇画一条中，更谓云林在黄子久、赵孟頫之上。

张伯雨题元镇画云："无画史纵横习气。"余家有此幅。又其自题狮子林图云："余与赵君善长商榷作狮子林图，真得荆关遗意，非王蒙辈所梦见也。"其高自标置如此。又顾谨中题倪画云："初以董源为宗，及乎晚年，画益精诣，而书法漫矣。"盖倪迂书绝工致，晚年乃失之，而聚精于画，一变古法，以天真幽淡为宗。要今所谓渐老渐熟者，若不从北苑筑基，不容易到。纵横习气，即黄子久未能断。幽淡两言，则赵吴兴犹逊，迂翁其胸次自别也。⓰

赵、黄为元代画家之登峰造极者，以逸论画，云林竟在二家之上。自品评方面言，乃推崇云林，自理论方面言，可觇得明人对于逸气之尊重为奚若也。

（三）书画相通

书画相通之说，在元代已十分普遍，

❾ 沈灏《画麈》（于海晏辑《画论丛刊》）民国二十六年中华印书局）册一 1a。

❿ 孙镰〈书画跋〉跋（乾隆庚申居业堂刊本）3/11a。

⓫ 同注❿ 3/17b。

⓬ 王世贞《弇州山人四部稿》（万历五年序世经堂刊本）137/18a。

⓭ 同注❿ 3/11b。

⓮ 顾凝远《画引》（崇祯诗瘦阁刊本）1/18a。

⓯ 董其昌《容台别集》（崇祯刻本）4/44b。

⓰ 同注⓯ 4/8a。

至明更成为公认之事实。惟以各家之意见相等，既无争执之端，亦少新颖之意。略举数节，以明概况。——节录，实嫌赘复。

王世贞曰：

语曰"画石如飞，白木如籀"，又云"画竹干如篆，枝如草，叶如真，节如隶"。郭熙、唐棣之树，文与可之竹，温日观之葡萄，皆自草法中得来。❶

董玄宰曰：

士人作画，当以草隶奇字之法为之。树如屈铁，山如画沙。绝去甜俗蹊径，乃为士气，不尔纵俨然及格，已落画师魔界，不复可救药矣。若能解脱绳束，便是透网鳞也。❷

陈眉公曰：

画者六书象形之一，故古人金石钟鼎隶篆，往往如画，而画家写水，写兰，写竹，写梅，写葡萄，多兼书法。正是禅家一合相也。❸

此外，本章论如何始有气韵一项中，及下章释道济《画语录》兼字篇，颇有论书画相通者，可以参阅。

（四）用笔

明代论用笔，而近于理论者，有李开先《中麓画品》中之六要四病，及唐敷五之论用笔老嫩。

中麓所定六要四病之界说为：

六要

一曰神。笔法纵横，妙理神化。

二曰清。笔法简俊莹洁，疏豁虚明。

三曰老。笔法如苍藤古柏，峻石屈铁，玉圻岳礴。

四曰劲。笔法如强弓巨弩，矴机蹶发。

五曰活。笔势飞走，乍徐还疾，倏聚急散。

❶ 王世贞《艺苑卮言附录》(《弇州山人四部稿》万历五年序世经堂刊本)155/5b。

❷ 董其昌《画眼》(邓实辑《美术丛书》神州国光社铅印本)初集三辑一册 1b。

❸ 陈继儒《妮古录》(《美术丛书》本)初集十辑四册 4/11b。

❹ 李开先《中麓画品》(《美术丛书》本)二集十辑一册 2b—4b。

六曰润。笔法含滋蕴彩，生气蔼然。

四病

一曰僵。笔无法度，不能转运，如僵仆然。

二曰枯。笔如瘁竹槁禾，余烬败秸。

三曰浊。如油帽垢衣，昏镜浑水。又如厮役下品，屠宰小夫，其面目须发，无复神采之处。

四曰弱。笔无骨力，单薄脆软，如柳条竹笋，水荇秋蓬。❹

前于宋代理论章中，言及郭若虚用笔三病，板、刻、结，而其"又画之病，皆系用笔"一语，推测其于用笔之视重。今中麓不仅将画病归诸用笔，即画之精美动人处，亦全仗笔之表现。对于笔之视重，更可知矣。今吾人当问曰：画之优劣，是否用笔可以包括一切？古人自谢赫起，便将用笔高置于六法之第二位，但未见有将用笔视重如中麓者。平心而论，画之优劣，实在不全由于用笔也。即言白描人物一科，墨彩及位置，皆甚重要。何况绘画门类繁多，而白描且以用笔为主者乎？

读中麓对于各要各病之界说，似觉其将笔字之范围推扩过广。如第一要之神，所谓"妙理神化"，实即神韵。第二要之清，所谓"简俊莹洁，疏豁虚明"，亦一种气韵之流露，而与逸相近。神与清，虽必须有笔以达之，但究非仅善于用笔所能为功。更如第六要之润，第二病之枯，又显然有用墨之成分在也。

吾人试将六要四病加以类分，而窥其所以致各要各病之缘由。六要之神与清，乃整幅画所流露之韵味，其所以能神能清，乃由于各种优点之组合，不可尽归之于用笔。润亦不全由于用笔，不善用墨，无从求润也。六要之中，仅有老、劲、活，与笔之关系最密切。四病之浊，乃整幅所浮出令人生厌之俗态,由于各种劣点之组合,与神及清同,不可尽归之于用笔。枯与润之反,不善用墨所致。四病之中,仅僵弱二者,与笔之关系最密切。

李开先之《中麓画品》,品评方法,与前人不同(详后章),而其中关于用笔之论,将一切画之优劣,悉归诸笔法,亦颇与前人异也。

唐敷五论用笔老嫩曰:

> 凡画,嫩与文不同。有指嫩为文者,殊可笑。落笔细虽似乎嫩,然有极老,笔气出于自然者。落笔粗,虽近乎老,然有极嫩笔气故为苍劲者,难逃识者一看。世人不察,遂指细笔为嫩,粗笔为老,真有眼之盲也。❺

极力说明粗虽近于老,细近于嫩,但未必尽然。而最重要在出于自然,笔气始能苍劲,始能达到所谓真正之老。

(五)画尊山水

推尊山水画,抑其他门类,自苏东坡提倡文人画后,此类思想逐渐昌明,声势亦渐煊赫,其力乃造成宋代中季以后山水画之地位凌驾一切画科之上,而元代画坛更几尽为文人山水画所占有。属于此种之议论,于明人论画文字中自更众多。薛岗《天爵堂笔余》曰:

> 画中惟山水义理深远而意趣无穷,故文人之笔,山水常多。若人物、禽虫、花草,多出画工。虽至精妙,一览易尽。❻

唐敷五曰:

> 画中惟山水最高,虽人物花鸟草虫,未始不可称绝,然终不及山水之气味风流潇洒。昔元章题摩诘画云:"云峰石迹,迥出天成,笔意纵横,参于造化。"至题韩干画则曰:"肖像而已,无大物色。"东坡一时见吴道子佛像,摩诘辋川图,喟然叹曰"于维也无间然",其有所重哉❼

节录一二,已足为证。明人论述,或直言山水画之可贵,或寓意于字里行间,吾人披其书而读之,无往而不可见,实多至不胜枚举也。

(六)师法

作画师法,不外自然与古人两途。尤以自然为万画所由生,明代画论家,未有不主张师自然者。董谓读书行路,有助气韵。行路即予人得师自然之机会。师古人,明人亦不讳言之,惟认为师古当变,贵有一己之面目存在。师自然,师古当变,即画家所当念念不忘者也。

(甲)师自然 玄宰曰:

> 画家以古人为师,已是上乘。进此当以天地为师。每每朝看云气变幻,绝似画中山。❽

前人师自然,泰半谓画山当看真山,画水当看真水,即将真景直接采入画中,而玄宰且有广前人之意处。以为由自然之云气可悟画山之法,盖画家之幻想及灵机于随时随地,借任何物体,无可获得兴会而写入画中。此与见舞剑器斗蛇而悟草书之情境,殆相同也。

王履华山图序曰(当与《式古堂书画汇考》卷六所载参读):

> 苟非识华山之形,我其能图邪?既图矣,意犹未满,由是存乎静室,存乎行路,存乎床枕,存乎饮食,存乎外物,存乎听音,存乎应接之际,存乎文章之中。一日燕居,闻鼓吹过门,怵然而作曰:"得之矣!"夫遂麾旧而重图之。斯时也,但知法在华山,竟不知平日之所谓家数者何在……怪问何师?余应之曰:"吾师心,心师目,目师华山。"❾

❺ 唐志契《绘事微言》(商务印书馆影印文渊阁本)下 /7b。

❻ 薛岗《天爵堂笔余》(冯梦龙辑《五朝小说》明刊本)册四十六2a。

❼ 同注❺ 下 /1a。

❽ 董其昌《画眼》(邓实辑《美术丛书》神州国光社铅印本)初集三辑一册 6a。

❾ 孙岳颁《佩文斋书画谱》(上海同文书局印本)16/2a。

王履不但作画时心在华山，即平日燕居闲处，无时无刻，不在华山。惟以心中蕴积已久，故能一旦豁然贯通，而有兴会之来临。李竹嬾亦云：

> 每行荒江断岸，遇敧树裂石，转侧望之，面面各成一势，身行迅速，不能定取，不如以神存之，久则有时入我笔端。此犀尖透月之理，断非粉本可传也。❶

华山之于一石，巨细不同，其为自然则一。以神盘桓，虽身去其境，不但逾久不渝，反更亲切，于不知不觉之间，现于笔下。此是师自然之上乘。

唐敷五《绘事微言》曰：

> 画不但法古，当法自然。凡遇高山流水，茂林修竹，无非图画……看得多自然笔下有神。传神者必以形，形似与心手凑而相忘，未有不妙者。夫天生山川，亘古垂象，古莫古于此，自然莫自然于此。❷

又曰：

> 凡画山水，最要得山水性情。得其性情，山便得环抱起伏之势，如跳如坐，如俯仰，如挂脚，自然山性即我性，山情即我情，而落笔不生软矣。水便得涛浪潆洄之势，如绮如云，如奔如怒，如鬼面，自水性即我性，水情即我情，而落笔不板呆矣。或问山水何性情之有？不知山性即止，而情态则面面生动，水性虽流，而情状则浪浪具形。探讨之久，自有妙过古人者。古亦不过真山真水上探讨，若仿旧人，而只取旧本描画，哪得一笔似古人乎？❸

上节直是顾恺之"迁想妙得"四字。山水之性情，即我之性情，我与山水二者，打成一片。画家倘不潜心深入，未易至此。释道济亦有相似之言论，详下章。

（乙）师古当变　玄宰《画眼》中曰：

> 巨然学北苑，元章学北苑，黄子久学北苑，倪迂学北苑，一北苑耳，而各各不相似。他人为之，与临本同，若之何能传世也？❹

巨然、元章、大痴、云林四家，皆学北苑，而面目各异，其故安在？一则因各家不一味泥古，而各有其独有之韵味。王履亦曾曰："谓吾有宗与？不局局于专门之固守。谓吾无宗与？又不大远于前人之轨辙。然则余也其盖处夫宗与不宗之间乎？"❺ 又曰："余也安敢故背前人，然不能不立于前人之外。"❻ 二则因一幅画中，不妨师法多家，如玄宰所云：

> 此仿倪高士笔也。云林画法，大都树木似营邱，寒林山石宗关全，皴似北苑，而各有变局。学古人不能变，便是篱堵间物，去之转远，乃由绝似耳。❼

要在食古能化，由古人蹊径中，可生出无限清新之面目，变化自能层出不穷。玄宰一画师法多家之言，后人亦深有不以为然者。是盖恐初学者心无定见，率意割裂古人之作，反遗其精华而取其糟粕，致毕生不能拔。至于画学已有根底者，固未可以此律之也。

（七）空灵

画中实境易，虚境难。实有迫塞之病，虚有空灵之趣。明代画论家，主张空灵最力者，李竹嬾也。其题画扇曰：

> 林樾纵横石面开，刚从树底数莓苔。若教试放平原目，百里凄迷入望来。❽

后并云："感近日作小景者，逼塞芜冗，绝无远近之致，故为说法，然余亦未能践也。"❾ 可知竹嬾对于空灵之重视。《六研斋二笔》中有一则，说明如何始能空灵。

佛云：众生怖空，以其莽荡无着落，

---

❶ 李日华《六研斋二笔》（《李君实先生杂著》本）3/28a。

❷ 唐志契《绘事微言》（商务印书馆影印文渊阁本）下/6a。

❸ 同注❷下/9b。

❹ 董其昌《画眼》（邓实辑《美术丛书》神州国光社铅印本）初集三辑一册4b。

❺ 孙岳颁《佩文斋书画谱》（上海同文书局印本）16/2a。

❻ 同注❺16/2b。

❼ 同注❹8b。

❽ 李日华《竹嬾画媵》（《李君实先生杂著》本）1/12a。

❾ 同注❽1/12b。

欲其证入，则如丧身失命也。不知诸法从空出生，向空灭尽。法有起灭，而空常晏然，何可怖也。今画家亦多怖空，盖自造则结想难就，仿作则蹈袭可厌。素楮横陈，直是无可措手处，安得不怖？不知此坐平日观人妙迹，徒知草草阅其气韵笔法，而于布置处，不甚留心故也。古人于一树一石，必分背面正赅，无一笔苟下。至于数重之林，几曲之径，峦麓之单复，借云气为开遮，沙水之迂回，表滩积为远近。语其墨晕之酣，深厚如不可测，而定意观之，支分缕析，实无一丝之芥，是以境地愈稳，生趣愈流，多不致逼塞，寡不致凋疏，浓不致浊秽，淡不致荒幻，是曰灵空，曰空妙。以其显现出没，全得造化真机耳。向令叶叶而雕刻之，物物而形肖之，与髹工彩匠争能，何贵画乎？❿

竹嬾论空灵之法，确自根源说起。空灵不能一味求空灵，万不可模糊影响，似是而非，以简笔淡墨，略加拖染，塞责了事。如此非真空灵，只可谓之曰含混。空灵当先从层次清楚做起，层次分明，然后有远近，有远近，然后知何处当虚，何处当实。画家胸中对于远近虚实有清晰之观念，画成之后，读画者始能有同等之感觉，不然未有不拖泥带水，理路紊乱者。《紫桃轩杂缀》中有一节，将画中之远近，分成三次第。

余游白岳回，与门人陈卫伯、维舟八里滩，推篷弄笔，写古岸荒菁，竹垒砢一石，四面草棘苔芜中萦一线白，为樵径，其上不作倚壁，溶然为云，为霭，为烟，为雨，为不可知而已，而自觉生动之趣不可没。因与陈生极论绘事。余曰："凡画有三次第。一曰身之所容，凡置身处，非邃密，即旷朗，水边林下，

多景所凑处也。二曰目之所瞩，或奇胜，或渺迷，泉落云生，帆移鸟去是也。三曰意之所游，目力虽穷，而情脉不断处是也。然又有意所忽处，如写一树一石，必有草草点染取态处。写长景必有意到笔不到，为神气所吞处。是非有心于忽，盖不得不忽也。其于佛法相法所云极回色，极略色之谓也。今世画者，惟不通此一法，故一概刻画板挺，而绝无飞动之韵耳。"⓫

远近分三次第，确道前人所未道。其第二目之所瞩，已是远景，第三之意之所游，直是以神摄取，空灵已至其极，而意所忽处，近于张爱宾所谓真正知了，于不知然而然之间画出。唐敫五有论写意一节，意亦仿佛。

写画亦不必写到，若笔笔写到，便俗。落笔之间，若欲到而不敢到，便稚。惟习学纯熟，游戏三昧，一浓一淡，自有神行。神到写不到乃佳。至于染，又要染到。古人云："宁可画不到，不可染不到。"⓬

染须染到，正以染不着迹，不碍空灵之故。

竹嬾于上文，略于身之所容，目之所瞩，而将意之所游及意之所忽处，阐说十分详尽。其意以为作画当以空灵取胜，可断言也。《紫桃轩又缀》中，有称许空灵之言可证。

绘事必以微茫、惨淡为妙境；非性灵廓彻者，未易证入。所谓气韵必在生知，正此虚淡中所含义多耳。其他精刻逼塞，纵极功力，于高流胸次间何关也。王介甫猖急朴啬，以为徒能文耳，然其诗有云："欲寄荒寒无善画，赖传悲壮有能琴。"以悲壮求琴，殊未浣筝笛耳，而以荒寒索画，不可谓非善鉴也。⓭

❿ 同注❶ 1/18a。

⓫ 李日华《紫桃轩杂缀》（《李君实先生杂著》崇祯甲戌刻本）2/34b。

⓬ 唐志契《绘事微言》（商务印书馆影印文渊阁本）下/12b。

⓭ 李日华《紫桃轩又缀》（《李君实先生杂著》本）1/30a。

所谓荒寒，微茫，惨淡，皆不脱空灵之境界也。

竹嬾论空灵，牵涉其他问题颇多，既谓空灵当注重布置，又谓不空灵便无飞动之韵。而最后一节，更称空灵与气韵有直接关系。所谓意之所游，与师自然亦无分别。凡气韵及师自然等问题，无时不萦绕于文人画家之心念。竹嬾自空灵说起，而究其极，依旧归到气韵及师自然等问题。可见文人思想，大都属于同一系统。有所述著，出发处或不同，其终点仍相遇，皆可互相印证，互相发明者也。

（八）生熟

生熟者，作画进益之阶段也。玄宰论字画生熟曰：

画与字，各有门庭。字可生，画不可不熟。字须熟后生，画须熟外熟。❶

所谓熟外熟，自不得与熟同一面貌，而玄宰所谓画之熟外熟，他家亦有称之为熟外生者，二者属同一阶段，皆熟至极，而后又生变化之境，名异而实同。顾凝远曰：

画求熟外生，然熟之候，不能复生矣。要之烂熟圆熟，又自有别。若圆熟，则又能生也。工不如拙，然既工矣，不可复拙，惟不欲求工而自出新意，则虽拙亦工，虽工亦拙也。生与拙，惟元人得之。❷

烂熟指油滑而言，熟成滥套，不复能化。圆熟乃得心应手，触纸成趣之谓。熟可以生巧，巧可以生变。熟可以工，熟之极乃可以拙。未熟而先能工能拙者，未之有也。玄宰《画旨》中有论工淡者一节，亦与作画进益之阶段有关，可为生熟二字作注解。

诗文书画，少而工，老而淡，淡胜工，不工亦何能淡。东坡云："笔势峥嵘，文采绚烂。"渐老渐熟，乃造平淡。实非平淡，绚烂之极也。❸

吾人根据玄宰之言，讵不可谓生拙曰"非生拙也，工熟之极也"？凝远论生拙，虽如上述，但亦未尝无别义，《画引》中又曰：

学者既已入门，便拘绳墨，惟吉人静女，仿书童稚，聊自抒其天趣，辄恐人见，而称说是非。虽一一未肖，实有名流所不能及者，生也，拙也。彼之生拙，与入门更自不同。盖画之元气，苞孕未泄，可称浑沌初分，第一粉本也。❹

是盖以自然天趣为生拙。又曰：

元人所以生且拙，盖滕羯之世，虽有宋唐名迹，藏伏不出，故一时风雅之流，相与戏弄文墨，别立宗派，世运文明，不在朝而在野，遂为千古典型耳。❺

复以画家毫不受古人之沾染为生拙。要之其能免于恶俗，则一。故凝远又有言曰：

然则何取于生且拙，生则无莽气，故文，所为文人之笔也。拙则无作气，故雅，所为雅人深致也。❻

无莽气，远粗犷，而剑拔弩张之态不生。无作气，近书卷，而雍容冲和之趣弥永。究其极则画之生熟，又与南北宋画家人品等问题有关系也。

❶ 董其昌《画眼》（邓实辑《美术丛书》神州国光社铅印本）初集三辑一册 1a。

❷ 顾凝远《画引》（崇祯诗瘦阁刊本）1/25b。

❸ 董其昌《容台别集》（崇祯刻本）4/43b。

❹ 同注❷ 1/26a。

❺ 同注❷ 1/26a。

❻ 同注❷ 1/27a。

第二十二章　李流芳之艺术思想

李流芳，字长蘅，其安徽之歙县人，至其祖，始徙居嘉定。万历四年乙亥生，崇祯二年己巳卒（1575—1629年），年五十五。

长蘅先生有《檀园集》十二卷，脍炙人口之《西湖卧游》、《江南卧游》等册之跋语在焉。崇祯二年，谢象三取与唐叔达、娄子柔、程孟阳诸公之作合刻为《嘉定四先生集》，后毁于火，康熙二十八年有陆扶照重刻本。

长蘅先生，标准之文人画家也。所谓标准文人画家，非指寄兴翰墨，信手涂抹，故借离形似、背物理以鸣高者，乃对于画理有真正之了解，审美有切实之见地，具深湛之修养，超凡之怀抱，且同时甚有功力之画家也。

或问曰：前代画家，凡能卓立不群，名垂后世者，当无不具以上之条件，何以今独举长蘅先生而论之，其有说乎？

夫吾人对于前代画家之认识，自以其所遗留之绘迹为主要材料。惟根据遗迹以研究其思想及造诣，未必能餍吾人之望。其故有二：（一）前人遗留之迹有限，且散置各处，所得见者不足为画家之代表。（二）就绘迹而论画家之功力，

尚属可信，若欲推测其怀抱及思想，则以缺少确实具体之根据，每易有论者之主观掺杂于内。若吾人对于一己之意见，尚未敢信其必然，而欲取信于人，其可得乎？为有以上之缺憾，故画家之诗文，为后人认识画家之绝好资料也。

又问曰：画家之有诗文集者亦众矣，何以独取《檀园集》乎？

《檀园集》，盖有其特殊之处。良以一般画家，即令其有深湛之艺术思想，即令其有绝妙之诗文，若其思想，未假诗文以充分表现之，则仍不足为吾人之研究资料。长蘅先生之诗文，虽未有专为论画而发者，而几每篇皆可取以解释其艺术思想，此其异于他家之诗文也。

当吾读《檀园集》及草此章时，吾未尝以为惟长蘅先生有如是之诗文，故始得有如是之思想。反觉凡前代之真正文人画家，所见所思，咸不致相去太远。第各画家未必假诗文充分现表之而已。是以今日实不妨借先生所赐予吾人对于艺术之认识，以明了一般文人画家之思想。吾之称长蘅先生为标准文人画家者在此，吾之所以研究长蘅先生之艺术思想者，亦在此。

第一节　先生对于自然之爱好及观察

画家作画之取材，自然为其渊薮，是以吾人研究画家之作品及思想，当注意其对于自然之态度，观察之方法，美丑之审定，欣赏之能力等问题。实则吾人何必注意求之，艺术家随时皆与自然有密切之接触，而于不知不觉中，已将其对于自然之感应一一表现。长蘅先生用以表现者，不仅以笔墨绢素，诗文亦其绝妙之工具也。

甲　自然之爱好

《檀园集》中，《芙蓉花下独饮戏柬里中兄弟》一诗曰：

爱此芙蓉花，簌簌水之湄，上有竹参差，下有水涟漪，水竹相映发，红白交光辉。自我牵物役，三年不见兹，前日吴门归，常恐后花期。家人向我言，花开尚未齐。连朝登楼望，风雨何凄其，恐复花憔悴，徒倚多嗟咨。花神好护惜，留此迟晴曦。今日秋爽佳，转觉花多姿，过雨着深浅，因风故高低，既耀朝阳色，更与落日宜，一生爱花心，输写当此时。何以酬花神，但有酒盈卮。自从抱病来，甘与麴糵辞，对此不快饮，空负看花为。但愿十日晴，兼谢尘鞅羁，客至不出迎，闭门客勿疑。虽有爱花人，不如我情痴。我思古人言："胜事空自知。"❶

吾以为"一生爱花心，输写当此时"二语，最能表现其爱好自然之真挚情感。起处已谓三年未见芙蓉，此番归来，惟恐错过花时，幸而未曾愆期，但又愁雨秋风，深虑有失，不意此日事事皆如人愿，其惊喜之情况，不难想得。先生真欲将年来累蕴之积愫，毕生爱花之热忱，一旦而罄之。是以二语发于真情，

豁然脱口而出。此时对花畅饮，与花徘徊，不惜为花破戒，不惜为花闭门杜客，真不惜为花牺牲一切，而终不禁自笑为情痴矣。

上诗可见先生对于花木之爱好，至于山水，则诗文中溢露之处更多。试观其万历三十六年戊申五月大雨所作之《苦雨行》：

冬春苦不雨，井竭水值钱。入夏雨不休，出门水接天。咄哉造物功，旱涝何其偏。贫家少生事，俯仰资薄田。平陆成江湖，一望令心酸。二麦既已尽，稚苗不得安。岁功苟如此，何以供粥饘？阿母向我言，汝忧良未殚，且勿计岁功，目前亦艰难。斗米如斗珠，束薪如束缣，瓶中蓄已罄，爨下寒无烟。小妇谋夕舂，大妇愁朝餐。前日雨压垣，舍北泥盘盘，昨夜雨穿屋，帐底流潺潺。篱落坏不理，衣裳湿难干。黾勉慰阿母，独坐穷忧端。海内方嗷嗷，常苦征赋繁。去年北大水，三辅民骚然，司农之远筹，往往苛东南。连年稍成稔，额外不肯宽，虽有卒岁储，倾囊输上官。吾观闾左情，岂堪一凶年？惜哉此长虑，谁为叩帝阍！传闻四郡间，告荒牍如山，贤侯轸民瘼，步祷良亦虔，庶几回天心，拯此鱼鳖患。褰裳出屋头，仰视云根蟠，水鸟立我傍，鸣蛙跳我前。础石润欲滴，青灯光不炎，晴占杳难期，雨势殊未厌。翻思二三子，裹足不到门。何时一相呼，诉此情缠绵？且当冒雨出，弄舟村东湾，远水正淡荡，树色相新鲜。浊酒尚可赊，聊以开心颜。❷

上诗若无最后十语作收，而一味言人民不堪其苦，速祈雨晴，吾将漠然处之，不过视之为寻常苦雨之纪事诗而已，又何足以表现先生对于山水之爱好乎？

长蘅先生家境不裕，不待读此诗

而得知。以农为食之家，旱涝相继，将何以堪？先生自入夏多雨说起，一步逼进一步。瓮中无粟，灶下无柴，目前之饥荒已难应付，更何暇作长久之计。不独此一隅如此，海内各处，皆嗷嗷待哺。加以捐赋苛繁，将历年薄蓄，尽攫为官有，而此时此际，雨势有增无减，真可使人愁困欲死。不问何人，写至此处，必定长吁短叹，搔首抚膺，怨天不仁。不意先生实在妙绝，于无可奈何之时，忽然念及自然之景物，可使心神一爽。只"翻思二三子"五字，轻轻掉转笔锋，将天大忧愁，抛至无何有之乡，思与二三友好，冒雨泛舟，一赏东湾久雨景色。远水连天，树木鲜洁，浊酒共倾，拼此一醉。实使人觉先生之高风卓绝，不同凡响。此诗若出此家中米谷满仓者之口，便不足奇，却偏从无隔宿粮之艺术家笔端写出。必何等胸襟，始能有如此怀抱。即此一端，已足见先生对于山水之爱好，于愁困之时，尚神色怡然，念念不忘也。

乙　观察自然之周详

王摩诘《终南别业》诗中曰"兴来每独往，胜事空自知"❸，并非一味孤僻，实因同一境界，常人视之漠然无动于衷，而艺术家可获得无穷之趣味。艺术家观察所得之景物，他人或根本未知其存在。艺术家所认为之胜事，他人未必以为胜。岂仅独游是独，即同游，又何尝不独？

《檀园集》中，记游山水之作，住者目不暇给，大可抗衡康乐，媲美辋川，设真欲欣赏其佳胜，不如读其全集。今于此不过略举数例，以见先生观察自然为何等周详精细耳。《自齐云乘筏至落石台留宿》：

五里十亭子，下山忘险难。爱此溪山晴，故作乘筏还。寒沙来回湍，下见文石斑。旭日来映之，浮动水石间。吾徒二三子，坐稳兴何闲，方过蓝渡桥，复见落石湾。落石势已奇，况此清流环。松萝挂绝壁，古色照我颜。前林正丹黄，烟郭粘远山。我欲留此石，一杯酹潺湲。褰被叩上方，待月同跻攀。❹

沿溪乘筏而下，夹岸平沙，中萦流水，著一"束"字，已觉其亲切。入后描写溪中所见，清泉莹澈，石子斑斓，波光日影，相与浮动，异彩焕发，愈觉其可爱。全诗写得最用力，说得最动人，便此水中文石。观察不周详者，岂解以此区区文石为诗料乎？

苏东坡《净因院画记》曾曰："予尝论画，以为人禽宫室器用皆有常形，至于山石竹木，水波烟云，虽无常形，而有常理。"实则山石竹木，尚属固体之物，变动最无常者，其水波烟云乎？惟以其变动无常，是以难形之于缣素，亦难托之于言辞。长蘅先生《西湖泛舟走笔戏呈同游诸子》曰：

自我别西湖，且复经年矣。譬如心念人，一见真可喜。故人知我癖，置我浮家里。着意筹云山，恣情逐烟水。昨夜泊湖心，清月照泠泠。今朝向南屏，余霞乍收绮。城头日欲上，山腰雾未已，忽然飞雨至，烟云互迤逦。遥山正一抹，长林涤如洗，坐觉雷峰失，已诧皋亭紫。咄嗟旦暮间，变态纷如此！山光与水气，相将弄奇诡。平生爱山心，对此即欲死，觅句畏唐突，作图但形似，不如浇以酒，一笑铲魂磊。吾友五六人，大半羁城市，可怜两闽子，喀喀亲药饵，三严皆好奇，何为亦徙倚。良会不再得，参商限尺咫。

❶ 李流芳《檀园集》（崇祯己巳谢象三刻《嘉定四先生集》本）1/8b。

❷ 同注❶1/4b。

❸ 王维《王右丞集笺注》（赵松谷笺注本）3/7a。

❹ 同注❶1/18a。

163

使我情怅然，人事难俱美。举觞属同游，当共惜此晷。❶

长蘅先生于西湖泛舟，由昨夜明月，说至今朝初旭。城头日上，山腰宿雾欲消，显是晴和天气。忽然一霎时变成阴雨，湿气弥漫，雷峰消失于烟云中，遥山只见一抹，林木因经雨而青葱，皋亭因在云外而呈紫色。顷刻之间，皆有变化。大自然之幻态，信是奇观。所谓"山光与水气，相将弄奇诡"，可令观者目瞪口呆，无从捉摸。一经先生之笔写来，事事亲切，如在目前。设当时观察不周详，便无从再现之于诗中矣。

天地间景物之变幻，时间乃其主要之因素。先生之《弹山左阜待月独饮》一章，乃自始至终，丝毫不紊，循时间之过程，而记之以诗者。

寻幽爱独往，发兴因落日，坐眺湖南山，光影互吞蚀。湖中与山外，倒见两轮乾。暝色下村坞，千花发光泽。澄波忽凝练，新月皎然出。初疑琥珀光，俄作琉璃色。依然此石上，变态何恍惚。风细来林香，露凉减酒力。仰观快澄霁，俯瞰景深墨。林端见远火，归径迷欲失。❷

吾人默读上诗，便可借诗意而引入长蘅先生所经历之境界，恍如当日曾与先生同游者。

夕阳时出游，面湖对山，择拉置惬意之磐石而踞之。山光岚影，与云霞相舒敛，山外斜日，倒映湖中，上下两轮金乾。落照渐移，未被阳光之村坞，已浸入夕阳中，灿灿发光，有如千树绽花，目为之眩。此际湖中已无落日之返照，颜色渐深，亦不及适才之流动。须臾月上，乍涌出时，颜色红赤，近似琥珀，俄升而上，色浅而明澈，乃似琉璃。自日落至月上，长蘅先生踞坐之处未移，

而每一刹那间，景物皆不相同。

"风细来林香，露凉减酒力"，为夜色已定之情景。树木发清越之幽香，于夜静时更为显著。而酒力之微，亦以入夜气候渐凉之故。仰望夜空，澄澈无际，俯瞰湖水，深碧黯然。村坞灯火，于林杪隐现。恣观大自然种种变态之后，黯然有归意，回顾来时之途径，不知其已没入夜色中矣。

取先生之诗而解释之如上，好事之讥，自知不免。不仅于读书之欣赏方面无补，反将诗中之佳趣，斫丧无遗。惟吾所注重者在指明时间与景物之关系，艺术家如何观察入微，内心之趣灵如何与外界时时交感。盖诗人之情境由此体历，画家之胸襟由此蕴积。明乎此，则艺术家有超越作品之产生，岂偶然哉？

丙　审美

画家作画，必画其所以为美者，未尝有将心中所厌恶者，亦形之于绢素，作为美之陪衬。是以吾人欲知某家之审美观念，专就其画观之，仅能知其所以为美，而无从知其所以为丑。设取画家之诗文为研究材料，却可补救上述之缺憾。

大凡景物之美丑，可分为以下两类：（一）自然本身，因地域不同，有美丑之别。（二）自然本美，因人俗而丑。譬如《燕中归为闲孟画烟林小景有感而作》一诗，即属于第一类者。

我行江北路，转爱江南趣。虽有远近山，而无高低树。山枯石欲死，泉涸涧亦痼。平生山水欢，所遇顿非故。揭来扬子边，望见江南雾。雾中何突兀，金焦与北固。春山一何青，春江一何素，

得非笔变化，毋乃墨吞吐？恍如逢故人，此意不能喻。吾家鄮城东，小筑溪头住。春流正环门，夏木将荓互。尝耽诗中色，兼识画中句。游好在所生，毋为勤远慕！**❸**

长蘅先生生于江南，作画即以江南山水为粉本。此时自燕中归来，省识北地山水。江南风景秀媚，远非江北所能比拟，相形之下，妍丑判然。一起八句，为在燕中时对于当地景物之感想。因江北山水之干枯，愈觉江南山水之可爱。燕中虽有远近山，树木却远不及江南之茂畅。树木不茂畅，山石亦干枯。加以涧壑中无泉流，愈见其沉寂欲死。山水如此，岂不使人大失所望？长蘅先生对于山水之审美，心目中有一定之标准。如上所云之燕中景色，几不足称为山水矣。

《檀园集》中有《游虎丘小记》，虎丘绝佳，惟因游者太众，清幽之山林，竟成闹市。此乃山水本美，因人俗而丑者。

虎丘中秋游者尤盛，士女倾城而往，笙歌笑语，填山沸林，终夜不绝，遂使丘壑化为酒场，秽杂可恨。予初十日到郡，连夜游虎丘，月色甚美，游人尚稀，风亭月榭，间以红粉笙歌一两队点缀，亦复不恶，然终不若山空人静，独往会心。尝秋夜与弱生坐钓月矶，昏黑无往来，时闻风铎，及佛灯隐现林杪而已。又今年春中，与无际舍侄，偕访仲和于此。夜半月出无人，相与跌坐石台，不复饮酒，亦不复谈，以静意对之，觉悠然欲与清景俱往也。生平过虎丘才两度见虎丘本色耳。友人徐声远诗云："独有岁寒好，偏宜夜半游"，真知言哉！**❹**

设有人求长蘅先生画虎丘图，据吾人之推测，不画林间灯火，望中佛塔，便画明月在天，树下有人跌坐，总不脱所谓虎丘本色，从幽寂处立意。果然不出吾人之臆断，长蘅先生有为孟阳所作之虎丘图，跋云：

虎丘宜月、宜雪、宜雨、宜烟、宜春晓、宜夏、宜秋爽、宜落木、宜夕阳，无所不宜，而独不宜于游人杂沓之时。盖不幸与城市密迩，游者皆以附膻逐臭而来，非知登览之趣者也。今年八月孟阳过吴门，余拿舟往会。中秋夜无月，十六日晚霁，偕游虎丘，秽杂不可近，掩鼻而去。今日为孟阳画此，不觉放出山林本色矣。丁巳九月六日，青溪道中题。**❺**

若使仇实父作此，意必万灯笼烛，士女摩肩，以刻画繁缛之景见长。"仁者见仁，智者见智"，审美观念，人各不同，画之取景，自亦各随所好也。

属于第二类者，尚有《戏示山中僧侣诗》，乃极饶风趣之作。

山居不须华，山居不须大，所须在适意，随地得其概。高卑审燥湿，凉燠视向背，楼阁贵轩蒨，房廊宜映带。或与风月通，或与水木会。卧令心神安，坐令耳目快。皋亭美林壑，中塔亦称最。一楼负山立，主宾如向晦。山僧请余住，余性苦不耐，劝令卅八窗，咄嗟变湫隘。前槛布清阴，后户揽苍霭，玲珑称人意，萧爽出尘界。辄然谓山僧，此中固有解。往往住山人，不知山好在。我昨居新庵，结构亦可怪，居然仇凉风，似欲杜灵颖。古梅如老宿，亭亭使人爱，其下安灶突，柯条半焦坏，悲哉冰玉姿，坐受熏灼害！见之热五内，如身被桎械。谁当共拯此，移灶出树外。面南辟小扉，日与香雪对。

❶ 李流芳《檀园集》（崇祯己巳谢象三刻《嘉定四先生集》本）1/14a。

❷ 同注**❶** 1/1b。

❸ 同注**❶** 1/3b。

❹ 同注**❶** 8/5b。

❺ 同注**❶** 11/12b。

区区一缮费，功德乃万倍。吾言不见用，终为未了债！❶

长蘅先生乃善于位置园林者，凡经先生之经营，必能使其丘壑无穷，无适弗该。钱牧斋《列朝诗集》，先生之小传中曰："长蘅居南翔里，其读书处曰檀园。水木清华，市嚣不至，一树一石，皆长蘅父子，手自位置。琴书萧闲，香茗郁烈，客过之者，恍如身在画图中。"❷ 先生既善于此道，是以一经先生之目，立能审其美丑。先生访《秦心卿溪上懒园不遇有作》诗曰："溪上好园亭，君家闻最胜，经过已廿年，今始识三径。翳然林水间，爱此飞阁映。位置不在多，贵与风物称……"❸ 赞美不绝于口。今见寺僧，负山立楼，萧爽禅房，沦为湫隘，又不禁诋诃不遗余力。何况最痛心者为梅下安灶突，煮鹤焚琴，无过于此。先生爱花入骨，岂能坐视花受摧残。当时身被酷刑、坐立不安之状，不难想见。全篇虽以游戏之口吻出之，而其态度，则殊严厉也。

丁　微妙之意境

艺术家观察自然，往往注意微细之景物，以及与时间倏速变动之幻态。以上种种，不问其有常形，无常形，究竟尚有形有体，不难目击。若穷其玄妙，画家往往能于其所处之环境中生出微妙之意境。究其来源，由于观察，由于审美，由于内心对于自然，有特殊之灵感。此种意境，既渺无踪迹，亦难以言宣。但往往能于画幅或诗句中，悄悄传与读者。艺术家于不知不觉中，无意而得之，又于不知不觉中，无意而发之于诗，发之于画。后人欣赏诗画，或亦能于不知不觉中，无意而领会。今试录两章于后，

留供读书欣赏，恕不更喋喋饶舌，作徒劳无功之解释也。

《过皋亭龙居湾宿永庆禅院同一濂澄心恒可诸上人步月》二之一：

每多方外游，见僧即如故。灯明一龛下，夜长悭深晤。不知山月上，千林已流素。出门寻旧溪，爱踏松影路。气和空宇澄，寒魄如春露。去寺不数武，回瞩惊莽互。幽泉洗我心，微钟杳然度。❹

《南归》诸诗中，《雪夜至恩县作》：

日暮雪色深，旷野绝行踪。舆人惑四方，东西视天风。忽然见新月，冉冉来云中。雪亦能照夜，得月光始通。度彼九曲坂，赖此两素容。不知城郭近，杳尔闻微钟。我从天末来，已觉下界空。❺

第二节　先生如何作画

画家作画，所经历之步骤，大都不外乎心目中先有所见，然后再形之于绢素。吾人可称之为未具形之绘画，亦即绘画之前身。今所讨论者为：画之前身由何产生，其来源为何？换言之，画为如何画成者，画家如何由自然取得，而供其挥洒？是否完全取诸自然，抑尚有其他不同之来源？

甲　以往日经验发而为画

吾国画家，虽有奚囊之说，见一树一石，姿态绝妙，便以笔摹之，贮于囊中，作为后日之画稿，但向未闻有特意于野外高支画案，丝毫不苟，对景写生者。景物入画，往往由于画家游历山水，心有所得，日后再现于笔底。其间有相当期日，存于画家神想中，盘桓酝酿，自有一朝脱颖而

李流芳之艺术思想

出者。正如李日华所云："每行荒江断岸，遇敧树裂石，转望之，面面各成一势。舟行迅速，不能定取，不如以神存之，久则有时入我笔端。此犀尖透月之理，断非粉本可传也。"

吾国绘画，尤指山水，十九皆如此画成者。惟若画家于画端不置一词，后人仅观其画，不得知也。幸而长蘅先生题画文字甚多，且往往告人，如何将以往之经验，发而为画。

长蘅先生之画，颇有第一日游山水，次日便发之于画者。如《为子将题画》曰：

千重万叠涧中山，山翠林霏空色间。怪得灯前夸泼墨，徐村昨日看山还。❻

跋云居寺画：

武林城中，招提之胜，当以云居为最，绕山门前石皆长松，参天蔽日。相传以为中峰手植，岁久浸淫，为寺僧剪伐，什不存一，见之辄有老成凋谢之感，殆不欲多至其地。去年五月，偕方回泛小舟，自小筑至清波，访张懋良寺中。落日坐长廊，沽酒小饮已，徘徊城上，望凤凰南屏诸山，沿月踏歌而归。翌日遂为孟阳画此，殊可思也。壬子十二月，鹿城舟中题。❼

跋永兴兰若曰：

壬子正月晦日，同仲锡子与，自云栖翻白沙岭至西溪。夹路修篁，行两山间，凡十里，至永兴寺。永兴山水夷旷，平畴远村，幽泉老树，点缀各各成致。自永兴至岳庙，又十里，梅花绵亘村落，弥望如雪，一似余家西碛山中。是日饭永兴，登楼啸咏，夜还湖上小筑，同孟阳、印持、子将辈痛饮。翌日出册子画此。癸丑十月，乌镇舟中题。❽

跋《云栖晓雾图》曰：

壬子正月晦日，与仲锡、子与出云栖，慧法师、季酥居士，送予辈至三聚亭下。是日大雾，山林模糊。已而霁，至西溪还小筑。明日孟阳持册子索画，遂追图此意，今又二年矣。乌镇舟中子将、子与、孟阳夜话，偶题。❾

画家之神思，异于寻常人，因其爱好自然，对于景物之感应，极为灵敏，所得之印象，亦较常人为深刻，不必特意思索，自不遗忘。

且往往似已不复记忆，不知何故，经何物之启发，又重现于目前。是以莫以为今日所得之景象，必须于最近之未来画出。长蘅先生之紫云洞，乃蕴积三年，而始发而为画者。跋曰：

己酉三月，偕闲孟、无际、子薪、舍弟无垢、从子缁仲，登乌石峰，寻紫云洞。洞石甚奇，而惜少南山秀润之色，然境特幽绝，游人所罕至也。后三年，在小筑灯下，酒酣弄笔，作水墨山水，觉旧游历历都在目前，遂匙云紫云洞图，竟不知洞果如是画否？当以问尝游者。余画大都如此，亦可笑也。❿

何止三年，竟有二十年前之旧迹，一旦又复生者。《江南卧游册题词》跋横塘称：

去胥门九里，有村曰横塘。山夷水旷，溪桥映带，村落间颇不之致。予每过此，觉城市渐远，湖山可亲，意思舒然，风日亦为清朗，即同游者，未喻此乐也。横塘之上，为横山，往时曾与潘方儒，阻风于此。寻径至山下，有美松竹，小桃方花，恍若异境，因相与攀跻至绝顶，风怒甚，几欲吹堕，二十年事也。中秋后三日，画于孟阳阊门寓舍。九月复同孟阳至武林，夜雨泊舟朱家角

❶ 李流芳《檀园集》（崇祯己巳谢象三刻《嘉定四先生集》本）1/20b。

❷ 钱谦益《列朝诗集》（宣统庚戌神州国光社排印本）丁集13下/2a。

❸ 同注❶1/24a。

❹ 同注❶1/17b。

❺ 同注❶1/27b。

❻ 同注❶6/9b。

❼ 同注❶11/1b。

❽ 同注❶11/4b。

❾ 同注❶11/8a。

❿ 同注❶11/7a。

补题。❶

今吾将回至适才未及详论之问题，画家于何等环境下，能受富有刺激性之动力，而启发以往之经验，使之入画？往往乃不知其然而然者，恐画家亦未必能自知其究竟。或因目前又有佳山水，因今日之所见，又联想至往日之所谂。如《甲辰与王淑士平仲参云栖舟中题画》曰：

燕子矶上台，龙潭驿口路，昔时并马行，梦中亦同趣。后来五云山，遥对西兴渡，绝壁瞰江立，恍与此境遇。人生能几何，江山幸如故，重来复相携，此乐不可喻。置身画图中，那复言归去。行当寻云栖，云深渺何处？❷

长蘅先生所画者为昔日所游之燕子矶，而启发其画燕子矶者，乃后日所见之五云山及西兴渡。更如先生《题画册》曰：

戊午夏，写经皋亭真歇禅师塔院，平头从城中装一小册，置筪中。六月出山，舟中热甚，不堪近笔研，开而复卷。八月重至湖上，复携此册而往，舟中无事，画得五帧，意倦辄止。归而匆匆治装，北行途中病还。数月以来，不见湖山，无从发画思。❸

便将无从发画思，归罪于目前无清幽之山水。

艺术家之思想，乃极灵活而无规律者，岂每次皆必须有清幽之山水，始有作品之产生乎？不然，绝对不然，但观其《题画赠闻翁》一首便可知。甚至处于与往日相反之环境中，皆能启发往日之经验而作画。

闰夏郁残暑，园居如甄中，却思好林泉，无过旧龙泓。深路入篁竹，溪流漱松风，葱翠日在眸，清凉变尘容。偶然弄笔墨，意与泉石通，如闻

溪阁响，似见林霏浓。龙泓老神仙，七十颜犹童。往往携我画，揭来登此峰。我欲往祝之，道远不可从。寄此侑千觞，挂壁烟濛濛。❹

酷夏枯坐室中，燥热已甚，将如何能乞得一剂清凉散乎？忽忆往日所游之龙泓。当先生言及此处，早已神往，循修竹交翳之窄径，款步入山。溪流潺潺，松风谡谡，幽籁清韵，一时相答，而不复自知身在何许，但觉葱翠满目，尘襟为之尽涤。于是拈笔濡墨，铺纸作画，适才之意境，一变而为纸上之画境，画境之中，又尽量可容神思盘桓。入后所谓之"如闻溪阁响，似见林霏浓"，又先生于一己之画中所见之情景也。

上诗诚足供吾人潜心玩味，以其既告人如何于可厌恶之环境中竟能启发以往清幽之游境，又言及静默中画思迈进之程序，同时又如何能于意境及画境中获得精神上之愉快。前于宗炳《画山水序》一节中，谓关于画家于挥毫作画时所得之兴致，当于后代之画论中求之，盖指此也。

乙　以不同之经验掺和作画

吾国画家向不受任何拘束。大自然之供给无穷，画家之取舍，不妨自作主张。某处山佳，某处水佳，某处树佳，某处石佳，各处或相去千里，却大可同纳于尺素之内，成为画家最完美、最合乎理想之境界。先生之《题画为徐田仲》一篇中有：

钱塘襟江带湖，山水映发，昏旦百变，出郭数武，耳目豁然，扁舟草履，随地得胜。天下佳山水，可居可游，可以饮食寝兴其中，而朝夕不厌者，无过西湖矣。余二十年来，无岁不至湖上，

或一岁再至，朝花夕月，烟林雨嶂，徘徊吟赏，履足而后归。湖上友人，爱余画甚于爱山水，舍其真而求其似，余尝笑之。然余画无本，大都得之西湖山水为多，笔墨气韵，间或肖之，但不能名之为某山、某寺、某溪、某洞耳。❺

先生既谓其画大都得之西湖山水，但画成之后，何以不得名之为某山、某寺、某溪、某洞？只因先生并未按照各地呆板写实，而凭一己之审美眼光，加以剪裁选择，将不同之经验掺合一处，采各地之精华，荟萃成最惬意之山水。试更读先生之《题云山图》：

甲子嘉平月，九日大雪，泊舟阊门，作此图。忆往岁在西湖遇雪，雪后两山出云，上下一白，不辨其为云为雪也。余画时，目中有雪，而意中有云。观者指为云山图，不知乃画雪山耳。放笔一笑。❻

长蘅先生作此画时，乃在阊门舟中，望雪山而成者。而先生心目中所有之意识，却是往日西湖湖上之南高北高二峰，云雪弥漫，不能分辨之情景。是以画成之后，观者竟指为云山，此岂非将往日他处看云山之经验，掺入今日所见雪景之明证？由此可以明了中国画家，何以不喜对景刻画，而且菲薄类似地理舆图之山水画。

丙　以设想作画

以往日的经验作画，不问其经验为单纯抑掺杂，毕竟有所根据；以设想作画，较以上二者，更为渺无依傍，近乎幻想。《题六浮阁图》曰：

余买一小丘于铁山下，登陟不数十武，而尽揽湖山之胜，尤于看梅为宜，盖踞花之上，千村万落，一望而收之。

久欲作一小阁，名为六浮，六浮之名，遂满人耳，而阁竟不就。友人邹孟阳见余叹息，每欲代为经营，今日始引孟阳至其地，亦复叫绝不能已。余因为作六浮阁图，兼题一诗，冀孟阳无忘此盟，时丁巳八月十八日也。

十年山阁不得就，却负青浮日夜浮。故人一见豁双眼，何日三间销百忧。冰花琪树乱槛外，银山雪屋排檐头。百年有钱作底用，一朝卜筑偕行休。君家西湖我震泽，往经冬夏来春秋。十千到手即可办，非我求君君自谋。❼

纵将六浮阁说得十分火炽，实则终未造成，至于先生所作之六浮阁图，不待见吾已知其巍然高处梅花中，尽揽湖山之胜矣。《题画册为同年陈维立》曰：

维立兄以素绫小帧索画，且戒之曰："为我结想世外，勿作常景。"余思世外之境，则如三岛十洲，雪山鹫岭之类，不独目所未经，亦意所不设也，其何能施笔墨。窃以为景在人中，而人所不能有之者多矣。前人之所有，而后人之不得而有之者，多矣。夫人所不得而有之，即谓世外之景，其可乎？俯仰古今，思其人，因及其地，或目之所经，而意之所可设，是可以画。画凡十帧，如渊明之柴桑，无功之东皋，六逸之竹溪，贺监之鉴湖，摩诘之辋川，次山之浯溪，乐天之庐山，子瞻之雪堂，君复之孤山，所谓今之人不得而有之者也。如渔父之桃源，则所谓人亦不得而有之者也。❽

先生一起谓三岛十洲等不能入画，以"不独目所未经，亦意所不设"。实则先生所画之十帧，前贤往哲之名胜居多，何尝能亲生其时，亲至其地，亲睹其景，而一一传之于缣素。桃源渔父，更为渺茫，与三岛十洲，实相去无几。

❶ 李流芳《檀园集》（崇祯己巳谢象三刻《嘉定四先生集》本）11/11a。

❷ 同注❶ 11/4a。

❸ 同注❶ 12/5a。

❹ 同注❶ 1/35a。

❺ 同注❶ 12 /15a。

❻ 同注❶ 12/12b。

❼ 同注❶ 2/14b。

❽ 同注❶ 12/10a。

以上列各题材作画，岂不仍须全凭设想构图？惟比较近乎世情世景，不必故出新奇，强一己之性情而作怪谲之景而已。

丁　以画家之本性入画

长蘅先生有《题画赠潘子方孺》曰：

吾闻泰山五大夫之松，干云碍日摩苍穹，廿年奔走燕齐道，无由扣岳攀虬龙。考之所闻及传记，此松不复仍秦封。松寿千年亦常耳，况此神物闲气钟。帝王褒崇万灵护，不夭斤斧谁能穷。树犹如此人则郁，长生久视安可逢？嗟吁乎潘子！与汝同庚吾先汝，相看同是知非翁，弱冠论文今老矣。当年意气凌云霄，不贵不去真可耻。四十九年成一往，百年疆半能余几。拟将末后见先师，莫漫随流称荡子。君不见此五松图，意长楮短可奈何。干云碍日空想象，横柯接叶聊婆娑。吾侪屈折亦如此，岁寒自保应无他。❶

先生生于明之末季，清兵入犯，魏珰乱政，内忧外患，国事日非，愤激之情，于《南归》诸诗可见，其所作五松图，非写松也，写其本性耳。

吾上所云，必有以不为然者。以为先生画松，并非将一己之本性写入松，不过假松之品格，以表现其本性耳。若不然，先生何以不画他树，而独画本具高洁品格之松乎？其说不为无见，惟吾敢断言，当其作画时，必不作如是观。先生当自觉有自主之动力，将一己之精神及本性，贯注在所画之对象中，使对方原有之品格，格外有浓厚之意味，活跃之动态，可永垂而不朽。

戊　以我即造化之态度作画

造化为万物之主，万物之生，皆由于宇宙之力。我为造化之主，即将此宇宙之力，归为一己所有，与自然同有造物之权，甚而以为我即宇宙，宇宙即我，一切形态由我生，一切变化由我主，从心所欲，无可无不可。此种态度，最为伟大，实亦画家之止境。

长蘅先生《酒后为郑闲孟画扇戏题》云：

吾爱水上亭，覆以柳如丝。不独水清浅，春风故来吹。水绿柳斗青，顾盼明须眉。荒园二三亩，新栽四五株，下有沮洳流，上无黄草茨。时亦偕吾友，对此斟酌之。适兴聊复尔，点缀亦何为？❷

以此种方法作画，与设想不同。不同安在，在所持之态度也。上诗为醉后戏题者，则其画，当亦于同等放逸不羁、信手所之之情况下写成。但观第二句"覆以"二字，便可知一切景物，俱由先生造物之权而产生。吾人不妨解释之如下：水上亭，乃长蘅先生意境中所设而以为可爱者。设亭上有依依之杨柳，则更可爱矣。是以便于亭上添画杨柳。杨柳之生，并非由于天地造化，而由于全归先生自主之笔端。吾人更当以同等之眼光向下读去，清水和风，无不由先生一人主持，而使其现于画上。如此担当一切，直居不疑之态度，当有如何伟大之魄力，始肩负起，而在先生，却信口信手出之，似未尝费分毫之气力也。

沈存中《梦溪笔谈》中有言曰：

书画之妙，当以神会，难可以形器求也。世之观画者，多能指摘其间形象位置，彩色瑕疵而已，至于奥理冥造者，罕见其人。如彦远画评言，王维画物，多不问四时，如画花往往以桃、杏、芙蓉、莲花同画一景。予家所藏摩诘画袁

安卧雪图，有雪中芭蕉，此乃得心应手，意到便成，故造理入神，迥得天意。此难可与俗人论也。❸

凡自以为造物由我作主者，不仅一切景物可从心生，即宇宙间所不能有之现象，悖乎常理之状态，亦不妨由我作主，使之实现。所谓"造理入神"者是。

吾人不知长蘅先生曾否有雪中芭蕉之作抑其他与此类似之作品，惟于其《和朱修能蕉雪诗》中，却将此理阐说非常透彻。

蕉阴六月中，风前飒萧爽。夜半孤梦回，时作山雪想。冬寒雪片深，敲窗得清响。庭空碧叶尽，幽意犹惚恍。亦知不相遭，所贵在相赏。达人观世间，真幻岂有两？雪中蕉正绿，火里莲亦长！❹

一起八句，分作两排。前四句乃由芭蕉想至雪，后四句乃由雪想至芭蕉。再后四句，谓至人所见之理，真与幻二者，初无二致，是以不妨凭我所见之理，使之实现。故敢切实言曰："雪中蕉正绿，火里莲亦长。"长蘅先生既敢切实言之，则自亦敢切实画之也。

第三节　就先生诗文中窥得诗画与自然之关系

当吾未讨论此问题之前，将先为诗划一范围。

刘勰于《文心雕龙》中曰："若乃山林皋壤，实文思之奥府"❺，已认为自然乃诗文之渊薮。又曰："宋初文咏，体有因单，庄老告退而山水方滋。"❻游览诗自六朝而后，确于诗中占重要之地位。及摩诘以诗家而兼画家，诗与画发生密切关系，更觉画家之诗，当以写山水之作为正宗。吾人研究画家之诗，自当偏重写山水记游览诸篇。

画家之诗，与画究竟何以有密切之关系？曰：其关系在画家于自然获得美妙之境界，每思将其重现，重现之工具，或以诗，或以画。画与诗，乃不同之工具，而用以表现同一之内容。

甲　画与自然之关系

画家于自然，获得美妙之境界，现之于画，但画中所表现者，未必能悉如当时神思中所有之境界。是则画不足以为自然之替身矣。惟画家一展旧日之作品，旧时所有之境界，自能因画而得完全复现。长蘅先生跋《南屏山寺》曰：

往岁甲寅，同淑士平仲过南屏居然亭看石壁，叫绝。以后数至湖上，或到南屏，看友人辄别去，徘徊两山，欲一至居然亭而不果矣。见余画，始恍然如梦中也。❼

跋岣嵝云涧曰：

今年无回在灵鹫，余在小筑，无回书来，屡约余看红叶，云且扫岣嵝山阁以待余。余跃然欲赴，会体中小极，不果。比同孟阳至灵鹫，则无回复以事归矣，为之怅然。是日至岣嵝，树庵上人，方禁足清音阁上，皋亭大慧长老亦在焉，相与啜茗而去。展此图，忆岣嵝山水清远，深恨不得少留，践无回之约。遂题之以订后期。❽

惟其读画有如游山水，是以宗少文《画山水序》中曰："夫以应目会心为理者，类之成巧，则目亦同应，心亦俱会，应会感神，神超理得，虽复虚求幽岩，何以加焉？"并将游历所经各处，图于壁间，以供卧游。长蘅先生亦深会其意，而有西湖卧游、江

❶ 李流芳《檀园集》（崇祯己巳谢象三刻《嘉定四先生集》本）2/17a。

❷ 同注❶ 1/2a。

❸ 沈括《梦溪笔谈》（光绪二十八年人关唐氏成都刊本）17/1b。

❹ 同注❶ 1/15a。

❺ 刘勰《文心雕龙》（商务印书馆《国学基本丛书》本）138。

❻ 同注❺ 16。

❼ 同注❶ 11/6a。

❽ 同注❶ 11/10a。

南卧游诸册之作。自此点观之，画家视其作品，与自然无殊也。

以上所谓之自然，与画为有限制者。换言之，即在指明某处之山水画与某处之真山水，二者所有之关系。至于笼统言之，不限定某处某地之山水画，长蘅先生对其感觉，为如何乎？是否与自然有相同之功效，使人心旷神怡乎？《任城舟中题画》曰：

> 过却风波两月程，又拌车马逐尘行，无端试写秋山看，勾引闲心一夕生。❶

长蘅先生因两月来之跋涉劳顿，偶尔拈笔，写此山容，不禁使其抛却一切尘俗之念，油然生闲逸之心。从此处着眼，先生显然将其画中之秋山，视作天地间之秋山，皆可令人心旷神怡。二者之功效，在先生观之，殆无分别也。

凡上所云，乃先生将画本视作真山水。反之，先生亦有将真山水视作画本者。如《跋孤山夜月图》曰：

> 曾与印持诸兄弟，醉后泛小艇，从西泠而归。时月初上，新堤柳枝，皆倒影湖中，空明摩荡，如镜中，复如画中。久怀此胸臆。壬子在小筑，忽为孟阳写出，真是画中矣。❷

已画出后，固是画中，先生在未画出时，已将自然视作图画，所谓"如镜中，复如画中"是也。更如《燕中归为闲孟画烟林小景有感而作》一首中有："……揭来扬子边，望见江南雾，雾中何突兀，金焦与北固。春山一何青，春江一何素，得非笔变化，毋乃墨吞吐？……"平素作画，以变化之笔，吞吐之墨，状写云山。今日真对云山，翻将云山作为画本。此种句法，并非故意倒装，以求清警，实因先生胸中，本有真山水即画本、画本即真山水之

观念，始能道出也。

乙 诗与自然之关系

诗与自然之关系为何？曰：二者皆可以予艺术家美妙之境界，此其根本相同处也。《宿东阿旧县同张宗晓张伯美小饮村西梨树下作》：

> 寨帷见山色，知是东阿路。不忍驱车行，愿言得少住。旧县好村落，下车日未暮。青山绕村西，桃梨亦无数。花光与山气，似喜轻阴护。尝爱岑嘉州，花缺春山句。何意风尘中，乃与赏心遇！为我倾酒筒，婆娑此芳树。辛苦十日余，博此少时趣。三杯洗颜色，陶然得吾故。❸

"竹深喧暮鸟，花缺露春山"❹乃岑参之诗句，盘桓于长蘅先生之胸次已久。读古人佳句，蕴积在心，心中所有，并非仅仅"花缺露春山"寥寥五字，而乃因此五字所造成之极浑成、极幽美之境界。

长蘅先生之诗曰："何意风尘中，乃与赏心遇。"赏心者何，因岑参之诗句而有之境界。所遇者何，即今日所见与"花缺露春山"诗意相合之风景。

按寻常之惯例，诗之成，由于自然所与之境界，因有此境界而写成诗。此次恰恰相反，由古人之诗句，获得一意境，心中存此意境，再反而求之于自然。孰料今番二者巧合，更于不期然而然之情况下得之，是以不觉惊喜叫绝，停车而不忍去。

自诗句所获得之意境，与自自然所获得之境界，并无分别，则自然之境界，可使人发而为画，诗句所予人之意境，当然亦可以之为画材。此所以东坡居士称王摩诘"诗中有画，画中有诗"，而

历来画家题画，称写某某人诗意者，多至不可胜数也。

诗与自然，既皆能予艺术家美妙境界，则二者之关系，不言可喻矣。

丙　诗与画之关系

自然之再现，不问以诗抑以画，咸非易事。因即使自然之境界融会在心，纤毫不遗，但未必为文字或图画所能表现。间或有神来之笔，快意非常，亦所谓"文章本天成，妙手偶得之"，岂能次次皆惬人意。是以往往身历佳境，目有佳景，心有佳思，但却欲道不能，欲传无术，惘惘若失。长蘅先生于《白岳游纪序》中曰：

友人徐声远诗云："向平五岳无一字，其名亦自垂千秋。"予每读而壮之，举以为游者劝。及遇山水佳处，嗒然无言，有知之而不能以告人者，又自恨才不逮情，则聊举声远之言以自解。❺

吾以为长蘅先生，一生用心最苦，致力最深，便在以诗以画再现其由自然所得之景象。其再现之目的，并不在为人欣赏，求人称扬，而实为己身可从中获得无穷之乐趣，少文所谓"畅神而已"是也。今举数例于后，则先生索诗之苦可知。《西湖泛舟走笔戏呈同游诸子》诗中曰：

……山光与水气，相将弄奇诡。平生爱山心，对此即欲死。觅句畏唐突，作图但形似。……

前节论此诗时，言及先生观察自然如何周详，能将变态无常之景物，写得尽情尽致。但看似得之甚易，毫不费力，孰知乃费尽思索，惟恐唐突美妙之自然始苦吟而得者。

《西碛看花宿六浮阁上走笔示闲孟兼呈同游诸子》诗一起曰：

去年梅花新，爱杀钱家渚。花光与水色，映彻乃如许。我欲作一诗，绪多不能举。因之发浩想，就此结茅宇……❻

花光水色，相映成趣，思欲托之歌咏，但心欲言者，多至不知从何说起，真不如索性搁笔，结屋久居于此也。

《跋江干积雪图》：

甲寅腊月，自新安还，孟阳舣余湖上，大雪袯被，与李天白、孟阳方回宿舟中。时已迫岁，子将强挽余，欲脱不得，晨起，潜呼一小舠而遁。雪已霁，白云出山，与雪一色，上下光耀，应接不暇。拟作一诗以归思，卒卒不果，终是一欠事也。己未夏日，虎丘精舍重题。❼

先生当时诗思，或为归思所扰，故不能得。惟观其跋中"应接不暇"、"卒卒不果"二语，可知写雪诗虽易，作欲恰恰写出湖上云雪交辉之情景，却大难也。

吾人试再观先生索画时之情形为何如：

《湖上题画次比玉韵》曰：

朝看雨脚暮看晴，山半昏沉湖半明。昨日风光今又变，眼中谱熟手中生。❽

半阴半晴之山水，眼中见之熟，心中虑之熟，但一旦而欲现之于绢素，却不免心手乖戾，运转不灵矣。

《题画册》曰：

甲寅九月，扫墓新安，过吴门，别季弟无垢于寓舍，持素册授余曰："遇新安山水佳处，当作数笔，归以相示，可当卧游。"领之而别，自禹航从陆至丰干，一路溪山红树，晻映曲折，或旷或奥，皆在画中行。归自屯溪，买舟沿溪而下，清流见底，奇峰怪石，参错溪中，两岩束之，上限云日，

❶ 李流芳《檀园集》（崇祯己巳谢象三刻《嘉定四先生集》本）6/6b。

❷ 同注❶ 11/10b。

❸ 同注❶ 1/13b。

❹《钦定全唐诗》（光绪丁亥上海同文书局石印本）7/52b。

❺ 同注❶ 7/23a。

❻ 同注❶ 1/10a。

❼ 同注❶ 11/9b。

❽ 同注❶ 6/7a。

所谓舟行若穷，忽又无际者。昔人称新安江之胜，今始见之，每欲下一笔，逡巡不敢，归与无垢言之，但相对一笑而已。然此册犹在余箧中，每开视之，犹作新安山水想。❶

当未去新安之前，已闻新安山水之胜，且颇敢自信，只须一瞻山水神采，便不难为之写照。孰意既见之后，却逡巡不敢下笔。其故安在，惟恐下笔去之太远耳。

《跋两峰罢雾图》云：

三桥龙王堂，望湖西诸山，颇尽其胜。烟林雾嶂，映带层叠，淡描浓抹，顷刻百态。非董巨妙笔，不足以发其气韵。余在小筑时，呼小桨至堤上，纵步看山，领略最多，然动笔便不似。甚矣，气韵之难言也！❷

新安山水，深恐失之太远，未敢试笔。西湖之两峰，试虽试矣，但动笔便不似。以往来最熟，领略最多之处，尚不能似，其难可知矣。

《跋断桥春望图》云：

往时至湖上，从断桥一望，便魂销欲死。还谓所知：湖之潋滟熹微，大约如晨光之着树，明月之入庐，盖山水相映发，他处即有澄波巨浸，不及也。壬子正月，以访旧重至湖上，辄独往断桥，裴回终日。翌日为杨谶西题扇云："十里西湖意，都来在断桥。寒生梅萼小，春入柳丝娇。乍见应疑梦，重来不待招。故人知我否，吟望正萧条。"又明日，作此图。小春四日，同孟阳子与，夜话偶题。❸

惜长蘅先生所画之图，今日未能见。不然吾人将细玩先生究竟以何等笔墨，表现所谓"山水相映发"处。至于题扇之五律，不知诗画中之甘苦者，将谓先生以取巧之方法，含混了之。"十里西湖意，都来在断桥"，不啻谓"断桥可总揽全湖之胜，读者何妨自去领略其间妙趣"。实则先生何尝含混，又何尝取巧。盖山水相映发处，至难描写。与其穷篇累幅，搔不着痒处，何若予读者一笔统完整之观念，岂不较损害或遗落自然之美为愈乎？无可奈何之慨，于此见之。

跋紫阳洞云：

南山自南高峰逶迤而至城中之吴山，石皆奇秀一色，如龙井、烟霞、南屏、万松、慈云、胜果、紫阳，一岩一壁，皆可作累日盘桓，而紫阳精巧，俯仰位置，一一如人意中，尤奇也。余己亥岁与淑士同游，后数至湖上，以畏入城市，多放浪两山间，独与紫阳隔阔。辛亥偕方回访友云居，乃复一至，盖不见十余年，所往来于胸中者，竟失之矣。山水胜绝处，每恍惚不自持，强欲捉之，纵之旋去，此味不可与不知痛痒者道也。余画紫阳时，又失紫阳矣。岂独紫阳哉，凡山水皆不可画，然皆不可不画也。存其恍惚者而已矣。书之以发孟阳一笑。❹

先生见佳山水，便情不由己，思欲捉之。所谓捉者，乃先将对象存于心中，再传于纸上。既在纸上，则不能复逝矣，故曰捉。但于此心纸传递之间，往往为其逸去。东坡所谓"少纵则逝"也。先生每苦所画不能尽所思，是以愤而曰"山水不可画"。但既见之矣，既知其不可画也，又不能自制而不画，是以又愤而曰："不可不画！"

由以上所引诸节观之，长蘅先生索诗索画之情形，确实相同。何以竟相同乎？只因二者所欲表现之内容为一，故

---

❶ 李流芳《檀园集》（崇祯己巳谢三刻《嘉定四先生集》本）11/16a。

❷ 同注❶ 11/2b。

❸ 同注❶ 11/5b。

❹ 同注❶ 11/1a。

❺ 同注❶ 7/18b。

❻ 李日华《六研斋二笔》（《李君实先生杂著》本）1/11a。

❼ 沈宗骞《芥舟学画编》（乾隆四十六年冰壶阁原刊写刻本）1/35b。

❽ 同注❶ 7/17b。

所遇之困难亦无殊也。

今欲自另一方面着手，以显明诗与画之关系。所采取之方法为以长蘅先生论诗之理以论画。试观诗画之理，有无相通处。

先生序愚公《蔬斋诗》曰：

余曰："子之为此，将以为名乎？抑有不得已于是者乎？"杜子美云："语不惊人死不休"，而白乐天诗成欲使老妪读之，皆能通其意。两人用心不同，其于以求工一也。然余尝有疑焉，以为诗之为道，本于性情，不得已而咏歌嗟叹以出之，非以求喻于人也。激而亢之而使人惊，抑而平之而使人通，岂复有性情乎？曰："非然也。夫人之性情，与人人之性情，非有二也。人人之所欲达而达之，则必通。人人之所欲达而不能达者而达之，则必惊，亦非有二也。然则求工于诗者，固求达其性情而已矣……"❺

画与诗同，既不必故意搜尽奇山异水，三岛十洲，世外立景，极奇诡怪谲之能事而使人惊，亦不必故趋平易，三叠两段，老树平沙，而使人尽晓。能画出人人所见而欲画者则必通，能画出人人所欲画而未能者，则必惊。是以善画者，亦不过求达一己之性情而已。言画而持此论者，非由吾杜撰。李竹嬾曰：

古人绘事，如佛说法，纵口极谈，所拈往劫因果奇诡出没，超然意表，而总不越实际理地。所以人天悚听，无非

议者。绘事不必求奇，不必循格，要在胸中实有吐出，便是矣。❻

沈芥舟亦曰：

人人自具性情，又人人日在性情中周旋，性情有何奇处。人诚能尽性情之正，则可传不可泯之事以成，可知至平之间，至奇出焉，理固然也。若离却性情以求奇，必至狂怪而已矣。当何足以令人相感而相慕乎哉？❼

此诗画皆当达其性情之说，可证二者之相通也。

先生序沈雨若诗草曰：

夫诗者，无可奈何之物也。长言之不足，从而咏歌嗟叹之。知其所之而不可既也，故调御而出之，而音节生焉。若导之使言而实制之使不得尽言也，非不欲尽，不能尽也。故曰：无可奈何也。然则人之于诗，而必求其尽者，亦非知诗者也。❽

画与诗同，亦无可奈何之物。无可奈何者，即"有不得已于是者"、"恍惚不自持"之谓。既强欲捉之，又往往稍纵即逝，不克尽之。"非不欲尽，不能尽也。"惟以其如此，是以画家之于画，不能求其必尽，"存其恍惚而已矣"。论画而必求其尽者，亦非知画者也。

长蘅先生论诗之理，不仅能暗示吾人诗理与画理之相通，证明二者有密切之关系，且同时解释何以"凡山水皆不可画"然皆"不可不画"。并非吾为先生解嘲，实艺术中之至理也。

第二十三章　释道济《画语录》

释道济，字石涛，号清湘老人，又号大涤子，苦瓜和尚，瞎尊者，明末清初人，生卒年代未能考[1]。汪鋆所辑《清湘老人题记》附录中有员燉跋，论及其身世：

公于画上往往钤"靖江后人"印。又尝见公手书临池草，载内官实录一篇，低徊吞吐，意不尽言。按靖江王系明高皇伯兄，南昌王孙守谦，以洪武三年同九皇子一体受封，钦赐：赞、佐、相、规、约、经、邦、任、履、亨、若、依、纯、一、行、远、得、袭、芳、名，二十字为派系，复累坐罪废，寻赦。复至末季嗣王亨嘉僭号于桂林，闽中丁魁楚，讨平之。公名若极，应是亨嘉的嗣。[2]

可知道济乃明靖藩遗裔而祝发为僧者。

道济论画之作，有《画语录》一卷，[3]共十八章，余越园先生称其中多"玄妙之谈，参有禅理。道济方外人，所论固应如是也"[4]。实则书中虽富于哲理，其中心思想，尚不难求得其大意。

石涛作画，向主我即我师，不依傍门户，而其画论，亦足贯彻其主张，将前人之言论，置若罔闻弗见，毫无顾忌。发前人所未发者，或有人讥我为标奇立异，不妨也；发前人所已发者，或有人诋我为因袭陈言，亦不妨也，要其为我而已矣。诚能如黄九烟所云："仆尝谓一切诗文字画，必须自我作古。自我作古者，不必尽翻前人窠臼也，只力扫剽袭涂缀之陋习，直抒自己之性灵。佳则成为我之佳，即劣亦成为我之劣。有时显与古异，固非我雠古人。或有时暗与古合，亦不妨古人类我。此乃真自我作古也。"[5]是以《画语录》一书可谓脱离以往画论之系统，而自成一家言者也。

研究《画语录》之方法，当先逐章加以诠释，最后再将其言论归纳，以衍绎其中心思想。[6]

一画章第一

太古无法，太朴不散，太朴一散，而法立矣。法于何立，立于一画。一画者众有之本，万象之根，见用于神，藏用于人，而世人不知所以一画之法，乃自我立。立一画之法者，盖以无法生有法，以有法贯众法也。夫画者，从于心者也。山川人物之秀错，鸟兽草木之性

❶ 傅君抱石著有《苦瓜和尚石涛年表》一文，载日本杂志《美之国》第十一卷第三期。《清湘老人题记》（《画苑秘笈》）本）吴君诗初跋中并称傅君有《石涛生卒考》等文，惜皆未之见。

❷ 汪鋆辑《清湘老人题记》（吴辟疆辑《画苑秘笈初编》）画山楼校刊本）附录17a。

❸ 释道济《画语录》（于海晏辑《画论丛刊》民国二十六年中华印书局）册二1a—7a。

❹ 余绍宋《书画书录解题》（民国二十一年北平图书馆印）3/11b。

❺ 佚名辑《绘事杂录》，《故宫周刊》第一五一期页八十三。

❻ 乌君以锋著有《石涛画语录解》（《湖社月刊》第一卷合订本108—111，第二卷合订本24—32）。杨君泊庐著有《苦瓜和尚画语录诠释》（《湖社月刊》第八十册至八十九册）。

情，池榭楼台之矩度，未能深入其理，曲尽其态，终未得一画之洪规也。行远登高，悉起肤寸，此一画收尽鸿蒙之外，即亿万万笔墨，未有不始于此而终于此，惟听人之握取之耳。人能以一画，具体而微，意明笔透。腕不虚则画非是，画非是则腕不灵。动之以旋，润之以转，居之以旷，出如截，入如揭，能圆能方，能直能曲，能上能下，左右均齐，凸凹突兀，断截横斜，如水之就深，如火之炎上，自然而不容毫发强也。用无不神，而法无不贯也。理无不入，而态无不尽也。信手一挥，山川人物，鸟兽草木，池榭楼台，取形用势，写生揣意，运情摹景，显露隐含，人不见其画之成，画不违其心之用。盖自太朴散而一画之法立矣。一画之法立，而万物著矣。我故曰，吾道一以贯之。

太古之时，在未有绘画之先，浑浑沌沌，毫无痕迹。一着痕迹，法于斯立。绘画之原始，最初之痕迹，由于一画。由此最简单之原始，可进而形容最繁复之万象。古人作画，古人立法。今吾人作画，法当由我立。在未有此一画之前，无法，既有一画之后，又可因此法而生众法。不知法由我内心所立者，即无从创造最原始之一画。一画之生，生于我心。凡画家画一切物体（山水、人物、鸟兽、草木、池榭楼台），而不能表现其性情及矩度者，推其失败之由，缘于不知最原始之一画耳。画之始，始于一画。画之终，终于一画。其间之亿万笔，莫非一画。惟看画者能否运用此一画而已。恽正叔纪其伯香山之言，与此意正合：

画要呈出真本色，然亦不必勉强作意，诚恐增一分矜持，便减一分神理。

当于有意无意中求之。伯父教我曰："作画须求一笔是，侄了不知此语。"暇则又曰，"汝丘壑布置次第颇近，惟此一笔未是耳。"顷在山中临摹古人画册，既卒业，取已所抚本并观，面目不相远，而都无神明，乃于伯父所谓一笔者，欣然有入处。夫一笔者，千笔万笔之源也。一笔是，千万笔无不是。千万笔者，总一笔之用也。是即黄涪翁"字中有笔，如禅家句中有眼"之说也。无此一笔者，虽长绢大帧，千岩万壑，谓之无画可也。❶

或问曰，一画当如何以画之乎？曰：当"具体而微，意明笔透"，画中之物体，自不能与实质完全相似，但能具体而微而表现之，亦可矣。在未落笔之时，必先立意，而笔画又必须能达所立之意。故曰"意明笔透"，亦张爱宾所谓"意在笔先，画尽意在"也。至于用腕，当虚、当灵，运笔，当旋、当转、当明豁而不堵塞。出如截，截断也，笔无虚锋，古拙而有力。入如揭，揭，举也，笔势夭矫，生动而劲挺。笔之方圆曲直，上下左右，均齐凸凹，突兀横斜，无不随心所欲，挥动如意，如此可以通神贯法，尽态入理，而万象具能现于笔下。推其原始，始于一画，一画既得，万法咸备，而万象不能匿迹。所谓"一以贯之"者，即自最原始之一画，推而至无穷之万象也。

了法章第二

规矩者，方圆之极则也。天地者，规矩之运行也。世知有规矩，而不知夫乾旋坤转之义，此天地之缚人于法，人之役法于蒙，虽攘先天后天之法，终不得其理之所存。所以有是法不能了者，反为法障之也。古今法障不了，由一画之理不明，一画明，则障不在目，而画可从心。画从心，而障自远矣。夫画者，形天地万物者也，舍笔墨其何以形之哉？墨受于天，浓淡枯润随之，笔操于人，勾皴烘染随之。古之人未尝不以法为也。无法则于世无限焉。是一画者，非无限而限之也，非有法而限之也。法无障，障无法，法自画生，障自画退，法障不参，而乾旋坤转之义得矣，画道彰矣，一画了矣。

规可以画圆，矩可以画方，知规矩之用，便可以之成方圆。是以规矩，可谓方圆之法则。天地间有真理，规矩之发明，必合于天地间之真理，始能成方成圆。世人只知规矩可以画方圆，而不知何以能方能圆，是世人仅依据以往之成法而盲从之，虽有法而不能了法，反为法所缚束，此曰法障。

画家之法障为何，障于不明一画之理。倘能明一画之理，则不为一画所缚束，可从心所欲，无往而不可。于是障自去而法自了。

画之范围至广，天地万物，无不包含。笔墨为作画必需之工具，天地间万物之色泽，有浓淡枯润之不同，作画便依其浓淡枯润而以墨表现之。万物形状不同，作画便用勾皴烘染各种不同之笔法以形容之。古人作画，如此而已，盖未尝不以法为之。若无法，便无从着手矣。

作画之方法，自一画起。但最主要在能用此法，而更明了此法之理。倘能如此，便不为法障。法之始由于一画。障之破，法之了，由于明了一画之理。此与以规矩画方圆而知何以能方能圆同，盖用法不为法缚，而能彻底了解其

所用之工具也。

变化章第三

古者，识之具也。化者，识其具而弗为也。具古以化，未见夫人也。尝憾其泥古不化者，是识拘之也。识拘于似则不广，故君子惟借古以开今也。又曰，至人无法，非无法也，无法而法，乃为至法。凡事有经必有权，有法必有化，一知其经，即变其权，一知其法，即功于化。夫画，天下变通之大法也，山川形势之精英也，古今造物之陶冶也，阴阳气度之流行也。借笔墨以写天地万物，而陶泳乎我也。今人不明乎此，动则曰，某家皴点可以立脚。非似某家山水，不能传久。某家清淡，可以立品。非似某家工巧，只足娱人。是我为某家役，非某家为我用也。纵逼似某家，亦食某家残羹耳，于我何有哉？或有谓余曰，某家博我也，某家约我也，我将于何门户，于何阶级，于何比拟，于何效验，于何点染，于何鞟皴，于何形势，能使我即古而古即我。如是者，知有古而不知有我者也。我之为我，自有我在。古之须眉，不能生在我之面目。古之肺腑，不能安入我之腹肠。我自发我之肺腑，揭我之须眉。纵有时触着某家，是某家就我也，非我故为某家也。天然授之也，我于古何师而不化之有！

所谓古，乃自以往之画迹中，省识前人之面貌。所谓化，乃省识前人面貌之后而不模拟之。石涛有慨于当日之能如是者寡，不禁长叹也。

石涛以为凡泥古而不化者，乃为其所有之知识（即所见到之古人画迹）所局限，殆禅家所谓之"所知障"也。局于古人之面貌，以求相似，则其一己之

面貌必不广。是故善于画者,当借镜古人,复加变化,而有其一己所独有之面貌。

取论高妙者,每喜谓至人无法。实则至人何尝无法,以无法为法,乃至人之至法。凡事有经必有权,有法必有化。经,常也,权,变而不违于常也。凡真能知经常者,必能知权变。真能方法娴熟者,必能善于变化。此不易之理也。

绘画为世间最富有变化性之艺术。以笔墨写天地万物,天地万物,刹那之间,皆有变化。是以画者,当因之而变化。不明此理者,专局于某家某家,纵能逼肖前人,于己无补。更有以某家变化多,某家变化少,我将如何学拟一切点染皴擦布置之法,而使我之面貌与古相似为问者。如此者,仅知有古,而不知有我。古为古,我为我,二者非一人,何必一味学古?倘能借古开今,知所变化,则我有我在。即或偶有似古人处,乃无心触着,非存心学得。能本此种抱负作画,则画授于天,即使以古人为师,自能变化古人之面貌,而有我之存在。前论石涛论画,谓其置前人之著作于罔闻不顾,盖自此推得也。

尊受章第四

受与识,先受而后识也,识然后受,非受也。古今至明之士,藉其识而发其所受,知其受而发其所识。不过一事之能,其小受小识也,未能识一画之权,扩而大之也。夫一画含万物于中,画受墨,墨受笔,笔受腕,腕受心,如天之造生,地之造成,此其所以受也。然贵乎人能尊,得其受而不尊,自弃也。得其画而不化,自缚也。夫受画者,必尊而守之,强而用之,无闻于外,无息于内。易曰:"天行健,君子以自强不息",

此乃所以尊受之也。

受与识,乃相对而言者。受为先天之才能,识为后天之学识。画家必须具有先天之才,能复益以后天之学识,始有成就。仅凭学识,不为功也。才能学识二者,相得而益彰。画家往往因学识而得启发其本有之天才,或因其本有之天才而对于学识有更精湛之理会。

作画只能工一门者,乃因其天才学识皆有限,不能明了一画之真理,推而至其他门类,不能以此法贯众法,不能因其常而知其权,不能知其法而工其化。

天地万物,皆自一画起。一画之成,由墨,由笔,由腕,推而至其根源,由于人之心。换言之,由于先天之所受。

画家如有天受之才能,便当知自尊自爱,不然讵非自暴自弃。天才可贵,必须刻刻自尊自强,始不负所赐,而日有进益。

笔墨章第五

古之人,有有笔有墨者,亦有有笔无墨者,亦有有墨无笔者。非山川之限于一偏,而人之赋受不齐也。墨之溅笔也以灵,笔之运墨也以神,墨非蒙养不灵,笔非生活不神,能受蒙养之灵,而不解生活之神,是有墨无笔也。能受生活之神,而不变蒙养之灵,是有笔无墨也。山川万物之具体,有反有正,有偏有侧,有聚有散,有近有远,有内有外,有虚有实,有断有连,有层次,有剥落,有丰致,有飘渺,此生活之大端也。故山川万物之荐灵于人,因人操此蒙养生活之权。苟非其然,焉能使笔墨之下,有胎,有骨,有开,有合,有体,有用,有形,有势,有拱,有立,有蹲跳,有

释道济《画语录》

180

潜伏，有冲霄，有嵃岏，有磅礴，有嵯峨，有巉岏，有奇峭，有险峻，一一尽其灵而足其神。

笔墨兼有之说，创自荆浩。观石涛上篇，亦以为当笔墨兼有者。非某处山水只须有笔，某处山水只须有墨，而实当处处有笔有墨。画家之中，有有笔无墨者，有有墨无笔者，以其赋受不同之故也。

于汪鋆所辑之《清湘老人题记》中有一节，题跋字句，与上章略有出入。

古之人，有有笔有墨者，亦有有墨无笔者，非山川之限人，而人之赋受学力限之也。墨之副笔也以灵，笔之运墨也以神。墨非学养不灵，笔非生活不神。能得学养之灵，而不参生活之神，是有墨而无笔也。能得生活之神，而不参学养之灵，是有笔而无墨也。❶

跋中于赋受之下，添学力二字，而墨之蒙养，改为学养。《易》曰："蒙以养正，圣功也。"❷后人以蒙养作为教育童蒙之意，与学养之意无甚出入。大涤子之意，似将用笔之功，归于先天之赋受，而用墨之功，归于后天之学力。有学力而无天受，则有墨无笔。有天赋而无学力，则有笔而无墨。二者得兼，乃能有笔有墨。

山川万物之状态，变化无穷。画家有天赋及学力，便有笔有墨，而能将山川万物之神灵，形容尽致。

石涛将笔墨分归学力天受，其说甚奇。越园先生谓其中多玄妙之谈，或即指此类之议论。顾凝远论笔墨则曰：

以枯涩为基，而点染蒙昧，则无墨而无笔；以堆砌为基，而洗发不出，则无墨而无笔。先理筋骨而积渐敷腴，运腕深厚，而意在轻松，则有墨而有笔，

此其大略也。若夫高明俊伟之士，笔墨淋漓，须眉毕烛，何用粘皮搭骨。❸

将无笔无墨之病归之于作画之方法不善，自较石涛为易于明了也。

运腕章第六

或曰，绘谱画训，章章发明，用笔用墨，处处精细，自古以来，从未有山海之形势，驾诸空言，托之同好。想大涤子性分太高，世外立法，不屑从浅近处下手耶？异哉斯言也。受之于远，得之最近，识之于近，役之于远。一画者，字画下手之浅近功夫也，变画者，用笔用墨之浅近法度也。山海者，一丘一壑之浅近张本也。形势者，鞟皴之浅近纲领也。苟徒知方隅之识，则有方隅之张本。譬如方隅中有山焉，有峰焉，斯人也，得之一山，始终图之，得之一峰，始终不变，是山也，是峰也，转使脱骷雕凿于斯人之手，可乎不可乎？且也，形势不变，徒知鞟皴之皮毛，画法不变，徒知形势之拘泥，蒙养不齐，徒知山川之结列，山林不备，徒知张本之空虚。欲化此四者，必先从运腕入手也。腕若虚灵，则画能折变，笔如截揭，则形不痴蒙。腕受实则沉着透彻，腕受虚则飞舞悠扬，腕受正则中直藏锋，腕受仄则欹斜尽致，腕受疾则操纵得势，腕受迟则拱揖有情，腕受化则浑合自然，腕受变则陆离谲怪，腕受奇则神工鬼斧，腕受神则川岳荐灵。

绘谱画训，指一般图谱及画法等著作而言，与《画语录》之性质，完全不同，是以故以或曰一难作起，而引出"受之于远，得之最近，识之于近，役之于远"四语。达人之智，能举一反三，由

❶ 汪鋆辑《清湘老人题记》（吴辟疆辑《画苑秘笈初编》画山楼校刊本）附录15b。

❷ 《易经·蒙篇》（《十三经经文》民国二十三年上海开明书店）。

❸ 顾凝远《画引》（崇祯诗瘦阁刊本）1/19b。

最浅易之方法，可以悟最深奥之理。反之，由最深奥之理，亦可反求最浅易之方法。

大涤子以为山海形势以及前章所云之一画及变化二章，俱浅近之方法。自此着手，正须役之于远，推而至于高深之画境。固守一法，专图一隅，不足贵也。

画中之病有四，曰：形势不变，画法不变，蒙养不齐，山林不备。山川之形势，仗皴皱表现之（《说文》，"皵，去皮毛也。"❶取革上皱纹之形状，以名画中之皴法）。皴法不精深，形势便不能变化。画法不知变化，形势更呈板刻。笔墨之学力不逮，山川积结排比，毫无灵神之气。取景不完备，画中觉空洞无物。大涤子将此四病，皆归之于不善运腕。善于运腕，则笔之折变、截揭、沉着、透彻、飞舞、悠扬、中直藏锋、欹斜尽致以及一切美善之笔姿，神妙之韵味，一一跃然于纸上矣。

氤氲章第七

笔与墨会，是为氤氲，氤氲不分，是为混沌。辟混沌者，舍一画而谁耶？画于山则灵之，画于水则动之，画于林则生之，画于人则逸之。得笔墨之会，解氤氲之分，作辟混沌手，传诸古今，自成一家，是皆智得之也。不可雕凿，不可板腐，不可沉泥，不可牵连，不可脱节，不可无理，在于墨海中立定精神，笔锋下决出生活，尺幅上换去毛骨，混沌里放出光明。纵使笔不笔，墨不墨，画不画，自有我在。盖以运夫墨，非墨运也，操夫笔，非笔操也，脱夫胎，非胎脱也。自一以分万，自万以治一，化一而成氤氲，天下之能事毕矣。

❶ 许慎《说文解字》（商务印书馆摹印藤花榭藏版）3下/1a。

❷ 杨翰《归石轩画谈》同治十年刊《息柯居士全集》本）7/27b。

氤氲，笔墨融洽也。似见笔，亦见墨，又似不见笔，亦不见墨。二者融会，气周其内，而不能分孰为笔、孰为墨。其说与半千论画之浑沦近，所谓"惟笔画俱妙，而无笔法墨气之分，此真浑沦矣"。❷石涛于前章谓尽其灵而足其神，便指此。善用笔墨者为氤氲，不善用笔墨者为混沌。氤氲则灵活生动，混沌则笔墨糊涂，一团黑浊。二者易相混而大殊。一为画中韵味最高之境界，一为恶俗令人生厌之面貌。欲求自混沌中脱解，而至氤氲，还须自一画始。凡能会得氤氲之趣者，便是成功之画家，而得流于后世。

作画者求氤氲、雕凿、板腐、沉泥、牵连、脱节、无理等，皆大忌也。而尤要在画中有我在。以我为主，则笔墨皆由我操纵，听我指挥，由我调度，在我之意境中，先有氤氲之境界，笔墨始能为我达之于纸上。氤氲自一画始，所谓"一以分万"。但画成之后，万画之联络贯串又如一画，所谓"以万治一"。画中但见浑成融洽之气象，不能加以割裂或分析，故曰"画一而成氤氲"。石涛作画，水墨淋漓，为其特长。吾人即以氤氲二字形容其画，似恰能尽其妙也。

山川章第八

得乾坤之理者，山川之质也。得笔墨之法者，山川之饰也。知其饰而非理，其理危矣。知其质而非法，其法微矣。是故古人知其微危必获于一，一有不明则万物障，一无不明则万物齐。画之理，笔之法，不过天地之质与饰也。山川，天地之形势也，风雨晦明，山川之气象也，疏密深远，山川之约径也，纵横吞吐，山川之节奏也，阴阳浓淡，山川之凝神也，水云聚散，山川之连属也。蹲跳向背，山川之行藏也。高明者，天之权也，博厚者，地之衡也，风云者，天之束缚山川也，水石者，地之激跃山川也。非天地之权衡，不能变化山川之不测，虽风云之束缚，不能等九区之山川于同模。虽水石之激跃，不能别山川之形势于笔端，且山水之大，广土千里，结云万里，罗峰列嶂，以一管窥之，即飞仙恐不能周旋也，以一画测之，即可参天地之化育也。测山川之形势，度地土之广远，审峰嶂之疏密，识云烟之蒙昧，正踞千里，邪睨万重，统归于天之权，地之衡也。天有是权，能变山川之精灵，地有是衡，能运山川之气脉，我有是一画，能贯山川之形神。此予五十年前，未脱胎于山川也，亦非糟粕其山川，而使山川自私也。山川使予代山川而言也，山川脱胎于予也，予脱胎于山川也，搜尽奇峰打草稿也，山川与予，神遇而迹化也，所以终归之于大涤也。

山川处宇宙之间，有其真理，人以笔墨图山川，亦有其画法。知法而不顾其理，或知理而忽其法，皆非也。必将理与法，合而为一，二者贯通，则万物不能为障矣。

山川之形态，因有风雨晦明，疏密深远，纵横吞吐，阴阳浓淡，水云聚散，蹲跳向背等不同，而有千变万化。其主一切山川变化为谁耶，当归之于天地之权衡。天地有此权衡，以变山川，我有理与法相贯通之一画，而能貌一切山川变化之形神。宇宙在我掌握，任我管辖，山川在我笔下，任我挥扫。神与造化，相遇合而为一。我即宇宙，宇宙即我，此又与东坡之"与可画竹时，见竹不见人。岂独不见人，嗒然遗其身。其身与

竹化，无穷出清新。庄生世无有，谁知此凝神"之意相同。大涤子《题春江图》诗曰：

> 书画非小道，世人形似耳。出笔混沌开，入拙聪明死。理尽法无尽，法尽理生矣。理法本无传，古人不得已。吾写此纸时，心入春江水。江花随我开，江水随我起。把卷望江楼，高呼曰"子美"。一笑水云低，开图幻神髓。❸

亦充分发挥自然即我、我即自然之思想。直将画中山川，看作真山川，而我即掌有权衡之宇宙。一切形态由我生，一切变化由我主，何往而不有我在，所谓"终归之于大涤也"。

皴法章第九

笔之于皴也，开生面也。山之为形万状，则其开面非一端。世人知其皴，失却生面，纵使皴也，于山乎何有？或石或土，徒写其石与土，此方隅之皴也，非山川自具之皴也。如山川自具之皴，则有峰名各异，体奇面生，具状不等，故皴法自别。有卷云皴、劈斧皴、披麻皴、解索皴、鬼面皴、骷髅皴、乱柴皴、芝麻皴、金碧皴、玉屑皴、弹窝皴、矾头皴、没骨皴，皆是皴也。必因峰之体异，峰之面生，峰与皴合，皴自峰生，峰不能变皴之体用，皴却能资峰之形声。不得其峰何以变，不得其皴何以现。峰之变与不变，在于皴之现与不现。皴有是名，峰亦有是知，如天柱峰、明星峰、莲花峰、仙人峰、五老峰、七贤峰、云台峰、天马峰、狮子峰、峨眉峰、琅玡峰、金轮峰、香炉峰、小华峰、匹练峰、回雁峰，是峰也，居其形，是皴也，开其面。然于运墨操笔之时，又

❸ 汪绎辰辑《大涤子题画诗跋》（邓实辑《美术丛书》神州国光社铅印本）三集十辑一册1/2a。

何待有峰皴之见。一画落纸，众画随之，一理才具，众理付之。审一画之来去，达众理之范围，山川之形势得定，古今之皴法不殊，山川之形势在画，画之蒙养在墨，墨之生活在操，操之作用在持。善操运者，内实而外空，因受一画之理，而应诸万方，所以豪无悖谬。亦有内空而外实者，因法之化，不假思索，外形已具，而内不载也。是故古之人，虚实中度，内外合操，画法变备，无疵无病。得蒙养之灵，运用之神，正则正，反则反，偏侧则偏侧，若夫面墙尘蔽而物障，有不生憎于造物者乎？

皴法之用，在表现山之面貌；山之面貌万状，所用以表现之方法自亦有多种。世人但知有皴，皴而不能表现山之面貌，复何必有皴乎？

画家画山，当因各地山川之面貌而落笔，不可拘于一地一隅。古来皴法甚多，如卷云等十数种，皆是。吾人所用之皴，当与峰所具之面貌相合。换言之，即峰所自具之皴。故曰："皴自峰生。"作画当先对于山峰有详细之认识，再思如何可以将所认识者以皴法表现之。若对于山峰无详悉之认识，便无从思索吾所欲用之皴，于是遂不得不因袭前人之成法，画成之后，画中之山峰，与前人全似，无变化之可言矣。若对于山峰有认识，而未能索得用以表现之皴，则头脑中空有山峰之印象，而并未现于纸上，故曰："峰之变与不变，在于皴之现与不现。"

皴有多种，峰名更多。且峰各异形，善于作画者，头脑中之印象能与笔下之皴法打成一片。于操笔时，并未对于山峰面貌及表现方法，苦假思索。一画落纸，万画因之而至，随手流出。一理既

具，万理因之而至，层出不穷。能明一画而达众理，山川之形势，便跃然纸上。推其原始，山川之形势在画，画之蒙养在墨，墨之生活在操，操之作用在持，最后归之于操持。更究其源，人之操持在内心。

画家之止境，神与造化相合，可以无可无不可。或内实外空，即内心对于外象，有亲切之印象；当其作画，于纸上表现一切物体时，不斤斤于外界真实之形态，只凭一画之理，以应万象，亦无丝毫谬误。或内空外实，即内心空湛，对于外象不必有亲切之印象；作画之时，信手所之，于不知不觉中，已将外象一一写出，不能匿迹逃形。古之画家颇有臻此境界者，故能"虚实中度，内外合操"，变化备而疵病不生，无可无不可。

境界章第十

分疆三叠两段，似乎山水之失，然有不失之者，如自然分疆者。"到江吴地尽，隔岸越山多"是也。每每写山水，如开辟分破，毫无生活，见之即知分疆三叠者。一层地，二层树，三层山，望之何分远近。写此三叠，奚翅印刻。两段者，景在下，山在上，俗以云在中，分明隔做两段。为此三者，先要贯通一气，不可拘泥分疆三叠两段。偏要突手作用，才见笔力。即入千峰万壑，俱无俗迹。为此三者入神，则于细碎有失，亦不碍矣。

画山分三叠两段。三叠者，一层地，二层树，三层山。两段者，下景上山，中用云隔。二者确画中章法所习见者。此等章法，并非画病，不仅非画病，且颇有佳画如此布局者。石涛之意，要在先贯通一气，不可拘泥分疆三叠两段。

能贯通一气，则虽分三叠两段，而只觉其浑成，不觉其断隔。见其全景，不见其段落。知此理，何止三段两段，即千段万段，亦能贯串而有一统之表现。最忌将分疆存于心中，千篇一律，乃呆板如印刻矣。

蹊径章第十一

写画有蹊径六则：对景不对山，对山不对景，倒景，借景，截断，险峻。此六则者，须辨明之。对景不对山者，山之古貌如冬，景界如春，此对景不对山也。树木古朴如冬，其山如春，此对山不对景也。如树木正，山石倒，山石正，树木倒，皆倒景也。如空山杳冥，无物生态，借以疏柳嫩竹，桥梁草阁，此借景也。截断者，无尘俗之境，山水树木，剪头去尾，笔笔处处，皆以截断，而截断之法，非至松之笔，莫能入也。险峻者，人迹不能到，无路可入也。如岛山渤海，蓬莱方壶，非仙人莫居，非世人可测，此山海之险峻也。若以画图险峻，只在峭峰悬崖，栈道崎岖之险耳，须见笔力是妙。

蹊径，道路也。此章所谓之蹊径，即取景之方法。古人论画，凡立论高超者，皆不言蹊径，甚或不以画家有蹊辙有呫哔为然，董逌之《广川画跋》即是明证。不意石涛竟论蹊径，且自语气测之，并无反对有蹊径之意。

观其所列蹊径六则，知石涛所以授人者，与一般谈画法者绝刭不同。对景不对山，对山不对景，二者实可并而为一，即物景与山景不必符合。荆浩《笔法记》将草木不时归入有形之病。韩拙论时景则曰："……善绘于此，则得四

时之真气，造化之妙理，故不可逆其岚光，当顺其物理也。"皆以景物必须符合授人。石涛将此二者列入蹊径之中，不知其用意何在。疑其故意脱离常理，如摩诘之雪中芭蕉，以非理为理，非法为法也。

倒景借景，亦向来未经人道。倒景之树石正倒不一致，借景之画中景物荣悴喧寂异趣，皆主张画中贵有变化。善于作画者，能将相反之意味，不同之物体，置入一幅之中，相映成趣。清新精警，或可于此求之欤？

石涛谓截断曰："山水树木，剪头去尾，笔笔处处，皆以截断，而截断之法，非至松之笔，莫能入也。"味石涛之意，恐即一简字。截断者，意到而笔不到。在意与笔相邻接之处，用笔当松而虚，一定之理也。若用笔紧，着痕迹太重，便不能引导读画者之神志，自有形之笔画，入意到而笔不到之画境矣。❶

险峻之景有二，山海与画图是也。石涛虽将峭峰悬崖归诸图画之险峻，而以蓬莱渤海，仙人所居，归诸山海之险峻。但从《画语录》全书观之，皆可入画也。

综观以上各点，古人皆少言及。即或言及，亦绝不将其列入取景之蹊径，以授画者。于此更可见石涛论画，不落前人窠臼也。

林木章第十二

古人写树，或三株，五株，九株，十株，令其反正阴阳，各自面目，参差高下，生动有致。吾写松柏、古槐、古桧之法，如三五株，其势似英雄起舞，倔仰蹲立，蹁跹排宕，或硬或软，运笔

❶ 李恩庆跋董文敏仿宋元各家山水卷曰："清湘老人论画有蹊径六则，曰对景不对山，曰对山不对景，曰倒景，曰借景，曰险峻，曰截断。截断者无尘俗之境，山水树木剪头去尾，笔笔处处皆以截断，非至松之笔，莫能入也。思翁作长卷，如书画分段，少少着墨，于有意无意间领取妙境，令阅者超然埃堁之表，正所谓截断蹊径。前人会心功力，不言而喻如此。"李佐贤《书画鉴影》8/8a。

运腕，大都多以写石之法写之。四指五指三指，皆随其腕转，与肘伸去缩来，齐并一力，其运笔极重处，却须飞提纸上，消去猛气，所以或浓或淡，虚而灵，空而妙。大山亦如此法，余者不足用。生辣中求破碎之相，此不说之说矣。

全章主要之意，在以写石法写树。四指五指三指，皆随腕转，而运笔极重处，却须飞提纸上。于此可见所谓运笔重，并非着纸重，而乃笔画着纸有沉着意味之重，与平常吾人所有对于重之观念不同。生辣之趣，画中所当有，惟过于生辣，不免霸气。破碎者，所以调和生辣也。

海涛章第十三

海有洪流，山有潜伏，海有吞吐，山有拱揖，海能荐灵，山能脉运，山有层峦叠嶂，邃谷深崖，嶙峋突兀，岚气雾露，烟云毕至，犹如海之洪流，海之吞吐，此非海之荐灵，亦山之自居于海也。海亦能自居于山也，海之汪洋，海之含泓，海之激笑，海之蜃楼雉气，海之鲸跃龙腾，海潮如峰，海汐如岭，此海之自居于山也。非山之自居于海也，山海自居若是，而人亦有目视之者。如瀛洲阆苑，弱水蓬莱，元圃方壶，纵使棋布星分，亦可以水源龙脉，推而知之。若得之于海，失之于山，得之于山，失之于海，是人妄受之也。我之受也，山即海也，海即山也，山海而知我受也，皆在人一笔一墨之风流也。

山性至静，水性至动，山以石成，海以水积，二者性异而质殊，但在大涤子本天下万物其理为一之原则观之，二者盖相同也。山之潜伏拱揖突兀俯仰之

势，与烟云雨露之掩映沾润，未尝无动态，而直可谓山与海自居。至于海，其潮如峰，汐如岭，波涛壁立，海又何尝不以山自居？

达人观万物，皆能一以贯之。知山之理，即可得海之理，知山之性情，即可得海之性情。不能如是者，其先天之赋受不足也。是以尊受章中有"不过一事之能，其小受小识也"，即因其不悟一以贯之之理，扩而大之也。根据此理，其一画之学说始得成立，故能"以一画测之，即可参天地之化育也"，故能"天有是权，能变山川之精灵，地有是衡，能运山川之气脉，我有是一画，能贯山川之精神"，故能"因受一画之理，而应诸万方，所以毫无悖谬"。

大涤子对于山海之观念为：山即是海，海即是山，山与海所受于人者，完全相同，并无差别。

四时章第十四

凡写四时之景，风味不同，阴晴各异审时度候为之。古人寄景于诗，其春日："每同沙草发，长共水云连。"其夏日："树下地常荫，水边风最凉。"其秋日："寒城一以眺，平楚正苍然。"其冬日："路渺笔先到，池寒墨更圆。"亦有冬不正令者，其诗曰："雪悭天欠冷，年近日添长。"虽值冬似无寒意，亦诗曰："残年日易晓，夹雪雨天晴。"以二诗论画，欠冷添长，易晓夹雪，摹之不独于冬，推于三时，各随其令，亦有半晴半阴者，如"片云明月暗，斜日雨边晴"。亦有似晴似阴者，"未须愁日暮，天际是轻阴"。予拈诗意以为画意，未有景不随时者。满目云山，随时而变，以此哦之，可知"画即诗中意，诗非画里禅"乎？

释道济《画语录》

此章意甚明显，无可诠解。自冬日之阴晴，推而至三时之阴晴，举一反三，亦可见大涤子处处以善于变通为贵也。

远尘章第十五

人为物蔽，则与尘交，人为物使，则心受劳。劳心于刻画而自毁，蔽尘于笔墨而自拘，此局隘人也。但损无益，终不快其心也。我则物随物蔽，尘随尘交，则心不劳。心不劳，则有画矣。画乃人之所有，一画人所未有。夫画贵乎思，思其一则心有所著而快，所以画则精微之入，不可测矣。想古人未必言此，特深发之。

作画只能以之陶冶性情，不可反为画蔽，反为画使。董玄宰《画旨》中有可为此章作注解者。

画之道，所谓宇宙在乎手者，眼前无非生机，故其人往往多寿。至如刻画细谨，为造物役者，乃能损寿，盖无生机也。黄子久、沈石田、文徵仲皆大画，仇英知命，赵吴兴止六十余。仇与赵格虽不同，皆习者之流也，非以画为寄，以画为乐者也。寄乐于画，自黄公望始开此门庭耳。❶

大涤子以为对于外界纷扰所应具之态度，为"物随物蔽，尘随尘交"，即外界纵来纷扰，置之不顾，听其自然，以消极之态度处之，始能毫不受其喧扰。惟其能如此，心始能不劳，心不劳，而画始有生趣天机。不然刻刻自警自戒，惟恐受其蔽尘，岂不时时在纷扰中乎？

大涤子并告人曰，当其作画时，其心并非毫无所著者，惟不专著于某物某体，而著于一。此一即万物具此一理之一，可"一以分万"，无可无不可之一。而画之精微神妙，皆自此生也。

脱俗章第十六

愚者与俗同识，愚不蒙则智，俗不灭则清。俗因愚受，愚因蒙昧。故至人不能不达，不能不明。达则变，明则化，受事则无形，治形则无迹。运墨如已成，操笔如无为。尺幅管天地山川万物，而心淡若无者，愚去智生，俗除清至也。

大涤子名上章曰脱俗，中谓俗因愚受，愚去智生，而俗亦可除，但未言究竟如何始能去愚脱俗，有暗示俗乃先天所有，既俗之后，便根本无法铲除之意。石涛所谓不愚不俗之至人，有非常人所能者。受外象不拘其实形，故山海可以相同。写外象不拘其定迹，故可以"内实而外空"。从心所欲，无可无不可，故可以"运墨如已成"。心不为尘物所役，故可以"操笔如无为"。如此者为脱俗，但如此又岂仅学力所能为哉？

兼字章第十七

墨能栽培山川之形，笔能倾覆山川之势，未可以一丘一壑而限量之也。古今人物，无不细悉，必使墨海抱负，笔山驾驭，然后广其用。所以八极之表，九土之变，五岳之尊，四海之广，放之无外，收之无内，世不执法，天不执能，不但其显于画，而又显于字。字与画者，其具两端，其功一体。一画者，字画先有之根本也。字画者，一画后天之经权也。能知经权，而忘一画之本者，是由（疑"犹"字之误，下同）子孙而失其宗支也。能知古今不泯，而忘其功之不在人者，亦由百物而失其天之授也。天能授人以法，不能授人以功。天能授人以画，不能授人以变。人或弃法以伐功，人或离画以务变。是天之不在于人，虽有字

❶董其昌《容台别集》（崇祯刊本）4/5b。

187

画，亦不传焉。天之授人也，因其可授而授之，亦有大知而大授，小知而小授也。所以古今字画，本之天而全之人也。自天之有所授，而人之大知小知者，皆莫不有字画之法存焉，而又得偏广者也。我故有兼字之论也。

兼字者，字与画相兼也，即书画相通之意。前半道出二者相兼之两点：（一）字与画，具象不一，而功用相同。（二）字与画，俱源于一画，一画变而为字为画。此后谓一画乃宇宙间之真理，由天之所授，生于人之心。人受之而立以为法，以贯众法。天仅能授人此字画同源之一画，而不教人如何应用，如何变化。若作字作画，不注重一画之法，而只务后天之变，是为忽略宇宙之真理，所作之字画，岂能求其致远。

人之智愚不齐，所得于天者有大小之别。但不问字或画，不问智或愚，皆须有所本于天，此又字与画兼之明证。

资任章第十八

古之人，寄兴于笔墨，假道于山川，不化而应化，无为而有为，身不炫而名立，因有蒙养之功，生活之操，载之寰宇，已受山川之质也。以墨运观之，则受蒙养之任，以笔操观之，则受生活之任，以山川观之，则受胎骨之任，以鞲皴观之，则受画变之任，以沧海观之，则受天地之任，以坳堂观之，则受须臾之任，以无为观之，则受有为之任，以一画观之，则受万画之任，以虚腕观之，则受颖脱之任。有是任者，必先资其任之所任，然后可以施之于笔。如不资之，则局临浅陋，有不任其任之所为。且天之任于山无穷，山之得体也以位，山之

荐灵也以神，山之变幻也以化，山之蒙养也以仁，山之纵横也以动，山之潜伏也以静，山之拱揖也以礼，山之纡徐也以和，山之环聚也以谨，山之虚灵也以智，山之纯秀也以文，山之蹲跳也以武，山之峻厉也以险，山之逼汉也以高，山之浑厚也以洪，山之浅近也以小。此山天之任而任，非山受任以任天也。人能受天之任而任，非山之任而任人也。由此推之，此山自任而任也，不能迁山之任而任也。是以仁者不迁于仁而乐山也。山有是任，水岂无任耶？水非无为而无任也。夫水汪洋广泽也以德，卑下循礼也以义，潮汐不息也以道，决行激跃也以勇，潆洄平一也以法，盈远通达也以察，沁泓鲜洁也以善，折旋朝东也以志。其水见任于瀛潮溟渤之间者，非此素行其任，则又何能周天下之山川，通天下之血脉乎？人之所任于山，不任于水者，是犹沉于沧海而不知其岸也，亦犹岸而不知有沧海也。是故知者知其畔岸，逝于川上，听于源泉，而乐水也。非山之任不足以见天下之广，非水之任不足以见天下之大。非山之任水不足以见乎周流，非水之任山不足以见乎环抱。山水之任不著，则周流环抱无由，周流环抱不著，则蒙养生活无方；蒙养生活有操，则周流环抱有由，周流环抱有由，则山水之任息矣。吾人之任山水也，任不在广则任其可制，任不在多则任其可易，非易不能任多，非制不能任广。任不在笔，则任其可传，任不在墨，则任其可受，任不在山，则任其可静，任不在水，则任其可动，任不在古，则任其无荒，任不在今，则任其无障。是以古今不乱，笔墨常存，因其涤洽，斯任而已矣。然则此任者，诚蒙养生活之理。以一治万，

以万治一，不任于山，不任于水，不任于笔墨，不任于古今，不任于圣人。是任也，是有其资也。

古之画家，以澄湛不动之内心应外界之变化，以操笔如无为、不为物役之态度作画，故能身不炫而名立。推其所以然，由于天赋学力，荟萃一身，而能与山川合成一体之故。

天地间一切，吾人知其然者，必有其所以然。换言之，必有所以使其然者。如善于运墨，学养使其然，善于操笔，生活使其然，山川之形状，其实质使其然，画中之犟皴，因笔画之变化而使其然，沧海之大，天地造物使其然，坳堂之有杯水，转瞬即涸，时间使其然，作画不为物役，无为而有为使其然，画之有一画，因此法可以贯众法而使其然，腕之虚，用笔超脱使其然。在作画之先，必先知所以使其然，于是落笔始能尽情尽理，意态毕现。

即以山言，山之得体、荂灵、变幻、蒙养以及山之所以能纵横潜伏等等，天有所以使其然。而凡此皆可以称之谓山所受天之任。由此观之，山有山所受天之任，人有人所受天之任，二者所任不相同也。

山受天之任，水何尝无之？不然，何以水有种种不同之现象及性情乎？

不但天有任于山，有任于水。水亦有任于山，山亦有任于水。譬如水之周流，山之形势高下使其然，山之环抱，水之流荡冲激使其然。推而广之，山及水有任于人，人亦有任于山于水。山水任于人者为真山水，人有任于山水者为画中之山水。所谓"周流环抱不著，则蒙养生活无方，蒙养生活有操，则周流环抱有由"，意即倘真山水之周流环抱

之性情意态不显著，画者虽笔墨有蒙养生活之功，亦无从表现。反之，画者若有笔墨蒙养生活之功，而大自然之山水，果有周流环抱之性情意态，则可以于画中表现无遗矣。

画家对于画中山与水，当如何有任于之乎？吾人当如何于画中将山水表现之乎？当不务广，不贪多，而先专心在可以以笔墨形容之部分。因非如此不足以推而至于广，至于多。在用笔用墨之时，当注意笔墨须将吾人所欲表现之物体，传而显之。画山当得其静态，画水当得其动态，一切古今成法，不为吾人之障碍。夫如是，而可以"笔墨常存"，"身不炫而名立"。

画家究竟何以能如是乎？并非山使其然，水使其然，笔墨使其然，古今使其然，圣人先哲使其然；推其根源，乃画家原有之资质使其然。资质自何而来乎？只可归之于天赋矣。

《画语录》十八章，既已一一诠释如上，今拟测各章之主要宗旨。十八章中，除第十、十一、十二、十四四章，意较明显，且近于画法外，其余诸章，试各以一二语，将其中心思想拈出。

一画章第一　一画为万象之根本，作画当自一画始。

了法章第二　画家当明了何以一画可以穷万象之理。

变化章第三　画贵有变化，有一己之面貌。

尊受章第四　画家有天才，当知自尊自爱，即天才不易得之意。

笔墨章第五　作画贵有笔有墨，而笔墨由于天赋与学力。

运腕章第六　作画当善于运腕。

氤氲章第七　善于用笔墨，可以有

氤氲之画境，而氤氲之生，推其源，仍由于一画。

山川章第八　方法与真理二者贯通，我与自然，合而为一，我即自然，自然即我，于是画中有我存在，有变化，能创造。

皴法章第九　皴法亦基于一画，画家倘能神与造化相合，可以从心所欲，无往而不可。

海涛章第十三　天下万物，皆可以一画象之，以一理贯之。

远尘章第十五　作画不可反为画蔽，当专心致意于"一以分万，万以治一"之一。

脱俗章第十六　惟至人可脱俗，能脱俗者，乃因其天赋过人。

兼字章第十七　字与画，皆源于一画，是以二者相通。

资任章第十八　人之资质，受任于天，即人之所具可以以笔墨象万物之灵机，由于天赋。

若归纳言之，全书中最重要之数语为：一画乃画之根本，画家不仅当知一画之法，更须明了一画之真理。画家有天赋，为最重要之条件。画家有天赋，而后可以运用一画，明了一画，善运腕，脱尘俗，有变化，能创造，有笔墨，现氤氲，神与造化相合，掌宇宙之权衡，具自然之大力，从心所欲，无可无不可。

第二十四章　董其昌与南北宗

画分南北二宗之说，为明莫是龙、陈眉公、董其昌等所创。三家之中，当以董为中坚。其言曰：

文人之画，自王右丞始，其后董源、巨然、李成、范宽为嫡子，李龙眠、王晋卿、米南宫及虎儿，皆从董、巨得来，直至元四大家黄子久、王叔明、倪元镇、吴仲圭，皆其正传。吾朝文、沈则又远接衣钵，若马、夏及李唐、刘松年，又是大李将军之派，非吾曹当学也。❶

又曰：

禅家有南北二宗，唐时始分，画之南北二宗，亦唐时分也，但其人非南北耳。北宗则李思训父子，着色山水，流传而为宋之赵干、赵伯驹、伯骕，以至马、夏辈。南宗则王摩诘始用渲淡，一变勾斫之法，其传为张璪、荆、关、董、巨、郭忠恕、米家父子，以至元之四大家，亦如六祖之后，有马驹、云门、临济儿孙之盛，而北宗微矣。要之摩诘所谓云峰石迹，迥出天机，笔意纵横，参乎造化者。东坡赞吴道子、王维画壁亦云："吾于维也无间然"，知言哉！❷

二宗之时代范围，不仅限于明代，远溯唐宋元各朝，对于历代之画家画派，咸加以检讨及批评。自明末叶而后，南北宗便为画论中之专门名辞。有清论者，沿习用之，三百余年，未尝有疑其定名之不当者。南北宗所包括之范围既如是之广，入人心复如是之深，固不容吾人忽视，而亟宜有所论及也。❸

本章首先叙述南北宗如何经有酝酿之时期而至其名辞之成立，全篇主旨，尤重在讨论南北宗名辞是否合理，玄宰等之见解有无偏执，兼试揣测创立南北宗名辞之动机。

第一节　南北宗名辞之兴起

画之分南北二宗，实即文人画家与职业画家之争。吾人若究心画史，可知此不同阶级之势力，盖无时不在摩擦中，第至明代而特为刻露耳。故南北宗之名辞，至玄宰等而成立，实非偶然也。

南宗为文人画家，南北宗之名辞，即为文人所创，前代宁无尊重文人之论哉？吾人直不妨谓，凡推崇文人，如张爱宾所云"自古善画者，莫匪衣冠贵胄，逸人高士"一类之言论，皆创立南北宗之远因。东坡、郭若虚，极力提高文人之地位，以为画家作品之优劣，端视其

❶ 董其昌《容台别集》（崇祯刻本）4/4a。

❷ 同注❶ 4/6a。

❸ 滕氏固《关于院体画文人画之史的考察》（《辅仁学志》二卷二期）童氏书业《中国山水画南北分宗说辨伪》（《考古》第四期）启氏功《山水画南北宗说考》（《辅仁学志》七卷一二期合订本）各文皆是。

人品如何。邓椿、董逌等，附而和之，声势愈为浩大。元代画者，不仕胡元以孤洁之性格，高自标置。凡此俱足为后世文人画家高傲自尊之口实。

南北宗于玄宰等创立之之前，经有一度之酝酿时期，颇可于正德嘉靖间画论家之著述中见之。都穆，前于玄宰约百年，《南濠文跋》中已有言曰：

> 古人作画，多尚细润，至北宋皆然。自马远与夏珪，始肆意水墨，行笔粗硬，不复师古，而画法几废。❶

虽未为南北分宗，然马远、夏珪，实即主持后日所谓之北宗者也。

都元敬同时而略晚者，为何良俊。良俊，字元朗，华亭人，嘉靖中官翰林院孔目，对于文人及职业画家，尝以行利二家分之。其轻行重利之观念，悉见《四友斋丛说》一书中。其言曰：

> 元人之画，远出南宋诸人之上。文衡山评赵集贤之画，以为唐人品格。倪云林亦以高尚书、石室先生、东坡居士并论。盖二公神韵最高，能洗去南宋院体之习。其次则以黄子久、王叔明、倪云林、吴仲圭为四大家。盖子久、叔明、仲圭，皆宗董、巨，而云林专学荆、关。黄之苍古，倪之简远，王之秀润，吴之深邃，四家之画，其经营位置，气韵生动，无不毕具，即所谓六法兼备者也。此外如陈惟允、赵善长、马文璧、陆天游、徐幼文诸人，其韵亦胜。盖因此辈皆高人，耻仕胡元，隐居求志，日徜徉于山水之间，故深得其情状。且从荆、关、董、巨中来，其传派又正，则安得不远出前代之上耶？乃知昔人所言，一须人品高，二须师法古，盖不虚也。❷

元朗上节，吾人当注意二事。（一）赵、

高二公，神韵最高，能洗去南宋院体习气。（二）画家自荆、关、董、巨以来为正派。

夫南宋院体，即画院中之职业画家也。元朗以为其神韵不及赵、高等文人画家。复谓荆、关、董、巨之传为正派，则院体之职业画家，固不待问，而知其为非正统矣。元朗又曰：

> 画之品格，亦只是以时而降。其所谓少韵者，盖指南宋院体诸人而言耳。若李、范、董、巨，安得以此少之哉？❸

此意与前节仿佛，惟更将李、范二家划入正统画派之内。

前引两节，元朗贬南宋院体之意，已甚明显，但仅泛泛言及，而并未指出究竟何人为院体。至论诸家山水一则，乃明言之。

> ……画山水亦有数家。关仝、荆浩，其一家也。董源、僧巨然，其一家也。李成、范宽，其一家也。至李唐，又一家也。此数家笔力神韵兼备，后之作画者，能宗此数家，便是正脉。若南宋马远、夏珪，亦是高手。马人物最胜，其树石，行笔甚道劲。夏珪善用焦墨，是画家特殊者，然只是院体。❹

所谓院体者，盖指马、夏诸人而言也。文中虽无菲薄之词，然最后以"然只是院体"五字一断，轻轻绾住。是不啻曰：一涉院体，纵佳亦不足取也。

读其记星官图一则，更可知元朗对于马远作品之不满：

> 尝疑马远画，其声价甚重，而世所流传之迹，虽最有名者，亦不满余意。但曾见其画星官一小帧，有十二三个道士，着道服，立于云端，似有朝真之意。云是勾染，其相貌威严中，具清逸之态，衣褶亦奇古，当不在马和之之下。则知

❶ 都穆《南濠居士文跋》（文学山房聚珍本）4/8a。

❷ 何良俊《四友斋画论》（邓实辑《美术丛书》神州国光社铅印本）三集三辑一册7b。

❸ 同注❷。

❹ 同注❷9a。

远盖长于人物者。❺

元朗对于遥父之星官图，虽甚心折，但此其例外耳。亦惟以其为例外，故不惜记之。至于遥父之山水，吾固知其必不为元朗所喜，所谓"虽最有名者，亦不满余意"是也。

凡上所云，皆元朗对于宋元画家之评论。其于当代画家，亦曾议及。

我朝列圣宣庙、宪庙、孝宗，皆善画。宸章晖焕，盖皆在能妙之间矣。我朝特设仁智殿，以处画士。一时在院者，人物则蒋子成，翎毛则陇西之边景昭，山水则商喜、石锐、练川、马轼、李在、倪端、陈暹季昭，苏州人。钟钦礼，会稽人。王谔廷直，奉化人。朱端，北京人。然此辈皆画家第二流，但能置之能品耳。我朝善画者甚多，若行家当以戴文进为第一，而吴小仙、杜古狂、周东村其次也。利家则以沈石田为第一，而唐六如、文衡山、陈白阳其次也。戴文进画尊老用铁线描，间亦用兰叶描，其人物描法，则蚕头鼠尾，行笔有顿跌，盖用兰叶描而稍变其法者，自是绝技，其开相亦妙，远出南宋以后诸人之上。山水师马、夏者，亦称合作，乃院体中第一手。❻

上文推崇沈、戴二人，而以行利二家分之。行家为职业画家，而利家为文人画家。于此，行利二家，据有相对地位，而有门户之树立，鸿沟之划分。此行利二家，即是后日玄宰等所创南宗北宗之前身。

另有一则，更进而为行家利家，定优劣之轩轾。

衡山本利家，观其学赵集贤，设色，与李唐山水小幅，皆臻妙，盖利而未尝不行者也。戴文进则单是行耳，终不能

兼利，此则限于人品也。❼

赵松雪，有复古之主张，精艳工细之画，本所擅长。李晞古为宋高宗时待诏，画院中高手。文衡山，文人画家也，竟能学晞古、松雪，而臻其妙。故元朗以为衡山不但有高人逸士之品格，更具有功力精深之训练，能于画中呈伟丽之巨观，所谓利而未尝不行是也。至于戴文进，虽称院体中第一手，惜只限于行家。推其原，又归咎于人品不高，对戴有轻蔑之态度矣。

院体画家，以戴文进为第一，吴小仙、杜古狂次之，至其末流，元朗更深厌其恶劣不堪入目，痛加抨击。

开化时侁，号晴川，以焦墨作山水人物，皆可观。同时徽州有汪海云，亦善画，墨气稍不及时，而画法近正，是皆不失画矩度者也。如南京之蒋三松、汪孟文，江西之郭清狂，北方之张平山，此等虽用以楷抹，犹惧辱吾之几榻也。❽

张路，号平山，大梁人，学戴进，王世贞称"传吴伟法者，平山张路最知名，然不得其秀逸处，仅有遒劲耳。北人重之，以为至宝"❾。汪质，字孟文，浙人，流寓南京，《金陵琐事》称其"山水专师戴静庵，但用墨太浓耳"❿。蒋嵩，号三松，江宁人，《明画录》称其"山水派宗吴伟，喜用焦墨枯笔，最入时人之眼。然行笔粗莽，多越矩度，时与郑颠仙、张复阳、钟钦礼、张平山徒逞狂态，目为邪学"⓫。

文进小仙，本以遒劲见长，而张、汪等人，愈加纵肆，焦墨枯笔，点染粗豪，板重颓放，剑拔弩张，时有妄用私意之处。是以在当时不免有狂态邪学之目。

张平山等家，并未供奉内廷，本不

❺ 同注❷ 7a。

❻ 同注❷ 11a。

❼ 同注❷ 11b。

❽ 同注❷ 13a。

❾ 王世贞《艺苑卮言·附录》(《弇州山人四部稿》万历五年序世经堂刊本) 155/16b。

❿ 周晖吉《金陵琐事》(民国二十四年襟霞阁铅印本) 上 /72。

⓫ 徐沁《明画录》(《美术丛书》本) 三集七辑一册 22b。

❶ 启功《山水画南北宗考》(《辅仁学志》民国二十七年十二月七卷一二期合订本)150。

❷ 董其昌《画眼》(《美术丛书》本)初集三辑一册 15b。

❸ 同注❶ 149。

❹ 同注❶ 149。

❺ 张丑《清河书画舫》(光绪乙亥有竹人家刊本)已/14a。

❻ 眉公《白石樵真稿》有书画家南北派一则与此相似:"写画分南北派,南派以王右丞为宗,如董源、巨然、范宽、大小米以至松雪、元镇、叔明、大痴,皆南派,所谓士夫画也。北派以大李将军为宗,如郭熙、李唐、阎次中以至马远、夏珪,皆北派,所谓画苑画也。大约出入营邱。文则南,硬则北,不在形似,以笔墨求之。"(民国二十四年上海杂志公司铅印本)350。

❼ 同注❶ 149。

式肆 董其昌与南北宗

能目为职业画家,惟以其画派乃师院体而来者,当时论者,便将其列入以戴进为首之浙派。

何元朗不过为当时文人中对于画家主张当有阶级之分且曾笔之于书者(彼时与元朗所见相同而不为今日所知者或不在少数)。其所持之见,与后日玄宰等之议论,无不一一合拍。此所以本章叙南北宗名辞之兴起,特追述至此,而称之为酝酿时期也。

吾友启君元白,撰《山水南北宗说考》一文,关于分宗学说之起源,有以下之结论:"莫、陈、董三氏,同时,同里,同好,著书立说,亦持同调,则南北宗说,谓为三人共倡者,亦无不可。"❶其论信确,但愚以为三家之中,当以玄宰为中坚。

滕氏固及童君书业,各有关于南北宗之论著。根据玄宰《画眼》中论顾仲方、莫云卿一节,以为南北宗说,为莫氏所创。《画眼》曰:

传称西蜀黄筌,画兼众体之妙,名走一时,而江南徐熙后出,作水墨画,神气若涌,别有生意。筌恐其轧己,稍有瑕疵。至于张僧繇画阎立本,以为虚得名,固知古今相倾,不独文人尔尔。吾郡顾仲方、莫云卿二君,皆工山水画。仲方专门名家,盖已有岁年。云卿一出,而南北顿渐,遂分二宗。然云卿题仲方小景,目以神逸,乃仲方向余敛衽云卿画不置,有如其以诗句相标誉者。俯仰间,二君意气,可薄古人耳。❷

元白则以为文中"云卿一出,而南北顿渐,遂分二宗"数语,不过词章用典之例,当日禅学流行,遂有以禅家宗派比拟画家宗派之事。"故谓为画派南北之说起于晚明之证则可,执之以为莫氏创说之证,则不可。"滕、童二氏之说,微嫌牵强,固不及元白之设论圆通,而别具卓见也❸。

惟元白于文中复考证莫云卿《画说》之著者问题(莫云卿有《画说》传世,书中言及南北宗。惟《画说》之文,悉见董玄宰《画眼》、《画旨》等书,故论者或谓莫作,或谓董作)。而又将分宗之说,归诸莫氏,据今日自各方面探讨所得,莫氏《画说》十六条,实出董手(详明代方法章)。此据一得,则无形中便将创南北宗说之重心,自云卿移至玄宰矣。

《清河书画舫》已卷,有张青父引《秘笈》一则,据元白之考证,《秘笈》为《陈眉公订定秘笈》之简称❹。其文为:

山水画,自唐始变。盖有两宗,李思训、王维是也。李之传为宋王诜、郭熙、张择端、赵伯驹、伯骕以及于李唐、刘松年、马远、夏珪,皆李派。王之传为荆浩、关仝、李成、李公麟、范宽、董源、巨然以及于燕肃、赵令穰、元四大家,皆王派。李派板细乏士气,王派虚和萧散,此又惠能之禅,非神秀所及也。至郑虔、卢鸿一、张志和、郭忠恕、大小米、马和之、高克恭、倪瓒辈,又如方外不食烟火人,另其一骨相者。❺❻

惟此则不见《眉公杂著》中,元白疑今日之传本不足,故不载❼。愚以为即令果是眉公语,仍不过为附和玄宰之说耳。

顷读沈子居《长江万里图》,卷后眉公跋曰:

画以士气为主,自吾乡董思翁,拈题正印,文度、子居同时同参,始从文、沈两先生,直溯元季四大家以及荆、关、董、巨,皆以李营邱为师。营邱以卢鸿乙为师,此士气派也。狮子一滴乳,散为诸

名家。❽

士气者，南宗也。荆、关、董、巨、营邱，南宗之画家也。"自吾乡董思翁，拈题正印"者，盖谓玄宰居南宗画派之领导地位也。所言虽偏重画法，但关于绘画学说之主张，固亦包括在内。创南北宗说，莫、陈、董三家中，当以玄宰为中坚，似非尽出臆断也。

第二节　南北宗名辞之商榷

南北宗三字，不见唐代画史，揆诸事实，吾人仅能谓明人为唐人画派分宗，而不可谓唐代画家心目中，已有南北宗派之建树。是故南北宗之名辞是否合理，玄宰之见解有无偏执，其间颇有可议之处。

第一，吾以为南北宗之名辞与画史画人毫无关系，乃附会释家之名辞而成者。

今试先解释佛教中之南北宗：

释家以达摩为禅宗第一祖，五传而至弘忍，弘忍有两大弟子，慧能、神秀。神秀唐武后召至都下，慧能住韶州。后各有传嗣，遂分南北二宗。《旧唐书·神秀传》中有：

……初神秀同学僧慧能者，新州人也，与神秀行业相埒。弘忍卒后，慧能住韶州广果寺……神秀尝奏则天，请追慧能赴都，慧能固辞。神秀又自作书，重邀之。慧能谓使者曰："吾形貌短陋，北士见之，恐不敬吾法，又先师以吾南中有缘，亦不可违也"，竟不度岭而死。天下散传其道，谓神秀为北宗，慧能为南宗。❾

释华严宗有顿渐之说，顿教为利根上智而设，使其顿时解悟，立地修证。渐教为中人而设，使其依次修行，以渐而进。佛家二宗，南顿而北渐，玄宰遂

附会其说，而定画宗之南北。方薰《山静居画论》所谓："画分南北两宗，亦本禅宗南顿北渐之义，顿者根于性，渐者成于行也。"❿第不知释家定南北宗之时，因其地域之异而名之，本未尝思其孰为顿而孰为渐。顿渐与南北，原无连带之关系。今玄宰因画派亦有顿渐之不同，而名之曰南北，诚附会之甚矣。综其命名之不当，有以下三点：

（甲）既曰分宗，当有共同之先师，如神秀、慧能，皆弘忍弟子。王维及李思训之作品，间有相似之处，但未闻有同一之师承。本不同宗，后亦无所谓分。

（乙）佛家之南北宗，因地而得名。神秀在都下，慧能在岭南，故曰南北。画家之分宗，与南北并无关系。董玄宰亦自知后人必以此指摘，故于"画之南北二宗，亦唐时分也"下，备一补笔曰"但其人非南北耳"。惟此实未能为玄宰作辩护。吾人仍不妨难之曰：画家既非南人北人，又何必以南北分其宗派乎？

（丙）刘昫，后晋人，所著《唐书》，已有"天下散传其道，谓神秀为北宗，慧能为南宗"之语，可见佛家之南北宗，在当时已行成立，而画家之南北宗，至玄宰始创立。生于千百年后，而为千百年前之绘画安定宗派，即无谬误，亦太多事。

综上以观，画之南北宗，名辞之创立，全属附会，尚不及前人所谓行家利家之近情近理。

玄宰之所以不惜附会禅宗之理由，全在遂一己好恶之念，文人画，皆具上智，可一直入如来地。积劫方成菩萨之学，自不屑为之。加以佛家之南宗，日后非常繁盛，而北宗自神秀而后，渐趋沉寂，更毅然使玄宰强借南北宗之名

❽ 李佐贤《书画鉴影》（原刊本）8/18a。

❾ 刘昫《旧唐书》（《二十五史》民国二十四年开明书店）卷一九一列传一四一536。

❿ 方薰《山静居画论》（于海晏辑《画论丛刊》民国二十六年中华印书局）册三上/4b。

辞，施之于画学，称己所不喜之画派曰"北"，意欲示其与佛家北宗同，不得与南宗之声势相敌也。吾敢断言，设佛家二宗，日后北盛南衰，玄宰定称摩诘为北宗之祖，而李思训为南宗之始。顿渐二字与南北之毫无关系，亦于此可见也。

第二，吾以为自画派言，成功之画家，向不为成法所囿，而时有变化。南北二宗画家之面目，有极相似处，就评画之品格观之，北宗所见长者，于南宗亦属可贵。若欲以界限将各家断然分疆为二，信属不可能之事。

吾人试以思训、遥父、禹玉、文进等家，为唐、宋、明三朝北宗画家之代表，而观其绘画之品格。

李思训之作风，根本与摩诘有极相似处。（董源山水水墨如王维，着色如李思训。《图画见闻志》，董元……画家止以着色山水誉之，谓景物富丽宛然，有李思训风格。今考之所画，信然。盖当时着色山水未多，能仿思训者亦少也。《宣和画谱》卷十一页279丛书集成本。）玄宰《画禅室随笔》中有一则曰：

京师杨太和家所藏唐晋以来名迹甚佳，余借观，有右丞画一帧，宋徽庙御题左方。笔势飘举，真奇物也。检《宣和画谱》，此为《山居图》，察其图中松针石脉，无宋以后人法，定为摩诘无疑。向传为李将军，而拈出为辋川者，自余始。❶

以宋徽庙庋藏之富，鉴赏之精，当能审定作者为何人，而董玄宰之翻案，拈出为辋川所作，亦必非漫无根据。《山居图》究出谁手，今日自难置答，至王、李二家画派之相近，固无可讳言者。若然，何以一系南宗之祖而一系北宗之始乎。

遥父、禹玉为玄宰所深不齿者，但

❶ 董其昌《画禅室随笔》（掞藻堂刊本）2/14a。

❷ 张丑《清河书画舫》（光绪乙亥有竹人家刊本）酉/38a。

❸ 詹景凤《玄览编》（据故宫图书馆藏抄本抄）44a。

❹ 同注❸ 47b。

张青父曰：

董玄宰太史，生平不喜马、夏画本；及观松泉图卷（马远所作），则又赏其清劲，为之敛衽赞赏，不能已己。❷

上文载《清河书画舫》，青父与玄宰同时，所记非自目击，亦必得诸可信之传闻。此等议论，玄宰不肯著之纸墨，是以后人为董所辑录之画籍中，无从得见。玄宰所赞赏之清劲，为马、夏之特色，然清劲于文人画中，岂不足珍贵之品格乎？

明代文人诋马夏，故不屑效之，而詹东图则以为禹玉之画，实难仿拟。

歙方氏，有宋人夏珪画二小轴，长条山水，一夏景，一雪景，上有宋克题诗，又鉴定以为真迹。画入妙，然实非真迹，不害不真，且粗而不苍，软而不劲，俗而不雅。盖珪长在苍，又劲易而雅难也。克精书法，兼能画，乃犹不能辨真伪，赏识之难如此。❸

盖效其劲，效其苍，尚易，而惟效禹玉之雅为最难。所言二帧，东图一望而知其为赝鼎，以其未能雅耳。是则明人动辄以俗讥禹玉，而禹玉实不俗也。

东图复论善学马远之戴文进曰：

吾邑吴舍人凤泉夏珪《溪山野棹图》，用笔简重，含气雄深，迹若草率数笔，下笔落墨，一丝不苟，盖构意极精然也。予所见马、夏真迹多如此。惟汪司马二轴，飘然纵笔。近时钱塘戴文进可谓十得其八九。然戴画之高，亦在苍古而雅，不落俗工脚手。吴中乃专尚沈石田而弃文进，不道，则吴人好画之癖，非通方之论，亦其习见然也。❹

禹玉之雅，文进得之，故谓得其八九。明代画家，实未能出其右者。

吴人专尚石田，东图不禁为文进不平也。

综上以观，北宗之画，清劲且雅。是则南北二宗，言其品格，正复有相同处也。

抑又有进者，石田、文进，虽于明代画坛中，各踞南北宗之首席，而二家之作品，竟有极相似者。王世贞《弇州题跋》曰：

戴文进作图，凡七帧，曰浣溪春行、卧听松泉、竹溪夜泊、雷峰夕照、凭栏待月、西湖雨霁、东篱秋晚。余初阅之，以为沈启南作，见题字不工，及验其印章，而始知为文进也，然无一笔钱塘意，苍老秀逸，超出蹊径之外，乃知此君与启南无所不师法，妙处无所不合耳。❺

孙月峰《〈书画跋〉跋》曰：

余少时曾问一画师曰："我朝画，何人第一？"渠答曰："戴文进。"乃吴子论，殊不尔，然其所推重者，无过启南。余观司寇得此佳画，遂疑为启南，然则菰芦中善月旦者，尚未能作糊名试官也。余于画道浅，无敢强作解事。第二公恐未易轩轾，无所不师法，妙处无所不合，是苏味道评无一笔钱塘意，则公孙凤因未脱耳。王槐野仲父答薛方山仲父书曰"公吴人也，而负秦性"，正与此同。❻

由上以观，文进亦能作极写意之文人画，元朗谓"戴文进则单是行耳"，未可置信。月峰"二公未易轩轾"之言，始是允论也。

玄宰所谓之北宗画家时有肖似南宗之作品。南宗画家，如赵吴兴、文衡山等，自亦时有肖似北宗之作品。元朗称文曰"利而兼行"，尚无语病，必如玄宰之严格划分，曰某为南宗，某为北宗，牵强之病，知其不获免也。

第三，吾以为玄宰所谓北宗画家，

各具特长，大可为后人取法，不当对其优点一律抹杀，绝口不谈，以北宗二字了之。如前文青父所记一条，便足证玄宰不惟门户之成见太深，且无学者宏豁之气度。今仍以李思训等家为各朝北宗画家之代表，而以其他批评家之意见，与玄宰之评论作一比较。

《历代名画记·李思训传》：

李思训，宗室也，即林甫之伯父，早以艺称于当时。一家五人，并善丹青，世咸重之，书画称一时之妙。官至左武卫大将军，封彭城公。开元六年，赠秦州都督。其画山水树石，笔格遒劲，湍濑潺湲，云霞缥缈，时睹神仙之事，窅然岩岭之幽。时人谓之大李将军其人也。❼

朱景玄《唐朝名画录》将李思训置在神品下，传中有：

思训格品高奇，山水绝妙，鸟兽草木，皆穷其态……天宝中，明皇召思训画大同殿壁兼掩障。异日因对语思训云："卿所画掩障，夜闻水声，通神之佳手也。"国朝山水第一。❽

唐人重视人物画家，是以李思训屈居神品下。倘以山水论，李思训殆首屈一指者。但玄宰只谓"若马、夏及李唐、刘松年又是大李将军之派，非吾曹所当学也"，意似李思训毫不足取，摒弃务尽，一若惟恐受其沾染者。

马远《画史会要》称：

远能种种臻妙，独步画院中。光宁朝为待诏。❾

夏珪《杭州志》曰：

夏珪，字禹玉，钱塘人，宁宗朝待诏，赐金带，画人物，酝酿墨色，如傅粉之色。笔法苍老，墨汁淋漓，雪景全学范宽，院中人画山水，自李唐以下，无出其右者。❿

❺ 王世贞《弇州山人四部稿》（世经堂刊本）138/2a。

❻ 孙镩《〈书画跋〉跋》（乾隆庚申居业堂刊本）3/14a。

❼ 张彦远《历代名画记》（张海鹏校辑《学津讨原》上海涵芬楼影印琴川张氏本）9/10a。

❽ 朱景玄《唐朝名画录》（王世贞《王氏画苑》民国十一年上海泰东图书局）6/6a。

❾ 朱谋垔《画史会要》（崇祯四年刊本）3/9a。

❿ 邵普涵纂《杭州府志》郑沄修（乾隆四十九年刊本）96/11a。

倪云林曰：

夏珪所作《千岩竞秀图》，岩岫萦回，层见叠出，林木楼观，深邃清远，亦非庸工俗吏所能造也。盖李唐者，其源亦出于荆、范之间，夏珪、马远辈，又法李唐，故其形模若此。❶

云林之画，简易淡远，与院体适相反，而其对于李唐、马、夏等家，并不轻视。马、夏之声誉，不仅于南宋及元代极为煊赫，即明初，富有文人画色彩之王履（见明代理论章），亦对其推崇备至。

……画家多人也，而马远、马逵、马骐与二夏珪之作，为予珍。何也？以言山水欤，则天文地理人事，与夫禽虫草木器用之属之不能无形者，皆于此乎具。以此视诸画，风斯在下矣。以言五子之作欤，则粗也而不失于俗，细也而不流于媚，有清旷超凡之远韵，无猥暗蒙尘之鄙格。图不盈咫，而穷幽极遐之胜，已充然矣。故予之珍，非珍乎溺也。珍乎其所足珍，而不能以不珍耳。❷

而董玄宰则谓：

马远、夏珪辈，不及元季四大家。观王叔明、倪云林姑苏怀古诗，可知矣。❸

又谓：

夏珪师李唐，更加简率，如塑工所谓减塑者，其意欲尽去模拟蹊径，而若灭若没，寓二米墨，戏于笔端。他人破觚为圆，此则琢圆为觚耳。❹

以简论画，并非劣评。惟与率字连缀，便寓有粗恶潦草之意矣。

戴文进为明代第一流画家，李开先《中麓画品》将其位高置明代各家之上（详后章），而董玄宰曰：

元季四大家，浙人居其三。王叔明，

湖州人，黄子久，衢州人，吴仲圭，武塘人，惟倪元镇，无锡人耳。江山灵气，盛衰故有时，国朝名士，仅仅戴进为武林人，已有浙派之目。不知赵吴兴亦浙人。若浙派日就渐灭，不当以甜斜俗软者，系之彼中也。❺

以上数语，乃玄宰对于浙派之名辞，有所不满而发。盖明代宣德嘉靖间，文进之声势，无人可与抗衡。文进浙人，当时遂以浙派名其画派，而以戴为始祖。

浙派之祖，始自玄宰所谓北宗画派之戴文进，自不甘心，是以远溯元代，故举前代画家之为浙人者以制之。意即浙派之名辞，不成立则已，如成立，当以元代之文人画家始，而后起之文进，不过仅江山灵秀已衰，气韵已塞，所产生之末流耳，实不足以代表浙派之万一。甜斜俗软四字，即玄宰用以评文进者，其于文进之贬诋卑视，可谓至于极矣。

凡上引各条，非吾故择玄宰专抑北宗之言论，以作吾文之佐证。求诸《画旨》、《画眼》及《画禅室随笔》等书，实未见有对于北宗不加攻击者。元朗论画，与玄宰意见，诚甚接近。但对于马、夏、戴文进，尚俱有褒赞之言，犹不致一味掩人之美。董之偏执，当为世所共许之事实也。

玄宰创立南北宗，其动机在尊文人，抑工匠，前已略言之矣。第其对于北宗如是苛刻，攻击不遗余力，与明代画家势力之消长，流派之演变，大有关系。其于绘画影响之巨，有甚于前代任何画论家。凡此皆有一论之必要也。

戴文进之召入画院，在宣德中（1426年）。旋因受谗，放归穷死。死后声势顿起，于当代画坛，首屈一指。成化间，

❶ 倪瓒《清閟阁集》（康熙间曹氏刊本）9/15b。

❷ 王履《画楷叙》（卞永誉《式古堂书画汇考》鉴古书社影印本）画考 6/52b。

❸ 董其昌《容台别集》（崇祯刻本）4/4a。

❹ 同注❸ 4/31a。

❺ 同注❸。

与文进作风相近之吴小仙，有赐"画状元"之殊遇，此正浙派不可一世之时也。即以画名满天下之沈启南而言，亦未能敌。《金陵琐事》记李著之轶闻曰：

李著，字潜夫，号墨湖。童年学画于沈启南之门。学成归家，只仿吴次翁之笔以售。❻

李著既从石田学，学成又弃之，必仿小仙之画始得售，则彼时之爱好风尚，不问可知也。

张平山、汪孟文、蒋三松等家，又因之而起，不肯固守师法，思以变化见长，专于遒劲黑重上致力，秀逸尽失，弄巧成拙，信是浙派中之不肖弟子。

戴吴画派之隆替，为时不过百年。自嘉靖初（1522年），元朗等家出，便渐消沉。王弇州曰：

戴文进生前作画，不能买一饱，是小厄。后百年，吴中声价，渐不敌相城，是大厄。然令具眼观之，尚是我明高手。❼

推其消沉之故，不外乎吴中画家极力提倡文人画，贬抑院体，而浙派之后进者，又徒以恶劣见称，每况愈下也。

玄宰对于北宗所最不齿者，自属张路、汪质等家，惟于彼等鲜有道及，一似其卑劣已极，不屑一道者，而却反向上溯，究其画派之来源，远穷唐代，一律加以毁诋。是不啻谓"彼派中之前贤往哲尚不足论，况其末流乎？"由此点观之，董之创立南北宗，颇有将其作为攻击浙派末流工具之用意。为使其工具锋利而有力，又不得不尽掩北宗画家之所长。偏执之成见，即因此而生也。

❻ 周晖吉《金陵琐事》（民国二十四年襟霞阁铅印本）上/73。

❼ 王世贞《弇州山人四部稿》（世经堂刊本）138/3a。

第二十五章 明代关于山水画法之论述

明代论画之风，极为盛行，尤以关于山水画法皆为多。兹取董其昌、周履靖、唐志契、沈灏等家之著，分节论之，而最后一节，汇集明代关于画法之片段言论。

第一节 董其昌《画旨》、《画眼》及《画禅室随笔》

董玄宰关于画学之著述，《画旨》、《画眼》、《画禅室随笔》等三种，皆经后人纂辑成书，而非出诸手订。其间内容，互有异同，重复处亦复不少，且有将赵希鹄、陈眉公之言误为玄宰之说，亦经辑入者。

莫是龙云卿，与玄宰同里同好，有《画说》一卷行世。惟书中十六则，悉见《画旨》、《画眼》等书中，十是著者问题，遂难遽断。余越园先生解题曰：

考文敏生于嘉靖三十四年，云卿生卒年月虽无考，而其父如忠则生于正德二年，下距文敏之生为四十七年。是云卿与文敏当为同时人而略早，又与文敏生同里闬，画法亦甚高妙，当不至剿袭文敏之书，若出剿袭，亦断不能传录如是之久。颇疑文敏之书，非其自著，乃

后人辑录而成，辗转传抄，遂将莫说误入。或云卿《画说》散失，后人取文敏之说，依托为之，亦未可知，两者必居其一也。❶

仅存两可之疑，并未断定究出谁手。

启君元白，于《山水画南北宗考》一文中，以为《画说》为莫氏所作：

《陈眉公订正秘笈》（即《宝颜堂秘笈》原名），绣水沈氏尚白斋刊于万历三十四年，续函中收莫氏《画说》。是年董其昌五十一岁。张丑《清河书画舫》成于万历四十四年丙辰，其卷六、卷十、卷十一，共引《画说》四条，又引陈继儒《妮古录》。凡所引董其昌说，皆录自戏鸿堂帖，是年董氏六十一岁。则《画眼》等书之成，绝在莫、陈著述已成之后。《画说》之非摭自《画眼》，更得确证。分宗之说，当属莫氏明矣。❷

惟元白之考证，仅可证明《画眼》等书之成在《画说》之后，而不能证明莫氏之《画说》必非得诸董氏。盖云卿之卒在万历二十五年之前❸，设莫氏果曾袭董氏之文，必早于眉公与青父成书之日。是陈、张二家，固仍有将《画说》误为莫氏所作之可能也。

❶ 余绍宋《书画书录解题》（民国二十一年北平图书馆印）3/22a。

❷ 启功《山水画南北宗考》（《辅仁学志》），辅仁大学《辅仁学志》编辑会民国二十七年十二月）第七卷第一、第二期合刊148。

❸ 裴景福《壮陶阁书画录》载董其昌《董北苑夏山图卷跋》："至丁酉夏同年，林检讨传言，长安李纳言家有潇湘图卷，余属其和会，复得之，而上海潘光禄有董源龙宿郊民图，其妇翁莫云卿所遗，并以售余，余意满矣。"（中华书局聚珍仿宋版本2/38b）可知玄宰得龙宿郊民图于万历二十五年丁酉，而是时莫是龙已殁。更证之以北苑龙宿郊民图之董跋，亦相吻合："丁酉典试江右，归，复得龙宿郊民图于海上潘光禄，自此可称满志矣。"载吴升《大观录》（李氏圣译楼排印本）12/19b。

容师希白《颂斋读书记》,断定《画说》出于董氏:

是书凡十六条,首刻于陈继儒《宝颜堂秘笈》续集中,《续说郛》卷三十五再收之,并收董其昌《论画琐言》凡十二条,全见于《画说》中。董氏跋云:"新都吴太学过余舟中,见余杂画粉本及此《论画琐言》曰:'画史大不易事。'吴兄画道,便到逸品,请以余言为印证,何如?"董氏之子祖和辑《容台别集》,卷六《画旨》《画说》十六条,全在其中。莫与董同为华亭人,如果为莫作,董不当攘以为己有。陈与董相友善,如果为董作,陈不当刻入《秘笈》而自署校名。考画之分南北二宗,推尊文人画,《画旨》中多有其说,窃疑《画说》乃出于董,而苦难证明。余绍宋《书画书录解题》谓:"颇疑文敏之书,非其自著,乃后人辑录而成,辗转传抄,遂将莫说误入。或云卿《画说》散失,后人取文敏之说,依托为之,亦未可知,两者必居其一也。"余氏并将《论画琐言》之董跋,谓"出于伪托",微嫌武断。廿六年春,购得董氏自书《闲窗论画》册,跋云:"旧有《论画》一卷,久已失之。适君甫录得不全本,更书一通。"或莫如?〔觉明先生疑如字有讹〕君甫之曾录其文,以此人误为莫作。《闲窗论画》凡九条(中有两条《画说》合为一条),仅得《画说》之半,故云不全本。据此知《论画琐言》之跋亦不伪,而余氏所疑,两者皆非也。❶

希白先生所藏董册,字迹神采奕奕,绝非赝鼎,自可为《画说》出于董手之证❷。且《论画琐言》不仅见《续说郛》❸,明刻《媚幽阁文娱》杂文中早经收入❹,内容及跋与《续说郛》本同,惟标题易为《闲窗论画》,下署董其昌三字。篇后有评语曰:"国朝画,以沈石田、董思白为正派,可以上接宋元。观其立论,故自尚友千古,不堕甜邪坑堑也。"❺评者不署姓名,当出辑书者之手〔明代选本大都坊贾射利之作,假借一二名流学者之名,为之勘定订正。实则所谓名流学者,或竟未尝寓目也。觉明先生批〕。

《文娱》前署"郑元勋超宗选,陈继儒眉公定,郑元化赞可订"。后有崇祯三年,郑元化跋。按是年董玄宰七十五岁,尚健在,上距眉公辑《宝颜堂秘笈》为二十四年。

今见《文娱》此篇,第一可证明《论画琐言》之跋定非伪托,不然元勋眉公等必不收入。第二《文娱》成书在《宝颜堂秘笈》之后,更可为《画说》十六条,乃玄宰所作之明证。盖二十余年后,眉公已自知当日题《画说》为莫作之非,而今特于《文娱》中改正之也。

《画旨》等书中,关于画法之言论,可以分作(一)山、(二)树木、(三)时景、(四)位置、(五)皴法、(六)笔墨等项。

(一) 山

山之轮廓先定,然后皴之。今人从碎处积为大山,此最是病。古人运大轴,只三四大分合,所以成章,虽其中细碎处甚多,要之,取势为主。❻

其意要在取势二字。画山于勾轮廓之先,已将形势取得,一俟落纸,便成定局,此后之添皴,以及收拾细碎之处,皆与原定之局势相合,故画毕呈一统之表现。不知画者,画时本无局势之观念,手目咸为细碎之部分所拘,处处受掣。其山之成,乃由于多数细碎部分之拼凑,观者只见其散漫杂乱耳,岂有全山乎?

云山皆依侧边起势,不用两边合成,

❶ 容庚《颂斋读书记》(《文学年报》民国三十年六月燕京大学国文学会)第七期145。

❷ 玄宰手书论画卷册〔《十百斋书画录》,子/27a,著录董其昌论书画卷〕,不只容氏所藏一种,顾文彬《过云楼书画记》(董香光书画袖珍册5/11a)、邵松年《古缘萃录》(董香光书论书画四则卷5/24b),并见著录。

❸ 陶珽辑《续说郛》在清顺治间。

❹ 郑元勋选《媚幽阁文娱》(崇祯间刊本)杂文/7a—杂文/10b。

❺ 同注❹杂文/10b。

❻ 董其昌《画眼》(邓实辑《美术丛书》神州国光社铅印本)初集三辑一册6b。

此人所不晓，近来俗子点笔，便自称米家山，深可笑也。❼

云山依侧边起势者，谓两旁山麓，只宜一边见实笔，施以皴点，而另一边贵在虚淡，乃有云气蒸蔚之致。若两边相同，便板刻而无生趣矣。

（二）树木

玄宰关于画树之法，议论最多，其间又可按其内容，加以类分：

（甲）泛论画树

树固要转，而枝不可繁。枝头要敛，不可放。树头要放，不可紧。❽

树头是指树木以上，下自分干处起，上至枝梢而言。其中往往可因枝干之发生而分为若干部分。各部分，即玄宰所谓枝头者是。玄宰以为画树之法，树头当舒放，枝头当收敛。换言之，即在树木分枝干之时，当为枝干设想，使其各有生发之地，而自成局势，是以当全树画成之后，由各枝干所集成之树头观之，颇有舒放之致。但当各枝干生发小枝之时，却须存心收敛，如此方不致碍其他枝干之局势，而树头亦自然见疏见密，无匀整一律之病。

画树之法，须专以转折为主。每一动笔，便想转折处，如写字之于转笔用力，更不可往而不收。树有四枝，谓四面皆可作枝着叶也，但画一尺树，更不可令有半寸之直，须笔笔转去，皆秘诀也。❾

画树之窍，只在多曲。虽一枝一节，无有可直者。其向背俯仰，全于曲中取之。或曰："然则诸家不有直干乎？"曰："树虽直，而生枝发节处，必不都直也。董北苑树作劲挺之状，特曲处简耳。李

营邱则千屈万曲，无复直笔矣。"❿

以上二则意极相近，画树贵转折多曲耳。转折之处，用笔易于见力，且树枝之去势，不可一往不收，一收而变其向，便多一转折矣。古人云："树有四枝。"董玄宰曰"向背俯仰"，言四向也。四向之中，前后居其二，而树枝之向前向后者，设不用转折之法，必不得现之于纸上。玄宰更以为树枝如不曲，根本不复成树。"一尺之树，不可令有半寸之直"，一尺者，画中之树高一尺也。设有真树一株，其高四丈，以此为比例，则画中之半寸，相当于真树之二尺。二尺树枝之中，确必有弯曲之处，更何况真树之高，每不止四丈乎？"须笔笔转去"一语，亦大可玩味，所谓转笔，并非定谓有显著之曲折，而在笔锋之转换。一笔之中，自具变化，即转笔也。

枯树最不可少，时于茂林中间出，乃见苍秀。树虽桧柏杨柳椿槐，要得郁郁森森。其妙处在树头与四面参差，一出一入，一肥一瘦处。古人以墨画圈，随圈而点缀，正为此也。⓫

上则论枯树茂林。玄宰何以合二者而同论之乎？以枯树茂林，必须相间，有枯者乃觉茂者愈荣盛，有茂者乃觉枯者愈奇古。其中"妙处在树头四面参差，一出一入，一肥一瘦处"数语，指茂林点叶而言，即画树头当取势之意。最后三句，莫是龙《画说》本作"古人以木炭画圈，随圈而点入之，正为此也"⓬，似较"以墨画圈，随圈而点缀"为合理。木炭即朽子，画圈所以取势，以定点叶之范围。若谓以墨画圈，便不可解矣。

画树木各有分别，如画潇湘图，意在荒远灭没，即不当作大树及近景丛木。画五岳亦然。如画园亭景，可作杨柳梧

❼ 同注❻12b。

❽ 同注❻2b。

❾ 同注❻2b。

❿ 同注❻。

⓫ 同注❻6a。

⓬ 莫是龙《画说》（于海晏辑《画论丛刊》民国二十六年中华印书局）册一7b。

竹及古桧青松。若以园亭树木移之山居，便不称矣。若重山复嶂，树木又当直枝直干，多用攒点，彼此相借，望之模糊郁葱，似入林有猿啼虎嗥者，乃称。至春夏秋冬，风晴雨雪，又不在言也。❶

上则言画树当视画境而异。

（乙）古人画树

画中山水，位置皴法，皆各有门庭，不可相通，惟树木则不然，虽李成、董源、范宽、郭熙、赵大年、赵千里、马、夏、李唐，上逮荆、关，下逮黄子久、吴仲圭辈，皆可通用也。或曰："须自成一家"，此殊不然。如柳则赵千里，松则马和之，枯树则李成，此千古不易。虽复变之，不离本源，岂有舍古法而独创者乎？倪云林亦出自郭熙、李成，稍加柔隽耳。如赵文敏则极得此意，盖萃古人之美于树木，不在石上着力，而石自秀润矣。今欲重临古人树木一册，以为奚囊。❷

玄宰《画旨》有言曰："李思训写海外山，董源写江南山，米元晖写南徐山，李唐写中州山，马远、夏珪写钱塘山，赵吴兴写雪苕山，黄子久写海虞山……"❸各家所居之地不同，所见之山有别，而皴法亦目不同矣。山大物也，一隅之山，虽有峰峦岫岭，种种之殊形，要其石性体质，当相去不远，不若二树并立，相去不咫尺，为榆为柳，为松为柏，其貌必迥殊也。玄宰以为山水皴法不可相通，而画树则不妨杂采各法，所持之理，殆即此欤？然古人画中，自有一幅之中而皴法大殊者，玄宰之言，亦非定论也。

北苑画小树，不先作树枝及根，但以笔点成形。画山即用画树之皴，此人所不知，乃诀法也。❹

北苑画杂树，止只露根，而以点叶高下肥瘦，取其成形，此即米画之祖，最为高雅，不在斤斤细巧。❺

董北苑画树，都有不作小树者，如秋山行旅是也。又有作小树，但只远望之似树，其实凭点缀以成形者。余谓此即米氏落茄之原委。盖小树最要淋漓约略，简于枝柯而繁于形影，欲如文君之眉，与黛色相参合，则高手也。❻

以上三则，皆论北苑树法，而玄宰偏重其远树繁于形影、略于林柯之画法。

（丙）画柳

宋人多写垂柳，又有点叶柳。柳不难画，只要分枝头得势耳。点柳之妙，在树头圆铺处，只以绿汁渍出，又要森萧有迎风摇□之思。其枝头半明半暗，又春二月，柳未垂条，秋九月，柳已衰飒，俱不可混设色。亦须体此意也。❼

上则将画柳分成两类，垂柳与点叶柳。点叶柳之中，又因时而设色不同。

（三）时景

画家之妙，全在烟云变灭中。米虎儿谓王维画，见之最多，皆如刻画，不足学也。惟以云山为墨戏，此语似偏。然山水中，当着意生云，不可用粉染，当以墨渍出，令如气蒸，冉冉欲堕，可称生动之韵。❽

上文"不可用粉染"之"粉"字，莫是龙《画说》本作"拘"❾，疑为"勾"之误。《续说郛·论画琐言》本作"描"❿。不问其为勾云，为粉染，皆非南宗之本色，而玄宰之画法，固以墨渍不见刻画之痕而饶生动之趣者为然也。

❶ 董其昌《画眼》（邓实辑《美术丛书》神州国光社铅印本）初集三辑一册6b。

❷ 同注❶2a。

❸ 董其昌《容台别集》（崇祯刊本）4/22a。

❹ 同注❶3a。

❺ 同注❶3a。

❻ 同注❶5b。

❼ 同注❶7a。

❽ 同注❶3a。

❾ 莫是龙《画说》（于海晏辑《画论丛刊》民国二十六年中华印书局）册一1a。

❿ 董其昌《论画琐言》（陶珽辑《续说郛》）35/1a。

（四）位置

古人画，不从一边生去，今则失此意，故无八面玲珑之巧。但能分能合，而皴法足以发之，是了手时事也。其次须明虚实，虚实者，各段中用笔之详略也。有详处，必要有略处，虚实互用，疏则不深邃，密则不风韵，但审虚实，以意取之，画自奇矣。**⓫**

画中景物，可分成若干段落，有当虚者，有当实者，夫人而尽知之矣。今玄宰乃谓虚实者，各段中用笔之详略，是取每一段落为单位，而更就中以虚实分别之。倘再广其意，即一笔之间，亦无不当有虚实也。

（五）皴法

关全画为倪迂之宗，余尝见赵文敏扣角图，仿关笔皆用横皴，如叠糕坡，乃知倪所自出也。**⓬**

玄宰论皴曰叠糕，味其语气，可知系以形容皴法之貌似，非皴法之名称，但自董而后，便有以叠糕为皴名者，亦犹玄宰论赵文敏画石，有飞白、卷云、马牙勾诸名**⓭**，而卷云、马牙勾（附表），渐亦为皴之名矣。可知皴名之由来，往往经后人附会而成者。倪云林之皴法，后人名之为折带。董谓倪出自关全，横笔如叠糕坡。叠糕，折带，必极相似。折带用笔，先横后直，一层层相压，其貌固宛似叠糕之状也。

每观唐人山水，皴法皆如铁线，至于画人物衣纹，亦如之。此秘自余逗漏，从无拈出者。**⓮**

唐人以用笔为第一要素，笔笔劲峭，故其皴法如铁线，且皴法清晰，无含混模糊处。是唐人之皴法多端，不问其貌何若，咸可以铁线名之。铁线盖唐人皴

法之通论也。〔思翁"唐人山水皴法皆如铁线"云云，恐亦是一家之言，不足称为定论。觉明先生批。〕后人复以铁线名皴，竟成专门名词，将以唐人某皴为据耶，此则附会之尤甚者也。

画家以皴法为第一义，皴法中，以破网解索为难，惟赵吴兴得董、巨正传，要用此皴法，脱尽画院庸史习气**⓯**

破网、解索，皆由象形得名，自披麻演变成者。何以知之？以其谓吴兴得董、巨之正传也。即无此据，亦不难想象得之。网以线为之，索以麻为之，网破而线乱，索解而麻分，终不能逃长笔如丝之皴系也。

（六）笔墨

作云林画，须用侧笔，有轻有重，不得用圆笔。其佳处在笔法秀峭耳。宋人院体，皆用圆皴，北苑独稍纵，故为一小变。倪云林、黄子久、王叔明皆从北苑起祖，故皆有侧笔。云林其尤著者也。**⓰**

云林善用侧笔，其折带皴，非侧笔不为功。折带皴之法，乃先斜偃其笔横拖之，后复向下按擦，由横而转直之间，即带之折处也。自始至讫，实无中锋之笔画。

画无笔迹，非谓其墨淡模糊而无分晓也。正如善书者藏锋，如锥画沙、印印泥耳。书之藏锋，在手执笔，沉着痛快。人能知善书执笔之法，则能知名画无笔迹之说。故古人如大令，今人如米元章、赵子昂，善书必能善画，善画必能善书，其实一事耳。**⓱**

书家贵藏锋，作画亦然。玄宰称之曰："画无笔迹。"画无笔迹，不可与张爱宾所谓"不见笔踪，故不谓之画"之

⓫ 董其昌《画禅室随笔》（搜藻堂刊本）2/3a。

⓬ 同注**❸** 4/14a。

⓭ 董其昌《画旨》曰："赵文敏常为飞白石，又常为卷云石，又为马牙勾石，此三种足尽石之变。" 同注**❸** 4/43b。

⓮ 同注**❶** 11/b。

⓯ 汪砢玉《珊瑚网·画法》（张氏《适园丛书》本）24/50b。

⓰ 同注**❶** 2b。

⓱ 同注**❶** 3a。

吹云混为一谈，故玄宰后曰"非谓其墨淡模糊而无分晓也"。所谓锥画沙，印印泥，究何谓乎？恰于李日华《味水轩日记》中，得论作书笔势一则，可为玄宰之说作诠解。

印印泥，笔画快利，起止无粘滞，又全体浑成，不见凑簇安排之迹，此于骨体间得之。锥画沙，锥锋铦锐，所当沙，特毫末耳，而沙性疏拥，受锥处，阔现有余，宛如善用笔者，笔锋正行，而姿肉满茂，此于用笔用墨间得之。❶

盖印之成文，自空坠下，故无起止之迹。半千论点叶用笔亦曰："笔要中锋，始两头无起止之迹。"❷锥画沙，印印泥，皆中锋之谓也。

老米画，难于浑厚，但用淡墨、浓墨、泼墨、破墨、积墨、焦墨，尽得之矣。❸

上谓学米必须善于用各种不同之墨彩，始可效之。

古人云："有笔有墨。"笔墨二字，人多不晓。画岂有无笔墨者？但有轮廓而无皴法，即谓之无笔，有皴法而不分轻重、向背、明晦，即谓之无墨。古人云："石分三面"，此语是笔，亦是墨，可参之。❹

石在目前，吾人可见其三面，但画于平面之绢素，而仍可予人有此三面之感觉，便须仗轮廓皴染以形容之矣。石之外廓及石纹，以笔表现之。阴阳向背深浅，以墨表现之。二者不可缺一，故曰"有笔有墨"。惟玄宰谓"有轮廓而无皴法，即谓之无笔"一语，似有语病。石之轮廓，为最见笔处，岂皴法谓之为笔，而轮廓竟不谓之为笔乎？吾人不妨为玄宰曰："即令画石有轮廓，而其中无皴法，仍不足称为善于用笔者"，似较为圆通也。

《画旨》等书中所论画法，分为六

项，已如上述。各项所论，大抵已屡经前人反复议论，不意玄宰处处皆有新意之阐发，抒其独得之见。宜乎其论画之文字一再经人辑录，汇为专书，而风行天下也。

第二节　周履靖《画评会海》

〔按本文体例，周履靖《画评会海》宜入最后片段一节〕

周履靖，字逸之，嘉兴人，性嗜书，集历代稗官野记，并搜集平生诗文吟咏，暨诸家投赠之作，辑为丛书，名曰《夷门广牍》，自序于万历二十五年丁酉（1597 年），盖与董玄宰为同时人也。

《夷门广牍》中有《画薮》七种，其一为《画评会海》。

《画评会海》，上下二卷，上卷仅一篇，篇名与书同名。下卷为《山水诀四言四十韵》、《绘石奥论》、《画树论》、《荆浩山水诀》、《王摩诘山水诀》、《李成山水诀》等六篇。

上卷《画评会海》，为割裂古人论画文字、凑掇而成篇者，字句不易，本来面目尽在，既不必一一指明其所出，更无征引之价值。其间有八戒、十贵、四景、搭天头地色法、论云十二等数节，不详其所自。或因囿于见闻，故未能指其出处，或系逸之一己之言论夹杂于内，亦未可知。

八戒、十贵、四景等节，仍不过老生常谈，不录。搭天头地色法与《林泉高致》论笔墨之后半略似。

搭天头之法，用螺青破稀，从上淡下，渐渐添水，渐淡无踪影为妙。春天色淡，螺青淡向下。夏天色淡，淡螺青淡向下，多留白绢。秋天色青，螺青向下。冬天色淡，螺青加墨汁向下。阴

❶ 李日华《味水轩日记》（吴兴刘氏嘉业堂刊本）4/84a。

❷ 龚贤《柴文画说》（泰石残石楼藏画影印本）。

❸ 董其昌《画眼》（邓实辑《美术丛书》神州国光社铅印本）初集三辑一册 3b。

❹ 同注❸ 7a。

天雨天带青黑色。风色微淡。月夜碧青色，螺青加三青。阴夜墨加螺青。秋夜月天白云中显出碧青，天现出金黄明月。雷天赵用墨。夜雪浓墨。日间景微微放淡。凡搭天头地色，笔当较湿，急急扫去，则淡无痕。搭地色法，用微稀螺青加藤黄。神佛地色，微微黄色。春草地色，黄苦绿下头，上头微淡。夏草地色，土黄土朱，加墨泊染。冬天地色，黑墨加土黄泊染。❺

关于天色，共列春、夏、秋、冬、阴、雨、风、月夜、阴夜、秋月夜、雷、雪夜等十二种。地色：神佛、春草、夏草、冬等四种。较郭熙之说为详尽。其间之名辞如雷天赵，神佛地，皆费解，尚待考证。

论云十二等曰：

论云则有十二等。第一要拥起，势如飞动。着色者，云头色要现出。其云脚须要淡无踪影为妙。马远、夏珪，用秃笔淡描。指甲云用淡苦绿逐染。青绿山水，淡墨细描。白云或粉染出，或粉细丝省。高彦敬、米元晖山水上积染出懵懂云，借绢地以成云也。❻

所可异者为逸之明谓云有十二等，而文中无论如何，亦不足十二之数。且第一等根本不能成立，盖未有画云而不求其拥起，不求其势如飞动者。全篇糊涂影响，不着边际。意必当时相传云有十二等之说，而逸之未能一一枚举，遂有上节，冀以含混搪塞也。汪砢玉《珊瑚网》中有染云一则，与此微有出入。

下卷荆浩等《山水诀》三篇（荆浩《山水诀》即《豫章先生论画山水赋》），已详前章。《山水诀四言四十韵》及《画树论》，皆摭拾陈言，毫无价值，不录。《绘石奥论》一篇中，有当讨论之部分。

《绘石奥论》，前半泛论山石之形状局势，悉取诸前籍，不录，此后列大小山石名称，共二十四种。汪砢玉《珊瑚网》中❼，有写石二十六种，与此仿佛。今将二人所述画石之名列于表内，以资比较（表九）。

周、汪二人，论各种石法，若殚精力为之，必于画学大有裨益。如每石之后，详论其形状颜色，用何皴法，置何等画中为适宜，更一一附图注明，以某家某画为例，则不愧为绝好之画石谱。后人再见古人画迹时，不难直呼其中之石为何名。即构图造景，亦可有所取法。惜二家过于简略，于画法无补也。

所列各名称中，亦有因其名，而可思得其状者。如太湖石，当即指园林中所叠砌之假山❽。飞白石，当即赵孟頫画竹所用❾。石笋，当即木变石之类。马牙，疑指以马牙皴（详后）所画之石。

关于各石之定名，似尚有可议处。卧虎、狮子、鹰座等，称似失之专。以其以象形得名，只限于某处之某石，不可以用作某类石之通称。坡脚乱小石，又失之泛，点缀坡脚，不妨随意，岂有限定某一种石之理。是则周履靖所列各称，不合理之处正多，今日欲知其究竟，而期于古人画迹中一一求之，殆不可能也。

《绘石奥论》中，稍后论及皴法：

皴法数种，亦当深究其源。有直皴擦、麻皮皴、树皮皴、雨点皴、芝麻皴、矾头皴、卷云皴、凿痕皴。有横皴者，有砍深皴或勾者，或连水皴者，有马牙勾者，大斧劈，长斧劈，一笔一画，各有古法。大斧劈贵浓淡得宜，凿痕皴贵精坚不乱，矾头皴贵流动飘逸，雨点皴、芝麻皴不得二者相似。贵于润泽，最忌枯燥。❿

❺ 周履靖《画评会海》（《夷门广牍》商务印书馆影印明刊本）卷上十卷 61a。

❻ 同注❺ 十卷 61b。

❼ 汪砢玉《珊瑚网·画法》（张氏《适园丛书》本）24/54b。

❽ 龚贤《画法册》画柳一页题曰："……点叶柳，是美人图，太湖石边物也。"（日本丹青社影印本）页十四。

❾ 赵孟頫题画诗曰："石如飞白竹如籀。"

❿ 同注❺ 十卷 66a。

表九　周履靖《绘石奥论》、汪砢玉《珊瑚网·画法》写石种类比较表

	周履靖《绘石奥论》	汪砢玉《珊瑚网·画法》	
1	磐石（大石）		
2	太湖（大黑石）	太湖（大黑石）	4
3	卧虎（大石）	卧虎（可大石）	11
4	鹰座（大石）	鹰座（大石）	16
5	马鞍（半大石）	马鞍（半大石）	14
6	狮子（大石）	狮子（可大石）	10
7	佛座（大石）	佛座（大石）	7
8	弹窝（大石）	弹窝（大石）	20
9	道旁（磐陀石）	磐陀	5
10	鬼面（半大石）	鬼面	8
11	骷髅（半大石）	骷髅	9
12	云母石	云母（中等）	2
13	芙蓉山石		
14	笔架石	笔架（势如山）	22
15	牡蛎（小石）	牡蛎（如云母）	18
16	蚌蛤（小石）	蚌蛤（小石）	17
17	鹅子（小石）	鹅子（小碎石）	15
18	虾蟆（小石）	虾蟆	19
19	仕女花竹旁（青黑色灵壁石）	灵碑（青黑色仕女竹木上用）	25
20	兰竹上（飞白石）	飞白（无色竹兰上用）	1
21	蒲竹盆（白色羊肚小石）	羊肚（白色小石植竹蒲盆中）	12
22	花卉盂（白粉点浆脑石）	浆脑（白粉点出小石，亦可置盆）	21
23	上尖下大石笋	石笋（上尖下大）	6
24	坡脚乱小石	坡脚（乱石）	24
		山字（大青石）	3
		马牙（勾描）	13
		插剑（细长如剑）	23
		勾勒（白描）	26

汪砢玉亦有皴石法一节，较上文略为完备，每项皴法之下，并及家数，除与周氏相同者节引以供参考外，余于各家片段言论一节中详之。

周履靖所论皴法，列之于后：

1. 直皴擦。皴字似倒置，而当作直擦皴。汪于此皴下注云："关全、李成。"关、李之皴，就待渡平远二图视之，确有直笔，但亦未尝无斜笔横笔。董谓关全用横皴，而汪又谓用直擦，古人之抵触每如此，后人盖无从于其间为之斡旋也。必谓某家用某皴之无谓，亦于此可见。《芥子园画传》有关全、李成画峦头各一式，皴中多直笔，关式尤为显著。所谓直擦皴，或即此。但《画传》是否有确据，又孰敢言耶？

2. 麻皮皴。详前章。

3. 树皮皴。此名仅见于此，后人未见沿用。按树皮皴法亦有多种❶，不详履靖之意何属。然树身纵长，皮必缘之，不能逃披麻之范围也。

4. 雨点皴。疑即韩拙所谓点错皴。汪注："范宽所用，俗名芝麻皴，诸家皴法俱备，赖头山，丁香树，芝麻点缀皴。"赖头山一句，费解。读孙退谷《庚子销夏记》中记范宽夏山图中有："宋元之人多仿之，只知其癞头山，铁屋板桥诸形似"❷一语，可知赖即癞之简体。山头粗糙不平之意也。丁香树，指范宽画山头远树所用之点，上阔下锐，形如丁香❸。范宽《溪山行旅图》用此皴法。

5. 芝麻皴。汪砢玉及陈继儒二人，俱谓芝麻皴即雨点皴，而周履靖却称"雨点皴及芝麻皴，不得二者相似"，若迥有分别者。窃以为惟以二者极易混杂，故特郑重提出不得相似。区别之微，不难想见。

6. 矾头皴。"贵流动飘逸"。矾头为董源、黄公望山头小石之画法，原非皴法之名，《画山水诀》中已论之矣。董、黄二人，皴用披麻，披麻笔长，施于坡脚山麓最为适宜，矾头为颗粒形之碎石，自不宜更以披麻之法画之，必以较短促之笔画皴擦，始克呈现。后人或因其笔法与披麻显异，是以为之定名曰矾头皴。披麻矾头，实于一幅一山之上见之，故矾头不妨谓为披麻皴中附带之画法。授人画艺，倘以简明为宗旨，更何须别为立斯名耶？

7. 卷云皴。卷云玄宰用以形容赵吴兴之石，取作皴名，当在玄宰之后。清唐岱《绘事发微》称："郭河阳原用披麻，至矾头石，用笔多旋转，似卷云。"❹前

人屡称河阳画石如云，卷云皴，必指河阳一派皴法。《芥子园画传》有郭熙峦头式，后人并有谓"卷云与解索相近"❺。解索皴，以王叔明最为擅长，所画峦头，用笔旋转，亦有与云头极相似之处。综上诸论以观，其属于披麻一系，毫无疑义。

8. 凿痕皴。韩拙斫垛皴，当与此相近。吾以为凿痕皴，为斧劈皴系中之统称，凡皴法作击凿之痕，不问深浅大小长短，俱可以此名之。周履靖虽曰"大斧劈，长斧劈，一笔一画，贵浓淡得宜，凿痕皴贵精坚不乱"，似相对立，但大斧劈、长斧劈，何尝不以精坚不乱为贵乎？

9. 横皴。详《山水纯全集》一节，自逸之后，此名极少见。

10. 砍深皴。当指凿痕皴之笔墨深重者。此名后亦少见。

11. 连水皴。沿用韩纯全"或勾而连水皴纹"之旧，仍不详其所指。

12. 马牙勾。汪于此皴下注曰："如李将军赵千里，先勾勒成山，却以大青绿着色，方同螺青苦绿碎皴染，兼泥金石脚。"仅言其轮廓，未言其皴擦。李将军以小斧劈著，据云则马牙勾，当类似思训画金碧山水所用之皴法。皴以象形而得名，短笔磷磷，如马齿也。

13. 大斧劈。汪注云："李唐、马远、夏珪"。李思训用小斧劈，而李唐等之皴法与小斧劈，属于同一系统，惟执笔较斜，与纸所成之角度较小，着墨较多，遂称之曰大斧劈。

14. 长斧劈。汪注曰："许道宁、颜辉是也，名曰雨淋墙头。"斧劈既有大小之别，其直而渐锐者，遂以长别之。雨淋墙头，即以形容皴之笔画，长如墙头水痕。

❶汪砢玉皴树法曰："松皮如鳞皴（写针有鼠尾蝴蝶车轮爪离等名）"，"柏皮如绳皴"，"柳身皴如交叉麻皮皴"，"梅身要点擦横皴"，"梧桐树身稀二三笔横皴"。汪砢玉《珊瑚网·画法》（张氏《适园丛书》本）24/54a。

❷孙承泽《庚子销夏记》（乾隆乙亥鲍氏知不足斋别刊本）3/13b。

❸汪砢玉树枝四等曰：丁香（范宽）雀爪（郭熙）火焰（李遵道）拖枝（马远）。同注❶。

❹唐岱《绘事发微》（张祥河辑《四铜鼓斋论画集刻》宣统重刊本）册二 10a。

❺龚贤《树木山石画法册》（原题奚铁生）（民国八年中华书局影印本）页20。

209

《绘石奥论》此后，节录黄公望《写山水诀》，不录。

第三节　唐志契《绘事微言》

唐志契，字敷五，又字元生，江都人。《四库全书》列于撰《寒山帚谈》之赵宧光前。宧光卒于天启五年（1625 年），唐志契当是嘉、隆间人，有《绘事微言》二卷。

《绘事微言》上卷，杂采成说，无足研究。卷下五十一则，颇多独抒己见处。后附名人画图语录。

五十一则中，凡有关画法者，按类论于后，可分为（一）山、（二）水、（三）树木、（四）点缀、（五）时景、（六）位置、（七）皴、（八）点、（九）笔、（十）墨、（十一）设色等项。

（一）山

论画山有"碎石"、"远山"两则，前者与玄宰取势之说相近，不录。

远山用染不用皴，画家以为易事。岂知安放高下妥帖，正一幅之眉目。其间宜尖宜平，不可紊也。其染处亦须一面染到，一面染不到，乃无板痴之病。又古人画淡墨远山之外，复画浓墨远山，后人往往笑之。不知日影到处之山则明，不到之山，自然昏黑。于晚景落照时，更易了解。若不信，请于风雪天色或晴霁薄暮时高眺，留意审察，方信古人不谬。❶

上则注重三点：（一）远山虽无皴法，但位置及形态最为重要，当视画中其他各部之形势而定。若画中本宜空阔开敞，忽染远山横截，便不空灵。本宜繁实锁结，若不染远山充塞，又嫌散漫。（二）染远山，又须令一抹之中，墨色

不同，不然板刻无生气。（三）山水中远近，本以浓淡分。近者浓，远者淡。惟画远山，因天色之映照可反此常例。真山每如此，非画家故作新奇也。

（二）水

一幅山水中，水口必不可少，须要峡中流出，有旋环之势，点滴俱动，乃为活水。盖水比石不同。不得太硬，不得太软，不得太枯。软则无势，硬则板刻，枯则干燥，故皆所忌。然既有水口，必有源头。源头藏于数千丈之上，从石缝中隐见，或有万丈未可知，此正画家胸襟，亦天地之定理。俗子辄画泉石，竟从山头排下，古人谓之"架上悬巾"。❷

黄子久谓画水口最难，而敷五更将所以难道出。忌硬，忌软，忌枯。前于《写山水诀》一节中，对于水口难画之解释为：由于用笔，而此硬、软、枯三病，究其源，仍在用笔不得法也。后半由水口推及源头，意与饶自然之"水无源流"同。

（三）树木

《绘事微言》中，有论树木画法多则，大半将玄宰《画旨》中诸条略改面目。如"树木"一则，即董之"画树之窍"。"树石所宜"一则，即董之"画树木各有分别"。"柳与松柏"一则，即董之"柳，宋人多写垂柳"。惟"枯树"一则，述前人画派，与董枯树一条有别。

写枯树最难苍古，然画中最不可少。即茂林盛夏，亦须用之。诀云："画无枯树，则不疏通"，此之谓也。但名家枯树，各各不同。如荆、关则秋冬二景最多，其枯枝古而浑，乱而整，简而有趣。

❶ 唐志契《绘事微言》（商务印书馆影印文渊阁本）下 /20b。

❷ 同注❶ 下 /17a。

到郭河阳则用鹰爪，加以细密，又或如垂槐，盖仿荆、关者多也。如范宽则其上如扫帚样，亦有古趣。李成则烦而琐碎，笔笔清劲。董源则一味古雅，简当而已。倪元镇则此数君可以兼之，要皆难及者也。非积习数十年，妙出自然者，不能仿其万一。今人假古画丘壑山石，或能仅似，若枯树便骨髓暴露矣。以是知枯枝求妙最难。❸

郭若虚论三家山水，关于三家画树，仅有一二语及之，上节可以为郭氏补充。

（四）点缀

凡画中之桥彴关城，寺观房舍，皆点缀也，而敷五论楼阁之画法独详。凡五条：

画楼台寺屋，须宗前人旧迹。今人不能画楼阁中枅拱窗棂，而徒以青绿妆成，借口泥金、勾钿等语，殊为谬甚。盖一枅一拱，有反有正，有侧二分、正八分者，有出梢飞梢，有尖头平头者，若差之毫厘，便失之千里，岂得称完全。

凡写一楼一阁，非难，若至十步一楼，五步一阁，便有许多穿插，许多布置，许多异式，许多枅拱。楹槛阑干，周围环绕，花木掩映，路径参差，有一犯重处，便不可入目。

学画楼阁，须先学九成宫、阿房宫、滕王阁、岳阳楼等图，方能渐近旧人款式。不然，纵使精细壮丽，终是杜撰。

古人画楼阁，未有不写花木相间、树石掩映者。盖花木树石，有浓淡大小浅深，正分出楼阁远近。且有画楼阁上半极其精详，下半极其混沌，此正所谓远近高下之说也。聪颖者当自得之，岂笔舌所能尽哉？

凡画楼阁，一图幛，须得八九人，或三四人点缀，方有生动。及画寺楼庙宇，便不妨寂然无人，或一二古僧，亦须有安静之象，更得古木苍然为妙。盖未有古寺而无古松古柏、乔枝封干者。是在画家下笔安放妥帖，其一种天然点染之趣，岂必在粉本中一一摹写。❹

前三条谓界画不易作，必须详知建筑之格式，处处根据实地观察，不容杜撰。敷五之前，对于界画意见与此同者，有赵松雪、汤垕等家。第四条论楼阁左右之花木，无花木则处处外露，必致板刻。第五条论楼台寺观，虽同系界画，而画境之喧寂，当视题材而异，皆道前人所未道。

（五）时景

画云要得流动不滞，或锁或屯，或聚或散，飘飘欲飞意象。画雨要得深树云翳，带烟带风，无天无地，点点欲滴气象。画风要得万物鼓动，不可遮盖气象。今画家只知树叶向一边，便是风景，至于人物，全若无风，那得一毫生动。甚有树向一边，更无从分三面者。又有并石亦顺风势者，殊可笑。盖风景山石，当用逆势，乃显得风大，此古人秘传，非臆说也。画烟要得昏昏沉沉，朦胧不明意象。其墨色宜淡，近处略用显明，是在染之功，不在落墨之力也。然而晚景微似之，只亦为晚烟断续耳。若月景，则与烟不异，而清朗处过之。若烟月，又与月不异，而浑沌处过之。❺

上则论云、雨、风、烟四事，惟叙风之画法最详。风以树枝显其势，人尽知之，惟同时仍须注意画中其他事物。设树枝向一边敧斜，而画中人物，衣袖须掀，寂然不动，岂非大谬。至于风树，

❸ 同注❶下/16a。

❹ 同注❶下/19b—下/20b。

❺ 同注❶下/17b。

亦非仅画树枝向一边倒去便了。树有四枝，久经人道，风中树枝，虽逆风者少，顺风者多，但前枝后枝，切不可无。故至少仍当向三面生发，不可一味一向也。石形固定，风不能易其形，自无所谓顺逆，"石用逆势"一语，于物理违戾，画中之所以用此法者，意必有陪衬之作用。石逆而树顺，二者相背，可愈显树木之弯斜，风势之有力也。

凡画烟雾，有内染外染之分，盖一幅中，非有四五层屯锁，定有三层断灭。若内外不分，必有谬理之病，纵使出没变幻，墨色丰润，无足观也。画云亦须层层要染，不然纵如盖如芝如带，终是板刻。古人惟其有此画法，学之者易涉于俗。惟董北苑不用染，而用淡墨积出，在树石之间，此生纸更佳也。松江派多用此法。❶

上文中内外二字，可作远近解。烟雾虽极缥缈，于画中却可予人远近之观念。画中恒多烟雾，且往往不止一层，烟雾拖横之际，正景物隔断处也。倘此数层烟雾，不分内外深浅，观去似均落在同一距离之线上，则画景平编，岂复有远近乎？画云亦须渲染出层次。其法不外乎由浅至深，由深至浅，深浅太匀，上下左右太齐整，便易蹈于俗病。董北苑用淡墨积出之法，子久效之，即于《写山水诀》中所谓"但先用淡墨积至可观处，然后用焦墨浓墨分出畦径，故在生纸上，有许多滋润处"是也。松江派指董玄宰。《画旨》论画云，谓"不可用勾染，当以墨渍出，令如气蒸，冉冉欲堕，乃可称生动之韵"，又自北苑、子久得来，画派流传，沿习同法，于各家画论中，可见其师承也。

画雪最要得霜发栗裂意，此时虽有

行旅探梅之客，未有不畏寒者，只以寂寞为主，一有喧嚣之态，便失之矣。其画山石，当在凹处与下半段皴之，凡高平处，即便留白为妙。其画寒林，当用枯木。冬天亦有绿叶者，多是松竹，要亦不可全画，其枝上一面须到处留白地。古人有画雪只用淡墨作影，不用先勾、后随以淡墨渍出者，更觉韵而逸，何尝不文。近日董太史，只要取之不写雪景。尝题一枯木单条云："吾素不写雪，只以冬景代之。"若然，吾不识与秋景异否？此吴下作家，有干冬景之诮❷

雪景中画山，见皴处极少。凹处及山之下半段，因不能受雪，石纹依然外露，自当加皴。中谓古人有渍墨画雪之法，韵逸而文。最后有菲薄董其昌意，自其语气测之，明人必有以为雪景易于涉俗者。清代各家，每不以雪景用粉为然，其说必始于明也。

（六）位置

敷五论"大小所宜"一则曰：

凡画山水，大幅与小幅不同。小幅卧看不得塞满，大幅竖看不得落空。小幅宜用虚，愈虚愈好，大幅则须实中带虚，若亦如小幅之用虚，则神气索然矣。盖小幅景界最多，大幅则多高远，是以能大者每每不能小，能小者每每不能大，亦如书家之小字运手，大字运肘，细小运指者然，各各难兼也。总之，大画最难得好，是以小画传留者多（"是以"以下据文渊阁本增），大画传留者少，亦不独不能珍藏之过也。❸

此言大幅小幅位置之法也。小幅本无几多地隙，一塞便满，是以处处必须在虚上着想。大幅则景物纵多，自有容纳之余地，故稍实不妨也。虽然，画中

---

❶ 唐志契《绘事微言》商务印书馆影印文渊阁本》下/18b。

❷ 同注❶下/19a。

❸ 余绍宋《画法要录》初篇（民国二十五年中华书局四版）4/6a。据余氏征引书目称"家藏旧抄本（指《绘事微言》）与《四库》本略异"。

变化正多，敷五亦不过言其大概耳。《绘事微言》更有"丘壑藏露"一则曰：

画叠嶂层崖，其路径村落寺宇，苟能分得隐见明白，则不但远近之理了然，且趣味无尽。更能藏处多于露处，趣味愈无尽，盖一层之上，更有一层，一层之中，复有一层，善藏者未始不露，善露者未始不藏。藏得妙时，便使观者不知山前山后，山左山右，有多少地步，许多林木，何尝不显。要知总不外躲闪处高下得宜，烟云处断续有则耳。若主于露而不藏，便浅而薄，即藏而不善藏，亦易尽矣。只要晓得景愈藏，景界愈大，景愈露，景界愈小。每见画家，多能谈之，及动笔时，谓何手与心连，心与景界连，吾不知之。此画家所以不可无员之一字。❹

敷五虽论丘壑藏露，而绎其意旨，实重在藏字。一层之中，复有一层，层层交搭，迭出不穷，已寓有藏意。盖一幅之尺寸有限，即令充塞画之，不留余地，能放入多少景物。必重叠掩映，乃可扩出无限境界。譬诸屋舍，层层增高，乃成楼厦，由平面而至立体，其容量视一层时为何如耶？

且人之对于画中景物之观念，无一定之限制，或林后，或山旁，可生出无穷之设想。景物每绝不见于画中者，而却在读画者之意中。画家之巧，端在如何立意，如何布置，如何落笔，而能使读者生出此等之设想。能如此者，真得藏字之法也。敷五所谓："使观者不知山前山后，山左山右，有多少地步，许多林木"者，即此理也。

（七）皴法

赏鉴之家，近访名公，远寻前迹，汉魏以前，名画即不易见，如宋元至今，名笔代不乏人，人各一家，各一皴，即不能备家收藏，亦岂有不经见之理。但仿其皴法，切不可混杂，如书家写钟繇者，又兼黄庭，写二王者，又兼过庭，便不妙矣。皴法有可相兼者，一二样耳。若乱云皴，只可兼骷髅皴。披麻皴，只可兼乱柴皴。斧凿皴，只可兼矾头皴。自非然者未不杂者也。虽然，尝见郭河阳而带斧凿，解之者曰"早年笔"；黄子久而带卷云，解之者曰"戏墨"。真耶讹耶？❺

山水皴法，各有门庭，不可相通，玄宰已言之于前，而此处有兴趣之问题，为志契认为可相兼者之数种，乱云与骷髅，披麻与乱柴，斧凿与矾头。

以上六种皴法中，有三种为前文所未曾论及者，当先略加解说。

1. 乱云皴　此名亦见于汪砢玉皴石法中，但未加注解。即后人亦罕言之者。其貌必与云头皴相似，惟落笔较疏散，少规则，故以乱字别云头耳。

2. 骷髅皴　此皴后之论者，多不一致。《费氏山水画式》有图，山头圆石累累，颇似披麻山中之矾头，殆以其状与骷髅相近欤？郑纪常《画学简明》之图式则勾笔旋转，中多孔隙，据云所以形"睚齿玲珑，枯瘦嶙峋"❻之状。二式似郑本较为可信。

3. 乱柴皴　乱柴皴，实与荷叶皴相近，而同属披麻皴系统。笪重光曰："乱柴荷叶分姿"❼，盖二者之不同在，一柔婉，一脆劲，行笔缓速，亦有区别。荷叶皴圭角少，折楞婉，行笔细而缓，赵吴兴鹊笔秋色图中所用是也。乱柴皴，圭角多，折楞锐，行笔粗，而每笔之后半，速变增加，向下拖曳，要其落笔之方法

❹ 同注❸。

❺ 同注❶下 /13a。

❻ 郑绩《梦幻居画学简明》（同治间郑氏家刊写刻本）7/31b。

❼ 笪重光《画筌》（《美术丛书》本）初集一辑一册8a。

及皴之组织，无甚大异也。《芥子园画传》中有二皴之图式，可供参校。

今吾试对于敷五认为各皴可兼用之理由加以臆测。据称乱云止可兼骷髅，披麻只可兼乱柴，斧凿只可兼矾头。所以各可相兼者，或具有同等之理由，即山石本用甲皴，但画至山石某一部时，甲皴不复适用，便可以乙皴辅佐之。譬如乱云皴，最宜贴靠山石外形轮廓着笔，而用以兼辅者之骷髅皴，最善于表现山石中间之孔隙。披麻皴，以画坡脚平衍之处最为得力，而用以兼辅者之乱柴皴，多半宜以画峭崎之山头。斧凿皴，宜以画侧面之山石巨壁，而用以兼辅者之矾头皴，最宜画正面山头之碎石。推而广之，矾头、披麻，何尝不可相兼，且为董、巨一派画家所习用者。总之，画家用笔纯熟之后，随意写来，无不服帖，变化多端，奥妙莫测，其心中并未尝存有何皴何派之成见，故画毕自具其独有之浑成面貌。倘后人取其一峰一石，细细分析，谓其某部为某皴，另一部为某皴，则失诸固矣。敷五所云，当为初学者说法，故举皴法之名，以期易于明了，未宜执而泥之也。

（八）点

山水中用点之处甚多，以点苔最为主要。《绘事微言》点苔一则曰：

画不点苔，山无生气。昔人谓苔痕为美人簪花，信不可阙者。又谓画山容易点苔难，此何得轻言之。盖近处石上之苔，细生丛木，或杂草丛生，至于高处大山上之苔，则松耶柏耶未可知，岂有长于突兀处，不坚牢之理。近有率意点擢，不顾其当与否。观之浮寄，如鸟鼠之粪，堆积状耳，哪得生气？必要点从石缝中出，或浓或淡，或浓淡相间，有一点不可多、一点不可少之妙，天然妆就，疏密得宜，岂易事哉？古画横苔、直苔、不点苔，皆有之，要未有一点不中□者。此必画山石无一笔颓败破坏之处，故临点苔自然一点一点好看，少一点，容亦无妨也。今妄谓山石丑处，须以苔掩之，此所以愈遮愈丑。且石骨既成，不识果能遮盖否，是以浮寄烦肿之病，都坐于此。然则山石果然画得有转折态度，何难于点苔耶？❶

山水点苔，其法之创，远在宋元之前，惟前人罕有言之者。郭熙《林泉高致》中谓"以笔端而注之谓之点，点施于人物，亦施于木叶"，论点而未及苔。明李日华曰："昔顾恺之像人，张僧繇绘龙，俱不时点睛，以为神明在阿堵中也。山水林石家以苔为眉目，古人极不草草。尝闻白石翁积画一篋，俱未点苔，语人曰：'今日意思昏钝，俟精明澄澈时为之耳。'"❷论当注意点苔，而未及点之之法。论点苔之法而有专篇者，当自敷五始。本则主要之意，不外乎以下两点：（一）点苔必须立得住，真如山石中生出；（二）山石本佳，苔能为之生色，否则愈点愈足为病。

（九）笔

写画须要好墨，写扇面与绢绫尤要紧。既有佳墨，又要得用墨之法。古画谱云：用笔之法，未尝不详且尽，乃画家仅知皴、刷、点、拖四则而已。此外如干之一字，渲之一字，捽之一字，擢之一字，其谁知之，宜其画之不精也。盖干者，以淡墨重叠六七次加而成深厚也。渲者，有意无意，再三用细笔细擦，而淋漓使人不知数十次点染者也。捽与擢，虽与

❶ 唐志契《绘事微言》（商务印书馆影印文渊阁本）下/21a。

❷ 李日华《紫桃轩杂缀》（《李君实先生杂著》崇祯甲戌刊本）1/12b。

点相同，而实相异。捽用卧笔，仿佛乎皴而带水，擢用直指，仿佛乎点而用力。必八法皆通，乃谓之善用笔墨。**❸**

上文得诸郭熙《林泉高致》"砚用石"一节为多。

（十）墨

敷五积墨一则曰：

画家要积墨水。墨水或浓或淡，或先淡后浓，或先浓后淡，有能积于绢素之上，盎然溢出，冉冉欲堕，方烟润不涩，深厚不薄，此在熟后自得之。**❹**

凡画或绢或纸或扇，必须墨色由浅入浓，两次三番，用笔意积成树石，乃佳。若以一次而完者，便枯涩浅薄。如宋元人画法，皆水为之。迄今看宋元画着色，尚且有七八次深浅在上，何况落墨乎。今人落笔，即欲成树石，或用焦墨后，只用一次淡墨染之，甚有水积还用干笔拭之，殊可笑也。此皆不曾见真宋元笔意耳。**❺**

上则视重在积字。黄公望曰"画石先从淡墨画起，可改可救"，后人多用其法。古人作画，鲜有不平心静气、从容不迫、层层渲染者。淡墨逐渐增加，墨色由浅而深，而空虚之处，绝不见痕迹。烟润两字，以此可致。龚贤画树，论积墨甚详，可取与并读也。（详后章）

（十一）设色

画院有金碧山水，自宣和年间已有之。《汉书》不云"有金碧气，无土砂痕乎"？盖金碧者，石青石绿也，即青绿山水之谓也。后人不察，于青绿山水上加以泥金，谓之金笔山水。夫以金碧之名，而易之金笔，可笑也。以风流潇洒之事，而同于描金之匠，岂不可笑之甚哉？一幅工致山水，加以泥金，则所

谓气韵者，能有纤毫生动否？且名山大川，有此金色痕迹否？后即有一二名家为之，亦欺人而求售耳。乃观者不察，一闻李将军之笔，遂不惜千金以购之，将自己实有赏心者乎，抑炫人以博识者之赏乎？请问之好事家。**❻**

敷五以为山水中绝不得用金笔勾勒。实则唐人确有此法**❼**，读饶自然十二忌中"点染无法"一则，可知也〔清山水画法章钱松壶一节中，引刘黄裳诗，宜于此处论之〕。

第四节　沈灏《画麈》

沈灏，字朗倩，吴人，万历十四年（1586年）生**❽**，撰《画麈》一卷。

《画麈》共十三则，每则一条或数条不等，其中关于画法可分作：（一）时景，（二）位置，（三）点，（四）笔墨，（五）设色等项。

（一）时景

山于春如庆，于夏如竞，于秋如病，于冬如定。**❾**

郭熙以笑、滴、妆、睡四字状四时山色。韩纯全则易"妆"为"洗"，此处用庆、竞、病、定四字形容。庆，喜悦之色；定，安静之象，与笑睡无甚区别。惟竞字有喧炽之意，病字有颓萎之意，与郭、韩二家之说全异。

（二）位置

此则原有八条，今取与画法关系最密切者三条论之。

近日画少丘壑，习得搬前换后法耳。

朗倩谓画少丘壑，实即谓画家之胸中少丘壑。胸中丘壑之蕴积，由于山水之游览，性情之修养，更益以纯

❸ 同注**❶**下/11a。

❹ 同注**❶**下/12a。

❺ 同注**❹**。

❻ 同注**❶**下/20b。

❼ 参阅第三十五章第六节设色一项。

❽ 启君元伯据朗倩摹子久富春山图跋（秦潩《曝画纪余》1/11a）。朗倩跋此卷时为顺治八年辛卯（1651年）第，是年六十六。推其生当在万历十四年丙戌（1586年）。称："沈灏为沈周后人，称周曰苗祖，于董其昌辈略晚，称董为年伯。"（启功《山水画南北宗考》〔辅仁学志〕，辅仁大学《辅仁学志》编辑会民国二十七年十二月〕第七卷第一、第二期合刊150），实误。周栎园《读画录》曰："朗倩每落笔必曰'吾家白石翁'，晚遂自号石天，自拟在石出上，然欤？"（风雨楼铅印本3/8a）可知其必非石田后人。朗倩跋称："……问卿孝廉邀予过云起楼，出子久富春山中所图长卷……问卿语予曰：'此卷系玄宰年伯赎予先太仆千金……'"可知乃吴问卿称玄宰曰年伯，非朗倩之称董也。

❾ 沈灏《画麈》（《画论丛刊》本）册一1b。

熟之技巧。若胸中果有之，何患其不现于纸上？此说虽近理论，但其讥诮时人，搬前换后，信画之大忌。明清之间，专尚笔墨，不尚画景之风已开。其病乃至幅幅面目相同，固不待至清代四王之后，熟套滥极，朗倩已知其流弊之所至矣。

郭河阳云："远山无皴，远水无波，远人无目。"予亦云："远山有平无曲，远水有去无来，远人宜孤不宜侣。"

郭河阳远山三语，本据古说，朗倩更略加改易。所谓山之平与曲，指画中之横与纵也。画中近山峰峦之远近，除以前后遮掩之法表现之外，更可画斜迤之山脉，予人前山与后山距离之观念。换言之，物体于相当距离之内，凭吾人观察之经验，可估计其深浅长度之大概。若物体遥远，则深浅长度缩成一点，而仅能见其平面矣。远山有平无曲之理，以此。远水一语，极难断定其是否合理。远水不作水纹，其势为来为去，无从分辨。但每见画中远水，恒令人生缥缈接天，远逝无极之思，一似水之流势，自能引人之视线及意识远去然者。远人宜孤，取其幽寂之趣味，与远景荒寒之趣味相合，是以不宜多人，以致画境嚣乱也。

先察君臣呼应之位，或山为君而树辅，或树为君而山佐。然后奏管傅墨。若用朽炭踌躇，更易神馁气索，愈想愈劣。❶

上则与郭熙之"山水先理会大山"、"林石先理会一大松"二条相近。惟其别在郭以为每幅之中，山有山之君，树有树之君，而朗倩以为一幅之中，不妨仅有一主位。或以山为之，或以树为之，俱无不可也。

❶ 沈灏《画麈》（《画论丛刊》本）册一2a—2b。

❷ 同注❶2b。

（三）点

山石点苔，水泉索线，常法也。叔明之渴苔，仲圭之攒苔，是二氏之一种，今之学二氏，以苔取肖，钝汉也。古多有不用苔者，恐覆山脉之巧，障皴法之妙。今人画不成观，必须丛点，不免嬥女添痂之诮。❷

各家点苔，所用之方法不同，有如各家皴法有别。各家点苔方法不限于一种，有如各家皴法，或披麻，或斧劈，不妨随意变易。朗倩谓学画者以渴苔攒苔，便自以为已逼肖叔明仲圭，愚钝可笑。盖点苔仅不过某家门派特征之一，仅学其点苔，不及其他，乌得肖似。且诸家点苔，虽各有其常用之点法，但此仅其擅长而已，非此外无他能也。专学某家某种点法，岂不太拘执乎？

（四）笔墨

此则共三条。

笔与墨，最难相遭，具境而皴之，清浊在笔，有皴而势之，隐现在墨。

笔墨二者，最难恰到好处，石纹之表现由笔，而阴阳凹凸由墨。前者指皴，后者指染。

米襄阳用王洽之泼墨，参以破墨、积墨、焦墨，故融厚有味。予读《天随子传》，悟飞墨法。轮廓布皴之后，绢背烘漫，以显气韵，沉郁令不易测。题曰："骕然鼓毫，瞠目失绡，岩酣瀑呼，或癃所都。一墨大千，一点尘劫，是心所现，是佛所说。"

沈灏飞墨法，乃以墨于绢后烘托，此法创于人物画家，王绎《彩绘法》即言及此。至于山水，朗倩以前，未之闻也。墨染于绢背，求其有色而无迹，纸则断无用此法者。题辞语涉微妙，与画法无涉。

寒山凡夫与予论笔尖笔根，即偏正锋也。一日从晋人渴笔书得画法，题曰："树格落落，山骨索索，溪草蒙茸，云秀其中，卒奥怳顾，妄穷真露。"古人云，画无笔迹，若书家藏锋，若腾舸大扫。作山水障，当是狂草，笔迹不计。❸

朗倩称笔尖曰正锋，笔根曰偏锋。严格言之，笔尖亦可有偏锋，笔根何尝无正锋，端视用笔如何而已。历来论书，忌用偏锋，论画以主张偏正兼用者为多。以皴论，正锋多于偏锋，以擦论，恐鲜有非偏者。画无笔迹，及书家藏锋，皆用锋最中正者。朗倩谓山水如狂草，笔迹不计，岂作画不妨用偏锋之谓乎？

（五）设色

右丞云"水墨为上"，诚然。然操笔时不可作水墨刷色想，直至了局，墨韵既足，则刷色不妨。❹

墨骨为作画之最基本功夫，寻常画手，咸乐设色，而视水墨为畏途，以水墨不得藏拙，庸弱之处，观者一望而知之。有此等畏缩之念存于心，即作设色画，亦往往墨韵未足，已施丹粉。朗倩欲矫此弊，故主张索性设色画，亦照水墨画法画去，直至勾皴渲染，处处已毕，即不复设色，亦不愧为完成之作品，再设色不妨也。如此则绝无墨韵不足之虞矣。

第五节　其他各家之片段言论

明代画论家对于画法有片段言论者，约可得陈继儒、赵左、李日华、汪砢玉、魏学濂、顾凝远、释道济等数家。

（一）陈继儒

陈眉公《妮古录》中论皴法曰：

皴法董源麻皮皴，范宽雨点皴（俗云芝麻皴），李将军小斧劈皴，李唐大斧劈皴，巨然短笔麻皴，江贯道师巨然泥里拔钉皴，夏珪师李唐、米元晖拖泥带水皴——先以水笔皴，后却用墨笔。❺

上列各种皴法中，除短笔皴、泥里拔钉皴、拖泥带水皴三种外，均见前节，今将此三者论之于次。

1. 巨然短笔皴　汪砢玉论皴法于麻皮皴下注曰"董源、巨然短笔麻皴"，可知短笔皴即麻皮皴之笔画较短者也。

2. 泥里拔钉皴　《芥子园画传》有图，并曰："江贯道师巨然，其皴法稍变，俗呼为泥里拔钉，以苔辄作长点如锥，亦有一种苍奥处。"❻图中皴法类披麻，而于峦头上加苔点，苔点纵直，簇簇如钉蠢立之状，名之曰钉。而皴笔横斜，名之曰泥。皴名之由来，即因象形而得。泥里拔钉皴与一般皴法有显著之不同，而与范宽之雨点皴略有相似之处。因二者均非单纯之皴笔，而与苔点混合之山石画法也。

3. 拖泥带水皴　汪砢玉于此皴下注曰："先以水遍抹山形坡石大小之处，然后蘸佳墨，横笔拖之。"与眉公所云"先以水笔皴，后却用墨笔"相同。米氏画山，略皴数笔，然后用水墨点出峦头，其妙处在缥缥缈缈，烟云奇幻。《芥子园画传》所谓："近人学米，太模糊，与太明露，乃交失之。米明露处如微云河汉，明星灿然，今人则成铁线穿豆豉矣。米模糊处如神龙矫矫，隐见不测，今人则粪草堆壤，芜秽不治矣。"❼米氏之画法，实与柯九思画竹之破墨法有相近处。即使水墨二者，自然融洽渗晕，生出变化多端，氤氲不可揣测之韵味。此种画法，笔必须湿，先用水笔皴，复用墨笔，水

❸ 同注❶ 1b—2a。

❹ 同注❷ 2b。

❺ 陈继儒《妮古录》（《美术丛书》本）初集十辑四册 3/1a。

❻ 王概《芥子园画传》（康熙十八年原刊本）3/26b。

❼ 同注❻ 3/27a。

墨始能融会。惟眉公谓夏珪、李唐、米元晖皆有此法，而三家山水之面貌迥不相同，是则拖泥带水恐是湿笔皴刷之总名，而未必为皴法之专称也。

（二）赵左

字文度，云间人，与董玄宰同时，其论画曰：

> 画山水大幅，务以得势为主。山得势虽萦纡高下，气脉仍是贯串。林木得势，虽参差向背不同，而各自条畅。石得势，虽奇怪而不失理，即平常亦不为庸。山坡得势，虽交错而自不繁乱。何则，以其理然也。而皴擦勾斫分披纠合之法，即在理势之中。至于野桥村落，楼观舟车，人物屋宇，全在想其形势之可安顿处，可隐藏处，可点缀处，先以朽笔为之，复详玩似不可易者，然后落笔，方有意味。如远树要模糊，衬树要体贴，盖取其掩映连络也。其轻烟远渚，碎石幽溪，疏筠蔓草之类，只不过因意添设而已。为烟岚云岫，必要照映山之前后左右，令其起处至结处，虽有断续，仍与山势合一而不涣散，则山不为烟云所掩矣。藏蓄水口，安置路径，宜隐见参半，使纡回而接山之血脉。总之，章法不用意构思，一味填塞，是补衲也，焉能出人意表哉？所贵乎取势布景者，合而观之，若一气呵成，徐玩之，又神理凑合，乃为高手。然而取势之法，又甚活泼，未可拘挛，若非用笔用墨之高韵，又非多阅古迹及天资高迈者，未易语也。❶

全篇注重在得势二字耳。山水树石，以及一切点缀景物，皆须各得其所，合乎自然之趣。惟一物有一物之势，物与物同处，一幅之中，又各宜相辅而得势，即文度所谓为"烟岚云岫，必要照映山之前后左右，令其起处至结处，虽有断续，仍与山势合一而不涣散"是也。于此一语，可悟出各物之皆宜顾盼有情也。

上文经余越园先生辑入《画法要录》初篇（宜入注中），末注曰："见《画学心印》，未详出处。"❷按文度此节，姜绍书《无声诗史》赵左传中载之。二酉生于明万历天启间，当与文度同时而略晚。文度未闻有论画之专著，秦祖永恐即自《无声诗史》辑出也。

（三）李日华

竹嬾之笔记中，有论画树多则。画树曲直法曰：

> 洪范木曰曲直，乃曲中有直，直中又有曲，一曲一直，而木之形势毕矣。❸

此则实与玄宰论画树多曲相近。惟竹嬾谓曲之后更须直，此理不难明了。因曲后若不直，便不能再曲。曲后之直，正为直后更可再曲也。

《味水轩日记》中论画树曰：

> 凡写山水不难，难于写树。写奇怪者一株两株成，以渐增至四五七八，而后复重柯交樾，虽数十层，自然奔凑笔下矣。今苏、松一派，谬习皆由不知写树，草草攒簇，或乱如蓬茅，或枯如箕梗，或浅植危耸，状如瓦松，纵有山骨，亦被堆拥，岂成画哉？❹

又曰：

> 梁元帝巫山诗云："树杂山如画，林暗洞疑空。"山之精彩浮动，全借于树，树杂则穿插掩映，有幽深层杳之趣。元帝善画，二语已破山水之的。❺

二则皆以为画山水当以树木为主，与玄宰称"赵文敏萃古之美于树木，不

---

❶ 姜绍书《无声诗史》（观妙斋重刻本）4/5a。

❷ 余绍宋《画法要录》初篇（民国二十五年中华书局四版）4/5b。

❸ 李日华《紫桃轩杂缀》（《李君实先生杂著》崇祯甲戌刊本）1/12a。

❹ 李日华《味水轩日记》（吴兴刘氏嘉业堂刊本）6/8a。

❺ 李日华《六研斋笔记》（《李君实先生杂著》本）4/4a。

武五

明代关于山水画法之论述

在石上着力，而石自秀润矣"之意相似。

《六研斋三笔》中论荆浩画树曰：

> 每阅荆浩诸图，所作树皆萧疏简远，虽重林穿插，而一树自为一树，且修挺轩豁，不多为附枝冗干，而意自足。❻

龚贤《画法册》中曰："画一树要像一树，树画合看亦是一丛，分而观之，不像树者，由于画理不明也。"（详后章）与竹嬾之意正同。不善画树者，每画数株之后，再添林木，便以数笔成之，以为有在前者之遮掩，草率不妨也。不知此实画中之大忌。李日华尚有论位置一则曰：

> 画中有天地，作地极难。夷险通塞，迂回径直，要须了了于胸，而后了了于笔可也。若夫画中之天，即是空处，空处岂能着力，然不无工拙者。以其逼塞处，有妥不妥耳。❼

此实告人一幅之中，不仅实处是画，空处亦是画。前于理论章中，言及竹嬾论画，最重空灵，于此更可知其对于画中之空处之注意。当其落笔时，对于画中之空隙，固早已虑之熟矣。

（四）汪砢玉

砢玉，字玉水，徽州人，崇祯中官山东盐运使判官，撰《珊瑚网·书画录》四十八卷。《画录》中纪各家皴石法曰：

> 麻皮皴（董源、巨然，短笔麻皴）。直擦皴（关仝、李成）。雨点皴（范宽，俗名芝麻皴，诸家皴法俱备，赖头山丁香树芝麻点缀皴）。小斧劈皴（李将军、刘松年）。大斧劈皴（李唐、马远、夏珪）。长斧劈皴（许道宁、颜辉是也，名曰雨淋墙头）。巨然短笔皴（江贯道师居然）。泥里拔钉皴（夏珪师李唐）。米元晖拖泥带水皴（先以水遍抹山形坡石大小之处，然后蘸

佳墨横笔拖之）。又有乱云皴、弹涡皴、鬼面皴、骷髅皴、马牙勾（如李将军、赵千里，先勾勒成山，却以大青绿着色，方同螺青苦绿碎皴染，兼泥金石脚）。

以上各皴，前节未经论及者有二，弹涡与鬼面是也。❽

1. 弹涡皴　此皴以状水涡之旋纹而得名，较披麻用笔短，且笔笔间离，不交搭，但仍当属披麻系。

2. 鬼面皴　后人对于此皴之名殊不一致。笪江上《画筌》称之曰"鬼脸"❾，王安节、郑纪常、松小梦，皆曰"鬼皮"❿，龚半千则"鬼脸"、"鬼面"互用⓫，疑皴同而名异也。第各家绝少言及此皴之形貌者，惟纪常《画学简明》有数语及之，谓其法颇与短披麻同，但披麻直皴，而鬼皮颤皴耳。若然，当属披麻系矣。惟其图式甚恶劣，疑出杜撰，未必与古人之皴合也。

（五）魏学濂

学濂字子一，号容斋，嘉善人。崇祯癸未（1643 年）进士。次年卒。画迹传世甚罕，有仿宋元八家册，见《过云楼书画记》著录。顾文彬称其画"有宋贤之浓丽而去其滞，有元贤之苍雅而去其率，精炼古厚，足为胜国末造大家"。⓬复谓其论画曰："自抒心得，独标真谛，如太史公谈六家要旨，精当绝伦。"⓭画跋四则，经文彬录引，今录其三则于后：

> 画家务有主山，而枝节附之，是以堪舆为画者也。此作冈岭正侧，迭为主客，风格高尚矣。

> 论画山自郭河阳创有主峰之说，学者每泥之而不知更易。若崇山峻岭，盘折蜿蜒，作高深浑厚气象，孰主孰宾，固不易分。容斋之论，可令人悟山水局

❻ 李日华《六研斋三笔》（《李君实先生杂著》本）3/40b。

❼ 同注❸ 1/12b。

❽ 汪砢玉《珊瑚网·画法》（张氏《适园丛书》本）24/54a。

❾ 笪重光《画筌》（《美术丛书》本）初集一辑一册8b。

❿ 《芥子园画传》（王概《芥子园画传》〔康熙十八年原刊本〕1/5b）、《梦幻居画学简明》（郑绩《梦幻居画学简明》〔同治间郑氏家刊写刻本〕1/33b），松年《颐园论画》（《画论丛刊》本册四 7a）。

⓫ 半千于《树木山石画法册》称鬼脸（龚贤《树木山石画法册》〔原题聚铁生〕〔民国八年中华书局影印本〕页20），《画诀》称鬼面（《画论丛刊》本册二 1b）。

⓬ 顾文彬《过云楼书画记》（顾氏家刊本）5/29a。

⓭ 同注⓬。

势中，实不止"主山堂堂"一格也。

着墨欲入纸里，着色欲出纸外，积墨多不患其不入也。色稍润则渗矣，渗则失神，染则失痕，语云"皮皴"，不欲丹青作画肉也。然岂轻施薄设之谓哉？

上节深得设色三昧。设色画以墨骨为主，若以丹青作画骨，是色侵墨之位矣。但其难又不是轻施薄设，浮于纸面，与墨了不相涉，要以融洽为贵。麓台后曰之"色中有墨，墨中有色"① 诸语，皆自此化出也。

凡画路者，水以沙分，山縣石辨，若陵寝坛庙之地，松柏列植，则望树顶而知路矣，前人未之得也。②

此诚道前人所未道。陵寝坛庙，其道路必广若通衢，两旁植松柏，遥视虽顶各参差不齐，其枝干交翳不到处，自可理会其下道路之所在。画中理路，以不着痕迹之气脉贯串之，最有生动之致。此法不仅施之于陵寝坛庙，即山水中有密林处，亦可参酌之也。③

(六)顾凝远

凝远，号青霞，吴郡人，万历九年辛巳（1581年）生，顺治九年（1652年）尚健在。撰《画引》三卷。吴君诗初，据所藏崇祯间诗瘦阁刻本，刊入《画苑秘笈》中。《美术丛书》及《画论丛刊》本，仅七则，非全帙，盖自《佩文斋书画谱》录出者也。

凝远论画法，独于时景最多阐发。位置尚有一二则，余若山水，树石，点缀，笔墨之属，殊少论及。是以未辟专节，仅置于此。

(甲)时景

凝远辄取古人诗句，妙于写景，而

可分别气象者，以之喻画。道济《画语录》之四时章，即顾氏之法。其前小引，实乃时景之通论，虽自郭熙"山春夏看如此"一节脱胎，较之尤为醒豁，可存也。

凡山水木石诸物，其有定者也。至于四时、昏旦、风雨晦明、花月冰雪诸变态，以无定为有定之神情。然同一春也，为早为暮不同，早暮中，为晴明，为雨雪，又不同。同一晴也，为新霁，为晚晴，为春晓，为雪霁，为有月夜，无月夜，推其错综变乱之不齐，则有定者亦因之以无定，安能一一而详言之。④

其论云曰：

轻琼冷絮，云之情、之趣、之变态、之色泽、之起灭，俱尽于此矣，是在点染安放得法，不可着一痕迹，故善云者不画云，墨痕断处，即成云是也。⑤

人之资质不同，领悟因有等差。凝远于"轻琼冷絮"四字中，得见云之情、趣、变态、色泽、起灭，于是钝者读之，亦可于斯五者着想，而画云或可略有进益，此亦度人之一法也。不着痕迹之说，与玄宰墨渍之法相近。

凝远论画，以冷为胜，尝有言曰："大意气韵生动之处，不贵热而贵冷"，是以即画春景，不作繁缛之观。

春景易犯秾华，而太寂寞，则又与秋冬相近。刘慎虚"道由白云尽，春与青溪长"，明媚而淡宕兼之。假令"花发千山万山里，鸟啼二月三月时"，两画定有优劣也。⑥

月色日华，时景中之最难着墨者也，凝远各为之说：

画月太朦胧，则气不清，非良夜也。太皎洁，则物象刻露，似清昼矣。必影中生影，光外含光，令观者恍惚身在广寒碧落间，闻上清吹紫云回一曲，方不

① 王昱《东庄论画》(《四铜鼓斋论画集刻》本)册二6b。

② 顾文彬《过云楼书画记》(顾氏家刊本)5/28b。

③ 《画引·鸡鸣望钟山》一则中称："……因追念予方九岁，先慈见背，家君孝廉将计偕北上……忽十四年癸卯，余宾兴来京，非复前气象矣。"2/16b。按癸卯为万历三十一年，向前推十四年，为万历十七年己丑，再向前推九年，为万历九年辛巳，即先生诞生之岁。《吴越所见书画录》著录青霞先生所作名胜十景册(怀烟阁原刊石刻本5/91a)，自跋于顺治九年。

④ 顾凝远《画引》(崇祯诗瘦阁原刊本)1/44b。

⑤ 同注④1/34a。

⑥ 同注④1/41b。

堕云雾团耳。❼

绘月之在朦胧皎洁之间者，非易事也。非绘月轮之难，绘月下景物之难。太朦胧，非仅指月之朦胧，太皎洁，非仅指月之皎洁，绘月景必须物物皆有月，乃佳。画者能于此刻刻在念，则不远矣。论日华曰：

月华图有之矣，及读"积水含苔色，晴空荡日华"，又"日华浮野雪，春色染湘波"，则日华自不可无图。然一在天际，一在水中，俯仰间霞文翠照，缨纷碧坐，视月华尤难。作者当开芳林，登高榭，影娥池上昼永风恬，与静者罢钓收竿，斯为胜赏。❽

是亦由诗中悟出者，惟诗易于画，言日而日华已在画中，若作红日高悬，鲜有不俗者。此所以凝远以身置其地，细心体会授人也。

雪之景甚多，而凝远独喜画残雪：

皇甫冉"山明残雪在"，自来无人摹得，凡画皆雪霁耳。余意林麓屋宇间俱不必着雪，惟峰凹最高处，欲消欲积，间用敛法，下以寒烟连缀，则得之矣。余曾小试，然非绢素不称意。❾

昔人论画雪景多俗，雪意太足耳。尝以为天地间有一定理，过则俗。譬诸饮食，五味皆美，过则恶。是以知味者，恒尚淡。与其过而俗，奚若不及而犹隽。凝远之春景忌秾，雪景取残，皆此意也。绢素胜于纸，殆以其耐染而有滋润之致也。

日月云雪，凝远已尽言之矣，独不尚雨景，是一奇也。

余尝谓人生当风雨晦冥之候，辄虚度此日。画者何不作朝夕爽垲，表里烟霞乎，何不作天朗气清，惠风和畅乎，何不作"清气澄余滓，杳然天界高"乎，

而苦苦攒眉近觑，以寻溟漠不可辨之境也。即溪云乍起，山雨欲来等语，虽快，而手中不可习惯。❿

吾以为此偏执之论也。画中晴雨，与天地之气候何涉。况昔贤有三余之说，亦未必虚度。若然，则虎儿、房山，皆不足道矣。至于"虽快而手中不可习惯"一语，不无可信。霾痕雨势，每易信笔扫洒，往往沾染粗犷霸悍之习也。

（乙）位置

定器未尝生动，然位置停妥，或境界闲冷处，不虞忽有是物，亦自觉生动。⓫

此谢赫所谓"画体周瞻，无适弗该"，亦刘道醇六长之"僻涩求才"也。所谓不期而有此物而有之，不期者，观画者之心，使其有之者，作画者之心。以一人之心，而超越众人之心，非才思讵足以当之。虽然，当有不可须臾忘者。六要中之"变异合理"是也。本不必有或本不宜有而有之，是不可也。怪诞也，赘疣也，岂可谓超越众人哉？

凝远论取势，亦与位置有关。

凡势欲左行者，必先用意于右。势欲右行者，必先用意于左。或上者势欲下垂，或下者势欲上耸，俱不可从本位径情一往。苟无根柢，安可生发，盖凡物皆有然者，多见精思，则自得。⓬

尝闻行文中有欲擒故纵之法，于画亦然，其理约有三端：曰力，曰地，曰趣。攫石在掌，欲前掷必后引，添其势而益其力也。既在右而仍向右，则右之缘已逼，既向卜而复向卜，则卜之隙无多。向右而先左，向下而先上者，正所以增用武之地也。势顺则趣平易，势逆则趣蓬勃，画趣流溢，端在此也。小之一笔之转折，大之全局之开合，其理俱

❼ 同注❹ 1/30b。

❽ 同注❹ 1/47b。

❾ 同注❹ 1/31a。

❿ 同注❹ 1/30b。

⓫ 同注❹ 1/16a。

⓬ 同注❹ 1/25a。

221

❶ 顾凝远《画引》(崇祯诗瘦阁原刊本) 1/44a。

❷ 沈括《梦溪笔谈》(光绪二十八年大关唐氏成都刊本) 17/13b。

❸ 唐岱《绘事发微》(张祥河辑《四铜鼓斋论画集刻》宣统重刊本) 册二 9b。

❹ 汪绎辰辑《大涤子题画诗跋》(《美术丛书》本) 三集十辑一册 1/14a。

不外乎取势。

《画引》中尚有"登西台"一则，论吾国山水取景之常法，而思有以变之也。

画法惟从下而上，无从上而下者。近来作者亦稍知之。虽不师古，然甚有理。据登西台诗云："坐愁高鸟起，笑指远人同"，是俯而下睹，最为绝险。盖高者为主而近，下者为客而远。远近若相反，实不可谓无所本也。❶

沈存中谓"李成画山上亭馆及楼塔之类，皆仰画飞檐，其说以为自下望上，如人平地望塔檐间，见其榱桷"❷，此诚画家之常法。然自上而下，亦非无者。即以文伯仁之四万图而论，下端所见为树杪，上则万顷平波，再上则远山数抹，远山之外复有缥缈烟水之意，自高临下之景也。画者倘能于此用心，定能境界一新，不落寻常窠臼。

(七) 释道济

道济于《画语录》皴法章中，列各种皴法名称，前章专论理论未及皴法，今于此论之。其言曰：

如山川自具之皴，则有峰名各异，体奇面生，具状不等，故皴法自别。有卷云皴、斧劈皴、披麻皴、解索皴、鬼面皴、骷髅皴、乱柴皴、芝麻皴、金碧皴、玉屑皴、弹窝皴、矾头皴、没骨皴，皆是皴也。

其间之金碧、玉屑、没骨诸皴，试述之如下：

1. 金碧皴 疑即李将军之小斧劈，斧劈以形得名，而此以用色得名。

2. 玉屑皴 疑是雨点皴之变体，属于纵点系。

3. 没骨皴 唐岱《绘事发微》曰："昔张僧繇作没骨图，是有染而无皴也"❸，意必不用墨笔勾，而以青绿作峰峦，逐渐加染之法。严格言之，皴以线条为主体，既不见线条，则岂复有皴乎？

大涤子题画，有论点法一条：

古人写树叶苔色，有深墨浓墨，成分字，个字，一字，品字，厶字，以至攒三聚五、梧叶、松叶、柏叶、柳叶等垂头斜头诸叶，而形容树木山色，风神态度。吾则不然，点有雨雪风晴四时得宜点，有反正阴阳衬贴点，有夹水夹墨一气混杂点，有含苞藻丝缨络连牵点，有空空阔阔、干遭没味点，有墨无墨飞白如烟点，有焦似漆遢遍透明点，更有两点，未肯向人道破。有没天没地，当头劈面点，有千岩万壑、明净无一点。噫，法无定相，气概成章耳。❹

其意似以最后二种，最为深奥不易学。所谓没天没地，当头劈面，直是不问部位，乱点下去，而乱之中自有其法度。千岩万壑，明净无一点，与前完全相反，即敷五所谓不点苔。山头画成之后，神气已足，不必更点。不见一点，大涤子亦列为点之一种，岂非极饶兴趣之事乎？

第二十六章　詹景凤《玄览编》

詹景凤，休宁人，字东图，号白岳山人，明万历时人，曾续弇州《王氏书画苑》而辑《书画苑补益》，有《东图集》行世。东图《玄览编》，收入《佩文斋书画谱》，历代鉴藏画中，但经删节，精华无存。今所据者为四卷本，自故宫博物院图书馆所藏之抄本录得者。

东图《玄览编》为鉴赏评骘书画之专著，间或附及文玩杂器。先生当时负精鉴巨眼之名，见闻甚博，书中披揭独得之秘，不惮其详，后人研究书画，不可不读。

吾尝以为东图论画，其特色有三，试略言之：

（一）崇唐宋

溯自元季倪迂创逸气之说，明代画论家，无不以逸为画品之极，视荒率为高，尤以董玄宰持之最力，后来者更翕然宗之。独东图鉴画，自有准则，不傍门户，专尚古拙，以唐宋之凝重浑厚为画之正统。其言曰：

走尝谓画家从唐至伯时，良是一变，盖去浑拙而冲逸也。至南宋画院，又一变，盖去冲逸而精奇也。至元四家，又一变，浸假而率易，彼已厌精奇，欲脱

而高旷，不知乃迄于此。前代沉雄深郁之造，遂于兹以尽。近世纤缛浮薄之态，遂于兹以起。故吾原古法所自失，必曰伯时。犹诗家有子建，而汉古遂以变改，亦时代使之然耳。❶

举凡数百年间画风之嬗变，数语颇能尽之，且有实据，非漫加攻讦者。彼方以元为画之崛兴，东图适以元为画之沦替，是则数变之中，更当以宋元间之变为最巨。二代之比较，东图亦以诗喻之。

画极于宋，自宋而下，便入潦草。至于国朝，又草之草矣。……画道中宋人如盛唐诗，元人如中唐诗，虽清雅可怿，终落清细，殊无雄浑气致。论画说元而不说宋，如论诗说中唐而遗盛唐也，岂可谓之知诗者乎？❷

是以《玄览编》中论画，不下数百则，而唐宋之画迹，竟倍蓰于元明之作。

（二）详渊源

张彦远曰："若不知师资传授，则未可议乎画。"论画当详渊源，自古尚矣。明人非无论之者，第仅曰某家师法某家，某人出入某派，如此而已。夫某家作风

❶ 詹景凤《玄览编》（据故宫博物院图书馆藏抄本抄）20a。

❷ 同注❶ 78b。

大体奚似，固甚明显，不待前人之说而可知，必小而至于何册何卷，细而至于一草一木，确据而明言之。前于此，从古人何处得来，后于此，复传至何许，其间为因陈，抑改革。能如是，吾人读之，未有不觉其肯肯切切，搔着痒处者，斯又非浮躁轻忽，强作解人者所能道也。东图论渊源，往往详尽若是。

（三）备画体

大凡叙述画迹，举其抽象之感觉最易。曰：如何浑厚，如何清逸。究其浑厚清逸之何若，后人不见其画，不得知也。进而言其位置布局，曰：某处山，某处水。究其山与水之何若，后人不见其画，仍不得知也。学者知其浑厚清逸，为山为水而已矣，至于如何着手，如何落笔，盖茫然也。东图论画，体法最备，某家某幅之树石，中锋抑侧锋，焦墨抑淡墨，轻重徐疾，先后层次，莫不毕具，一似其曾目击当时作者之捉笔挥洒者。是固以其自擅画法，故能道之。然画家论画法，如此切实者，又有几人？

惟以东图之崇唐宗，故《玄览编》中，多论古迹，皆今日所不易或不得见者。详渊源，故画中景物，细大不捐。备画体，故学者读其书，几若见真迹，作法位置，咸有规矩可循。即或不逮此，胸中至少亦可略存梗概，愈于寻常鉴赏之书，不可以道里计。是则东图此编，原为记录名迹而作，讵知于画法之功，竟不可磨灭也？

今择《玄览编》中对于画法方面，阐发最详者十数则，按各家之时代前后，排列于后，以供研讨画法者之一助，而余所喋喋于后者，不过题左题右，无足轻重之语。以原文于画法既详，更不容后人妄置一词也。

❶ 詹景凤《玄览编》（据故宫博物院图书馆藏抄本抄）41a。

❷ 李葆恂《海王村所见书画录》（《义州李氏丛刻》本）2b。

❸ 李氏著录云："绢本高尺余，长八尺余，工笔着色，洛神驾六龙车，冯夷击鼓，川后静波，并与赋意合……"同注❷2a。

❹ 李葆恂《无益有益斋读画诗》（《义州李氏丛刻》本）上/1a。

一 顾恺之洛神图卷

绢精细而卷首破缺，去"车殆马烦"一段，以后皆完好如新，逐句逐段图写，乃知周昉、张萱璇玑图布置，皆仿之。其山石勾成圈围，内无复皴，惟于山石脚稍稍带描，疏疏四五六笔。木与石描笔同，亦似游丝而无笔锋顿跌，大抵精古而拙。人物衣褶，真如春蚕吐丝。着色虽浓艳，而清彻于骨，远非张萱、周昉辈可望，自是古人典型。至张、周，涉后代矣。其染山石与树身勾成后，于背重着青绿衬，面稍稍浅绛渲染，以故色重而不涉浓浊。青绿石脚，亦用赭衬。陈王逐段皆见，而衣冠不殊。华盖式似三角，若紫绢为之者，然甚小。盖把亦如今帝王盖曲把。他如赋中"秋菊春松，游龙惊鸿"之类，亦靡不一一图写，皆有气韵生动。❶

洛神卷，屡经著录，而李葆恂《海王邨所见书画录》，以著书时代较近，考订传递经过最详。谓"即思翁《画禅室随笔》所谓欲以此图易某所藏褚河南西升经者。《铁网珊瑚》、《清河书画表》，并载其目。《石渠宝笈》所收，无款，暨李龙眠仿洛神图，皆从此本摹得者"❷云云。至记载卷中景物画法，固远不及《玄览编》详备。此图今已流出海外，《支那名画宝鉴》及《支那山水画史》，并采此图。前者所取为驾龙一节，后者所取为击鼓一节，与李葆恂所记合❸，当即李氏所见本。李氏《读画诗》又称"图中所绘景物，皆思王赋中语，非止画洛神也"❹，复与东图所记逐句逐段图写合。虽未能据此便遽称三者系同本，吾人固不妨取影印之图，而与之参阅也。

图中所见，山石无皴痕，与《玄览》

所称相符，惟稍稍带描疏疏四五六笔，于图画无从寻绎。或以自明迄今，又历年所加以影印，终欠明晰也。至于设色之法，更非恃东图之言，不足知其大概。绢背有无衬色，必细察原本，始克知之。此等机缘，又岂吾人所易得者。此东图之文，所以可珍也。盖，所以覆车者；把，柄也。六龙驾车，覆盖之下，两柱上合为一而承之，未知曲把，是否即指此。张萱、周昉之璇玑图，皆逐段写，所谓"虽各自为一事，而意致一联不断"❺，此种布置确是洛神女史箴两卷之章法也。

二　张僧繇观碑图

人物大有神采，其衣褶铁线描，稍带兰叶，精雅古劲，心得手应，了无捉笔痕迹。中写二高松，碑在二松之左，曹、杨观碑在二松中，侍从三四人在松外，无近山，惟松下三石。石不甚大，一大如拳，一小于拳，一如弹丸。若皴石法，其圈外稍似今之所谓蟹壳皴，而于石脚丛二三小石，又如今沈启南披麻皴。凡写一石，必于下丛二三小石，以为峻嶒，后乃总圈其外而为一大石也。石亦不用水笔，直用干淡墨写成。乃启南为之，则皴笔多，彼乃不甚皴。行笔大抵如刮铁，然，盖以中锋直写，以刮铁破直写为浑化，入于无迹，使人莫可寻其笔端。阅之若迅疾而成，扣之则凝重沉着，靡一不入精深高古，劲爽之气，得诸天成，不似启南，板板首尾具在目前也。下为平坡，人立平坡上，坡外则江，江无水纹，惟于上松梢间作远山一队队。山亦有皴法，于下以笔横拖五六沙脚，见水际而已。松身劲直，不为诘曲。松皮径三四分许，一鳞鳞片片，分明可数。亦用

刮铁破笔，古雅浑成，亦不见下笔处。枝为龙爪，枝头亦不作鹿角丁香，大要简古为尚。叶是乱撇针，针亦甚简，然石与松枝，则行笔如玉筋篆，颇重不细眇，而松针与石下草，则行笔甚轻而细，秀雅清逸之气，溢墨墨外。元倪元镇画石，宋刘松年、李伯时画蔓草，殊得之。松针与草，先以墨写成，加石绿笼过，寻于石绿上，用苦绿描乱撇针。总之甚简，取意高也。意又精，不是草草，故以为神妙耳。伯时后为密柳深柏，蔓草细苔，染法皆师此。乃元镇则山水树石，与布景造意，咸是，独以不写人物与异耳。两人皆善学咸能，因故起新，虽伯时繁而元镇简，致得其逸趣则一。其石但用靛和赭石，少加藤黄笼过。石脚则纯用赭石，人物衣服浅绛，俱不设大青石绿。独草与松针，以淡石绿笼。❻

僧繇此图，绝少经人著录，矧数百言之详纪。李成读《碑窠石图》，赫赫名迹，观其丘壑，殆脱胎于此❼。画中最主要之物体及画法，言之最详者，可分三项论之：（一）画石之法，先作小石数枚，总圈其外而成一大石，其名曰蟹壳皴。此名殊新颖，《玄览编》外，未见有及之者。名由肖形而得，小石像壳上之凹凸，但仅有小石，不似蟹壳也。主要在有石之轮廓，像壳之周遭，其形乃全。历来皴法，咸指石内之裂纹而言，未有重在轮廓者。自其语气"今之所谓蟹壳皴"测之，盖不过画家口头之俗称而已，非固定之皴名，吾人可列之于皴系表中最后一格，以其既不得阑入以前四系，亦无自成一系之价值也。稍后复有刮铁，刮铁亦皴名，且用之于树皮，《玄览编》中不下十数见。东图既有"以中锋直写，以刮铁皴破直写"之言，可知系侧锋也。复自他处推之，似属斧劈系❽。要在言皴

❺ 同注❶26a。

❻ 同注❶19a。

❼ 安岐《墨缘汇观》："以水墨作平远之景，位置奇逸，气韵深厚，树木虬屈，坡石苍润，于林木平夷处，作一大碑，龟首如生，其碑正面上首，微有字形，一人戴笠跨骡仰观，一童持杖旁立，画法高古，得唐人三昧……"（光绪庚子翰文斋铅印本）名画北宋 上/1a。

❽ 东图纪青绿山水大卷曰："笔法染法半似王齐翰，皴则小劈，视刘松年兼刮铁而文。"（同注❶40b）又纪夏珪山水曰："皴以水墨沉后，稍用刮铁绝无旧时斧劈。"（同注❶58b）

笔有坚劲之观耳。石之设色，于最后数语尽之，系浅绛而非青绿。（二）松身挺直，鳞甚巨，下笔重，与石同。（三）松针与草，简且细，墨作骨，石绿染，苦绿重。

松针与松干分论，而与蔓草同科，颇见东图之匠心。以松身及石皆浑重，而松针与蔓草皆轻细，迥然异趣也。不啻告人一幅画中，呈不同之意味，始见变化，而读者不生厌恶之心。其论伯时及倪迂之渊源，尤为详允。

三　展子虔《游春图》

其山水重着青绿，山脚则用泥金，山上小林木，以赭石写干，以水沉靛，横点叶。大树则多勾勒，松不细写，松针直以苦绿沉点，松身界两笔，直以赭石填染，而不作松鳞。人物直用粉点成，后加重色于上，分衣褶，船屋亦然。此殆始开青绿山水之源。似精而笔实草草，大抵涉于拙，未入于巧，盖创体而未大就，其时也。及见元人临李思训海天落照图，则青绿山水之体大备矣。于是乎巧以饰拙，工以致精，细以表微，种种渐开后人脚手，然而不同于后人，则以其巧而不纤薄，精而不浓媚，细而不尖抄，种种通于大雅，如唐诗之有近体，虽不免于对偶声律，而雄浑冲雅之趣自在，故足述也。❶

《游春图》，名迹也，历代著录者，逾十家，其中以《墨缘汇观》叙说较详。"……青绿重着色，人物五分许，山峦树石，皆空勾无皴，惟渲染山头小树色，以花青作大点，如苔，甚为奇古，真六朝人笔，始开唐李将军一派。图中游骑有四，内一挟弹者。湖心一舟，乘女子三人，一红衣者。"❷除叙人物稍详外，仍不如《玄览编》之注重画法。吾人所

当注意者为子虔乃青绿山水之原始。树石法，上承长康洛神卷，勾而无皴。至若树结皱纹，石带皴痕，恐皆由唐始有。由少而繁，由简而备，固绘画中自然之过程也。

海天落照图，虽元画，不可作元画观，以其原本为李思训，古意犹存。意其法，似尚在宋上。《玄览编》中别有记展子虔青绿山水二小幅一节，论画法亦详，可供参考，载附录中。

四　李昭道桃源图

青绿重着色，落墨笔甚粗，但劲秀，石与山，都先以墨勾成，上加青绿，青上加靛花分皴，绿上则用苦绿分皴，皴乃是斧劈，远山亦青绿加皴，却是披麻。泉水用粉衬，外复重着粉，粉上以靛花分水纹，泉下注为小坎，坎中亦用粉衬，用靛花分水纹，如泉入溪流，则不用粉，其于两崖下开泉口，则于石壁交处，中间为泉水一道直下，两边则皆用焦墨衬，意在墨映白，即唐人亦未见有如此衬者。山脚坡脚，亦如常用赭石，赭石上用雨金分皴，勾勒树落墨用笔亦粗，不甚细。墨上着色，色上亦加苦绿重勾，大抵高古，不犯工巧。❸

青绿画法"至二李始繁密"，东图前言之矣，其画体与法，究何若，与展子虔《游春图》有何不同，悉可取昭道此图，作一对较。桃源图画石之经过：凡墨勾，加青绿，青上靛花皴，绿上苦绿皴，四遍，较诸勾而无皴，或仅用赭石皴者，方法完备多多。画泉之法，亦至繁，粉衬以显其光，靛染以分其纹，焦墨以映其白，皆前人所未有者。东图曰："即唐人亦未见有如此衬者"，正可知此法乃创于唐也。

❶ 詹景凤《玄览编》（据故宫博物院图书馆藏抄本抄）69b。

❷ 安岐《墨缘汇观》（光绪庚子翰文斋铅印本）上 /1a。

❸ 同注❶ 5b。

五 王齐翰青绿山水

山与石，不甚有皴，但用墨笔圈围，稍分峻嶒，即以大绿染抹，又不甚有青，青稍稍山顶有之，用青绿甚厚，似用两通而成者。山无苔，惟以墨点小林木于山巅，林木亦不甚繁，多墨点成后，加苦绿其上，大抵其法于树石尽草草，若不着意者，惟屋乃极致精工，法李昭道。其下作勾勒树，却于底不作勾勒，直用淡墨笔圈围，总分阔狭，就以石绿厚涂，寻于石绿上用苦绿作勾勒，大抵五代以前画人，作勾勒树类若此。其绢素尚未损，独山石上青绿脱落垂尽，予以彼勾勒树法揣之，忆其山石上用青绿后，亦或有靛笔稍稍皴，而今剥落无之耳。大抵五代以上作山石，亦多若此，意在简古而尽也。其染山脚，亦用赭石景铺，崇山峻岭，层台曲阁，茅檐瓦舍，修竹茂林，具有，而竟不作一人，乃知倪元镇画中，不写一人，非元镇始也，盖自古有之矣。要以高古，冲淡而拙，取意不在笔到，在逸气也。❹

读东图关于展子虔、李昭道等图之记载，可略知青绿山水自隋至唐进展之过程矣。王齐翰，五代人，仕南唐李煜，为翰林待诏，其山水画法，又与前有不同。山石虽不甚有皴，惟自"意其山石上用青绿后，亦或有靛笔稍稍皴，而今剥落无之耳"数语观之，仍未脱古法。变易较多者，树法也。树于底不作勾勒，即以淡笔圈围，涂石绿后，再用苦绿勾勒，盖一树之身，上下殊别，上浓而下淡，上工而下率，不若前人之上下一例，所谓"树石尽草草"，指此。至于房屋极精，又不失唐人规矱。五代之青绿山水，大抵类此。

上文最后曰"取意不在笔到，在逸气也"，此言颇堪玩味。明代鉴赏家，绝无更作如是观者，必以为逸气二字，元人始克当之，重设色之界画，乌得言逸？但亦惟东图于此见其逸，故不复求之于元人也。

六 董源《龙绣交鸣图》

……作大披麻皴，其山染法，下用苦绿打脚，上用淡石绿笼过，都浅绛。山脚及石脚，用赭石，两山之汊交处，通着碎石数块，盖汊处土为水淘去，石独在也。石如拳大者，则用大青笼过。凡石不点苔，山则密点。石如拳大者，或一堆三块，或四块，其坡脚小石，则一堆或一块，或五六块，通用赭石笼。远山有皴，与近山山顶苔，通密密横点，至山半则稍稍点，点又用中锋。平冈则上平地用石绿，脚用赭石，上平亦不平直，一笔过，必有起伏。树叶则下用苦绿，上加石绿，疏疏重点。树身用大蟹爪，淡墨勾成后，上复用水笔，或墨笔，或枯笔，数重加过，令浑然有笔法，无笔迹也，其皴山亦然。赵承旨山头，倪元镇树身，极得此趣，次则吴仲圭颇似之，然仲圭有迹矣。人物极细长，未能半寸，而山则极大。人物直以粉点成，上加颜色。分衣褶，却乃是重着色，大抵人物法李昭道之意，而屋却草草，不法昭道。其图下布二长船，一直连缀敖岸边，船上横数十人，连臂踏歌。船二而人臂一连不断，人人有气韵生动。船头一人振鼓，岸上一人振鼓，二船建四红旗，岸上趋事数人，对岸山下布人家茂林，有十余人，若接宾客之状。山上人家，树上挂三圆灯，对岸树仅二三寸许，一律无间杂。此岸树则长七八寸

❹同注❶ 15b。

一根，每一丛各有错杂不同，惟红树用勾勒，盖秋景也。夫以山之顶苔点密用横笔，山之半中苔点稍稍用中锋，山与树皴，皆大笔，而人物乃极细，皆近代作者所忌，而董乃尔，乃知高人在意得兴到，不在形迹也。❶

董源《龙绣交鸣图》，亦名迹之屡经著录者〔北苑之《龙绣交鸣图》当即 45/a 注中思翁所云之《龙宿郊民图》及《龙秀郊民图》也。觉明先生批〕。东图叙其中景物位置画法之周详，殆不能过。即令今日得面对是图，一一容我指点而言之，恐亦无以加焉。

其中除直接言皴点设色等画法外，复有吾人所当注意者三：（一）图中人物极工细，而房屋却草草，是又有异于王齐翰之山水，开后代山家草舍简易之法门。（二）指出赵、倪、吴三家山头树身之渊源，且进而轩轾之。其等差在趣与迹，其分当在神似与貌肖之间。（三）前半已言山顶山半点之不同，山树人物粗细有异，犹恐读者忽之，更于后半谓其犯今之画忌以醒之，此东图之用心处，且可觇北苑之取法，颇近僧繇观碑图。松针蔓草笔轻，松身山石墨重。谓北苑为不拘形迹，固无不可，谓其为意匠经营，亦似非尽妄也。

七　李伯时《莲社图》

草则直用苦绿写成，又与西园雅集草法不同。西园雅集，草劲直，先以墨疏汕，后以苦绿汕。此则草皆分披下，直用苦绿一遍汕就，不先用墨汕，盖当莲华盛敷，夏末初秋时，草生发至此将尽也。不似雅集，春尽夏初，草方向长，故各殊画法耳。草既颇繁密，颇又满幅绝不点一苔，亦以夏末亢阳，苔干而秃

❶詹景凤《玄览编》（据故宫博物院图书馆藏抄本抄）4a。

❷同注❶20b。

❸同注❶50b。

落也。❷

东图叙《莲社图》甚备，而今独取节其一者，盖欲证实吾前之所言。画中之草甚微，两画中之草不同，微之又微。东图竟不厌繁琐，一一就其形状画法比较之，不仅此也，更进而揣测其所以不同之理，非伯时之潜心搜讨，则景或与时乖。非东图之善于体会而揭之，则伯时之旨，或将永为人忽。画论若是，不独画法得明，且可使学者举一反三，悟一切之景物，感时而变，不得违戾，东图岂仅伯时之功臣而已哉？

八　米元章山水

其法大奇绝，其山石味之，盖是先以水润纸，后以浓墨笔横点皴，就墨沉淡处，因淡以分嵝嶒，四面亦不用笔勾，直是点成，上加点，墨色鲜浓，一片黑纯，不见笔踪，隐隐墨上见浓笔痕迹而已。墨上以苦绿水笔过，横点，其分面处，空白处则用赭石笔罩，石边弦及中分嵝层边弦，微有淡苦绿，饱笔横点苔痕。此图下作林石溪水，溪水上作山，然四五山皆尖顶，中一山独高，山下半截用浓墨点，如石法。上半截直用赭石笔成，了不用墨勾，盖即以赭石染成，复以淡赭石水沉抹破之。上赭石处，绝不点苔，惟于墨点与赭石交接处，隐隐见淡苦绿横点苔痕而已尔。山半中因纸为白云，云亦不勾灵芝，下露沙脚，脚水墨横抹，无皴。下面横数大石，石上林木两丛，合数十株，其干直用鲜浓墨一笔而成，不双勾干。干亦不甚为屈曲。林木中间，楼屋茅舍，点成，意到不必笔到，无界画。木叶亦直用浓墨横点，层层，绝无淡墨相间，此墨上亦用淡苦绿加点，如山石法。天色则以淡墨水和

靛染，水色则以墨和碧色染，水次亦不作草。❸

东图此文，直可谓之为米家山水画诀。循其次序，可分石、山、苔、云、沙脚、林、屋舍、点叶、天、水、水次等十一项。云山之能事，亦尽于是。画法方面，更无须重赘，关于米山之渊源，东图于赵令穰云山册中言之，以为出自唐人：

惟上面山有雨点皴，其下作平坡与石，皆无雨点皴，亦不点苔，树木多勾勒，疏散俱不成林，及上面山头，则又尽作成林密树，树先用淡墨写一层，后用半浓墨加一层，大抵有墨无笔，盖用数层染就，晻霭斐亹。至山外隔江远山，亦用笔勾成，以水破之，染色远近，全是一绿，远山亦不用青黛，下面大小石，皆墨笔勾成，以水沉破，以赭石笼之。数层平坡脚，亦用赭石，自脚而起，亦并用绿，于数层坡上，中间忽突起一巨石，作英石状，又一奇也。无人亦无草屋，益知山水不写人物，非自倪元镇始。想云山亦不自米元章始，殆唐人已有此法，而大年与元章，交法之耳。❹

米氏云山，出于王洽，画史屡道之，惟后人往往以为画云山者，在当时仅米氏一家，今观《玄览编》所记，大年画册，其间远山及密树之画法，悉与米法相似。赵大年与元章同时，可知二人盖同学咸能，未可尽掠大年之美，而悉归之米元章。非东图穷其渊源，或将为吾人所忽也。

九　杨仕贤画雪山

近雪山既于近山外用淡墨水衬出，山外雪山，又于山外雪山外，用浓淡墨水渍成，衬出雪山，隐隐两三重，尤为

画者未有。❺

仕贤雪山，其法不难领会。近山所以渍出者，淡墨水也，近山外之远山，何以成之，即借淡墨水为地而成之，是以欲求渍出，必以较浓之墨水。如斯推之，山之重重，盖无尽也。画家之独出心裁，自我立法者，固远胜师守前人，画史乌可不纪？兹更于《玄览》中节出此则，可知东图之于创法者，另眼相看，往往特为表之。此不过聊举一例，类此者尚多，不遑尽录。

十　夏珪画潮头

……歙吴氏，亦有夏珪江阁观潮一册，清劲可爱。韩所藏潮头，用枯笔点成，以淡墨衬剔，以水洗出。而吴氏所藏，则直用尖笔一扫，笔法流劲飞举。近世戴钱塘差得之，但不迨其雅，笔意稍粗硬耳。❻

东图《玄览编》详画家之渊源，换言之，即取前后相承之作者，而较其画法之异同。然往往一家之作品中，其法或殊，亦必并列而阐明之，以示一人而具不同之面目。如上节所录引者是也。此类叙述，不仅增益鉴赏者之识，兼可悟画法不必执一，以变为贵。夏珪潮头二幅，画法迥别，吾人不待观其画，已可见其枯笔以沉着胜，尖笔以流动胜，各具妙趣，异曲同工。细心参之，皆可为法。

十一　王蒙山水

其画法绝不着色，先用羊毛笔以淡笔分峻嶒，后以淡墨细细点，后又以半浓墨细细点，如是数重，满纸皆墨。中作二高松，松身乃是飞白，松身亦不是寻常画家，先界二笔，直以笔从根底

❹ 同注❶ 75a。

❺ 同注❶ 36a。

❻ 同注❶ 11b。

❶ 詹景凤《玄览编》（据故宫博物院图书馆藏抄本抄）17b。

❷ 同注❶16b。

图上，枝亦尽露白。松针则先淡墨画成，复加半浓墨疏汕。其意欲为画中之飞白，亦奇作也。❶

叔明之画，其特色在山及松，而山之密点，松之圈鳞，是其特色中之特色。东图于此二项画法，言之独详，且能道出其山系以羊毛笔先分峻嶒，是不啻曰：作点时又易他笔为之。岂皴与点二者，柔劲有别，故能辨之若是之详，其语似有确见，非故神其说，以炫精鉴也。

十二　王蒙画密林

……背作大林密茂，笔法秀爽，然林木茂密，要在乱中一一分疏，令人细阅，层层可数。乃今密而无章，纷披傈偄，则叔明病也。其溪桥玩月图，人物屋宇，树石并佳，独中间桃李树数十株，大潦草。近岁文征仲作岁寒图，赠方太古，橘木数十株，参差错杂，枝干互相缠纠，乃纠纷中，层层可指，则其奇也。又后先一致，无半笔潦草，则其精也。❷

东图上节，吾人可取之作画忌读。叔明画林，病在密而无笔，乱而太草。不意胜叔明者，不取元代以前之高手，而独举元代以后之衡山。设东图有近代无佳画之成见，必不出此。是亦可知其评论确持平允，佳则佳，劣则劣。其崇唐宋，自有其所以崇之之理在，不可谓其偏执"贵古贱今"之论也。

第二十七章　龚贤之山水图谱

山水之有图谱，疑始于元之饶自然，至明而作者渐众，但传世者鲜。董香光有山水树石画谱，卷，恽寿平称其"树法石骨，皴擦勾染，皆有一二语拈提，根极理要"❶。李葆恂亦谓其"论画树法尤详，此卷临摹唐宋诸大家树法，无美不臻，当与柯丹邱《竹谱》，并为画苑奇珍"❷。惜今不知流落何所（玄宰别有仿诸名家山石皴法长卷，王梦楼称其"卷末并无题识,但有印章"❸而已）。他如周履靖，虽有图谱多种，王灵岳并谓"……绘林自仙梵人物，以及山水泉石翎毛草虫杂花卉种种，意态气运各具，皆一一从古之名画绝品，手摩上石，别情巧于刻画者刻之。"❹似

亦有山水图谱之作，而《夷门广牍》中未之见。顾云臣有杂摹古绘粉本之著，当时未获刊行，今恐已散佚❺。至顾炳有《历代名公画式》，但画后仅系画家小传，不及画法❻。综上以观，山水图谱，今日所得见者，当以龚半千所著诸本为最早也。

半千名贤，又名岂贤，号半亩，又号半千，又号野遗，昆山人，流寓金陵，明代遗民，生卒年代未详。

半千关于山水画法之作，有下列数种：

（甲）《画法册》　原本藏上海蒋氏，无款印，民国十一年，日人大村西崖借之摄影印行，凡二十页，末有大村西崖

---

❶ 恽寿平《南田画跋》（《瓯香馆集》民国元年鄂官书处重刊本）12/12b。

❷ 李葆恂《三邕翠墨簃》（《义州李氏丛刻》本）2/16a。

❸ 王文治《快雨堂题跋》（广智书局铅印本）7/15。

❹ 汪昱节《绘林题识》（周履靖《夷门广牍》商务印书馆影印明刻本）12/60a。

❺ 王时敏序顾云臣杂摹古绘粉本兼录名公题跋："余同里云卟顾子，资性敏悟，幼有画癖……余尝见其巨帧，累累高可等身，凡生平所见古人图绘，零星采摘，集为粉本。凡诸佛菩萨圣贤遗像，搜求甚备，莫之或遗。至若眉目慈威各别，耳目长短异形，指臂屈伸异势者，分类，每

件数十，并罗一纸，以尽众态，余物皆然，惟山水则李唐马夏居多，盖从己性所近也。他如磨宋异锦，花样出奇者，亦别摹成帙，并以勾填设色之方，细注于旁，以期彰施作绘时，与真毕肖，而鼎彝色泽苍翠，几榻制式古朴者，一经眼即笔之于帙，以备画图之用。故宜其点渠陈设，古色照人，略无尘俗，自非储峙夙充，逢原肆

应，何以有此。试问今之学者，其孰能苦心若是？……假使悉付之梓，公诸海内，使迷头布影者知所依归，其干褫裕画谱嘉惠后牛，所推引不益多乎？"（《王奉常书画题跋》李氏瓯钵罗室刊本）下 /15a。

❻ 原本刊于万历癸卯（1603 年）日本有谷文晁摹翻刻本。近有郑氏振铎影印本。

跋。商务印书馆亦有影印本，后有褚德彝跋。

（乙）《树木山石画法册》 民国八年，中华书局影印本，两册，无款印，上册十二页，枯树四页，点叶四页，松柳各二页。下册二十三页，皆山石画法。各附说明，末有奚铁生跋云："近见吾甥戚子良，学画山水，笔颇有古致，然用墨钝滞，未能尽洗尘俗，因□□画意十□则遗之。畅其心志，当必有进也，奚冈。"❶ 奚跋笔迹殊稚弱，中华书局据此而题为奚作，实误。吴君诗初，辑《画苑秘笈》，中有《柴丈人画诀》一种，文字与此册同，云系据顾西津手抄本，而更依此册校勘者。

（丙）柴丈《画说》、《画稿》 泰山残石楼藏画影印本。《画说》、《画稿》各一册。计《画说》二十五页，共四十二条。《画稿》二十页，起手四页，附文字说明，以下皆杂树小景。余越园先生，半千《画法册》解题中称："往在友人处，亦见一册，乃贵筑、莫子偲旧藏，与此相似，惟无山石画法，当时未及抄录，今不知落于谁氏。"❷ 此册之后，有莫氏钤印多方，知即余氏所见本也。《画说》册文字，并载《湖社月刊》（第三卷合订本，页一三三至一三八），讹夺满纸，不可卒读。其尤可异者为画家三等一节，册中有蠹蚀模糊之处，而月刊或添补，或删节，与今册校，全不符合。若谓别有所据，何以删改之处，皆此册蠹蚀之处，竟能巧合若是，必录者任意增改无疑。虽与古人文义无甚违谬，究非存真之道，识者所不取也。

（丁）《画诀》 一卷，共六十五条，无图，初刻于《知不足斋丛书》中，《昭代丛书》、《四铜鼓斋论画集刻》、《画学心印》、《翠琅玕馆丛书》，诸本皆同。其第三十七则云："四树一丛添叶式。此四树一丛，三树相近，一树稍远，添叶子最要浓浓淡淡，始有分别。"味其语气，原本必有图式。意必各书收采此诀时，以图式不易镌刻，故皆遗之❸，而《画诀》原本散失后，图式亦不复可得矣。

曩尝取四本逐条细校，互有详略。各本相同者，不及十之一，是四种正可并行而不悖也。乃将四本合抄，汇为一编，名之曰《龚半千画法四种汇钞》，分作通论、树木、树叶、山石、点缀五编。又各分订子目若干则，俾法以类，从而学者可一览无遗也。

若论四书之价值，自以《画法册》最为可贵。《树木山石画法册》，书画皆不及《画法册》老练，疑近于早年。柴丈《画说》、《画稿》，文字与图式，不相对照。《画诀》则图式久佚，已非全豹，故本章以《画法册》为主要材料。若详于他谱，而为《画法册》所略者，亦兼采之。

《画法册》二十页，末二页无文字解说，其目次为：（一）起手式，（二）向右树式，（三）〔丛树〕❹，（四）〔丛树〕，（五）春林，（六）〔画叶〕，（七）画石起手，（八）〔皴法〕，（九）〔皴法〕，（十）〔屋宇桥梁〕，（十一）〔沙坪远山〕，（十二）〔云山〕，（十三）松，（十四）柳，（十五）梧桐，（十六）〔杂景〕，（十七）〔倪黄合作〕，（十八）〔点叶树〕，（十九）〔山水〕，（二十）〔山水〕，分别讨论于后。

各页文字，悉以行草书成，其中段落亦时有零乱处。今逐录于后，并以意定各条之起讫及先后，以便阅读。

❶ 跋在《树木山石画法册》下册页三十五。

❷ 余绍宋《书画书录解题》（民国二十一年国立北平图书馆铅印本）2/15b。

❸ 余越园先生《书画书录解题》序例三十一曰："旧日各家画谱最易散佚，因其雕板为难，原刻太精，则翻刻不易，一也；原刻不精，便不为人所尚，又谁为翻刻，二也。有此两因，故存者极鲜。"同注❷序例/6a。

❹《画法册》中各页代为拟标题者，以方括弧别之。下同。

（一）起手式

画山水先学画树，画树先画树身。第一笔自上而下，上锐下立，中宜顿挫，顿挫者，折处无棱角也。一笔是画树身左边，第一笔即讲笔法。笔法要遒劲。遒者，柔而不弱；劲者，刚而不脆。弱则草，脆则柴。草则薄，柴则枯矣。

二笔转上，即为三笔。三笔之后，随手添小枝，小枝不在数内。

第四笔是画树身右边。

树身内上点为节，下点为树根。

添枝无一定法，要对枯树稿子，临便得。

树枝不宜对生，对生是梧桐矣。

大约树无直立，不向左，即向右，直立者是变体。向左树枝左长右短，向右树右长左短。

向左树为顺手，向右树为反手。

上文授人一株树之画法。四笔画成树身。自第一笔至第四笔，俱以数目标明。用笔宜有顿挫而遒劲。《画诀》中有数则，可为此页文字补充。论笔转折曰："转折处勿露棱角，惟用中锋，自无芒刺。"又曰："向右树第一笔，自上而下，又折上，折上谓之送，送笔宜圆，若偏锋，即扁笔矣。"皆主张画树用中锋。向右一则，亦较此页为详尽。"凡向左枝，皆自上而下，向右枝，皆自下而上，此自然之理，即欲反画，亦不顺手。"不仅说明反顺，且告人左右树枝用笔上下方向之不同。实则幼童作画，亦无不如此，盖画者以右手执笔，其顺逆之动作，手腕之生理使然也。

（二）向右树式

向左树先身后枝，向右树先枝后身。

向右树一笔起手若此，随手添小枝不算，一笔从左转上。

二笔画树身右边，添小枝不算。

三笔画树身左边，添小枝不算，即成全树。

第二树。

向右第一树。

第三树，三树为一林，又谓之一丛。

第一页画向左树一株，此页画向右式。页中左半三树一丛，已由简而繁，自一株进而至三株矣。

向右树与向左树画法，略有不同。向左树四笔成树身，此则仅须三笔。以向右树之第一笔，相当于向左树之第二、第三两笔之相加。《画诀》中所谓"一笔即分丫，自上而下又折上"是也。

（三）〔丛树〕

画一树要像一树，树画合看亦是一丛，分而观之，其中有不像树者，由于画理不明也。山无一定之款式，画树如人有直立，有偏倚，有俯仰，有顾盼，有伏卧，大枝如臂，顶如头，根如足，稍不合理，如不全之人也。画树之功，居诸事之半，人看画先看树，如看诗者先看二律也。

此页为丛林作图式，共画树七株，文字中主要之点为：画丛林每树皆不可苟且，虽可相依而取势，未可草率塞责，借在前者之遮掩，敷衍了事。骤视之是一片丛林，注视之则一堆乱柴耳。

（四）〔丛树〕

一丛之内，有主有宾，先画一株为主，二株以后，俱为客矣。

向左树必要另一树向前，右亦仿此。

向左树以左为前，右为后，向右反是。

根在下者为主丛，根在上者为客丛，根在上者，头不得高于客丛。

一树枝梢直上，旁树枝即宜两分，谓之破，三株头，与一株同式。

或只画一丛，谓之单丛，或画二丛，谓之双丛。二丛或二或三或四或五，不可二丛相对一样。二丛不妨或太多，或太少。

主树不得太小，亦不可太大。大大小小方妙。根梢俱不要相同。

一丛之内，有向有背，第一株向左，二株不得又向左，二株两向，谓之分向，三株即同一株之向。向枝或两向，谓之调停。

《画诀》与《树木山石画法册》中文字，又有与上文可互相发明处。《画诀》曰："三树一丛，第一株为主树，第二树三树为客树。或问何以为主树，曰：根在下者为主树。主树，近树也。"授人画当以距离最近之一株为主。关于树根上下，《画诀》曰："主树根在下，则树杪不得高出客树之上。"《树木山石画法册》曰："树头树根，皆宜参差。大约根在下，树头不得过彼树。下者近也。上一分是远一分。"意皆与此页第四条同。盖画中之远近，以高下定之。高，远也，下，近也，山水中之丛林，树与树之大小，相去不致太远。若近树根在远树之下，而树头复在远树之上，按远近大小之比例计算，则近树之大于远树，何止倍蓰，有乖画理矣。

本页文字，有数条当合读始能明了。如第二条曰："向左树必要另一树向前，右亦仿此。"第三条便解释何谓向前："向左树以左为前，右为后，向右反是。"所谓前，即与第一树相同之方向。第二条当视作画两株以上之法，

否则便与后文抵触。因末一条曰："一丛之内，有向有背，第一株向左，二株不得又向左。二株两向，谓之分向，三株即同一株之向。"第二条谓向左必要另有一树同向，即末一条所谓"三株即同一株之向"。画林必至第三株，始与第一株同向，若仅画二株一林，自不宜同偏一向也。

其他各则，论树根梢不宜相同，二丛株数不宜相同，皆贵变化避规律之方法。

（五）春林

枝枯脆者为寒林，枝柔弱而润泽为春林，梢着点者为新绿，新绿一色，点分各样。点者为疏林，枝上留白而用淡墨染其枝，外为雪树。必先画枝好而加点者。一枝有一枝之势，若云枝在内，而点叶在枝，可潦草，谓之不得势。

树身不宜太直，直则板，不宜太曲，太曲则俗矣。

树直立者，身宜瘦，宜高。敧斜者，不妨身阔。画柳宜先画成枯树，然后加长条添下垂枝，方是柳。不宜早勾下垂条。

此页题曰春林，恐因图式而得名，至于文字，则范围甚广。其中对于画枝潦草而以点叶蔽掩，尤三致意，诚画树之大忌也。关于画柳，半千自以为极有心得。《画诀》及《树木山石画法册》中皆有详细之叙述。《画诀》中曰：

画柳最不易，余得之李长蘅。从余学者甚多，余曾未以此道示人。今告昭昭曰："画柳若胸中存一画柳想，便不成柳矣。何也，干未上而枝已垂，一病也。满身皆小枝，二病也。干不古而枝不弱，三病也。惟胸中先不着画柳想，画成老

树，随意勾下数笔，便得之矣。

《树木山石画法册》中曰：

画树惟柳最难，惟荒柳、枯柳可画，最忌袅娜娉婷，如太湖石畔之物。今人不知画柳，予曾谒一贵客，朝登其堂，主人尚未起，予饱看堂上荒柳图，然不知从何处下手，抑郁者久之。一日作大树，意欲改为古柳，随意勾数条直下，竟俨然贵客堂中物也，始悟画柳起先勿作画柳想，只作画树，枝干已成，随勾数笔，便苍老有致，非美人家之点缀也。身宜阔，枝宜长。条下垂宜直，转折处宜有力，宜敧斜，不宜特立，宜交加，不宜远背，根宜现，节宜□，干宜挺，上丝宜疏少，皮宜皴黑，枝不尽条，条宜长短有致。

历来论画柳之法，未有能善于半千者，画柳不作画柳想一节，最得其中悬解，学者所当熟读。画左右柳条，用笔不同，与画左右枯树之自上而下、自下而上之理正合。柳条转折处要方，恐有袅娜娉婷之态，而类美人图中物也。条与枝，在接与不接之间，只须其间有气脉贯串，笔迹纵断，亦无妨也。

（六）〔画叶〕

叶种数甚多，可用者止四五种，余俱外道也，然作奇画，又不得不变。

凡双勾皆谓之秋叶，种数甚多，有一种墨叶，即有一种双勾。

此种谓之圆点子，是第一种。

此种谓之扁点子，是第二种。

此是半菊头，第三种。

此是松针叶，非松针也，有类于松针，第四种。

下垂叶第五种。

月芽枝，非枝也，叶也。叶似月芽故名。

松针叶向右式。松针叶向左式。

画叶名目，共举六种，据称有一种墨叶，即有一种双勾，是已有十二种不同之画法。《画说》中一则（丙四十），列举画叶名色尤详，可参阅。每种叶法，自一笔起手，添至六笔或七笔，成为简单之单位止，最便学者仿效。

《画诀》中有一条，论画叶之纵横，不啻为点叶分为两大类，可为上文补充。

添叶子最要浓浓淡淡，始有分别。且其中要一纵一横，如扁点，横也。下垂叶，纵也。纵者直也。半菊头，纵之类，松针叶，横之类，不纵不横，夹圈圆点子也。

《树木山石画法册》中论点叶层次最详，不可不读。理会其法，乃知何以半千之树，浑厚深郁，非他家所能企及也。

（七）画石起手

一笔画石左边，二笔画〔石〕❶右边，二笔合成一石。

三石为垒。

山外框为轮廓，内纹为分筋。皴下不皴上，下苔草所积，阴也。上日月所照，阳也。阳白而阴黑。

石有直立者，有横卧，方不可太方，圆不可太圆，亦有大石在上，而上又加小石者。

石要大小相间，亦有聚小石在下，而大石冒其上者。

小石为石，大石为山，直立而长者为壁，圆而厚者为岭，平坦而光者为冈，中留空者为洞。山多必留云气间之，始有峻嶒之势。有石山，有土山，有石戴土者，有土戴石者。

画石之步骤，先勾轮廓，次画石纹，次画皴。《画诀》及《树木山石画法册》中，

❶ 原作"树"当是"石"字之笔误，今改正之。

235

有两条，言画法颇详。《画诀》中曰：

> 画石外为轮廓，内为石纹，石纹之后，方用皴法。石纹者，皴之现者也，皴法者，石纹之浑者也。

《树木山石画法册》曰：

> 小勾一遍，谓之轮廓。轮廓之内，缕缕分者，谓之石文。石文之后，然后加皴。

此页所示，惟石之轮廓及石纹，乃画石未加皴以前之状态。言论之中，亦有因袭前人处，如山之戴石戴土，原于郭熙。石之不方不圆，原于黄公望，至于山石定名称，更屡见不鲜矣。

（八）〔皴法〕

此是加皴，从干就湿法。分筋墨与轮廓相似。分筋笔不宜阔，阔即淡而干，渐次淡淡加染。以树之浓淡为浓淡。

上文谓皴法用笔用墨，与石纹不同。石纹即分筋也。笔宜窄，墨色宜深，与轮廓墨色相同。至于皴，则宜干宜淡，宜阔渐次画成。画石墨色之浓淡，当与画中树色之浓淡，打成一片，不宜石色太浓，树色太淡，或反是。

（九）〔皴法〕

加皴法，先勾外框，后分纹路。皴在纹路之外，所以分阴阳也。皴法先干后湿，先干始有骨，后湿始润。皴法常用者止三四家，其余不可用矣。惟披麻豆瓣，小斧劈，可用。牛毛、解索，亦间用之。大斧劈是北派，万万不可用矣。

此页图式，仅作皴染已毕之山石一丛。文字方面，《画诀》及《树木山石画法册》中，有类似之言论。《画诀》曰：

> 初画高手，亦自可观，画至数十年

❶ 笪重光《画筌》（邓实辑《美术丛书》神州国光社铅印本）初集一辑一册 8a。

❷ 同注❶。

❸《费氏山水画式》（日本江户书肆刊本）中/13a。

后，其好处在何处分别，其显而易见者，皴法也。皴法名色甚多，惟披麻、豆瓣、小斧劈为正经。其余卷云、牛毛、铁线、鬼面、解索，皆旁门外道耳。大斧劈是北派，戴文进、吴小仙、蒋三松多用之，吴人皆谓不入赏鉴。刺梨皴，即豆瓣皴之变，巨然常用此法。

《树木山石画法册》曰：

> 皴愈宜燥，不燥，一片墨矣。皴下不皴上，此画家之同法也。有斧劈皴，有大斧劈皴，有牛毛皴，有披麻皴，有解索皴，有铁线皴，有卷云皴，有鬼脸皴，有骷髅头皴，有刺梨头皴，有丁字皴，有豆瓣皴，有斧劈兼披麻皴，有解索兼披麻皴。披麻为正，解索次之，豆瓣不失为大方，且见本领。大小斧劈，古人多用之，今入北派矣，卷云与解索相近，牛毛太细，不足取，然未有不皴下而留上者。皴处是积阴处也。

以上三条中，有皴法名辞，未见前章，而当于此论之者。

1. 豆瓣皴　笪重光《画筌》曰："豆瓣泼于芝麻，大小易置。"❶泼字寓有粗率痛快之意，故与芝麻皴不同，且芝麻为纵点，豆瓣为横点，米家山云之大点，实即豆瓣皴也。

2. 牛毛皴　牛毛皴为王叔明皴法之一，笔细而短，旋转处与卷云皴相近。古代画家，颇有以擅画牛著者。画牛毛，每用短笔丝成旋转之文，有如手指罗纹。而山水中之牛毛皴，盖取其象画牛之毛，非似真牛之毛也。

3. 铁线皴　以铁线二字形容皴法，始于董玄宰，至半千始以之作皴法之名。于此亦可见皴名由来之经过也。

4. 刺梨头皴　半千谓刺梨："即豆瓣之变，巨然常用此法。"既曰豆瓣皴

龚贤之山水图谱

之变，必与米点相似，且巨然固善用横点者。故今日虽不知其貌究竟何似，其为横点，可断言也。

5. 丁字皴　陈继儒《妮古录》中有泥里拔钉皴，笪重光《画筌》中有钉头皴❷，《费氏山水画式》中有丁头皴❸。丁钉本易相混，疑即钉头皴也。钉之形，上丰而下锐，此皴以象形而得名，当属斧劈系。费氏有图式，类小斧劈，惟笔皆向下垂直，未识此即其特征否。

除各种皴法名称外，半千并谓斧劈及解索，俱可与披麻兼用。唐岱以为解索即披麻之变体❹，二者设有分别，当在披麻笔笔贴近，解索较为松散，所差并不显著，本不妨兼用。至于斧劈及披麻，《芥子园画传》称"王维每用之"❺，且有图式，恐指披麻中间短笔凿痕之皴也。

（十）〔屋宇桥梁〕

画房子要明正仄向左向右之势，虽极写意，也须端正，不然令人见之，心中危殆而不安也。

下面平房上出者为楼。

大石桥上面见右则小空见左。小石桥上面见左则下空见右。

寺门。内殿。茅亭。板桥。

此页为屋宇桥梁作图式，文字并不多。《画诀》中曰："画屋固不宜板，然须端正。若敧斜，使人望之不安。看者不安，则画亦不静。树石安置，尚宜妥帖，况屋子乎？"实较本页文字之意，推深一层。本页只谓当端正，不然观画者心不安。而上条更谓不安则画不静。往往一幅画中，有幽静之境界，因屋宇不妥帖，读者竟无从领略也。

石桥两句，为极浅显之透视学。"上面见右"，意即画中石桥之位置在作画者之左方，则桥空只能见左方之深度，而不见右方。"上面见左，则下空见右"，与上恰恰相反。乃人立于桥之左方时所得见立体石桥之各平面。

（十一）〔沙坪远山〕

画有三远，曰平远，曰深远，曰高远。平远水景，深远烟云，高远大幅。画手卷要平远，画中幅深远。三等坡在下者为沙。在中者为坪，在上者为远山。中坡下坡不宜太厚，远山不宜太薄。薄者为远坪，江景湖景方可用。

三等坡皆平远景中所不可少者。此页实为平远画法作图式。下页画云山，即深远画法，至于高远，恐小幅难于施展，故付阙如也。

（十二）〔云山〕

山下白处为云，要留云之款式，方才是云。云头自下泛上，此不画之画也。

云山云宜厚，悟之三十年不可得，后遇老师曰："山厚云即厚矣。"

"山厚云即厚"，不愧名言。《树木山石画法册》中有语曰："山因云厚，水以滩长。"可知山与云二者，乃相辅而行者。

（十三）松

松叶在上半，不得拥身到根。

《树木山石画法册》中有语曰："松宜秃，针在枝杪，勿附身。"与上文意同。

（十四）柳

柳身短而枝长，荒柳寒柳为上，点叶者是美人图，太湖石边物也。

画柳之法，详前，兹不复述。

❹ 唐岱《绘事发微》（张祥河辑《四铜鼓斋论画集刻》本宣统重刻本）册二 10b。

❺ 王概《芥子园画传》（康熙十八年原刊本）3/11b。

237

（十五）梧桐

梧桐枝，对生不妨，皮用横画始肖。

此页梧桐点叶，与第六页中之圆点子同。

（十六）〔杂景〕

此幅合画而分学，学成不可用在一处。右二树是柏，左四树枫林。下涧水，坡上山门，远岸住船。

夹叶成林作色用，然须树树各色。

此页无题，因其包括树木、船、山寺等式，故名之曰"杂景"。画柏树所用之点，与《树木山石画法册》中学吴仲圭一帧同。该帧有解说曰：

此学吴仲圭法，仲圭别号梅花道人，此点遂谓之梅花点。点宜聚，不宜散。聚而能散，散而复聚，方见奇横。

又曰：

纯用中锋点，点欲圆。今人非不点此叶，望之气不厚者，必其中点不圆也。

关于画夹叶，《画诀》中亦有一条曰：

六树一丛，大丛九树，小丛三树，六树中丛也。六树六色，叶子不可雷同。

六树尚须六色，叶子不可雷同。此叶仅四株，自更忌重复矣。

（十七）〔倪黄合作〕

此谓之倪黄合作，用倪之减，黄之松，要倪中带黄，黄中有倪，笔始老始秀，墨始厚始润。

（十八）〔点叶树〕

稀叶树用笔须圆，若扁片子是北派矣。北派纵老纵雄，不入赏鉴。所谓圆者，非方圆之圆，乃圆厚之圆也。画师用功数十年，异于初学者，只落得一厚字。

（十九）〔山水〕

（二十）〔山水〕

以上从（一）豆瓣皴起，皆自成章法，为学者作成章之画稿，并不为专学每部每物而设，与前数页性质略有不同。

第二十八章 明代之人物梅竹兰花鸟等图谱

明代山水图谱，半千有四种之多，已详前章。至于其他绘画门类之图谱，亦应有尽有。盖明代对于镌镂图板之工艺，极为发达，绘画之法，乃得假梨枣以传。一谱粲成，不胫而走，有志于绘事者，人手一编，入门之阶斯在。于学者之便于研讨，愈可见作者用心之善也。

周履靖《夷门广牍,画数》七种，《画评会海》《绘林题识》之外，所余五种，皆图谱也。后王思义复收入《三才图会》❶中，当时之普遍可知。前于履靖者，尚有高遁山之《竹谱》❷，沈襄、刘世儒等之《梅谱》，今分别论之于后。

第一节 周履靖《天形道貌》

周履靖《夷门广牍》之《天形道貌》，人物画谱也。卷前题"嘉禾周履靖著，茂苑文嘉校正"。谱中文字，有《画人物论》一篇❸。首论曹、吴二体，书画用笔相通，因郭若虚、张彦远之旧。论画面貌，主张有骨有肉，近于王绎之淡墨霸定及逐旋积起。论画衣褶及人之面貌，全用郭若虚《论制作楷模》篇中语。

此后论人物于各种境遇中所具之情态，不过为人物画题而略加描写而已。次论着色、钉头鼠尾、水墨、白描等描法四种。略有解释，但皆不详。再后论画人手足，并列衣纹十八种描法。

一曰高古游丝描，用十分尖笔，如曹衣纹。二曰如周举琴弦纹描。三曰如张叔厚铁线描。四曰如行云流水描。五曰马和之、顾兴裔之类马蝗描。六曰武洞清钉头鼠尾描。七曰人多混描。八曰如马远、夏珪用秃笔橛头钉描。九曰曹衣描，即魏曹不兴也。十曰如梁楷尖笔细长撇捺折芦描。十一曰吴道子柳叶描。十二曰用笔微短如竹叶描。十三曰战笔水纹描。十四曰马远、梁楷之类减笔描。十五曰粗大减笔枯柴描。十六曰蚯蚓描。十七曰江西颜晖橄榄描。十八曰吴道子观音枣核描。

"曹衣出水，吴带当风"，以衣服之异态，定二家之画派，此描法名称之远祖也。论人物之描法，实与论山水之皴法，性质无殊，泰半为后人有鉴于前代遗迹作法之不同，而为之立名目。且二者产生之时代，亦复相同。宋元论者，虽偶有言及皴法描法者，其说之普遍，

❶ 《三才图会》王圻辑，其子王思义续成之。续集第九函人事中有人物、兰、竹、梅、花鸟等谱，与周履靖《夷门广牍》诸种同。王圻自序于万历三十五年，至于思义之续辑，当更在此之后也。

❷ 遁山之后，履靖之前，尚有詹东图《竹谱》，见金应埈《十白斋书画录》著录。载本书附录。

❸ 周履靖《天形道貌》（《夷门广牍》商务印书馆影印明刊本）11/2a—11/6b。

而能成为画苑中之专门名辞,当自明代始。罗列描法十八等之称,周履靖以前,未之见。此后则汪砢玉之《珊瑚网》,清迮朗之《绘事雕虫》,张式之《画谭》,屡见不鲜矣。(附表)

吾以为描法既已成为绘事中之专门名辞,自有讨论之必要。但解释时之困难,又与皴法同。创法者信手作画,胸中本无描法之名,后人随意定名,漫无标准,真如戴醇士所谓"凡画谱称某家画法者,皆后人拟议之词,画者本无心也"❶,其难一也。后人效前人之画曰以某某描作之,但所作未必逼真古人,其难二也。论者只举描之名目,鲜有详细形容描之形状,其难三也。某名家以某描著,而年代辽远,画迹不存,今日不得取画迹与描之名相印证,其难四也。有此四难,吾人欲对描法有准确切实之解释,殆不可能矣。试更举詹东图之言,以实吾说。

西蜀郭氏部享之人物一卷,徽庙首题为文会图,后题为唐人韩滉作。予阅之,本钱仲文、刘长卿琉璃堂宴集故事,想韩当时图之,如宋李伯时图西园雅集,必仿此也。是楮纸画完好不淄,如一二十年间物,奇宝也。色浅绛,描以兰叶兼铁线蚯蚓法,精古雅秀,笔行如水流云行,细而不佻,著而不粗。❷

夫铁线,蚯蚓,行云流水,皆描称也。今一画而竟兼此描法三种,则敢问其衣纹究何若乎?此不足示各等描法极易淆混,定可证前代论者根本对于各描法无清晰深刻之观念,二者必居其一。若各描极易淆混,则根本不须巧立名称,以乱人耳目。不然,若咎不在描之名,而在前人无清晰之观念,则又安得望后人

生数百载下,古迹丧失殆尽之时,而对于画学知识,竟能超越前人?且东图观画,眼光最为锐敏,纪画文字,亦极亲切。东图尚且如是,矧论他家乎?

吾既谓描法不能解释,而此节终解释之者,聊存画学名辞流传之绪耳。惟吾国画论家,极少对于描法有解释者。汪砢玉之论过于简略,尚不及日人台岭、谷文晁❸之周详,此后论各描法,不免一再征引。意其各说之原,亦必得诸吾国,第吾见闻婟陋,一时未能举其所自耳。

(一)高古游丝描 日人台岭人物十八描图式曰:"用十分尖笔,如曹衣纹。炼笔撇捺,衣褶苍老紧窄。"又日人谷文晁《写山楼描法》曰:"用十分尖笔,如曹衣纹,炼笔而成,于撇捺苍老衣褶紧窄",曹衣指曹仲达,郭若虚考订甚详,见前章。

(二)琴弦纹描 台岭曰:"周举为主,正锋,腕中无怒降,要心手相应,如琴弦乱不断。"谷文晁曰:"周昉舜举为主,用正锋,腕中无怒降,如丝乱,要心手相应不断。"周举未能考,似以文晁之说较为可信。《历代名画记》周昉传曰:"衣裳劲简,彩色柔丽,菩萨端严,妙创水月之体。"❹腕中无怒降,然后能始终如一,无粗细之别。琴弦之名,当因此得。

(三)铁线描 台岭曰:"张叔厚以主,作正锋长点,如镂石面以锥。"文晁曰:"张叔厚为主,作正锋长点,如镂石面以锥,书法谓先楷而后草,画又然。"张叔厚,名渥,元人,白描人物学李龙眠。何良俊曰:"夫画家各有传派,不相混淆。如人物,其白描有二种。赵松雪出于李龙眠,李龙眠出于顾恺之,

❶ 戴熙《习苦斋书絮》(惠氏刊本)2/26b。

❷ 詹景凤《玄览编》(据故宫博物院图书馆藏抄本抄)13b。

❸ 日人金原省吾著《绘画にすけ夕線の研究》(昭和十三年古今书院三版)第七章线描法一章中,引台岭之《人物十八描图式》及谷文晁之《写山楼描法》二书。二书原书未获见,今即据金原省吾之引文征引,此后凡引台岭、谷文晁二家之说,不再注明出处。

❹ 张彦远《历代名画记》(张海鹏校辑《学津讨原》上海涵芬楼影印琴川张氏本)10/7b。

此所谓铁线描。马和之、马远则出于吴道子，此所谓兰叶描也。"❺可知此法乃源于顾恺之者。

（四）行云流水描　台岭曰："正锋雄豪，物姿炼笔，云章销然出溪，水纹曲流如向风。"文晁曰："正锋雄豪，要炼笔，云章销然而如出溪，水纹曲流而如向风。"《图绘宝鉴》称李龙眠"作画多不设色，独用澄心堂纸为之，惟临摹古画用绢素着色，笔法如云行水流，有起倒。"❻

（五）马蝗描　台岭曰："马和之、顾兴裔为主，正锋用尖笔，成圭角，如马蝗系。"蝗，蝗虫也，其状无与衣纹相似处。江南俗语水蛭曰马蟥，形长而圆，蝗疑蟥之误也。汪砢玉谓马蝗描，一名兰叶，与水蛭之形，颇多似处。但与台岭所谓"成圭角"，又多不符矣。

（六）钉头鼠尾描　台岭曰："武洞清为主，正锋而钉头，扫笔为鼠尾，用细笔。"武洞清，武岳子，长沙人，善道释人物。此种描法，落笔重如钉头，一顿之后，行笔速拖，曳成尖锋，状如鼠尾。

（七）混描　文晁曰："吴道子为主，以淡墨成衣皱，而浓墨分皴，人多描之。"此种描法，淡墨浓墨间用，以最浓之墨为轮廓，更假浓淡之不匀，表现衣纹，且有留白，不着墨处，以见反光。张宏之布袋罗汉所用即此法也。

（八）橛头钉描　台岭曰："马远、夏珪为主，用秃笔，为钉头穿插，笔下疾若奔马。"意此描必与钉头鼠尾相近，但用秃笔，而一顿之后，并不拖曳成尖锋。

（九）曹衣描　文晁曰："魏曹不兴为主，用尖笔，其体叠而衣褶紧窄如蚯蚓描，要细笔。"按"曹衣出水"系仲达

疑周履靖、汪砢玉等皆因传闻之误。笔细而紧窄，此描法之特色也。

（十）折芦描　文晁曰："梁楷为主，用尖大笔，笔头撇捺，蛇形而如芦叶。"此盖谓以画枯芦叶之法作衣纹。

（十一）柳叶描　台岭曰："笔下忌钉头怒降，心手相应，而如柳叶。"汪砢玉曰："似吴道子观音笔。"此描纯以象形而得名，柳叶两端锐尖，中间微阔。画衣纹之起讫锐，中间着纸略重者似之。按十八描法之中，无兰叶之名，而何良俊竟将兰叶列为白描二大家之一，并谓源于吴道子，且自叶之形态观之，兰柳亦多似处，是则柳叶兰叶，或同描而异名也。

（十二）竹叶描　台岭曰："用笔横卧，为肥短橛捺，如竹叶。"此描之次序，于周及汪书中，皆在柳叶描后。周履靖所谓"用笔微短"，当与柳叶描比较而言。

（十三）战笔水纹描　台岭曰："吴道子为主，正锋而笔下要藏锋，疾如一摆波。"《历代名画记》称孙尚子画"善为战笔之体，甚有气力，衣服手足，木叶川流，莫不战动。"❼当即此描之始。

（十四）减笔描　台岭曰："马远、梁楷为主，弄笔如弹丸。"减笔描即将人物中之最主要之衣纹画出，而其他不重要者，一概省去。弄笔如弹丸，殆指运笔之圆转也。

（十五）枯柴描　台岭曰："又谓柴笔描，以锐笔横卧为粗大减笔。"汪砢玉亦曰："粗大减笔也。"可知与减笔属同一系统，但用笔粗而枯如柴而已。惟以其粗，直笔不能作，必须横卧，笔与纸相着之面积始能大也。

（十六）蚯蚓描　文晁曰："用墨秀润，要肥壮，正锋而笔惹成藏锋，首尾

❺何良俊《四友斋画论》（邓实辑《美术丛书》神州国光社铅印本）三集三辑一册8b。

❻夏文彦《图绘宝鉴》（万有文库民国十九年商务印书馆初版）3/35。

❼同注❹8/6a。

241

忌如锋。"蚯蚓之首尾两端皆秃，而此种描法，即用正锋之最显著者。锋必须藏，两端不见笔颖之谓。

（十七）橄榄描　台岭曰："江西颜晖为主，用尖大笔为撇捺如橄榄，忌惹笔鼠尾。"颜晖，元人，字秋月，善人物。此描近于战笔，一笔由无数之点，连缀而成，点之两端尖如橄榄，即因此而得名。

（十八）枣核描　台岭曰："用尖笔成藏锋，而笔头为主，如枣核。"枣核之形，较橄榄尖而长，此描法亦由顿点连缀而成。其与橄榄描之分，或在点之距离较远，且不甚规则也。

十八种描法之后，为论画面像分数。

面像更有分数。九分，八分，七分，六分，五分，四分，三分，二分，一分之法。背像正像则七分。六分四分，乃为时常之用者。

其中"背像正像则七分"之七，恐是十字之误。所谓面像分数，当指画像所取之角度而言。清丁皋《写真秘诀》中有正面画像，题曰："十分面"❶，旁背俯仰篇中，并有："至于五分像，是各得其半。……七八九分渐近正面。"❷更可知十分是指正像而言。此后周履靖主张神佛当用正像，山水中人物当用侧像。以下论画目口须髯，皆无新颖之贡献。最后论人足手与面部之比例，面与身体坐立时之比例。

《画人物论》一篇虽颇长，言其内容，实采自前人之言论居多也。

《天形道貌》图式之目次为："（一）鼓桐，（二）临流，（三）索句，（四）听泉，（五）舞袖，（六）挥扇，（七）倚树，（八）徜徉，（九）濯足，（十）凭石，（十一）趺坐，（十二）散步，（十三）醉吟，（十四）传杯，（十五）采芝，（十六）携琴，（十七）题壁，（十八）观水，（十九）回首，（二十）静憩，（二十一）晤语，（二十二）观泉，（二十三）谈玄，（二十四）浮白，（二十五）观书，（二十六）拂尘，（二十七）望月，（二十八）呼童，（二十九）酏醑，（三十）酪酊，（三十一）让履，（三十二）盘桓，（三十三）倦绣，（三十四）调莺，（三十五）捣衣，（三十六）题叶，（三十七）至（四十）写意。

工笔三十六帧之中，自鼓桐至醉吟，每帧画一人。传杯至酪酊，画二人。让履及盘桓，画三人，以下为仕女，每帧一人。写意四帧，每帧之中，自人物之行动及神气观之，可分作二组或数组不等。

当吾读此谱中《画人物论》一文之时，不时翻阅后附之图式。未能令人惬意者，为文字与图式无对照之关系，是以今论图式，可发挥之处不多，只能专就图画方面着眼。试可分作:容貌、描法、服装、人事、景物等项言之（写意四帧，不在此内）。

（一）容貌

自从宋元以来，山水画为文人所据有，推崇备至，人物画因亦受其影响。宗教神佛等类之绘像，遂渐减少，高人隐逸，成为人物画中主要之题材，与清谈家物我两忘、不拘形迹、徜徉山水、啸傲林泉等思想行为相接近。刘道醇曰："观道流者尚孤闲清古"，实指此。周履靖于《画人物论》中亦曰："人物有行立坐卧，古怪秀雅，古如苍松老柏，不食烟火之像；怪如奇石崚嶒，迥非世人之姿。"所谓清古及如苍松老柏，即指高年者而言。其意非谓"壮年者不知领略山水之趣，或不当有此出世之想，但画中之主，总以老年者与清逸之山水、

❶ 丁皋《写真秘诀》（《芥子园画传四集》嘉庆二十三年序金陵抱青阁藏板）册一25b。

❷ 同注❶册一24a。

幽雅之境界能气味融洽也。人物画无布景者少，而宋元以来，吾人所见之人物画，以山水为布景者为多。此谱工笔三十六帧之中（除仕女四帧外），图中人物，皆有须髯，即此亦可见人物画受山水画之影响。各帧之中，不但长髯飘然者居多，且细察之，各人之容貌，亦极相似。最显之区别，不过面部之正侧俯仰耳。逸之未尝以清癯丰满，五官位置出入，面纹皱褶深浅等等，以变化图式中人物之面貌。逸之此谱，与王绎之《写像秘诀》，意在对貌传真，主旨不同，吾人固不得过于苛求其有种种容貌上之变化。惟此谱中之人物，容貌过嫌一律，逸之实亦不能辞其咎也。

（二）描法

《画人物论》中，逸之言及描法十八种，倘此谱意在文字图式，互相发明，便当以不同之描法，绘各帧。不意此三十六帧所用描法，显系相同，并无变化。谱中所用之描法，为一笔终始，线条之粗细，及行笔之速度，无甚变动，属于何良俊所谓赵松雪出于李龙眠，李龙眠出于顾恺之之铁线描，亦即是人物画中，宋元以后，最普遍之描法。所画衣纹，不太繁，不过减，尚合法度。

（三）服装

谱中各帧之服饰，亦颇相似，所不同者，巾、冠、鞋、履等细节耳。至于衣服，皆斜领袒胸，长袖过手，腰中垂带（临流濯足等帧无带，但此等画题，服装未必齐整，不得因无带而断定其为另一种服装）。据郭若虚考证衣服制度称："晋处士冯翼，衣布大袖，周缘以皂，下加襕，前系二长带，隋唐朝野服之，谓之冯翼之衣，

今呼为直裰。"（自注并引《礼记·儒行篇》哀公问孔子儒服事，似以为孔子逢掖之衣，即与此相近。）与谱中所图，颇似。从"今呼直裰"一语，更可知此等服装，宋代尚颇盛行。宋元以来之画迹中，亦以此等服装，最为普遍。盖此为儒者之服，无阶级之限制，而时代上之改变亦少，是以画家以此入画，最不易受人指摘。历代画者相传，渐成习尚，画中人物，遂极少见有其他之服饰者。此谱之所以一律作此，亦不足怪也。仕女四人，服饰亦无甚变化。

（四）人事

前于容貌一项中，谓高人逸士，成为宋元以后人物画之主要题材，谱中所画之人事，即高人逸士所乐为者也。仕女中之倦绣、调莺等，亦属于韵雅一类。自各式名目中，即可想知其大概情形，毋庸一一描写各帧之事物。谈玄拂尘两式，更可见受清谈好道之影响。

（五）景物

谱中布景，非常简单，除坐卧之坡石，握执之器皿外，罕有他景。倚树一式，仅画一人伸臂作扶倚状，即树亦无之❸。此谱意在指授人物画法，布景不全，尚不足为病，且为顾全比例之大小，尤不宜着山水树石等景。以其体积较人物大若十倍，若将布景缩入谱中，人物当与之俱缩，必致渺小如山水中所见，不复成为人物画矣。

总论此谱，人物容貌尚佳，颇能写出幽闲之情态。人体手足身臂等部之比例，亦合理。静动各种不同之姿态，亦能表现人事，与画题切合。惟最大之遗憾，为各式过于相似，除人事之不同而有各种不同之姿态外，不见其他之变化。

❸《三才图会》此帧，与逸之之谱不同，傍右有树一株。

243

逸之倘能于容貌及描法上，多添几种面目，此书尤足为后人取法。

写意之第一帧，人物可分为两组。上三人趺坐，一童子携琴侍立。下四人作让履状，一童子执扇立后。第二帧可分六组，挂杖一人，曳杖回首一人，扪腹向前视者一人，小童折枝一人，背后袖手伫立者一人，以上各不相涉。右下角两人对坐。第三帧可分成两组，上两人对弈，观棋者二人，一坐一立，童一人执杖立侍。下一人骑驴，一童肩琴书等物。第四帧可分为三组，上右两樵人作上山状。中左二人立，一人袖手，一人遥指。下作二樵人，满肩薪木下山状。

人物之姿态均佳，衣纹亦简而有力，乃用以点缀山水之人物也。

人物画谱，今日得见者，或以此为最早。惟叶德辉《观画百咏》记石恪画曰：

宋石恪画，历来收藏家罕见著录，惟吴荣光《辛丑消夏记》有石恪春宵透漏图，亦不知其真伪。吾在上海人家，见一人物长卷，画各色人物，老少男妇童稚，以及田夫野老、渔父牧童、舟人樵者，方外僧道，无一不具。其他形势，如扶杖者、垂钓者、对饮者、弈棋者、看山渡桥者、行路接语者，各种情状，亦无一不具。似是教人作画之粉本，故每一段人物上，皆有题目标识。笔致疏野简略，字皆狂草，似是明人伪托之迹。❶

惜今不得原本，影印之以为初学稿本。郎园纪之虽详，但未言卷中章法之经营，人物之巨细，于是此卷究竟为人物画谱，抑系山水中之点景人物，今日颇难臆断，若自其"笔致疏野简略"一语测之，或与此谱之写意数帧相近。但据此可知，明人每有与

画谱性质相近之作品，而履靖此谱当有所本，非出首创也。

第二节　沈襄《梅谱》

沈襄会稽人，字叔成，号小霞，沈忠愍公炼之长子，嘉靖三十六年，严嵩谬炼于边，小霞亦几被于难，旋以嵩败而得免。隆庆初，复原官，赠光禄寺少卿，有《梅谱》二卷。

小霞《梅谱》，原书未得见。钱牧斋《列朝诗集》沈炼传，记炼被难后，嵩标示边塞，有藏沈氏遗文片纸，按捕抵罪事❷，岂小霞《梅谱》亦镌于沈公被难之前，多遭焚毁，故流传甚罕耶？《梅谱》中文字，经徐荣《怀古田舍梅统》录引，载卷十。❸

徐氏一起曰："沈小霞襄《梅谱》，首载《华光口诀》，是裁剪花光语，叶之以韵，故不录。"此后为《扬补之论》至八忌，共十四则。自上语测之，凡有删节，当经注明。此后既无言及之，疑所录引者，即小霞谱中文字之全豹也。

小霞之书，虽未经寓目，其为图谱，要可断言。各则虽不无空泛之语，亦有颇中肯綮处。刘世儒著《雪湖梅谱》，多袭其文〔《雪湖梅谱》前有沈襄序〕（见附表），故本章特略论之，他日倘获原椠，当更进而论及图式，试持此以为左券。

（一）华光口诀

徐荣《梅统》未录原文。按《雪湖梅谱》中有《华光口诀》一则，乃掇拾仲仁《梅谱·华光指迷》之字句而成者，与徐荣所谓"裁剪花光语，叶之以韵"之说合。且《雪湖梅谱》中，《歌诀》《梅病》、《扬补之论》诸则，悉见小霞之谱，故吾颇疑《雪湖梅谱》中之《华光口诀》，

---

❶ 叶德辉《观画百咏》（叶氏观古堂刊本）2/1a。

❷ 钱谦益《列朝诗集》（宣统庚戌神州国光社排印本）丁10/2a。

❸ 徐荣《怀古田舍梅统》（原刊本）10/16a—10/19b。

即徐荣所未录引之《华光口诀》也。（文见附录）

（二）《扬补之论》

此篇语殊空泛，今入附录。篇中间或涉及画法，如"走枝扫干，紧捻三指，全凭小指推移"等数语，但未敢以为然。既曰走枝扫干，必须悬肘，方可挥洒。设如上云，不但不须悬肘，且不须悬腕，于区区指拇间求生活，未见其可也。此外大致与《华光梅谱》所言相似。

（三）《歌诀》

此诀亦见附录，一起二句，即《华光梅谱》中"阴不可加阳"，第三句却与《华光梅谱》相反。《梅谱·口诀》中有"嫩梢忌柳"一语，而此处却谓"枝似柳条须要硬"。夫柳条岂有硬者，可见显有语病。此后以钱蝶等物为比喻，词尤肤浅。

（四）歌诀二绝

亦见附录。首绝言画枝，次绝附会太极，受《华光梅谱》取象一节之影响。

（五）写干

写梅全在兴致，先量纸绢地步，后试墨色浓淡，与其长而促，宁短而裕。浓而裕，宁淡而清。行干不盈尺，遇节则着马眼，交处便生枝。枯处则如截铁，未下笔时，全梅先在目中，然后纵横批扫，自有意趣。巨细有内外之辨，左右有向背之分，至于用墨有神，笔力遒劲，可与纯熟者道之。

上节所云，颇有可耐人寻味处。如与其长而促，宁短而裕。盖谓画梅要在布局，善于此道者，虽枝十不长，自有疏畅之致。不善者，纵长枝直干，仍不免势促也。"浓而裕"之"裕"字，疑为"俗"之误。以上文"促""裕"为相反之词，此处与"清"相反者，惟"俗"字耳。

（六）分枝

古云："涂梅如涂石，枝梢如荆棘。"画石必有四面，梅干亦然。老干多如女字，小枝亦当交加，或鹿角，或鹤膝，或斗柄弓梢，或蜂腰鼠尾，或夹梢屈枝，或双分单行，体势要分左右后，中有偃向，有远近，有高低，有长短，随意走笔，不可拘泥。视干之来历，然后枝条从而掩映之，切忌牵强杂乱。

涂石者，画干法也。荆棘者，画枝法也。干多如女字，小枝亦当交加，言枝与干之宜同趣也。鹿角弓梢，仍是《华光梅谱》中语。后半偏重枝干之变化。

（七）点苔

大抵梅树多苔藓，古人有用绿色者，干枝写完，空处点之，或三或五，须参差不齐，或大或小，须动荡不杂。墨色未干之时，以大小笔点缀，自有一段生意。

《华光梅谱》言点苔，远不及此节之详。点法或用墨，或用绿，或墨上加绿，"参差动荡"四字，极得点苔理趣。

（八）圈花

花有正阳，正阴，上覆，下覆，全开，半开，又有左侧右侧，落英包胎，含烟泣露，体置不一，立名亦多。大抵不出阴阳开覆而已。圈花之法，上欲阔而下欲狭，内欲方而外欲圆，先剔一丁，中缀一瓣，而旁佐之，是为侧开。行枝空处，则用正阳，枝条遮处，则放正阴。阳则簇以花心，阴则攒以花蒂。至于古老钱，孩儿面，兔儿嘴，判官头，任意点缀，行梢尽处，方着椒眼，如用胭脂点花，大略与圈法相似。

一起论花朵之名色，因姿态而定。上阔下狭、内方外圆二语，道前人所未道。论侧花式，不仅言其状态，兼授人落笔之后先。正阳正阴，当置何处，所以表示之者，有何不同。凡此皆不愧为切实之画法也。

（九）添须蒂

梅须有七，长短相间。长三短四，上缀花心。长者中生，结子者也。短者侧生，放香者也。正花则紧簇五蒂，侧花则分缀三点。如借瓣联枝，须视其空处而配合之。

《华光梅谱》曰："其中劲长而无英，侧六茎短而不齐"，是短者六而长者一，今上文谓"长三短四"，此其异也。后半谓画者当按花朵所处之形势，以度计其蒂点所露之多寡。

（十）布景

月淡黄昏须水墨，雪中不点藏心黑，风枝朵朵顺梢行，露白烟横洗乎色。临水如弓一半沉，敧岩似月悬高壁，横斜只可作推篷，顶上莫教为一直。

上诀前半，言各时景中之梅，后始及景物。一收二语，谓横斜之枝，宜入横页，不宜条幅。缣素之广狭，与位置有关也。顶上莫一直，即忌枝干横行，与画幅上下边平行之意，此斜字之所以不可忽也。

（十一）用墨

一曰焦墨（点蒂剔须）。二曰淡墨（批写老干）。三曰水墨（涂纸与绢地。大凡涂纸地，用胶水搅于墨水中，方一色而无痕迹。绢地则惟用墨水，而不必用胶）。

赵子固曰："浓写花枝淡写梢，鳞皴老干墨微焦"，与上文所云不符。但与华光三十六病以"老干墨浓，新枝墨轻"为画忌，正合。按画树细枝，确当浓于老干，子固之说，未可深信。画梅染地，所以显花之洁，古人多用者。《爱日吟庐书画录》著录王元章墨梅轴，称

"以焦墨作梅本，槎丫奇古，满纸以淡墨水烘染，而繁枝密萼，更显其白。"[1]即于附图所采雪湖画梅一帧中，亦可见之。文中兼授人以胶入墨之法，似不以为讳者。惟清代论者，多不以用胶为然。

（十二）梅种

此说与《华光梅谱》之十种相近，无关画法，见附录。

（十三）梅病

此节多采《华光梅谱》口诀，三十六病二篇中之说。见附录。

（十四）八忌

与上节性质同，亦见附录。

上共十四则，经本节录引者七，入附录者七，盖小霞谱中，空泛与切实之言论，各参半也。

第三节　刘世儒《雪湖梅谱》

刘世儒，字继相，号雪湖，山阴人，生卒年代未详，著《雪湖梅谱》二卷。观谱中当时人题咏年月，知为嘉靖万历间人，前有王思任重刻刘雪湖《梅谱》序，据称当日已再四刻，今所据者为墨妙山房重刻本，后有康熙辛酉盛振英跋。

《雪湖梅谱》，上卷之目次为赞、序、评林、五言古诗、七言古诗、五言律诗、七言律诗。下卷：五言排律、七言排律、五言绝句、七言绝句、附书、梅诀、梅花式、雪湖诗、跋[2]。上下二卷，约百页，而谱之正文（梅诀梅花式）仅十七页，余皆时人投赠誉颂之文也。

《梅诀》之前，有自序曰：

刘子曰：梅谱之传久矣，始于华光，盛于云壑，而扬补之、王元章诸作者，竞鸣于世。余尝窃其影响，而未得其真。嗣历吴越，涉金陵，驰闽楚，访辑遍海内，始得见诸家真墨，或以花瓣妙，或以枝

❶ 葛金烺《爱日吟庐书画录》（宣统二年葛氏刊本）1/15a。

❷ 所见本下卷附书，在梅花式后，梅诀之前，与目录次序不合。

❸ 刘世儒《雪湖梅谱》（墨妙山房重刻本）下/40a。

柯妙，或以老干妙，或以柔密妙，或以疏简妙，法制虽有不同，而理归于一心，有契焉。渐入里许，浸润十余年来，觉心手相得，殆不为绳墨所束缚，亦不知古今人当作如何观也。因慨僭著《梅谱》一帙，以供高贤染翰之助，其法论次，略备于左。❸

自序谓其撰是谱之主旨，在将画梅方法，公诸世人。雪湖自以为前代画梅名家，擅长不同，习之十余年，颇能心手相得，一人兼各家之长，未免过于自负。谱中梅诀，十九因袭前人，于画法并无贡献。

一起为写梅十二要，大半自《华光梅谱》掇拾而得，见附录。

次为画梅五十七题，梅花二十四式，中有二十二幅之题字，悉在画梅五十七题之内，故五十七题，不过雪湖平日画梅所习用之题辞耳。此篇空录名目，本无意味，且如东阁清风、节操自持等词句，只须画梅，便可用以题之。后人作画，一时索补白语不得，可供参考，至于画法，却毫无关系也。

画题后为歌诀，即沈襄《梅谱》中之歌诀一首，后文益以"一点胚胎太极先"一绝，不录。

再次为梅病，即沈襄《梅谱》中之梅病，不录。

梅病之后，为《华光口诀》，与《华光梅谱》之《华光指迷》，大致相同，小疑自沈谱抄得，已于前节论及，文见附录。

最后为《扬补之论》，亦见沈谱，不录。

雪湖所著《梅谱》，文字方面，仅如上述而已。

图式方面，计梅花式中花萼形式一帧，花式二十四帧。

花朵所取形式为正阳、侧阴半、随风、独钓、判官头、小鬼头、正阴、顶雪、迎风、二疏、攒三、孩儿面、向阳、覆雪、折瓣、三杰、叠四、骷髅面、侧阴、蟹眼、椒眼、鹰爪、针、铜钱眼等二十四式。其中名辞，亦有见于沈小霞圈花一则者。惜小霞之谱未能见，不知雪湖之图式，是否有所依据也。

花式二十四帧之名目为：一枝春信，数点天心，珠胎乍裂，斗柄初升，鳌头独占，鸾羽分翔，西湖皓月，东阁青风，琼苑联芳，上林独步，一溪疏影，千里同心，云月交辉，珠玑并灿，五星聚魁，万玉玲珑，深谷回春，狂风折翠，苍龙奋角，伏鹿回头，一庭春色，万古清香，清香暗送，一阳来复，全属写意一派。于中略可见取势布局之法。

试将《雪湖梅谱》翻阅一过，可知其自序所云："以供高贤染翰之助"，未可置信。其文字既全系录自前人，尤可异者，为小霞谱中，非无切实之论画法文字，而雪湖独抄袭其模糊影响、不关痛痒者，是真不知其用意之何在也。

据吾之所见，雪湖作此谱，惟一之动机，在求当代名流，为其揄扬，是以《梅谱》仅草草成书，但求借此能罗致诗文，此外皆非雪湖所关心。试观上卷云拣序中，有言曰：

后二十年余，余致政野处，忽得《雪湖梅谱》全册示余，遍阅诸作，喜其进友天下之士，而名公巨制，文锦灿然。❹

自各家题诗之序中，更可知雪湖曾挟其《梅谱》，四处求人题咏。张元忭曰：

雪湖将赴浦城，过我云门言别，且出《梅谱》索题，走笔赠之❺。

郑浚曰：

己巳首夏，余归豫章，抱病西林，刘君挟《雪湖梅谱》，访余于栖凤楼……❻

❹ 同注❸上 /11a。

❺ 同注❸上 /28a。

❻ 同注❸上 /29b。

此等证据，多至不胜枚举。附书一卷中，皆当时人所投之信札，十九为雪湖有画梅见赠，而复书向其致谢之酬应文字。各家题咏，泰半由雪湖以画易得，莫怪题者多至百数十家矣。

《雪湖梅谱》，于画梅方法方面之贡献，实无足言，若欲研究明代文人标榜之风尚，却绝好之资料也。

第四节　周履靖《罗浮幻质》

《梅谱》一卷，题曰《罗浮幻质》，书前署"嘉禾周履靖编辑"，谱中文字之目次为：写梅法，写梅论，写梅诀。

《写梅法》，四言歌诀，题名扬补之作，与《华光梅谱》中之口诀，大同小异。

《写梅论》，题名汤叔雅作，汤名正仲，号闲庵，宋开禧间人。扬补之甥，善画梅。此论是否汤作，未敢断言，论中多半摭拾前人成说。

《写梅诀》，题名周履靖作，前半泛论发干、体古、干怪、枝清、梢健五要。后半论忌病，割取《华光梅谱》三十六病者居多。

图式共二十七帧，其目次为：（一）余子，大字，尒字，示字（此帧之端，有写梅花歌诀，见附录四十）。（二）风落瓣，二疏，古鲁钱，猿耳，兔嘴。（三）孩儿面，蒜头，骷髅，太字，鹰爪，麦眼。（四）仰，覆，正，斜，背身。（五）迎面，傍侧。（六）苞花，倾雨，左偏，右偏，三品调元，鼓风❶。（七）向阳，大放，小放，先春，喷香，进正，背阴，笑春，朝元，羞容。（八）蟹眼，背日，麦眼，椒眼，顶珠，三台，龟形，落帽，狐面，五岳。（九）柿蒂，玉绣球，掩镜，丁香，鱼吹浪，瓜，蝶恋花，半谢，迎风，李，冕。（十）正阴，正阳，鹤喙月，

顶雪，飞蝶，一丁，二点，攒三，聚四。（十一）得五，簇六，叠胜。（十二）古钱，觇面，绣球，窥镜。（十三）私语，斗飞，鼓风。（十四）花影枝，枝影花，贯珠，蒂萼。（十五）鹿角枝。（十六）用柳炭，分女字（此帧之端，有写梅枝干诀，见附录）。（十七）大小枝梗，留空写花。（十八）虚处填花。（十九）焦墨行梢，老根淡墨。（二十）干少花头生干出。（二十一）缺花枝上再添苞。（二十二）嫩条三径冲天长。（二十三）淡墨笼花体自娇。（二十四）风摇玉佩。（二十五）月移疏影。（二十六）雪飞庾岭。（二十七）槎丫屈玉。

分析言之，二十七帧之中，自第一帧至第十五帧，偏重花萼之形式。自第十六帧以下，偏重枝干之画法，及花萼之安置。

若论此谱之价值，当与前人梅谱作一比较，吾觉其有下列之优点。

（一）花萼名称，虽仍不免有巧立名色处，如二疏落帽等，显因宋伯仁之旧，但形状皆颇像真，无故出新奇，为求与名色吻合，而竟至梅不似梅之病。

（二）图式对于花之仰、覆、偏、正，最为注意。每种图式，不止一朵，画中梅花，因位置之不同，足使花朵有多种之变化，而此谱大可为后人取法，如图式之第四、五、六，三帧是也。

（三）《喜神谱》每帧仅有梅花一朵，此谱第十至第十五等帧，一枝之上，画两朵至数朵不等。吾人不妨方之画竹中之人字、介字、分字，因梅花之一二枝梢，三五花朵，即是全幅画中之一部，亦可谓之为简单之组织。初学自此入手，由简而繁，最易学习，可事半功倍也。

（四）历来论画梅，只谓当浓淡相间，而此谱画干用双勾，中间留白，以示淡墨，更以实笔示浓墨，指明究竟何处当浓，何处当淡。更如以图解释。"花头各样填空处"一语，则画枝干，中留空白，注明虚处，以示究竟何处生花。以图解释"干少花头生干出"一语，则花外更画枝条，并注明"生干出"，以示究竟何处当再生干。此种文图对照方法，可使学者有切实之观念。自较仅以文字解说，或有图而散漫无所指示者，为佳矣。

虽然，其中亦颇有可议之处。文字多采成言，不能与图式完全吻合。花萼次序之排比，尚嫌芜杂，而"淡墨笼花体自娇"一帧，花瓣之外，未见有墨晕笼罩，恐当时碍于套印之难，只得听其空白也。

小霞《梅谱》，今未能见。逸之此谱之图式，或全自沈氏取得，亦未可知。但不问其来源为何，与雪湖之草草成书，专用以博取虚名者，自不可同日而语也。

第五节　高松《竹谱》

高松，字守之，号南崖子，别号遁山，又号我山，文安人，有《竹谱》之作。遁山之名，画史不彰，《竹谱》亦世罕传本。《文安县志》记其身世颇详，特载附录，以供参考。

遁山《竹谱》，德国友人福君克斯所藏〔应作福克斯君，觉明先生批〕，壬午夏，假归手摹，既竣，跋于后曰：

《竹谱》一册，首尾俱缺，以是撰人及镌板年月皆不明，仅于第四十四叶，勾勒竹法后，署"高松著"三字。高松名见《图绘宝鉴续编》、《画史会要》❷等画家传中，各书皆甚简略，不载何时人，且未尝言其有《竹谱》之作。松别

有《变化永字七十二法》一书，邹圣脉收入《书画源流》❸，亦未道其生平事实。阅《文安县志》，得纪其高遁山传，记之独详，始知其嘉靖间，以赀入官，当时书画驰誉海内，身后名不彰，崇祯初，乡人已罕知之者。有《竹态》《墨竹》等谱行世。据此，则全书出于遁山之手，既无可疑，而镌书年月，亦知其当在嘉靖间矣。画竹之有谱，肇于元李息斋《竹谱详录》，理法兼备，考物周审，秩然有条，信是巨制。第今日所习见者，为鲍氏知不足斋本，屡经传摹，神采无存，而偏重偏轻一图，仅竹竿一节着叶，实不足示不停趁之病，颇讶其于理未合。此谱笔笔道劲，叶叶铦利，结构交搭，不紊不苟，最见匠心，间有本息斋之处，适足资吾人玩味，以其相去未遥，真传犹在，欲得息斋之旧观，正可于此求之，且偏重偏轻一图，数节着叶，右多于左，与余所臆断者吻合，不禁为之狂喜也。明代竹谱，向推周履靖之《淇园肖影》，虽不足与息斋抗衡，要亦一代合作。不期其间墨竹赋、写竹竿、安枝、下二十八忌、画雪竹、勾勒法等口诀，悉见此谱。履靖《夷门广牍》，自序于万历二十五年丁酉，必在遁山《竹谱》（位置失妥）之后，今见此而履靖因袭剽窃之迹乃显，何况笔画冗弱，口诀图解，名实不符，相去不可以道里计。此谱上承息斋之书，下启明清诸作，以笔法布局论，更无出其右者，则其有功于后学，亦伟矣！惜其流传甚罕，诸家书目，未见著录。日人薄井恭一生前搜罗吾国版画颇富，近其友好为其刊行《明清插图本图录》一书中，采此谱成竹一帧❹，而目录题曰无名氏编，后注仅有竹忌二十八病，至大段小段等叶，盖亦残帙，计其所存，

❷《图绘宝鉴续编》称："高松，字守之，号南崖子，又号我山，文安人。其人甘守家贫，有官不仕，爱攻诗画，驰誉多能，善书大字，兼真草隶篆，能绘小景，并梅、菊、兰、松之如勾勒竹、葡萄甚佳，更有灰堆山墨竹，尤长也。"《历代画家姓氏便览》、《无声诗史》、《宋元以来画人姓氏录》、《画史汇传》、《佩文斋书画谱》等书皆本此。

❸邹圣脉辑《书法源流》（乾隆壬戌序刊本）春/6b—春/32a。

❹《明清插图本图录》（昭和十七年发行）。

不过今本十之二三，宜其不知为遁山所作。是则此本直可谓之为孤槧，顾不甚可宝耶？今夏于听雨斋中获观，为之神往，不能自已，复蒙假抄以广其传，盛意可感也。原谱分墨竹勾勒二种，勾勒无论矣，墨竹以匀填为之，臃肿自所不免，必用双勾之法，神采庶可略存。设仅有双勾，而废匀填，又与原本殊观，是以不得不二者兼备。而双勾之竹干枝叶，交柯穿插，往往以意定其前后，恐与作者之本意未必尽合，斯又无从避免者，摹抄之难，盖如是也。溽暑伏案，挥汗如雨，日以继夜，凡一阅月而蒇事，腕底目中，无非劲节清风，甫一交睫，修影即来，心爱好之，未尝以为苦。犹忆前年夏，客西郊槐树街，时正草《画论研究》，元代竹谱一章，手息斋丹邱诸谱，日日浸淫其中，尘嚣自远，不啻一剂清凉散，祛暑妙方，以斯为最，余与此君，信有殊缘也。壬午立秋前四日，畅安王世襄跋于芳嘉园寓次。

遁山《竹谱》，今本存自页二下[1]至页五十一下，共计四十九页半。页五上以前为文字，此后为图式（间杂文字解说），页二下为息斋《详录》中画竹谱总叙（不全，自"累之，岂复有竹乎"起），次录息斋竹态谱中叙名目态度篇，次为墨竹赋，文见附录。

《墨竹赋》，不载息斋《详录》，其主旨在叙述画法，词句近乎歌诀，与文士所作，用以抒写性情，阐发神理者，性质不同（指苏辙之墨竹赋而言）。故谱中虽未署作者姓名，其出于画家之手，当可断言。兹举其关于画法切实简明者，论之于后：画竹当辨明老嫩四时枯荣；节不宜臃肿，枝不宜繁杂；叶不可与枝太接近，当为雀爪留出距离，不然势甚

逼促，叶亦不似叶；枝节愈向上愈短促，笋脱箨则竹叶微出；竹根之旁有行鞭，二年之竹叶必繁，当年之竹，每高过于母；风雨之时，主要之变化在枝叶，竿之变动不多；叶宜长短适中，枝须刚柔得度；下笔时不可犹豫不决，近干画枝，笔法当疾而劲利（跳踢），近稍画雀爪，笔法当短而有力（截遏）。画竖叶自上而下，手掌向下合，画侧叶则提笔时掌向上反，笔向左撇曰抹，向右撇曰擢；风竹之叶，势必敧斜，极少有平直成一字之形者；雨竹之叶，势必湿重，极少有成八字之形，向两旁舒张者；设落笔有病，便当思补救之方，竹叶太长，便当加枯叶以调和之。

其中亦有明知其为论画法，而未详其所指者，如"梢兀而为之正"至"躲闪则不失七八"一段，"六七八十分春夏欲要其卷心"数语，"不及则添分蛆尾，托负则半分蟹甲"两语，皆颇费解。兹特于此存疑，他日见闻稍广，或能知其究竟也。

《墨竹赋》之后为《墨竹谱》，即息斋《竹谱详录》中之墨竹谱，但画竿、画节、画枝、画叶四项之外，又益以《竹谱详录》画竹谱中之第二项描墨，故共为五项。

页五下傍右为写竹竿口诀，诀曰："竹干中长上下短，只依弯节不弯竿，十竿五干休并节，粗细阴阳乃壮观。"傍左画两竿，示竹节中宜长，两端宜短。页六上傍右，画两竿，示弯宜在两节之间，不宜在竿。傍左画四竿，示不宜对节，宜粗细相间，并注明"焦墨为阴，淡墨为阳"。

页六下为安枝口诀，诀曰："安枝分左右，不许一边就，枝上安鹊爪，风

[1] 就书之行格字数计算，与周履靖《淇园肖影》之第一篇文字（写竹法）长短正合。疑今本所阙者，即该篇也。

雨各样做。"傍左画竹梢二枝，示宜向左右分枝。页七上画竹一竿，左右分枝，上安鹊爪。页七下为风竹竿枝。页八上，雨竹竿枝。页八下，悬崖竿枝。各画竹一梢。

页九上，傍右为写竹口诀。诀曰："重人晴竹一川风，雨竹原来叶写分。风竹顶风枝借雨，雨垂低覆也重人。其间晴竹原无借，鹊爪多排人少重。"傍左为重人晴竹式。重人者，盖谓四叶两两相抵，似二人字重叠也。页九下画晴竹一梢，竹叶皆以重人组合而成者。

页十上为一川风竹式。画竹叶三组，每组叶四片。一川者，谓三叶下垂，似川字形，右边一叶，为风吹飚，斜出似一字也。旁注云："一川，乃风竹叶也。安了风枝，安上一川一川，就是风势。"页十下，画风竹一枝，竹叶乃以十二个一川，组合而成者。

页十一上，为雨竹式。画雨竹叶三组，每组叶四片，作分字状。旁注云："分乃雨竹叶，五六个，七八个，聚在一处，就成雨竹。"页十一下，画雨竹一枝，以十三个分字组合而成。

页十二上，为"风竹顶风枝借雨"式。顺风处共七个一川，顶风处共六个分字。所谓"顶风枝借雨"者，乃谓画风竹顺风之处，叶作一川形，顶风之处，则借雨竹之分字叶。其理颇浅而易见，竹叶四片一组，设风自左边吹来，叶之原向左者，向右移动，而成垂直，极右边一片，原本向右者，则向上踢起，如一字矣。顶风者，风乃自四叶着枝处吹来，故四叶作分字状。以分字叶为雨竹所习用，今用之于风，故曰借。页十二下为"雨垂低覆也重人"，注云，"都是分字覆下也，重人借用也"，盖谓雨竹皆作分字，

而下垂之梢则为重人。

页十三上为晴竹式，重人叶下，添缀鹊爪，盖为"其间晴竹原无借，鹊爪多排人少重"二句，作图解也。

页十三下为解说，其文曰：

予曰："以上重人晴竹叶、一川风竹叶、分字雨竹叶三法，亦当熟记，乃君子写竹之源，而进学之基，无有弗本于斯者入也。其竹者昔唐李夫人，模竹影于窗间纸上，取其神采幽然，仿效之者，后继竹之士，不尽其数。盖竹根干枝叶，节茎笋箨，形状圆径，高低大小，老嫩枯荣，生植出处，品类实繁，殆非一致，予后又编一诀，一一注之。"

页十四上，傍右为歌诀。诀曰："竹有体用，阴阳清淡，错节高低，左干右干。细分鹊爪，个叶聚散。稚子秃梢，高飞孤燕。二蚕抵首，四鱼竞旦。尖尖平尖，大段小段。"傍左画两竿，有枝无叶，注曰："画干为体，画叶为用，或东或西，或上或下，或粗或细。"

页十四下，画竹两竿，无枝叶。注曰："焦墨竿，焦墨叶，为阴。淡墨竿，淡墨叶，为阳。"

页十五上，画竹四竿，无枝无叶，四大字曰："错节高低。"旁注曰："根根节不可相对。"

页十五下，画竹两梢，四大字曰："左干右干。"旁注曰："枝一左一右，不可顺在一边生。"

页十六上，画竹两梢，密布鹊爪。一梢从里画出，上题曰"迸跳"。一梢从外画入，上题曰"垛叠"。四大字曰："细分鹊爪。"

页十六下为"个叶聚散"作图式。嫩竹一竿，上下叶皆密，中间空。疏露竿，向右挑出一枝，仅四五叶，与密者相映

成趣。注曰："叶宜聚宜散，不可匀匀聚密，不可匀匀散散。"

页十七上为"稚子秃梢"。竹与笋共三茎，左为解箨，中为断竿，右为笋。稚子指笋而言，秃梢指断竿而言。

页十七下为"高飞孤燕"。图中叶之组合，似飞燕势者凡四。一扁点像燕首，两旁两叶像燕翼，向下一笔像燕身。扁点即与人视线成垂直之竹叶，故不见叶之长度，而只见叶一点也。

页十八上为"二蚕抵首"。盖谓嫩梢之叶，两片对生者，其端似两蚕之相抵也。

页十八下为"四鱼竞旦"。四叶团簇，中有扁点。此式实与"高飞孤燕"同，不过每组竹叶，增加一片，共五片耳。

页十九下为"大段小段"。傍左一枝，叶繁高出者为大段，傍右叶疏而低者为小段。有注曰："大段或使焦墨；小段用水墨。"授人一幅之中，用墨当有分别之法也。

页二十上傍右为竹忌二十八病口诀。诀曰："竹竿冲地又冲天，对节排竿鼓架般间淡间浓，间粗细，匀长匀短不相堪。生枝大忌偏前偏后，前叶后枝后叶前。竹干太弯节太远，叶轻叶重一边偏。孤生并立钗井叶，人手蜻蜓挑柳尖。写竹段（疑"断"之误）然除此病，正翻转测可宜安。"诸病息斋《竹谱详录》，除偏重偏轻一帧，是证《详录》插图之误外，余无可述者。（详前章）自页二十上傍左起，至页二十三下，皆竹忌之图式也。

页二十四上，至页二十五上，为巧叶式，可用之于画竹结顶处。各式自二页三页起，直至十二页，共十三式。玲珑便娟，极生动之致。

页二十五下，至页二十六上，为大

结顶，共六式，每式亦自简而繁，由三个竹叶组合起，至八九组合止。结构自然，丝毫不棼，叶二十六下，为风竹结顶。

自页二十七上，至页三十一下，共十帧，为成竹、一年、二年、三年、四年、老枝、瘁、枯、半笋、笋、解箨（以上二者在一帧）十一式，大致与《竹谱详录》墨态谱中诸式相似，当即以息斋之谱为蓝本而成者，但妍媸不可以道里计，以一系原槧，而一经传摹多次，神采尽失也。

页三十二上，纪天下竹名百余品，大都取自息斋《竹谱》，空纪名目，与画法无涉，不录。

自页三十二下，至页四十二下，为渭川晓露、叶覆枝上、枝覆叶上、老竹、嫩竹、疏淡、玲玎、倒悬、冲天、覆地、凤尾、傲风、晴竹、团风、老健、疾风、大雨、小雨、久雨、微雨、密要分明二十一式。各式皆能自成局势，意在授人简单之章法，进而悟全幅之经营位置也。以上诸式，为息斋谱中所无，最见遁山用心之苦，真所谓"不惜金针度与人"也。

页四十三上，为写雪竹口诀。诀曰："雪竹枝竿似雨垂，竿头安叶法难为。左拳按块油单纸，叶叶都从纸上飞。画上只留半截叶，淡烟笼雪自然堆。"后附解说曰："凡写雪竹，立竿枝与雨竹竿枝势同，要低覆垂曲也。安叶用油单纸一片，左手按于竹梢上，右手把笔写叶，叶暗颐❶从油单纸上引出，叶尾引入画上，一半在油纸上，一半在画上，叶叶皆然，不许全叶，敬❷要半截参差则可。然后用淡墨笼出竹体，叶叶似戴雪之势也。雪竹式于后。"画雪竹用此法，不难想得。因画竹叶必须劲而有力，雪竹仅见下半叶，不以纸隔开，将如何下手。用法则虽仅半叶，笔姿及笔势，与全叶无殊。古人画雪竹是否每（觉明先生谓"每"字可改作"俱"字，今拟易为"常"字，因据襄所见，此法古人实不常用也）采用此法，尚待考。但遁山所云之法，固极饶兴趣也。

页四十三下为雪竹叶，一如其所云，皆见半叶，空白处注出雪字，示雪之所在也。旁复注曰："淡墨阴出，即显雪意。"当时雕版虽精，意必套版之法，尚未见用。不然套印淡墨，便不须注出雪字也。

页四十四上为写勾勒竹法，解说曰："先用柳炭，将竹竿只画一道，再分左右枝梗，在上有影向，好作叶。然后用墨笔，或作雨叶，或作风叶，看炭道写毕，随后依炭道将竹竿一一画出鹊爪，一一穿钗躲闪回避画出。焦墨要一竿二竿，淡墨要一竿二竿，亦穿钗躲闪画，方成勾勒竹。阴阳向背，立竿写叶，与墨竹法度无异，凡写竹之士，留意观之。高松著。"文中先谓用朽子，而其中最重要之部分，为穿钗躲闪回避等字句。以画墨竹相交之处，叠压无妨，且远者淡，近者浓，浓者自可加于淡者之上。勾勒竹便不得如此率意，在前在后，务必熟虑，交搭之处，了了于胸，庶无舛误。上文主要之意即在此。

页四十四下，至页五十一下，共十五帧，为成竹、一年、二年、三年、四年、乍雨、久雨、微风、疾风、解箨、半笋、笋出土、渐长（以上三式在一帧）、过母、地生边笋、崖生边笋等十七式。与息斋《详录》竹态谱中之勾勒诸式，极相似，无足述者。

第六节　周履靖《淇园肖影》

《竹谱》上下二卷，题名《淇园肖影》。书前题"嘉禾周履靖编辑"。上卷文字五篇，目次为：《写竹法》、《画竹谱》、《竹态谱》、《墨竹赋》、《墨竹谱》，全自高遁山《竹谱》录得，无足述者（参阅高松《竹谱》节及本章250页注❶）。

下卷文字之目次为：写竹口诀，写竹竿口诀，安枝口诀，写竹诀，下手诀，竹忌二十八病，写雪竹口诀，写勾勒竹法。除写竹口诀外，悉见遁山《竹谱》。图式之目次为：（一）节邀隶（实系此帧总名）。重节一字，连珠老根节，旧行边，新行边。（二）弯节不弯竿，干梢，铁线干。（三）古篆大干，小干。（四）秃梢，玉柱篆。（五）阳用，大干，虎须，阴用小干。（六）两年枝，一年枝。（七）傍风枝。（八）顺风枝。（九）细分雀爪，仰雀爪，俯雀爪。（十）晴枝雀爪。（十一）久雨枝、枯枝。（十二）笋。（十三）解箨。（十四）新全开。（十五）巧叶（实系十五、十六、十七三帧中各式总名）。古拙，莺爪，乌鸦。（十六）单凤，偏飞燕（谱前目录作正飞燕，误），落雁。（十七）升燕，独雀升堂。（十八）个字，分字，个字破。（十九）重分字，尖尖。（二十）平尖，单尖。（二十一）重人晴枝，露顶。（二十二）顶风，风叶。（二十三）晴竹结顶。（二十四）堕燕，正飞燕（谱前目录作偏飞燕，误），四鱼兢旦。（二十五）结顶大叶，嫩叠，老两钗。（二十六）迎风。（二十七）雨竹分字，小段大段，雨垂重人。（二十八）顺风枝。（二十九）乌鸦出林。（三十）风枝一川，干挺然。（三十一）雨枝顶。（三十二）疏处疏，堕处堕。（三十三）枝补过。（三十四）久雨枝。（三十五）画竹所忌（实系三十五至三十九五帧总名）。杖鼓，边厢，钉头，小字，个字。（三十六）鼓架，对节。（三十七）挟箆，桃叶，柳叶，人手。（三十八）孤生，井字,并立,蜻蜓。(三十九)芦叶,嚻眼。

写竹口诀曰:

黄老初传用勾勒,东坡与可始用墨。管氏竹影见横窗,息斋夏吕皆体一。干篆文,节遒隶,枝草书,叶楷锐,传来笔法何用多,四体须当要熟备。绢纸佳,墨休稠,笔毫锐,勿开头,未下笔时意在先,叶叶枝枝一幅周。分字起,个字破,疏处疏,堕处堕。堕处切记莫糊涂,疏处须当枝补过。风竹势,干挺然,堕处逆,叶须偏。乌鸦出林去,雨竹横眠岂两分。晴竹体,人字排,嫩一叠,老两钗,先将小叶枝头起,结顶还须大叶来。写露竹,雨仿佛,晴不倾,雨不足,结尾露出一梢长,穿破个字枝头曲。写雪竹,贴油袱,久雨枝,下垂伏,染成锯齿一般形,揭去油袱见冰玉。一写法,识竹病,笔高悬,势要俊。心意疏懒切莫为,精神魂魄俱安静。忌胀鼓,忌对节,忌挟篱,忌边压,井字蜻蜓人手除,嚻眼桃叶并柳叶。下笔初时莫要怯,须迟疾,心暗诀,写来败笔积成堆,何怕人间不道绝。老干参,长梢拂,历冰雪,操金玉,风晴雨雪月烟云,岁寒高节藏胸腹。湘江景,淇园趣,娥皇词,七贤句,万竿千亩总相宜,墨客骚人遭际遇。❶

歌诀不知出于谁手,虽不见遁山《竹谱》,亦疑自他家录得。其中尚有切实之画法,但终不能脱遁山各歌诀之范围也。

图式亦多自遁山《竹谱》取得,但笔画之力气,结构之姿态,则远逊。其尤不合理者,为所标名色,与图式不相符合。如尖尖一式,并无嫩尖。平尖一式,反有之。重人晴枝一式,仅单人字叶四组而已,并无重人。四鱼竞旦,则画叶

❶ 周履靖《淇园肖影》(《夷门广牍》本)卷下 11/46a。

❷ 序中"新泉"二字夺,《芥子园二集》引此文,依之补入。

❸ 周履靖《九畹遗容》(《夷门广牍》本)12/3a。

六片,四长叶,两扁点。皆令人如堕五里雾中,莫明其究竟。当吾未得遁山《竹谱》之时,已见此谱,虽明知其所列图式,不甚妥适,终未敢自信,遂加指摘。今既见高氏此谱,则不妨直指其谬矣。

第七节 周履靖《九畹遗容》

《兰谱》一卷,题名《九畹遗容》。书前署"嘉禾周履靖编次,同郡项元汴校正"。全书文字仅写兰诀一篇,篇后署"鸳湖钓徒周履靖识"。

写兰诀:

写兰之妙,气韵为先,墨须精品,水必新泉❷。砚涤宿垢,笔纯忌坚。先分四叶,长短为玄。一叶交搭,取媚取妍。各交叶畔,一叶仍添。三中四簇,两叶增全。墨须二色,老嫩盘旋。瓣须墨淡,焦墨萼鲜。手如掣电,忌用迟延。全凭写势,正背欹偏。欲其合宜,分布自然。含三开五,总归一焉。迎风映日,花萼娟娟。凝霜傲雪,叶半垂眠。枝叶运用,如凤翩翩。菡萏飘逸,似蝶飞迁。壳皮装束,碎叶乱攒。石须飞白,一二傍盘。车前等草,地坡可安。或增翠竹,一竿两竿。荆棘枝枝,能助奇观。师宗松雪,方得正传。逸之妄论,故号梅颠。❸

其中关于方法之言论不多,论画叶数语,殊欠简明。用墨只谓花瓣宜淡,花萼宜浓,后半泛论花之形式及画兰之补景而已。

图式共三十六帧:(一)蕊,初放,将开,过雨,挹雨。(二)酿秀,吐香,夜月,垂香,斜晖。(三)落照,暮雨,迷烟,傲露,弄影。(四)独幽,半吐,并蒂,含露,傲雨。(五)微风,含露,半开,垂露,旺日。(六)向日,舞风,背阴,晓日,早雾,狂风。(七)笼烟

微雨，迎风，久雨，挺发。（八）至（十二）双勾三十一种（目录作二十五种，误）。（十三）蕙花。（十四）建兰花。（十五）至（二十一）墨叶起手七种。（二十二）花蕊。（二十三）独幽。（二十四）将放，喷香。（二十五）倒悬。（二十六）无题〔兰一丛〕。（二十七）微雨。（二十八）迎风。（二十九）兰傍竹石。（三十）无题〔兰一丛〕。（三十一）棘。（三十二）兰傍用。（三十三）双勾兰。（三十四）建兰。（三十五）棘。（三十六）无题〔竹草丛〕。

自图中题字可知第一帧至第七帧为墨兰花朵之各种姿势，第八帧至第十二帧为双勾兰花朵之各种姿势，第十五帧至第二十一帧为墨兰叶之画法，第二十九、三十一、三十五、三十六帧为画兰之补景，其余为各种兰草之画法。

绘画中任何门类，皆贵有变化，谱中之墨兰花朵，可称飘逸潇洒，尽正背敧偏之能事。双勾花朵之姿态，亦甚完备。与墨花主要之不同，在瓣中画筋，而形状亦较工整。

墨叶起手七种，计向左四式，向右三式。初视似每帧叶叶递加，授人各笔先后之程序，谛观之，各式位置皆异，是以应当视作不同之起手画式，最基本之画叶法，即在此。其他各种兰草，或叶数茎，或花一二箭，大都俱能自成格局，乃简易之画稿。坡石棘条等补景，亦为画兰者所当学。末一帧之草，尤遒劲有致。

画兰谱，宋赵子固❹，元道士郎玄隐❺，皆有之。意逸之此谱，必有所本，或即取法赵、郎二家之作，亦未可知也。

第八节　周履靖《嘤翔啄止》

花鸟谱一卷，昆虫谱附，题名《嘤翔啄止》，书前署"嘉禾周履靖编次，同郡项元汴校正"。谱中文字，仅写翎毛诀一篇，篇后署"物外散樵周履靖识"。

写翎毛诀：

羽族万状，难绘群形。锦鸾彩凤，白鹤黄莺。栖枝细雀，奋霄巨鹏，流声似笛，转翼如云。毛兼五色，声变千音。西池泛浴，琼林肆鸣。回旋海岛，栖息花阴。颉颃蹲蹴，展屈有情。飞鸣宿食，各具像生。羽翎嘴爪，以笔发明。先画其嘴，眼照上唇。目写头额，腮描背翎。半环大小，笔重笔轻。破镜之状，短长尖平。尾翎细细，图出勾停。徐徐小尾，几笔填增。羽毛翅脊，前后相承。腿胕胸肚，下笔细斟。写完全体，后缀脚心。踏枝立干，势欲纵横。展拳之诀，最忌零丁。黄筌飞雁，徽宗立鹰。千古之下，咸颂芳名。欲追神品，唐贤宋君。叙成短句，寄于绘林。❻

上文一起论鸟之种类，最后论鸟之画家，与画法有关者为中间一节，论画鸟之程序。所可异者为后之图式，明谓先画翅，后画尾，而此诀却先论画尾，后论画翅。据吾人作画之经验，知此诀实误，当从图式之步骤。岂诀中字句有颠倒误置处耶？

图式之目次为：（一）起手势。（二）全形势。（三）栖势。（四）鸣势。（五）回视势。（六）踏沙势。（七）卧月势。（八）啼晴势。（九）调音势。（十）啄虫势。（十一）啄木势。（十二）欲坠势。（十三）欲升势。（十四）哺雏势。（十五）窥鱼势。（十六）鸣春势。（十七）转胫势。（十八）将飞势。（十九）理

❹ 赵子固有兰谱卷，经《支那名画大成》印出，但真赝难决。

❺ 元孔静斋《至正直记》载道士郎玄隐画兰谱，见附录。

❻ 周履靖《春谷嘤翔》（《夷门广牍》本）12/23a。14b《雪湖梅谱》前有沈小霞序曰："古今写梅者多矣，得其迹不得其意，得其意不得其神，皆非也。余少好学剑，纵横击刺，旋得其妙法，知天下太平无所用，遂弃去。见窗下老梅和日摹之，一日过乡达石霸先生草堂，见雪湖公梅一幅，横披座右，枝槎丫而如钱，花灼烁而如雪，动荡光彩，得意兴神。即买舟东上，访公于万玉楼中而师之。居旬月，画得其意，及归，遇风烟雪月，时坐卧于花树下，久之而亦得其神。呜呼，梅与心契，神以梅具，其纵横之妙，与剑法同。后十五年雪湖公会予屏陵，出梅示之。余曰：'师之梅，得手应心，不独造步古人，而举目乾坤无全梅矣。'乃命工梓之，以传四方，使天下后世之效響者，见之自发一唉。万历乙亥秋九月望后十日，会稽小霞沈襄叔成甫识。"（《雪湖梅谱》上/12a）虽自称学梅于雪湖，但据王梦楼题小霞画，其画之成名，远在嘉靖间。诗曰："复壁台卿匿迹深，闷来画地写胸襟。我今欲改先贤匄，数点梅花忠孝心。"自注："襄前明锦衣卫经历炼子，疏劾严嵩，廷杖谪保安州，寻为嵩所陷，战于边。炼谪遣时，逮襄甚急，遁伯家匿身地窖中，日画地为梅，三年画工，世称小霞梅……"（见嘉永七年《小山林堂书画文房图录》53a丙）更观其序中旬月尽得其意之言，固不属居雪湖下。参阅二家梅谱之文字，尤可断定小霞成书在雪湖之前也。

翎势。（二十）坠飞势。（二十一）交栖势。（二十二）欲啄势。（二十三）搜毛势。（二十四）同啄势。（二十五）交争势。（二十六）双飞势。（二十七）双鸣势。（二十八）斗坠势。（二十九）孤坠势。（三十）相顾势。（三十一）采英势。（三十二）至（四十三）十二帧，昆虫、蟹、蛙等共八十三式。

图式之中，最有价值者为起手全形二帧。其中备详画鸟过程之每一阶段，由最初之数笔，直至最后之全形，逐渐递加，丝毫不紊。最初由嘴画起，次于喙之上半邻近处画眼，次画头毛，次画背上细毛，次画翅肩，次画翅翎，次画胸肚，次画尾，最后添脚，而全形具矣。初学得此，知所先后，以此类推，一切禽鸟，皆当依此程序。虽未必能因此而尽得画鸟之奥妙，但至少不致茫然不知从何着手也。

谱中画鸟，或单或双，不等。均以花卉或草木补景。鸟类罕有相同者。习见者，吾人不难见图而悉其名。如窥鱼势之鹭，鸣春势之画眉，转胫势之梧桐，交争斗坠二势之麻雀，采英势之燕是也。其中不知名者，亦复不少。或以吾人对于鸟类之知识太浅，不足以辨其名称，或以谱中画鸟，寥寥数笔，仅具外形（如栖势同啄势等帧），既无色彩，又无阴阳，恐图式亦未必能将鸟之特征完全表现也。前者之咎在读谱者，后者之咎在作谱者。由此观之，每帧标明鸟名，讵非应有之要务乎？未知逸之曾虑及此否？

昆虫八十余式中，蜂蝶居多，习见者如蚱蜢、螳螂、蜻蜓、蝉、蛾等，亦应有尽有。惜其所作各图，既不以写意见其生动，又不以工细见其逼肖。恐以木板难于刻镂入微，故不免粗拙也。

明代之人物梅竹兰花鸟等图谱

第二十九章　明代关于绘画之品评著作

品评绘画之风，至宋已渐消沉，元代竟全归岑寂，迄有明乃复有专事品评之著作。其主要者为李开先《中麓画品》及王稚登《国朝吴郡丹青志》。

第一节　李开先《中麓画品》

李开先，字伯华，号中麓，章丘人，嘉靖己酉（1549年）进士，撰《中麓画品》一卷。

《画品》前有自序，成于嘉靖辛丑（1541年）。其言曰：

物无巨细，各具妙理，是皆出乎玄化之自然，而非由矫揉造作焉者。万物之多，一物一理耳。惟夫绘事，虽一物而万理具焉，非笔端有造化，而胸中备万物者，莫之擅场名家也。国朝名画，比之宋元，极少赏识，立论者亦难其人，岂非理妙义殊，未可以一言蔽之耶？予于斯艺，究心致力，为日已久，非敢谓充然有得也。常山叶子则云："流观当代，未见上于予者。"且请撰次品格，为艺林补缺焉。于是乃作《画品》五篇。其一篇论诸家梗概。二篇设六要，括诸家所长；分四病，指摘所短。三篇搜罗尺寸之长，俾令无遗。四篇类次其比肩雁行，无甚高下，浑为一途可也。五篇述各家所从来之源。此据其所见者如此，其中遗逸者，借曰有之，亦不多矣。❶

读上文，可知中麓盖以善于鉴赏批评自负者，序中并将各篇之意旨道出。后人对于中麓，咸有持论偏僻之议，以其推崇浙派也。明代中叶以后，南宗声誉日隆，中麓处于孤立地位，备受抨击。关于宗派之持论屈直，今且不论，本节先就画品之内容及体制加以研究。

画品一

戴文进之画如玉斗，精理佳妙，后为巨器。

吴小仙如楚人之战巨鹿，猛气横发，加乎一时。

陶云湖如富春先生，云白山青，悠然野逸。

杜古狂如罗浮早梅，巫山朝云，仙姿靓洁，不比凡品。

庄麟如山色早秋，微雨初歇，娱逸人之心，来词客之兴。

倪云林如几上石蒲，其物虽微，以玉盘盛之可也。

吕纪如五色玻璃，或者则以为和氏

❶ 李开先《中麓画品》（邓实辑《美术丛书》神州国光社铅印本）二集十辑一册序/1a。

之璧，不知何以取之过也。

夏仲昭如野寺之僧，面壁而坐，欲冀得仙。

周臣如瑊功，望之如玉，就之石也，原无宝色故耳。

蒋子成如天竺之僧，一身服饰，皆是珍贵之物，但有腥膻之气。

金润夫大似子成，而腥气较少。

唐寅如贾浪仙，身则诗人，犹有僧骨，宛在黄叶长廊之下。

胡大年如待兔之翁，不复知变。

李在如白首穷经，不偶于世之士，寒滞寒陋，进退皆拙。

沈石田如山林之僧，枯淡之外，别无所有。

林良如樵背荆薪，涧底枯木，匠氏不顾。

边景昭如粪土之墙，圬以粉墨，麻查剥落，略无光莹坚实之处。

王若水如长蒲高苇，岂不胜于莱芜，终亦委靡。

王舜耕如十丈之柳，百围之柯，气魄不小，然体质疏弱，殊非明堂之材。

谢廷询如千人之石，碓硙之材则是，珪璋之璞则非。

丁玉川如十金之家，门扉器物，不得精好。

郭清狂如儒翁学稼，筋力既劣，于同侪，稂莠必多于嘉谷。

商喜如神庙塑像，四体矩度，一一肖似，然颜色既乏生气，胚胎复是墐泥。

石锐比之商喜，益出其下。

张辉如乡野少年之人，动有鄙陋之态。

汪质如拙匠造器，斧凿不得其宜，样致复无佳处。

钟钦礼如僧道斋榜，字大墨浓，惟

见黑蠢。

王世昌如释子衲衣，颇有绮数寸，然实拙工耳。

王谨、王谔如五代之官，帽则乌纱，身则屠贩。❶

以上共二十九条，画家三十人（惟倪瓒为元人，不知何以阑入），末一条王谨、王谔为二人合论。

画品此篇，可称为象征之批评，悉取各种景物及境界，以象征比拟各家画品之美恶。许印芳诗品跋所谓"比物取象，目击道存"❷是也。此种批评方法，用以品画，虽系初创（指自成篇什而言），而论书论文，已屡见不鲜。如袁昂《古今书评》，唐皇甫湜《谕业》，俱属此体，即司空图之《诗品》，亦为受象征批评之影响而产生者。至宋更为普遍，如蔡绦、敖陶孙等家之著作，皆是。

象征批评，往往以游戏之态度出之，仅能予读者抽象之比喻，而难得切实之观念。吾人研究之时，似可将各评语中主要之字拈出，或据其本意作简显之辞句，以代表其象征之景物。三十人中，未必各自具有与他家迥乎不同之品格，是以相近者，复可以加以归纳。以此种研究方法所得者，虽未敢自信与作者之本意悉合，但至少可将象征批评易为较直接简单之评语，而易于明了也。

中麓对于画家之评论，十分苛刻，仅为首六人，自戴文进至倪云林，以美器佳境，比拟赞扬，而此后各家，咸有贬词，甚且有大加指摘，不留余地者。此篇即可于此六人之前后，作优劣之界分。

戴文进文质俱佳，气象亦伟。吴小仙猛横有力。陶云湖悠逸。杜古狂靓洁。庄麟清新。倪云林疏简可珍。以上六家，

❶ 李开先《中麓画品》（邓实辑《美术丛书》神州国光社铅印本）二集十辑一册序1a—2b。

❷ 许印芳选抄《诗法萃编》（民国三年云南图书馆刊本）6/7a。

各得佳评，而品格无相同者。

吕纪华丽而质逊，夏仲昭欲飘逸而未能。周臣入目似佳，不耐近玩。蒋子成、金润夫外貌珍贵，而气味不醇。唐寅格清，而野气未除。胡大年固泥无变化。李在寒陋。沈石田枯淡。林良细碎。边景昭文质皆朽劣。王若水委靡。王舜耕气魄大而体质弱。谢廷询气象伟而质不佳。丁玉山简陋。郭清狂秽杂。商喜、石锐形似而无生气。张辉鄙陋。汪质笨拙。钟钦礼粗蠢。王世昌略有华绮处而大体实拙。王谨、王谔浊鄙。以上二十余家，除蒋子成与金润夫，商喜与石锐，王谨与王谔，中麓明谓其相似外，李在、丁玉川、张辉三家之陋，王舜耕、谢廷询之气魄大而质不相称，汪质、王世昌之拙，品格皆略有相近之处。

经有上文之工作，吾人虽未能代中麓假定出若干画品（如司空图《诗品》，每品以二字冠之），但可窥得其评画所着眼及注意之处，试分为以下四点：（一）外貌，（二）质地，（三）格局，（四）气味。

画之最先入目者为外貌，但外貌佳，质地更为重要。如吕纪、周臣等，乍观似佳，而细玩之便觉其质地有逊色。格局即气魄。外貌质地均佳，格局复须伟大，方无遗恨。戴文进之居首席者〔戴文进，文中又时作戴进，似宜划一。觉明先生批〕，以此。如倪云林之评语，虽字面赞扬，味其言外之旨，亦有微词。气魄伟大，质地亦必须配称，如王舜耕、谢廷询二人，便有体质不逮之病。三者之外，更注意气味。蒋、金二人之腥气，李在之寒酸气，王谨、王谔二人之市侩气，俱浮露于面貌之上，令人望而生厌者。气味不醇，终非上品。

中麓评画，所着眼之处正多。第二

篇之六要四病，皆是。以上四点，不过举其于第一篇中所逗露最显著之数端，略申其说而已。

画品二，见附录

画品二，中麓以十字定画品之名称，而以为各要各病，悉由于用笔（惟四病中之浊，未曾指明系由于用笔）。其论盖与郭若虚之画有三病，板，刻，结，同一系统，而偏重理论方面，是以曾于前章议及。至此篇之主旨，不在阐发理论，而在品评画家。每要每病之后，略有界说，而某家某一门类，属某品格，即书于后。六要之后，并注明"诸家所得多少，以先后见之"。

历代评画品级，不离逸、神、妙、能系统，而中麓此篇定品，专就用笔方面着眼，已与前人有别。神居六要之首，且仅文进等四家属之，自有凌驾一切之意。但以下五要，各以此四家居首，可见，中麓以为文进等四家，用笔兼此六要。换言之，即此六种可贵之笔姿，悉可于此四家画中求之。更可知六要并不似前人之品格，有一一相下低降之意，而其品级高下，乃以各要中名次排列之先后表明。由此观之，六要显与前人评画品级，不属同一系统矣。刘道醇有六要六长，并非专论用笔，与此六要亦不同。

全十四病，举出四种卑劣之笔姿。致浊之因，虽未指明，似亦不妨谓之由于用笔。专事指摘画家之短，更为前人所未有。各家孰高孰下，中麓并未注明，若按六要之体例，当不外以下二种之排列：（一）病浅者在前，病深者在后。（二）与上相反。惟设取各病中之人名，与画品一人名之次序对照，则四病中之画家，似未尝经过有用意之排列（如王谨、王谔，于画品一名

259

居最后，按（一）排列，当如浊病之次序而居末，但僵病中之次序，王谨等却又居首）。意中麓必以为既入恶病，便不必更斤斤为其定高下矣。

浊病中列入倪端，为第一篇中所无者。

画品三，见附录

第二篇六要，举出六种可贵之笔姿，凡画家具此作风者，便排列于后。但绘画品格之美者甚多，非此六要所能尽括。设某家别有专长，附入六要，品格似不相符，未能洽意，割舍又有遗才之恨，则不得不另辟一品，专收各家之有偏长者。画品三，中麓曰："凡有尺寸之长，皆收于此"，正用以补充第一篇之所未及也。

画品四，见附录

第一、二、三等，中麓品评画家所采用之方法，皆为独出心裁，与前人不同，至第四篇，始与古人稍有似处。其序中曰："四篇类次雁行，无甚高下，浑为一途可也。"所谓"无甚高下"，盖谓同等之中，不必再有优劣之铨衡，而等与等之间，当然有显著之差别。全篇不啻分为六等（此后即以一、二、三、四、五、六名等），实与谢赫《古画品录》之六品，大体仿佛。

吾人可以取此品，与前篇对照。戴、吴、陶、杜于此列第一等，画品一，此四家居首，画品二之神，亦仅戴吴等四家，足见用笔能妙理神化，极为稀贵，前篇与此篇之次第相符。庄、倪居第二等，蒋、金、夏、周、吕居第三等，胡、唐、李、沈、林、边、王居第四等，与第一篇之次序，亦大致吻合（在序中已声明，类

次雁行，无甚高下，同等中名次，略有颠倒，不足为病）。惟有第五等之商、石二人，于第一篇处王舜耕、谢廷询等四人之后，而于此却向前蹦越。当中麓著第一篇时，虽不必有按高下严格排比之必要，但为与后篇符合起见，似亦应相当谨慎，以免启后人之疑窦也。

第六等人数最多，且标明所画门类。三十六人之中，张世禄、李福智、刘俊、袁林、奚祐、戈廷璋、陈宪章、金湜、詹仲和、吕高、楼钥、李鳌、周全、刘节、林广、史痴、任道逊、许尚文、金文鼎、马式、王恭、陈季昭、陈启扬、夏芷、汪海云等二十五人，为未见前篇者。

画品五，见附录

第五篇主要在叙各家之渊源所出，共论及四十五人。其中之叶绅、叶正名、姜立纲、沈士称、姚公绶五人，不载前篇。

论画家师承，《历代名画记》有《叙师资传授南北时代》篇，但爱宾并不仅指画家之所出，而兼叙述画家历代传授之统系原委，故与第五篇性质，又略有不同。与其谓与《名画记》相近，毋宁谓中麓取法于钟嵘之《诗品》，论各家诗，先指其所出，与此篇大有似处也。

全篇之中，文进、小仙、云湖、古狂、叶绅、叶正名、周臣、庄麟、吕纪等人，除言其师承外，更有评语。以前四篇（除倪瓒外），专就当代画家铨衡高下，如此中之文进、云湖、古狂等人，中麓又取与前代画人相较，此本篇与以前诸篇不同处也。

综观画品五篇，共论明代画家六十一人，对于各家高下，究竟如何排比，以各篇所收之人数不同，次序亦不划一，仅能以意参酌得之，而难有具体

明代关于绘画之品评著作

之答案。

画品五篇之外，附有后序，作于嘉靖二十四年（1545 年）。一起曰：

> 画品论人，皆已逝者，见在世如叶常山、文衡山、衡山子休承、张平山、张贲所、谢樗仙、沈青门、王仲山、杨戊生、陶仰山、刘后庄、吕思石、邬亭山、郭天赐、李本仁、范行甫、陈莫之、胡守宁，未敢轻议，以盖棺始定，画犹文学，随时消长，然亦太半高年，虽消长相去不远。独守宁久死，失议，及就而较之，常山其然者，可仰窥文进，下视时流，所作武当图，能尽其势，模小仙大笔山水人物，可以逼真。衡山能小而不能大，精巧本之赵松雪。平山粗恶，人物如印版，万千一律。贲所尽有笔仗，可惜生疏。樗仙时画中之高者。青门时画中之嫩者。仲山水墨画中之微有意味者。戊山初学衡山，今不知何如。仰山、后庄、思石、亭山，各负时名，是皆鲁、卫之政。后庄草虫为优，以勤苦得之，随水草寻虫，观其形象，书折中所藏死虫无算。天赐既无此工，所以远出其下。李、范及陈，以未见其画难评。总之，乃区区一人有限之见，岂敢为一定不易之论哉？❶

中麓于作《画品》时已定其体例，非已逝者不收，盖棺论定之意也。惟四年后，对于当世之画家，又未免跃跃欲试，于其优劣间置一辞。此后序之所以作也。

当世诸家，中麓只泛论短长，不加次序之排比，其中似对于叶常山最为心折，竟称其能仰窥义进，逼真小仙。

《中麓画品》，信可称为独出心裁者。除第四篇，略有取法前人外，余皆与历来品评著作不同。自创二字，可当之无愧也。

《四库全书总目提要》曰：

> 王士祯《香祖笔记》曰：章邱李中麓太常，藏书画极富，自负赏鉴，尝作《画品》，次第明人，以戴文进、吴伟、陶成、杜董为第一等。倪瓒、庄麟为次等，而沈周、唐寅居四等，持论与吴人颇异。王弇州与之善，尝言"过中麓草堂，尽观所藏画，无一佳者。而中麓谓文进画'高过元人，不及宋人'，亦未足为定论也"云云。则是编之持论偏僻可知矣。❷

中麓持论有偏僻处，今人无从为其辩护，惟《四库总目》引王弇州之言而攻之，恐未必能服中麓之心也。朱国桢《涌幢小品》曰：

> 王弇州不善书，好谈书法，其言曰："吾腕有鬼，吾眼有神。"……此说一倡，于是不善画者好谈画，不善诗文者好谈诗文，极于禅元，莫不皆然。❸

今日吾人虽深信批评家未必即艺术家，但根据王弇州一言而遽断中麓之论为偏僻，似有未妥。不同之批评家中，往往因各人之好尚不同，而各珍袭不同画派之作品，发挥迥不相侔之议论。见仁见智，不足怪也。设必欲假他家以诋中麓之不当，何不取与中麓恰恰相反，崇南抑浙之董玄宰，岂不愈足形其持论偏僻乎？

吾以为中麓之偏，偏在抑南，而不在崇浙。中麓所推崇之戴文进、吴小仙，其画确有令人可钦佩之造诣，踞当时画家之首席而无愧。吾人更试观中麓对浙派末流之评价为如何？第一篇评汪质曰："如拙匠造器，斧凿不得其宜，样致复尤佳处。"评钟钦礼曰："如僧道斋榜，字大墨浓，惟见黑蠢。"第二篇，僵病，浊病，皆见钟钦礼之名，汪质亦名列浊病中。第四篇，汪、钟二人之名，列最末等。

❶ 李开先《中麓画品》（邓实辑《美术丛书》神州国光社铅印本）二集十辑一册后序 /1a。

❷ 纪昀等《四库全书总目》（民国十九年上海大东书局再版）114/4a。

❸ 朱国桢《涌幢小品》（明天启刊本）22/40a。

后序中并评张路曰："平山粗恶，人物如印板，万千一律。"可见中麓并非一味推崇浙派，而对其中之不肖弟子，亦攻击不遗余力。吾故曰：其偏不在崇浙。

至于南宗画家，中麓评沈石田曰："如山林之僧，枯淡之外，别无所有。"石田面目甚多，干淡仅其一种，如溪云欲雨图卷，烟云弥漫，湿气欲滴，何等淹润，岂可以"枯淡之外，别无所有"尽之。后序评文仲曰："能小而不能大，精巧本之赵松雪"，亦有微词。实则文征仲何尝不能大幅，而俗谓"粗文细沈"，正谓征仲写意山水之足贵，以精巧二字论其画，亦未能尽其长也。吾故曰：偏在抑南。

吾尝以为中麓、玄宰二家之评论，其偏僻殆在伯仲之间。李之推崇戴、吴，不妨也，但何必贬抑文、沈。董之推崇南派，亦不妨也，但何必痛诋北宗。为与一己之好尚不合，而加以攻击，更思借以增长一己所欲提倡之画派，则定知其不能免于偏僻矣。

第二节　王稚登《吴郡丹青志》

王稚登，字百谷，武进人，嘉靖十四年生，万历四十年卒（1535—1612 年），有《国朝吴郡丹青志》一卷，书成于嘉靖四十二年（1563 年）。后于李开先序《中麓画品》二十二年。

《丹青志》自序曰：

吴中绘事，自曹、顾、僧繇以来，郁乎云兴，萧疏秀妙，将无海峤精灵之气，偏于东土耶；抑亦流风余韵，前沾后渍耶？癸亥秋日，卧病斋居，雨深巷寂，掩扉散发，展焙所藏名画，垒垒满壁。丹铅粉墨，苍润淋漓，竹坞寸烟，花林尺霭，图石疑云，写川欲浪，人鬼

夺幽明之奥，禽虫俨飞蠕之色。于是感名邦之多彦，瞻妙匠之苦心。断自吴都，肇乎昭代。援豪小篆，传信将来。若夫四海辽乎，千龄邈矣，编充简积，我则不暇。呜呼，蝇染屏间，孙郎举手，水鸣床上，唐帝惊心，刺图而邻女捧膺，画锁而楣龙敛翼。信天机之玄妙，非人工之所逮也。❶

仅就其书名及自序观之，未必为品评之作，但其内容，除最后遗者等三志外，均按品格分等。每家各有小传，附后赞语。

《佩文斋书画谱》，将《丹青志》辑入画品类中，仅存赞语，小传则一律删去。❷惟小传中亦有涉及品评之处，今所征引，除赞语外，并节录小传中与品评有关者。❸

神品志一人　附三人

沈周先生　……先生绘事为当代第一。山水人物，花竹禽鱼，悉入神品。其画自唐宋名流，及胜国诸贤，上下千载，纵横百辈，先生兼总条贯，莫不揽其精微……下视众作，真嵯嶭耳……信乎国朝画苑，不知谁当并驱也……

二　沈处士❹

杜微君❺

赞曰：休矣煌煌乎，沈先生之作，集厥大成，其诸金声而玉振之者与？二父庭闻杜公私淑其有以陶育之也夫。然青出于蓝矣。允矣观于海者难为水也。处士渊孝，固一勺之多也。

妙品志四人　附四人

宋南宫先生❻

唐解元　……才雄气逸，花吐云飞，先辈名硕，折节相下。庶几青莲之驾，无忝金龟之席矣……评者谓其画远攻李唐，足任偏师，近交沈周，可当半席。

❶ 王稚登《国朝吴郡丹青志》（《美术丛书》本）二集二辑二册序/1a。

❷ 孙岳颁等撰《佩文斋书画谱》（光绪癸未上海同文书局印）18/11a—18/11b。

❸ 同注❶1a—5a。

❹ 沈贞吉、沈恒吉。

❺ 杜琼。

❻ 宋克。

文待诏先生 文嘉 伯仁 ……画师李唐、吴仲圭，翩翩入室，由诸生荐为翰林待诏，未几谢归，逍遥林谷，益勤笔砚，小图大轴，莫非奇致。晚岁德尊行成，海宇钦慕。缣素山积，喧溢里门。寸图才出，千临百摹，家藏市售，真赝纵横。一时砚食之士，沾脂泡香，往往自润。然慧眼印可譬之鱼目夜光，不别自异也。年龄大耋，神明不凋，断烟残楮，篝灯夜作，故得者益深保爱，奉如圭璋。

张灵 朱生 周官 张灵，字梦晋，家与唐寅为邻，两人气志雅合，茂才相敌……同时有朱生、周官，并攻毫素。官画人物无俗韵，然过尔纤弱，稍不逮灵。朱生树石，不减唐寅……赞曰：南宫翩翩侠骨，水墨游戏，唐画含英咀华，雕缋满眼。张虽琼玖，早折，然一鳞一角，要足为珍文之迹，直能遍四海，流远夷，非夫所谓以人重者哉？郎君犹子，绰矣门风，美哉芝兰玉树，秀于阶庭已乎。

能品志四人。

两夏君 太卿中书 夏昶字仲昭……楷书画竹，为当时第一……其兄昺，起自戎伍……亦善书画，学高尚书。萧萧有林壑之气。仲氏有所不逮云。

周臣 ……画山水人物，峡深岚厚，古面奇妆，有苍苍之色，一时称为作者。若夫萧寂之风，远澹之趣，非其所谙。

仇英 ……画师周臣，而格力不逮……至于发翠豪金，丝丹缕素，精丽艳逸，无惭古人。稍或改轴翻机，不免画蛇添足。

赞曰：鲛人泣珠，龙骧汗血，文豹变而成钱，山鸡吐而为绶。夫人无技能，是蚕不绩而蟹不匡也。两夏瞻依日月，声华鹊起，美而未善，所乏天机。周之

创境，仇之临移，虽曰偏长，要之双美耳。

逸品志三人

刘金宪❼ ……写山水林谷，泉深石乱，木秀云生，绵密幽媚，风流蔼然。高者攀鳞巨老，庶乎升堂，特未入室耳。

两陈君道复 子正

赞曰：金宪风疏云逸，清矣远矣。太学明泉秀墅，翦伐町畦，所谓北牡骊黄之外者也。子正箕裘不陨，惜未青冰。

遗耆志三人

黄子久

赵善长

陈惟允

赞曰：松漠乱华，中原左衽。二三君子，遭时不淑。赵、陈两生，或婴鳞丧元，或伪躬俘虏。蚕丝鸟翠，反为身殃者耶？黄之年跻大耋，乐睹太平，何其幸欤？

栖旅志三人

徐先生❽

张先生❾

赞曰：两贤奕奕。虽楚有才，晋实用之，抑亦南国河山之秀，增其摹写耶？

闺秀志一人

仇氏

赞曰：粉黛钟灵，翩翔画苑，寥乎罕矣。仇媛慧心内朗；窈窕之杰哉。必也律之女行，厥亦牝鸡之晨也。

《丹青志》共分七志，论画家二十五人，体制与刘道醇之《圣朝名画评》，颇有似处。先叙画家小传，二三人后，有一合评。品级分法又略取法于朱景玄《唐朝名画录》之神、妙、能、逸四品，但最后又加遗耆、栖旅、闺秀三志，与品级无涉。

细究之，王百谷虽沿用历代品画之系统，但对于各品之观念，似与前人不

❼ 刘珏。

❽ 徐贲。

❾ 张羽。

同。朱景玄首用逸品，置于神、妙、能三品之后，而定其界说曰："不拘常法"者为逸品，并不在神、妙、能三品之下。黄休复《益州名画录》，置逸品于神品之上，以逸品为最高境界。自宋人提倡文人画后，逸品之地位日高，元倪云林论胸中逸气，益令人感觉非高人而胸贮万卷者，不足当之。明代画论家，对于逸品，咸有以上经时代所造成之观念。其观念为何，即逸品之地位甚高，远在妙品之上也。百谷则不然，对于逸品不甚视重。何以知其然？以百谷将逸品置于最后，既未声明乃沿朱景玄之例，又未别为逸品定出界说，一若其本当殿后者。且逸品中之人物，刘廷美、陈道复二人之声誉造诣，远不及文、唐，若使百谷以为逸品当在妙品上，则岂不将文、唐屈处下品乎？道复之画固不俗，文唐之画，宁无逸气。且百谷于文唐之小传中推崇二家备至，而刘廷美传中，谓其特未入室，竟有微词。百谷以为逸不如妙，可断言也。

百谷对于逸品，与当时画论家之观念不同，自不免受人抨击。陈眉公《妮古录》曰："王❶以刘廷美、陈道复子正置逸品，而以文先生置妙品，称量不平，

待诏未肯心死。"❷眉公之言，确有所见。按传统之观念，逸品居妙品上，故衡山不宜处在妙品，反在刘、陈二人之下。惟设吾上云之推测非属尽谬（即百谷以为妙品高于逸品），则百谷与眉公所见之不同，在对于品格之观念，而不在文刘位置之高下也。

除眉公外，后人尚有不以百谷为然者。《四库全书总目提要》称"词皆纤佻，至以仇氏善画，为牝鸡之晨，亦可谓不善数典矣。"❸清毛庆臻《一亭考古杂记》，引眉公论百谷不知画语而讥之曰："以诗古文擅时名，于画理原属门外，因耳食者每求题识，乃依约相承，自命识者，宜为人不满矣。"❹余越园先生评论此书，尤有见地。《解题》中有云：

独惜其为乡邦画人作传，闻见既真且广，所传之人，又皆卓绝一时，开来继往，而传中乃不详叙其生平画派及其作法，又不著录其作品，而徒以填砌空泛之词了之，使后人无由资以考证，为深可叹惜。自明初迄于嘉靖之末，吴郡画人甚多，此编除遗者栖旅五人而外，仅录二十人，狭隘至是，而名曰《丹青志》，亦嫌名实未符。❺

真能道出其失也。

❶ 指王百谷。

❷ 陈继儒《妮古录》（《美术丛书》本）初集十辑四册4/9a。

❸ 纪昀等《四库全书总目》（民国十九年上海大东书局再版）114/4a。

❹ 毛庆臻《一亭考古杂记》（南陵徐乃昌影印本）24b。

❺ 余绍宋《书画书录解题》（民国二十一年北平图书馆铅印本）4/6b。

图书在版编目（CIP）数据

王世襄集 / 王世襄著 . -- 北京：生活·读书·
新知三联书店 , 2013.7 （2024.4 重印）
ISBN 978-7-108-04560-7

Ⅰ.①王… Ⅱ.①王… Ⅲ.①王世襄（1914 ~ 2009）
—文集 Ⅳ.① C53

中国版本图书馆 CIP 数据核字 (2013) 第 142067 号